权威·前沿·原创

皮书系列为
"十二五""十三五"国家重点图书出版规划项目

人权蓝皮书

BLUE BOOK OF
CHINA'S HUMAN RIGHTS

中国人权事业发展报告 *No. 9*
（2019）

ANNUAL REPORT ON CHINA'S HUMAN RIGHTS No. 9
(2019)

中国人权研究会／编

主　编／李君如

副主编／常　健

社会科学文献出版社
SOCIAL SCIENCES ACADEMIC PRESS（CHINA）

图书在版编目（CIP）数据

中国人权事业发展报告 . NO. 9，2019／李君如主编
. －－北京：社会科学文献出版社，2019.10
（人权蓝皮书）
ISBN 978 - 7 - 5201 - 5712 - 4

Ⅰ.①中⋯　Ⅱ.①李⋯　Ⅲ.①人权 - 研究报告 - 中国
- 2019　Ⅳ.①D621.5

中国版本图书馆 CIP 数据核字（2019）第 213580 号

人权蓝皮书
中国人权事业发展报告 No. 9（2019）

主　　编／李君如
副 主 编／常　健

出 版 人／谢寿光
责任编辑／关晶焱
文稿编辑／郭锡超

出　　版／社会科学文献出版社·集刊分社（010）59367161
　　　　　　地址：北京市北三环中路甲 29 号院华龙大厦　邮编：100029
　　　　　　网址：www. ssap. com. cn
发　　行／市场营销中心（010）59367081　59367083
印　　装／天津千鹤文化传播有限公司

规　　格／开　本：787mm × 1092mm　1/16
　　　　　　印　张：28.75　字　数：432 千字
版　　次／2019 年 10 月第 1 版　2019 年 10 月第 1 次印刷
书　　号／ISBN 978 - 7 - 5201 - 5712 - 4
定　　价／138.00 元

主要编撰者简介

李君如 男，研究员，博士生导师，中国人权研究会副会长，中共中央党校原副校长，第十届全国政协委员、第十一届全国政协常委，国务院政府特殊津贴享受者。曾发表《中国在人权事业上的历史性进步》《人权实现及其评估方法研究》《社会建设与人权事业》《"十二五"规划与中国人权事业发展》《中国的文化变革与人权事业的进步》《中国梦，中国人民的人权梦》《在全面推进法治中全面保障人权》等学术论文，曾获联合国艾滋病规划署颁发的"艾滋病防治特殊贡献奖"。

常　健 男，哲学博士，教授，博士生导师，中国人权研究会常务理事，南开大学人权研究中心（国家人权教育与培训基地）主任，国务院政府特殊津贴享受者。曾出版《人权的理想·悖论·现实》《当代中国权利规范的转型》《效率、公平、稳定与政府责任》《中国公共冲突化解的机制、策略和方法》《社会治理创新与诚信社会建设》《中国人权保障政策研究》等学术专著，主编或参与主编《中国特色人权发展道路研究》、《当代中国人权保障》、《公务员人权培训教师用书》、《公务员人权培训学员用书》、《人权知识公民读本》、《中国人权建设 60 年》、《中国人权在行动》（2003～2004、2005、2006～2007、2008～2009、2010、2011、2012、2013 年）、《公共冲突管理评论》（2014、2015、2016、2017 年）、《公共冲突管理》、《领导学教程》、《欧美哲学通史（现代哲学卷）》，参与翻译《人权百科全书》，主译《领导学》《公共部门管理》《公用事业管理》，在专业学术期刊发表学术论文 130 余篇。

人权蓝皮书工作室：南开大学人权研究中心

摘　要

这是有关中国人权事业发展的第九本蓝皮书，重点分析研究 2018 年中国人权事业的最新进展。

全书包括总报告、专题报告、调研报告和个案研究以及附录。

总报告重点讨论了改革开放与中国人权事业发展之间的关系，将改革开放后中国人权事业发展分为两个阶段。

18 篇专题报告聚焦于 2018 年中国人权事业各领域的发展状况。在生存权和发展权栏目中包括 4 篇研究报告，分别分析了乡村振兴战略与城乡居民平等、2018 年脱贫攻坚新进展、脱贫攻坚中的健康扶贫和小额贷款实践。在经济、社会和文化权利方面，共有 3 篇报告，分别涉及中国人体器官捐献移植与人权保障、农村人居环境整治提升农村人居环境质量，以及环保督察的新举措与新进展。在公民权利和政治权利方面，有 3 篇报告，分别讨论反财产诈骗与公民财产权利保障、知情权视角下的政务公开标准化规范化试点，以及中国妇女参政权保障的新进展。在特定群体的人权保障方面，共有 3 篇报告，分别涉及失踪儿童快速救助联动机制、老年人赡养权益的司法保障，以及残疾人参加高考和高等教育权保障。在人权立法和国际合作方面有 2 篇报告，分别涉及 2018 年中国的人权立法和在人权领域的国际合作与交流。在人权研究、教育与培训方面，有 3 篇报告，分别对改革开放与中国人权发展的研究、纪念《世界人权宣言》的研究以及中国人权教育的进展进行了综述。

在调研报告和个案研究部分，共有 3 篇报告，分别涉及乡村小规模学校和乡镇寄宿制学校学生受教育权保障、《反家庭暴力法》实施状况研究，以及江苏省妇女议事机制。

2 篇附录分别是 2018 年中国人权大事记以及 2018 年制定、修订或修改的与人权直接相关的法律法规。

所有报告的撰写都本着严肃认真的科学态度，遵循蓝皮书关于权威性、前沿性、原创性、实证性、前瞻性、时效性的要求，实事求是地反映 2018 年中国人权事业的实际发展，客观地分析取得的进步和存在的问题，并在充分研究的基础上提出促进各项人权保障的政策建议，对中国人权事业发展的前景作出展望。

目　录

Ⅰ　总报告

B.1　改革开放与中国人权事业发展···············李君如　常　健 / 001

Ⅱ　专题报告

（一）生存权和发展权

B.2　乡村振兴战略与城乡居民平等···················刘红春 / 034

B.3　2018年脱贫攻坚新进展··························李云龙 / 050

B.4　脱贫攻坚中的健康扶贫·················马　婷　唐贤兴 / 067

B.5　脱贫攻坚中的小额贷款实践新进展·······张立哲　马妍慧 / 088

（二）经济、社会和文化权利

B.6　中国人体器官捐献移植与人权保障········范　林　杜　冰 / 104

B.7　农村人居环境整治提升环境质量··········顾莎莎　谭一之 / 123

B.8　环保督察的新举措与新进展·····················马　原 / 140

（三）公民权利和政治权利

B.9　反财产诈骗与公民财产权利保障···················潘　俊 / 155

B.10　知情权视角下的政务公开标准化规范化试点··········刘　明 / 168

B.11 我国妇女参政权保障的新进展 ················· 张晓玲 / 183

（四）特定群体的人权保障

B.12 失踪儿童快速救助联动机制构建的新进展 ············· 李文军 / 202

B.13 从2013～2018年司法裁判文书看老年人赡养权益的司法保障

················· 赵树坤　殷　源 / 233

B.14 "合理便利"：残疾人参加高考和高等教育权保障

················· 刘逸君　韩　青　张万洪 / 253

（五）人权立法和国际合作

B.15 2018年国家人权立法分析报告 ············· 班文战 / 266

B.16 2018年中国的国际人权合作与交流 ············· 罗艳华 / 283

（六）人权研究、教育与培训

B.17 2018年"改革开放与中国人权发展"研究述评 ········· 殷浩哲 / 304

B.18 纪念《世界人权宣言》70周年研究综述 ············· 郝亚明 / 317

B.19 "2018·全国人权教育与研究"研讨会综述 ············· 陈　超 / 336

Ⅲ　调研报告和个案研究

B.20 乡村小规模学校和乡镇寄宿制学校学生受教育权保障

——平凉模式调查 ················· 钟　慧　杨恩泰 / 350

B.21 《反家庭暴力法》实施状况研究

——以浙江省为例 ················· 李　娟 / 366

B.22 江苏省妇女议事机制的实践与分析 ············· 陆海娜　郝万媛 / 385

Ⅳ　附录

B.23 中国人权大事记·2018 ················· 许　尧 / 399

B. 24　2018年制定、修订或修改的与人权直接相关的法律法规（数据库）

　　……………………………………………………………… 班文战 / 424

Abstract　……………………………………………………………… / 425

Contents　……………………………………………………………… / 427

皮书数据库阅读**使用指南**

总 报 告

General Report

B.1
改革开放与中国人权事业发展

李君如 常 健*

摘　要： 改革开放为中国人权事业提供了内生动力和发展条件。中国改革开放的历史进程可以分为两个阶段，改革开放以来中国人权事业的发展也相应地呈现两个阶段。在改革开放第一阶段，中国人权事业在三个方面取得了突破性进展：拨乱反正，重新认识人权的价值和意义；初步建立适合中国国情的人权保障制度；参与全球人权治理。在改革开放的第二阶段，随着社会主要矛盾的变化，中国人权事业发展也呈现新的景象，特别体现在以人民为中心，将人民的幸福生活视为最大的人权；以"五位一体"总体布局促进

---

* 李君如，中国人权研究会副会长，中共中央党校原副校长，研究员，博士生导师；常健，中国人权研究会常务理事，南开大学人权研究中心主任，南开大学周恩来政府管理学院教授、博士生导师。

人的全面发展；用"四个全面"战略布局保障人权事业顺利推进；构建人类命运共同体，为全球人权治理提供中国方案。改革开放40年来，中国成功走出了一条适合中国国情的人权发展道路。

关键词： 改革开放　人权　中国人权事业

2018年适逢改革开放40周年。改革开放为中国人权事业发展提供了内生动力和发展条件，人权事业发展也为改革开放的健康发展提供了必要约束和持续保障。从社会主要矛盾发展变化的角度来看，可以将中国改革开放的历史进程分为两个阶段，与此相应，改革开放以来中国人权事业的发展也呈现两个相继的发展阶段，它们相互衔接，但在目标、任务和具体内容方面又有不同的侧重。

一　中国改革开放和人权事业发展的两个阶段

中共十九大报告明确提出，"经过长期努力，中国特色社会主义进入了新时代，这是我国发展新的历史方位"[1]。中国特色社会主义进入新时代，意味着改革开放正在经历从富起来到强起来的飞跃，其任务是决胜全面建成小康社会和建设社会主义现代化强国，逐步实现全体人民共同富裕，实现中华民族伟大复兴中国梦，走近世界舞台中央，为人类作出更大贡献。根据这一判断，可以将中国改革开放的历史进程分为两个阶段。第一个阶段是从1978年中共十一届三中全会到2012年中共十八大，第二个阶段是中共十八大以来。

---

[1]　习近平：《决胜全面建成小康社会　夺取新时代中国特色社会主义伟大胜利——在中国共产党第十九次全国代表大会上的报告》（2017年10月18日），人民出版社，2017。

十九大报告作出中国特色社会主义进入新时代的判断，是基于社会主要矛盾的变化。

在改革开放的第一个阶段，中国社会的主要矛盾是人民日益增长的物质文化需要同落后的社会生产之间的矛盾。中共十一届六中全会通过的《关于建国以来党的若干历史问题的决议》在总结新中国成立以来正反两方面的经验，特别是"文化大革命"的教训后明确提出，"在社会主义改造基本完成以后，我国所要解决的主要矛盾，是人民日益增长的物质文化需要同落后的社会生产之间的矛盾。党和国家工作的重点必须转移到以经济建设为中心的社会主义现代化建设上来，大大发展社会生产力，并在这个基础上逐步改善人民的物质文化生活"[①]。中共十三大报告再次确认了十一届六中全会对社会主要矛盾的判断，指出"我们在现阶段所面临的主要矛盾，是人民日益增长的物质文化需要同落后的社会生产之间的矛盾。阶级斗争在一定范围内还会长期存在，但已经不是主要矛盾。为了解决现阶段的主要矛盾，就必须大力发展商品经济，提高劳动生产率，逐步实现工业、农业、国防和科学技术的现代化，并且为此而改革生产关系和上层建筑中不适应生产力发展的部分"[②]。中共十四大报告再次强调，"现阶段我国社会的主要矛盾是人民日益增长的物质文化需要同落后的社会生产之间的矛盾，必须把发展生产力摆在首要位置，以经济建设为中心，推动社会全面进步"[③]。中共十五大报告再次强调，"社会的主要矛盾是人民日益增长的物质文化需要同落后的社会生产之间的矛盾，这个主要矛盾贯穿我国社会主义初级阶段的整个过程和

① 《关于建国以来党的若干历史问题的决议》，1981 年 6 月 27 日中国共产党第十一届中央委员会第六次全体会议通过，人民网，中国共产党历次全国代表大会数据库：http: // cpc. people. com. cn/GB/64162/64168/64563/65374/4526448. html。

② 《沿着有中国特色的社会主义道路前进——在中国共产党第十三次全国代表大会上的报告》，1987 年 10 月 25 日，人民网，中国共产党历次全国代表大会数据库：http: // cpc. people. com. cn/GB/64162/64168/64566/65447/4526368. html。

③ 《加快改革开放和现代化建设步伐 夺取有中国特色社会主义事业的更大胜利——江泽民在中国共产党第十四次全国代表大会上的报告》，1992 年 10 月 12 日，人民网，中国共产党历次全国代表大会数据库：http: //cpc. people. com. cn/GB/64162/64168/64567/65446/4526308. html。

社会生活的各个方面。这就决定了我们必须把经济建设作为全党全国工作的中心，各项工作都要服从和服务于这个中心。只有牢牢抓住这个主要矛盾和工作中心，才能清醒地观察和把握社会矛盾的全局，有效地促进各种社会矛盾的解决。发展是硬道理，中国解决所有问题的关键在于依靠自己的发展"①。中共十六大报告再次肯定"人民日益增长的物质文化需要同落后的社会生产之间的矛盾仍然是我国社会的主要矛盾"，并具体分析指出，我国现在达到的小康还是低水平的、不全面的、发展很不平衡的小康，国家生产力和科技、教育还比较落后，实现工业化和现代化还有很长的路要走，城乡二元经济结构还没有改变，地区差距扩大的趋势尚未扭转，贫困人口还为数不少，就业和社会保障压力增大，生态环境、自然资源和经济社会发展的矛盾日益突出，仍然面临发达国家在经济科技等方面占优势的压力，经济体制和其他方面的管理体制还不完善，民主法制建设和思想道德建设等方面还存在一些不容忽视的问题。巩固和提高目前达到的小康水平，还需要进行长时期的艰苦奋斗②。中共十七大报告继续指出，"经过新中国成立以来特别是改革开放以来的不懈努力，我国取得了举世瞩目的发展成就，从生产力到生产关系、从经济基础到上层建筑都发生了意义深远的重大变化，但我国仍处于并将长期处于社会主义初级阶段的基本国情没有变，人民日益增长的物质文化需要同落后的社会生产之间的矛盾这一社会主要矛盾没有变"③。中共十八大报告也再次指出，"人民日益增长的物质文化需要同落后的社会生产

---

① 《高举邓小平理论伟大旗帜，把建设有中国特色社会主义事业全面推向二十一世纪——江泽民在中国共产党第十五次全国代表大会上的报告》，1997 年 9 月 12 日，人民网，中国共产党历次全国代表大会数据库：http：//cpc. people. com. cn/GB/64162/64168/64568/65445/4526285. html。

② 《全面建设小康社会，开创中国特色社会主义事业新局面——在中国共产党第十六次全国代表大会上的报告》，2002 年 11 月 8 日，人民网，中国共产党历次全国代表大会数据库：http：//cpc. people. com. cn/GB/64162/64168/64569/65444/4429125. html。

③ 《高举中国特色社会主义伟大旗帜　为夺取全面建设小康社会新胜利而奋斗——在中国共产党第十七次全国代表大会上的报告》，2007 年 10 月 15 日，人民网，中国共产党历次全国代表大会数据库：http：//cpc. people. com. cn/GB/64162/64168/106155/106156/6430009. html。

之间的矛盾这一社会主要矛盾没有变"①。

中共十九大作出了社会主要矛盾出现变化的重要判断，指出"中国特色社会主义进入新时代，我国社会的主要矛盾已经转化为人民日益增长的美好生活需要和不平衡不充分的发展之间的矛盾"②。对这一重大判断，十九大报告给出了具体解释："我国稳定解决了十几亿人的温饱问题，总体上实现小康，不久将全面建成小康社会，人民美好生活需要日益广泛，不仅对物质文化生活提出了更高要求，而且在民主、法治、公平、正义、安全、环境等方面的要求日益增长。同时，我国社会生产力水平总体上显著提高，社会生产能力在很多方面进入世界前列，更加突出的问题是发展不平衡不充分，这已经成为满足人民日益增长的美好生活需要的主要制约因素。"③ 十九大报告进一步明确了新时代中国特色社会主义的总任务是"实现社会主义现代化和中华民族伟大复兴，在全面建成小康社会的基础上，分两步走在本世纪中叶建成富强民主文明和谐美丽的社会主义现代化强国"④。

中国特色社会主义建设进入新时代，不仅标志着中国改革开放进入了一个新阶段，而且意味着中国人权保障事业也进入了新的阶段。十九大报告明确指出，"新时代我国社会主要矛盾是人民日益增长的美好生活需要和不平衡不充分的发展之间的矛盾，必须坚持以人民为中心的发展思想，不断促进人的全面发展、全体人民共同富裕"；"加强人权法治保障，保证人民依法享有广泛权利和自由"⑤。因此，有必要从人权事业发展的角度对改革开放

---

① 《坚定不移沿着中国特色社会主义道路前进　为全面建成小康社会而奋斗——在中国共产党第十八次全国代表大会上的报告》，2012 年 11 月 8 日，人民网，中国共产党历次全国代表大会数据库：http：//cpc.people.com.cn/18/n/2012/1109/c350821 - 19529915.html。

② 习近平：《决胜全面建成小康社会　夺取新时代中国特色社会主义伟大胜利——在中国共产党第十九次全国代表大会上的报告》（2017 年 10 月 18 日），人民出版社，2017。

③ 习近平：《决胜全面建成小康社会　夺取新时代中国特色社会主义伟大胜利——在中国共产党第十九次全国代表大会上的报告》（2017 年 10 月 18 日），人民出版社，2017。

④ 习近平：《决胜全面建成小康社会　夺取新时代中国特色社会主义伟大胜利——在中国共产党第十九次全国代表大会上的报告》（2017 年 10 月 18 日），人民出版社，2017。

⑤ 习近平：《决胜全面建成小康社会　夺取新时代中国特色社会主义伟大胜利——在中国共产党第十九次全国代表大会上的报告》（2017 年 10 月 18 日），人民出版社，2017。

第一阶段和第二阶段的中国人权事业发展的不同特点作出分析，总结改革开放第一阶段人权事业所取得的突破性进展，展望改革开放第二阶段人权事业发展的主要任务、目标和要求。

二 改革开放第一阶段中国人权事业的突破性进展

改革开放的第一个阶段，是从计划经济体制向社会主义市场体制转型的阶段，也是中国人权事业拨乱反正、重新认识人权、大力促进人权发展的阶段。随着中国改革事业的成功突破和推进，中国人权事业也取得了突破性进展，并呈现大踏步前进的局面，主要体现在以下三个方面。

（一）拨乱反正，重新认识人权的价值和意义

在改革开放的实践中，中国共产党领导国家和人民拨乱反正，重新评价人权的价值，重新认识人权保障对中国社会主义建设事业的重要意义。江泽民同志在 1989 年提出，要从思想上解决"如何用马克思主义观点来看待'民主、自由、人权'问题"①。中共中央在 1990 年底提出："要理直气壮地宣传我国关于人权、民主、自由的观点和维护人权、实行民主的真实情况，把人权、民主、自由的旗帜掌握在我们手里。"②

1991 年，中国发布第一份《中国的人权状况》（白皮书），鲜明地将"人权"表述为"伟大的名词"，是无数仁人志士矢志不渝努力奋斗的目标，并承诺中国愿意同国际社会一道，为"实现联合国维护和促进人权与基本自由的宗旨，继续作出不懈的努力"③。1998 年 12 月 10 日《世界人权宣言》发布 50 周年之际，时任中共中央总书记、国家主席江泽民致信中国人

---

① 《江泽民论人权》，人民网，http：//politics. people. com. cn/GB/8198/5139784. html。
② 转引自董云虎《"人权"入宪：中国人权发展的重要里程碑》，《人民日报》2004 年 3 月 15 日，第 10 版。
③ 国务院新闻办公室：《中国的人权状况》（白皮书），1991 年 11 月，国务院新闻办公室网站，http：//www. scio. gov. cn/zfbps/ndhf/1991/Document/308017/308017. htm。

权研究会，指出"中华人民共和国成立以来，特别是改革开放以来，中国政府和人民将人权的普遍性原则和中国的具体国情结合起来，在促进和保护人权方面作出了巨大的努力，取得了举世瞩目的成就。中国已经加入 17 个国际人权公约，去年和今年又签署了《经济、社会及文化权利国际公约》及《公民权利和政治权利国际公约》。我们要继续加强民主法制建设，依法治国，建设社会主义法治国家，进一步推进我国人权事业，充分保障人民依法享受人权和民主自由权利"①。

中共十五大报告、十六大报告和十七大报告都明确提出"尊重和保障人权"。中共十六届三中全会提出将"国家尊重和保障人权"写入宪法。2004 年，第十届全国人大二次会议通过宪法修正案，确立了"国家尊重和保障人权"的宪法原则。2007 年，中共十七大将"尊重和保障人权"写入《中国共产党章程》。2008 年 12 月 10 日，在《世界人权宣言》发布 60 周年之际，时任中共中央总书记、国家主席胡锦涛致信中国人权研究会，指出"改革开放 30 年来，党和政府把尊重和保障人权作为治国理政的重要原则，庄严载入中国共产党章程和中华人民共和国宪法，并采取切实有效的措施促进人权事业发展，使广大人民群众物质文化生活水平得到显著提高，政治、经济、文化、社会权益得到切实保障，谱写了中国人权事业发展的新篇章"②。

围绕着人权的各种理论问题，社会各界以马克思主义为指导，结合中国改革开放的实际开展了广泛的研究，形成了对人权的系统化的理论认识。在2006 年编写出版的《人权知识干部读本》中阐明了中国特色的社会主义人权观，它被概括为八个方面：（1）人权普遍性的原则必须同各国国情相结合；（2）人权应当是社会全体成员的权利，不是少数人的特权；（3）人权是一个权利体系，是各类权利的有机统一；（4）生存权和发展权是首要的基本人权；（5）人权是权利与义务的统一；（6）人权实现离不开稳定、发

---

① 《江泽民论人权》，人民网，http：//politics. people. com. cn/GB/8198/5139820. html。
② 《胡锦涛致信中国人权研究会：切实推进人权事业发展》，2008 年 12 月 11 日，人民网，http：//politics. people. com. cn/GB/1024/8505506. html。

展与法治；（7）人权在本质上是一国主权范围内的问题；（8）对话与合作是促进国际人权事业的正确途径①。

截至 2012 年，中国制订了两期国家人权行动计划，发表了 9 份人权白皮书和 39 份与人权有关的白皮书，在高校建立了首批三个国家人权教育与培训基地。2005～2012 年，国务院新闻办公室举办了 11 次干部人权知识培训班。全国高校、党校、社会科学院建立了数十个人权研究中心，开展人权研究、教学和培训工作，出版人权教材，发表人权研究的专著和学术论文。中国人权研究会出版了《人权》杂志，建立了中国人权网，出版了"人权知识读本丛书"和《中国人权年鉴》。

（二）初步建立适合中国国情的人权保障制度

建立中国特色社会主义法律体系，依法保障人权，是中国人权事业发展的重要基础。1997 年 9 月，中共十五大明确提出立法工作目标：到 2010 年形成有中国特色社会主义法律体系。2007 年中共十七大进一步强调，要完善中国特色社会主义法律体系。2011 年 3 月 10 日，时任全国人民代表大会常务委员会委员长吴邦国向十一届全国人民代表大会四次会议作全国人大常委会工作报告时庄严宣布，中国特色社会主义法律体系已经形成。中国特色社会主义法律体系的形成，为中国人权的法制保障提供了坚实的制度基础。截至 2012 年底，中国已制定现行宪法和有效法律 243 部、行政法规 721 部、地方性法规 9200 部，涵盖社会关系各个方面②，社会生活的各个领域和人权保障的各个方面实现了有法可依。

2004 年通过的宪法修正案增加了"国家尊重和保障人权"的规定（第二十四条）。2012 年修改的刑事诉讼法也明确规定了该法的任务包括"尊重和保障人权，保护公民的人身权利、财产权利、民主权利和其他权利"（第

---

① 全国干部培训教材编审指导委员会组织编写《人权知识干部读本》，人民出版社、党建读物出版社，2006，第 35 页。
② 国务院新闻办公室：《2012 年中国人权事业的进展》，2013 年 5 月，国务院新闻办公室网站，http://www.scio.gov.cn/zfbps/ndhf/2013/Document/1322525/1322525.htm。

二条)。2009 年通过的侵权责任法明确规定该法所保护的民事权益中包括生命权、健康权、名誉权、隐私权、婚姻自主权、所有权、著作权、专利权、发现权等方面的人权(第二条)。

在保障经济、社会和文化权利方面,中国制定了《劳动法》《劳动合同法》《职业病防治法》《安全生产法》《矿山安全法》《就业促进法》《劳动争议仲裁法》《工会法》《保险法》《社会保险法》《公益事业捐赠法》《传染病防治法》《食品安全法》《国境卫生检疫法》《红十字会法》《教育法》《义务教育法》《职业教育法》《民办教育促进法》《高等教育法》《教师法》《文物保护法》《非物质文化遗产法》《著作权法》《环境保护法》《海洋环境保护法》《水污染防治法》《大气污染防治法》《环境噪声污染防治法》《固体废物污染环境防治法》《放射性污染防治法》《清洁生产促进法》《环境影响评估法》《可再生能源法》《循环经济促进法》等法律。国务院制定了《城市居民最低生活保障条例》《农村五保供养工作条例》《城市生活无着的流浪乞讨人员救助管理办法》《职工带薪年休假条例》《国务院关于职工工作时间的规定》《劳动保障监察条例》《工伤保险条例》《失业保险条例》《艾滋病防治条例》《人体器官移植条例》《血吸虫病防治条例》《疫苗流通和预防接种管理条例》《全民健身条例》《扫除文盲工作条例》《幼儿园管理条例》《公共文化体育设施条例》《传统工艺美术保护条例》《自然保护区条例》《退耕还林条例》《海洋倾废管理条例》《消耗臭氧层物质管理条例》《防治船舶污染海洋环境管理条例》《医疗废物管理条例》《海洋石油勘探开发环境保护管理条例》等行政法规。

在保障公民权利和政治权利方面,中国制定了《全国人民代表大会和地方各级人民代表大会选举法》《全国人民代表大会和地方各级人民代表大会代表法》《全国人民代表大会组织法》《物权法》《专利法》《著作权法》《刑事诉讼法》《民事诉讼法》《行政诉讼法》《仲裁法》《国家赔偿法》《侵权责任法》等法律,国务院制定了《拘留所条例》《法律援助条例》《社会团体管理登记条例》《宗教事务管理条例》《宗教活动场所管理条例》《出版管理条例》《政府信息公开条例》《信访条例》《网络信息传播权保护条

例》等行政法规。

在保障特定群体权利方面，中国制定了《民族区域自治法》《婚姻法》《未成年人保护法》《老年人权益保障法》《妇女权益保障法》《残疾人保障法》《母婴保健法》等法律，国务院制定了《女职工劳动保护特别规定》《禁止使用童工规定》《残疾人教育条例》《残疾人就业条例》《无障碍环境建设条例》等行政法规。

以法律为根据，在改革开放第一阶段，中国建立了一系列保障人权的具体制度。

在经济、社会和文化权利保障方面，为保障基本生活水准权利，国家建立了城市居民最低生活保障制度、农村五保供养制度、城市生活无着的流浪乞讨人员救助制度。为保障工作权利，国家改革劳动人事制度，建立最低工资保障制度、劳动合同制度、集体协商和集体合同制度、国家协调劳动关系三方机制、劳动保障监察制度和劳动人事争议处理制度。为保障社会保障权利，国家建立了世界上规模最大、覆盖人口最多的社会保障体系，其中包括基本养老保险、基本医疗保障、失业保险、工伤保险；建立了以最低生活保障、特困人员救助供养、灾害救助、医疗救助、住房救助、教育救助、就业救助以及临时救助为主体，以社会力量参与为补充的制度体系。为保障教育权利，国家建立了中小学义务教育制度、国家奖学金制度。

在公民权利和政治权利保障方面，国家通过民法通则和侵权责任法建立了人格权保护体系。为保障公民迁徙自由权，国家改革了户籍制度。通过宪法、物权法建立了财产权的保障制度。为保障公民人身自由和获得公正审判的权利，国家不断完善司法诉讼制度。为保障政治权利，国家完善选举制度，逐步实现了城乡按相同人口比例选举人大代表，并保证各地区、各民族、各方面都有适当数量的代表。建立并不断完善以城乡村（居）民自治为核心，以民主选举、民主协商、民主决策、民主管理、民主监督为主要内容的基层群众自治制度。为保障知情权，国家建立了政务信息公开制度。为保障参与权，国家建立了重大行政决策法定程序，将公众参与作为决策的法定环节。为了保障监督权，国家建立了人民监督员制度。

在特定群体权利保障方面，国家建立了性别平等制度、少数民族权利保障制度、儿童权利保障制度、老年人权利保障制度、困难残疾人生活补贴和重度残疾人护理补贴制度、残疾儿童康复救助制度、残疾人辅助器具补贴制度。

（三）参与全球人权治理

在改革开放的第一阶段，中国人权事业发展向世界打开大门，加入并履行联合国人权公约，参与国际人权治理。

截至 2012 年底，中国政府已加入包括《经济、社会及文化权利国际公约》在内的 27 项国际人权公约①，并提交了 21 个履约报告。中国在 1984 年承认了国民党政府在 1930～1947 年批准的 14 个国际劳工公约，并于 1990 年和 2001 年批准了国际劳工组织的另外两个公约。

中国与联合国人权机构开展合作，自 1994 年以来，中国先后邀请宗教信仰自由特别报告员、任意拘留问题工作组、教育权特别报告员、酷刑问题特别报告员、粮食权特别报告员访华。中国分别于 2009 年和 2012 年接受联合国人权理事会国别人权审查。

中国建设性地参与联合国人权事务。自 1979 年起，中国连续三年作为观察员出席联合国人权委员会会议。1981 年，中国在联合国经社理事会组织会议上当选为人权委员会成员国。自 1982 年起，中国正式担任人权委员会成员国并一直连选连任。自 1984 年起，中国推荐的专家连续当选为防止歧视和保护少数小组委员会的委员和候补委员。为构建公正、客观、透明的国际人权机制，中国积极参与联合国人权专门机制的改革，在设立联合国人权理事会的磋商和最后表决过程中发挥了重要作用。2006 年联合国人权理事会成立后，中国先后于 2006 年和 2009 年高票当选和连任联合国人权理事会成员，并在人权理事会上积极表达中国主张，提出相

---

① 国务院新闻办公室：《2012 年中国人权事业的进展》，2013 年 5 月，国务院新闻办公室网站，http：//www.scio.gov.cn/zfbps/ndhf/2013/Document/1322525/1322525.htm。

关议案。中国支持对人权条约机构进行必要的改革，促进条约机构与缔约国在相互尊重的基础上开展对话与合作。中国积极推荐专家参选条约机构委员，多名中国专家出任联合国经济、社会和文化权利委员会，禁止酷刑委员会，消除种族歧视委员会，消除对妇女歧视委员会，残疾人权利委员会委员。

在国际人权舞台上，中国主动参与创设国际人权规则与机制。改革开放以来，中国参加了《禁止酷刑和其他残忍、不人道或有辱人格的待遇或处罚公约》《儿童权利公约》《残疾人权利公约》《保护所有移徙工人及其家属权利国际公约》，以及《经济、社会及文化权利国际公约》任择议定书等重要人权文件制定工作组会议，为这些规则的起草、修改和完善作出了重要贡献。中国作为主要推动者之一，参与了《发展权利宣言》的起草工作，积极推动联合国人权委员会和人权理事会就实现发展权问题进行全球磋商，致力于推动构建发展权实施机制。1993 年，中国推动亚洲国家通过《曼谷宣言》。中国作为第二届世界人权大会的副主席国，参加了《维也纳宣言和行动纲领》的起草工作。1995 年，在北京主办第四次世界妇女大会。2006 年以来，中国支持联合国人权理事会设立安全饮用水、文化权、残疾人权利等专题性特别机制；倡导召开关于粮食安全、国际金融危机等的特别会议，积极推动完善国际人权机制。

中国坚持在平等和相互尊重的基础上与有关国家开展双边人权对话与交流。中国与美国、欧盟、英国、德国、澳大利亚、荷兰、瑞士、新西兰等国家或国际组织分别举行人权对话，还与美国举行中美法律专家交流，与欧盟举行中欧司法研讨会，与澳大利亚开展人权技术合作项目等①。

截至 2012 年，中国人权研究会主办了五届"北京人权论坛"，围绕人权与发展、文化、科技、环境等的关系展开讨论，成为国际人权对话与交流的重要国际平台。

---

① 国务院新闻办公室：《2012 年中国人权事业的进展》，2013 年 5 月，国务院新闻办公室网站，http://www.scio.gov.cn/zfbps/ndhf/2013/Document/1322525/1322525.htm。

三　改革开放第二阶段中国人权事业发展的
目标和任务

中共十八大以来，中国的改革开放进入了一个新阶段，中国人权事业发展也进入了新阶段。经过几十年的不懈奋斗，中国稳定解决了十几亿人的温饱问题，总体上实现小康，社会生产力水平总体上显著提高，社会生产能力在很多方面进入世界前列。在这种情况下，中国进入了全面决胜建成小康社会、全面建设社会主义现代化强国的时代，社会主要矛盾已经转化为人民日益增长的美好生活需要和不平衡不充分的发展之间的矛盾。在新时代，人民美好生活需要日益广泛，人们不仅对物质文化生活提出了更高要求，而且在民主、法治、公平、正义、安全、环境等方面的要求日益增长。正如十九大报告所指出的，新时代"是全国各族人民团结奋斗、不断创造美好生活、逐步实现全体人民共同富裕的时代，是全体中华儿女勠力同心、奋力实现中华民族伟大复兴中国梦的时代，是我国日益走近世界舞台中央、不断为人类作出更大贡献的时代"[1]。

随着进入新时代，中国人权事业发展呈现出一系列新的特点。以习近平同志为核心的党中央强调以人民为中心，将人民的幸福生活视为最大的人权；以"五位一体"总体布局促进人的全面发展；用"四个全面"战略布局保障人权事业顺利推进；构建人类命运共同体，为全球人权治理提供中国方案。

（一）以人民为中心，人民的幸福生活是最大的人权

中共十八大以来，党和国家强调以人民为中心的发展思想，将促进人的全面发展作为人权事业发展的出发点和落脚点。在 2016 年 12 月致"纪念

---

[1]　习近平：《决胜全面建成小康社会　夺取新时代中国特色社会主义伟大胜利——在中国共产党第十九次全国代表大会上的报告》（2017 年 10 月 18 日），人民出版社，2017。

《发展权利宣言》通过 30 周年国际研讨会"的贺信中，习近平指出："多年来，中国坚持以人民为中心的发展思想，把增进人民福祉、保障人民当家作主、促进人的全面发展作为发展的出发点和落脚点，有效保障了人民发展权益，走出了一条中国特色人权发展道路。"① 2018 年 12 月 10 日，在致"纪念《世界人权宣言》发表 70 周年座谈会"的贺信中，习近平再次指出，中国"奉行以人民为中心的人权理念，把生存权、发展权作为首要的基本人权，协调增进全体人民的经济、政治、社会、文化、环境权利，努力维护社会公平正义，促进人的全面发展"②。《国家人权行动计划（2016—2020年)》明确提出制订和实施国家人权行动计划的指导思想包括"坚持以人民为中心的发展思想，把保障人民的生存权和发展权放在首位，将增进人民福祉、促进人的全面发展作为人权事业发展的出发点和落脚点，维护社会公平正义，在实现中华民族伟大复兴中国梦的征程中，使全体人民的各项权利得到更高水平的保障"③。中共十九大报告指出："必须坚持以人民为中心的发展思想，不断促进人的全面发展、全体人民共同富裕"；"坚持以人民为中心。人民是历史的创造者，是决定党和国家前途命运的根本力量。必须坚持人民主体地位，坚持立党为公、执政为民，践行全心全意为人民服务的根本宗旨，把党的群众路线贯彻到治国理政全部活动之中，把人民对美好生活的向往作为奋斗目标，依靠人民创造历史伟业"④。

以人民为中心，就是要以满足人民的最迫切需求作为人权发展的优先目标。正如习近平所指出的："在人权方面，最大发言权还是所在国的大多数人民。""人民对美好生活的向往，就是我们的奋斗目标。"⑤ 中共十九大报

---

① 《习近平致"纪念〈发展权利宣言〉通过 30 周年国际研讨会"的贺信》，2016 年 12 月 4 日，人民网，http：//politics. people. com. cn/n1/2016/1204/c1024 - 28923470. html。

② 《习近平致信"纪念〈世界人权宣言〉发表 70 周年座谈会"》，2018 年 12 月 10 日，中国政府网，http：//www. gov. cn/xinwen/2018 - 12/10/content_ 5347429. htm。

③ 国务院新闻办公室：《国家人权行动计划（2016—2020 年)》，人民出版社，2016，第 3 页。

④ 习近平：《决胜全面建成小康社会 夺取新时代中国特色社会主义伟大胜利——在中国共产党第十九次全国代表大会上的报告》（2017 年 10 月 18 日），人民出版社，2017。

⑤ 习近平：《在同中外记者见面时的讲话》，2012 年 11 月 15 日。

告提出，"保障和改善民生要抓住人民最关心最直接最现实的利益问题，既尽力而为，又量力而行，一件事情接着一件事情办，一年接着一年干。坚持人人尽责、人人享有，坚守底线、突出重点、完善制度、引导预期，完善公共服务体系，保障群众基本生活，不断满足人民日益增长的美好生活需要，不断促进社会公平正义，形成有效的社会治理、良好的社会秩序"①。

以人民为中心，就要促进对人权的更平等保障。《国家人权行动计划（2016—2020 年）》在阐述推进人权事业发展的基本原则时，在前两期行动计划提出的依法推进、协调推进和务实推进三原则的基础上，进一步提出了平等推进和合力推进两个新原则。平等推进就是要"保障每个人都能平等享有各项人权"；合力推进就是要求"政府、企事业单位、社会组织共同促进人权事业的发展"②。

以人民为中心，要求将人民生活幸福作为人权实现的检验标准。习近平在致"纪念《世界人权宣言》发表 70 周年座谈会"的贺信中指出，"人民幸福生活是最大的人权。……中国发展成就归结到一点，就是亿万中国人民生活日益改善"③。在致"纪念《发展权利宣言》通过 30 周年国际研讨会"的贺信中，习近平指出："中国人民正在为实现'两个一百年'奋斗目标、实现中华民族伟大复兴的中国梦而努力，中国人民生活将更加幸福，中国人民权利将得到更充分保障，中国将为人类发展进步作出更大贡献。"④ 中共十九大报告提出，要"使人民获得感、幸福感、安全感更加充实、更有保障、更可持续"⑤。

以人民为中心，就要将各项人权保障措施落到实处，使人民有更多的获

① 习近平：《决胜全面建成小康社会 夺取新时代中国特色社会主义伟大胜利——在中国共产党第十九次全国代表大会上的报告》（2017 年 10 月 18 日），人民出版社，2017。
② 国务院新闻办公室：《国家人权行动计划（2016—2020 年）》，人民出版社，2016，第 3 页。
③ 《习近平致信"纪念〈世界人权宣言〉发表 70 周年座谈会"》，2018 年 12 月 10 日，中国政府网，http://www.gov.cn/xinwen/2018-12/10/content_5347429.htm。
④ 《习近平致"纪念〈发展权利宣言〉通过 30 周年国际研讨会"的贺信》，2016 年 12 月 4 日，人民网，http://politics.people.com.cn/n1/2016/1204/c1024-28923470.html。
⑤ 习近平：《决胜全面建成小康社会 夺取新时代中国特色社会主义伟大胜利——在中国共产党第十九次全国代表大会上的报告》（2017 年 10 月 18 日），人民出版社，2017。

得感。习近平多次谈到,空谈误国,实干兴邦。习近平指出,制定出一个好文件,只是万里长征走完了第一步,关键还在于落实文件,"要防止徒陈空文、等待观望、急功近利,必须有时不我待的紧迫意识和夙夜在公的责任意识抓实、再抓实"①。习近平提出,要"推出一批能叫得响、立得住、群众认可的硬招实招,处理好改革'最先一公里'和'最后一公里'的关系,突破'中梗阻',防止不作为,把改革方案的含金量充分展示出来,让人民群众有更多获得感"②;"要努力让人民群众在每一个司法案件中都感受到公平正义"③。

以人民为中心,就要认识到人权没有最好,只有更好,要不断满足人民日益增长的权利需求。习近平指出:"任何国家都需要不断加强和改进人权保护,适应时代的发展。""改革开放 30 多年来中国人权事业取得了有目共睹的巨大成就,但在人权问题上没有最好只有更好。中国人口多,区域差异大,发展不平衡,在进一步改善民生和人权状况方面还面临不少的挑战。中国政府将继续从本国国情出发坚持以人为本、始终把人民愿望和要求放在心上,采取切实有效的政策措施大力促进社会公平、正义与和谐,推动中国人权事业不断取得新的进展。"④

(二)"五位一体"总体布局促进人的全面发展

党的十八大着眼于全面建成小康社会、实现社会主义现代化和中华民族伟大复兴,为了推进中国特色社会主义事业发展,作出经济建设、政治建设、文化建设、社会建设、生态文明建设"五位一体"的总体布局,它本质上也是中国人权事业发展的总体布局,对应着经济、政治、文化、社会、环境权利的保障。习近平指出:"我们将坚持以人为本,全面推进经济建设、政治建设、文化建设、社会建设、生态文明建设,促进现代化建设各个

---

① 《习近平谈治国理政》,外文出版社,2014,第 107 页。
② 习近平:《在中央全面深化改革领导小组第十次会议上的讲话》,2015 年 2 月 27 日。
③ 习近平:《在主持中央政治局第四次集体学习时发表的讲话》,2013 年 2 月 23 日。
④ 习近平:《在美国国务院出席午宴时就中美关系发表的讲话》,2012 年 2 月 14 日。

方面、各个环节相协调，建设美丽中国。"① 在致"纪念《世界人权宣言》发表 70 周年座谈会"的贺信中，习近平强调要"协调增进全体人民的经济、政治、社会、文化、环境权利"②。国务院新闻办公室 2013 年 5 月 14 日发表的《2012 年中国人权事业的进展》（白皮书）明确指出，"中国将人权事业的发展与经济建设、政治建设、文化建设、社会建设和生态文明建设相结合"③，并分别从五大建设中的人权保障角度对中国人权事业发展作出了总结。《国家人权行动计划（2016—2020 年）》进一步明确提出，"将人权事业与经济建设、政治建设、文化建设、社会建设、生态文明建设和党的建设结合起来"④。

"五位一体"总体布局，从人权的角度说，就是要促进人的全面发展，使每个人的发展权得到充分的实现。2013 年 3 月 17 日，习近平在十二届全国人大一次会议闭幕会上发表的讲话中指出："生活在我们伟大祖国和伟大时代的中国人民，共同享有人生出彩的机会，共同享有梦想成真的机会，共同享有同祖国和时代一起成长与进步的机会。"2014 年 3 月 27 日，习近平在中法建交五十周年纪念大会上的讲话中指出："中国梦是追求幸福的梦。中国梦是中华民族的梦，也是每个中国人的梦。我们的方向就是让每个人获得发展自我和奉献社会的机会，共同享有人生出彩的机会，共同享有梦想成真的机会，保证人民平等参与、平等发展权利，维护社会公平正义，使发展成果更多更公平惠及全体人民，朝着共同富裕方向稳步前进。"2015 年 9 月 16 日，习近平在致"2015·北京人权论坛"贺信中指出："中国人民正在为实现中华民族伟大复兴的中国梦而奋斗，这将在更高水平上保障中国人民的人权，促进人的全面发展。"十九大报告将"促进人的全面发展"置于更加突出的位置。报告三处提到要更好推动、不断促进"人的全面发展"，这不

---

① 习近平：《习近平在金砖国家领导人第五次会晤时的主旨讲话》，2013 年 3 月 27 日。

② 《习近平致信"纪念〈世界人权宣言〉发表 70 周年座谈会"》，2018 年 12 月 10 日，中国政府网，http://www.gov.cn/xinwen/2018 – 12/10/content_ 5347429. htm。

③ 国务院新闻办公室：《2012 年中国人权事业的进展》（白皮书），2013 年 5 月 14 日，国务院新闻办公室网站：http://www.scio.gov.cn/zfbps/ndhf/2013/Document/1322525/1322525.htm。

④ 国务院新闻办公室：《国家人权行动计划（2016—2020 年）》，人民出版社，2016，第 3 页。

仅意味着要将人真正作为发展的主体，而且要求对人的各方面权利予以全面的尊重和保障。报告特别强调要使"人民平等参与、平等发展权利得到充分保障"①。

《中华人民共和国国民经济和社会发展第十三个五年规划纲要》结合"五大建设"提出了一系列保障人权的规划目标和具体措施。

在经济建设方面，"十三五"规划提出的涉及人权保障的目标包括就业比较充分，就业服务体系更加健全，收入差距缩小，中等收入人口比重上升。中国现行标准下农村贫困人口实现脱贫，贫困县全部摘帽，解决区域性整体贫困，产权得到有效保护。具体措施包括推进精准扶贫、精准脱贫，促进资源枯竭、产业衰退、生态严重退化等困难地区发展接续替代产业，深入推进西部大开发，大力推动东北地区等老工业基地振兴，促进中部地区崛起，促进困难地区转型发展②。

在政治建设方面，"十三五"规划提出的涉及人权保障的目标包括人民民主更加健全，法治政府基本建成，司法公信力明显提高，人权得到切实保障。具体措施包括依法保障居民知情权、参与权、决策权和监督权，完善公众参与治理的制度化渠道；对关系公众切身利益的重大决策，以居民会议、议事协商、民主听证等形式，广泛征求公众意见建议；完善村务公开、居务公开、民主评议等途径，加强公众监督评估；加强协商民主制度建设，构建程序合理、环节完整的协商民主体系，进一步加强政党协商，拓宽国家政权机关、政协组织、党派团体、基层组织、社会组织的协商渠道；完善基层民主制度，畅通民主渠道，健全基层选举、议事、公开、述职、问责等机制；开展形式多样的基层民主协商，推进基层协商制度化③。

---

① 习近平：《决胜全面建成小康社会　夺取新时代中国特色社会主义伟大胜利——在中国共产党第十九次全国代表大会上的报告》（2017 年 10 月 18 日），人民出版社，2017。
② 《中华人民共和国国民经济和社会发展第十三个五年规划纲要》，2016 年 3 月 17 日，新华社，http://news.xinhuanet.com/politics/2016lh/2016-03/17/c_ 1118366322.htm。
③ 《中华人民共和国国民经济和社会发展第十三个五年规划纲要》，2016 年 3 月 17 日，新华社，http://news.xinhuanet.com/politics/2016lh/2016-03/17/c_ 1118366322.htm。

在文化建设方面，"十三五"规划中涉及人权保障的目标是公共文化服务体系基本建成。具体措施包括推进基本公共文化服务标准化、均等化，完善公共文化设施网络，加强基层文化服务能力建设；加大对老少边穷地区文化建设帮扶力度；加快公共数字文化建设；加强文化产品、惠民服务与群众文化需求对接；鼓励社会力量参与公共文化服务；继续推进公共文化设施免费开放；繁荣发展文学艺术、新闻出版、广播影视和体育事业；加强老年人、未成年人、农民工、残疾人等群体的文化权益保障等①。

在社会建设方面，"十三五"规划中涉及的人权保障目标包括教育、文化体育、社保、医疗、住房等公共服务体系更加健全，基本公共服务均等化水平稳步提高，教育现代化取得重要进展，劳动年龄人口受教育年限明显增加，户籍人口城镇化率加快提高。具体措施包括深化户籍制度改革，实施居住证制度，保障居住证持有人在居住地享有义务教育、公共就业服务、公共卫生服务等国家规定的基本公共服务；加快城镇棚户区和危房改造，健全住房供应体系，提高住房保障水平；加快基本公共教育均衡发展，推进职业教育产教融合，提升大学创新人才培养能力，加快学习型社会建设；推进健康中国建设，建立健全基本医疗卫生制度，实现人人享有基本医疗卫生服务，健全全民医疗保障体系；改革完善社会保障制度，完善社会保险体系，健全社会救助体系，支持社会福利和慈善事业发展；保障妇女、未成年人和残疾人的基本权益，健全养老服务体系；形成政社分开、权责明确、依法自治的现代社会组织体制，推动登记制度改革，实行分类登记制度，支持行业协会商会类、科技类、公益慈善类、社区服务类社会组织发展；加快建设美丽宜居乡村，全面改善农村生产生活条件，实施农村饮水安全巩固提升工程，改善农村办学条件和教师工作生活条件；加强基层医疗卫生机构和乡村医生队伍建设，建立健全农村留守儿童

---

① 《中华人民共和国国民经济和社会发展第十三个五年规划纲要》，2016 年 3 月 17 日，新华社，http：//news. xinhuanet. com/politics/2016lh/2016 – 03/17/c_ 1118366322. htm。

和妇女、老人关爱服务体系；加强和改善农村社会治理，完善农村治安防控体系，深入推进平安乡村建设等①。

在生态文明建设方面，"十三五"规划中涉及人权保障的目标包括生态环境质量总体改善，生产方式和生活方式绿色、低碳水平上升，能源资源开发利用效率大幅提高，能源和水资源消耗、建设用地、碳排放总量得到有效控制，主要污染物排放总量大幅减少，主体功能区布局和生态安全屏障基本形成。具体措施包括加快建设主体功能区，推进资源节约集约利用，加大环境综合治理力度，加强生态保护修复，健全生态安全保障机制，发展绿色环保产业②。

（三）"四个全面"战略布局保障人权事业顺利推进

为落实"五位一体"总体布局，保障人权事业顺利推进，中央提出了"四个全面"的战略布局，即全面建成小康社会、全面深化改革、全面依法治国、全面从严治党，它对于保障中国人权事业的顺利推进具有重要的战略意义。

全面建成小康社会系统地确立了建成富强民主文明和谐的社会主义现代化国家的战略目标和宏伟蓝图，推进国家治理体系和治理能力现代化，同时也确定了促进人的全面发展的总体战略目标。正如习近平所指出的，"中国梦意味着中国人民和中华民族的价值体认和价值追求，意味着全面建成小康社会、实现中华民族伟大复兴，意味着每一个人都能在为中国梦的奋斗中实现自己的梦想"③。

全面深化改革的直接目的，是要改革那些阻碍全面建成小康社会的体制机制障碍，习近平指出："中国正在全面深化改革，统筹推进经济、政

---

① 《中华人民共和国国民经济和社会发展第十三个五年规划纲要》，2016 年 3 月 17 日，新华社，http://news.xinhuanet.com/politics/2016lh/2016 - 03/17/c_ 1118366322. htm。

② 《中华人民共和国国民经济和社会发展第十三个五年规划纲要》，2016 年 3 月 17 日，新华社，http://news.xinhuanet.com/politics/2016lh/2016 - 03/17/c_ 1118366322. htm。

③ 习近平：《建设社会主义文化强国　着力提高国家文化软实力》，2013 年 12 月 30 日。

治、文化、社会、生态文明等领域改革，努力破解发展难题，消除影响经济社会发展的体制机制障碍，不断为发展增添新动力。"① 从促进人的实现角度来看，全面深化改革具有双重意义，一方面，它要激发人的生命活力，为人的全面发展创造条件。正如习近平所指出的："我们要通过深化改革，让一切劳动、知识、技术、管理、资本等要素的活力竞相迸发，让一切创造社会财富的源泉充分涌流。""要靠通过不断改革创新，使中国特色社会主义在解放和发展社会生产力、解放和增强社会活力、促进人的全面发展上比资本主义制度更有效率，更能激发全体人民的积极性、主动性、创造性，更能为社会发展提供有利条件，更能在竞争中赢得比较优势，把中国特色社会主义制度的优越性充分体现出来。"② 另一方面，全面深化改革也是要消除阻碍人权实现的各种障碍，保障人民平等参与、平等发展的权利。正如习近平所指出的，"我们要通过创新制度安排，努力克服人为因素造成的有违公平正义的现象，保证人民平等参与、平等发展权利"③。

全面依法治国是要"为党和国家事业发展提供根本性、全局性、长期性的制度保障"④，它是保证全面建成小康社会、全面深化改革顺利进行的重要条件。全面依法治国包括立法、执法、司法和守法四个环节，每一个环节都与人权保障有着密切的关系。推进科学立法和民主立法是提高立法质量的根本途径，它要求"完善科学立法、民主立法机制，创新公众参与立法方式，广泛听取各方面意见和建议"⑤。坚持严格执法，就是要"维护人民

---

① 习近平：《让工程科技造福人类、创造未来——在 2014 年国际工程科技大会上的主旨演讲》，2014 年 6 月 3 日，《人民日报》2014 年 6 月 4 日，第 2 版。

② 习近平：《切实把思想统一到党的十八届三中全会精神上来》，2014 年 1 月 1 日，《人民日报》2014 年 1 月 1 日，第 2 版。

③ 习近平：《切实把思想统一到党的十八届三中全会精神上来》，2014 年 1 月 1 日，《人民日报》2014 年 1 月 1 日，第 2 版。

④ 习近平：《在中共十八届四中全会第二次全体会议上的讲话》，2014 年 10 月 23 日。

⑤ 《关于〈中共中央关于全面推进依法治国若干重大问题的决定〉的说明》，2014 年 10 月 20 日。

群众切身利益"①。公正司法同样"事关人民切身利益，事关社会公平正义"②。全民守法，重点是反对特权，要求党政领导干部做尊法守法模范。习近平指出："领导干部要做尊法的模范，带头尊崇法治、敬畏法律；做学法的模范，带头了解法律、掌握法律；做守法的模范，带头遵纪守法、捍卫法治；做用法的模范，带头厉行法治、依法办事。"③ 习近平指出，"全面依法治国，核心是坚持党的领导、人民当家作主、依法治国有机统一，关键在于坚持党领导立法、保证执法、支持司法、带头守法。要在全社会牢固树立宪法法律权威，弘扬宪法精神，任何组织和个人都必须在宪法法律范围内活动，都不得有超越宪法法律的特权"④。

全面从严治党的目的，是要保持党同人民群众的血肉联系，始终保持党的先进性和纯洁性，侵害人民的权利，以保证人权的平等实现。习近平指出："严以用权，就是要坚持用权为民，按规则、按制度行使权力，把权力关进制度的笼子里，任何时候都不搞特权、不以权谋私。"⑤ "党内决不允许有不受党纪国法约束、甚至凌驾于党章和党组织之上的特殊党员。"⑥ "领导干部不论职务多高、资历多深、贡献多大，都要严格按法规制度办事，坚持法规制度面前人人平等、遵守法规制度没有特权、执行法规制度没有例外。"⑦

（四）构建人类命运共同体，为全球人权治理提供中国方案

2012 年 11 月，党的十八大报告正式提出了"倡导人类命运共同体意识"。2013 年 3 月，习近平在莫斯科国际关系学院的演讲中第一次提出"命

① 习近平：《在中央政法工作会议上的讲话》，2014 年 1 月 7 日。
② 习近平：《在中共中央政治局第二十一次集体学习时的讲话》，2015 年 3 月 24 日。
③ 习近平：《在省部级主要领导干部学习贯彻十八届四中全会精神全面推进依法治国专题研讨班开班式上的讲话》，2015 年 2 月 2 日。
④ 习近平：《在庆祝中国共产党成立 95 周年大会上的讲话》，2016 年 7 月 1 日。
⑤ 习近平：《在参加十二届全国人大二次会议安徽代表团审议时的讲话》，2014 年 3 月 9 日。
⑥ 习近平：《在第十八届中央纪律检查委员会第二次全体会议上的讲话》，2013 年 1 月 22 日。
⑦ 习近平：《在十八届中央政治局第二十四次集体学习时的讲话》，2015 年 6 月 26 日。

运共同体"理念。2015 年 9 月，在联合国成立 70 周年系列峰会上，习近平全面阐述了打造人类命运共同体的主要内涵，其中包括建立平等相待、互商互谅的伙伴关系，营造公道正义、共建共享的安全格局，谋求开放创新、包容互惠的发展前景，促进和而不同、兼收并蓄的文明交流，构筑尊崇自然、绿色发展的生态体系，这就形成了"五位一体"的构建人类命运共同体总布局①。2017 年 1 月，习近平在联合国日内瓦总部发表了题为《共同构建人类命运共同体》的重要演讲，系统阐述了人类命运共同体重大理念，为改革和完善全球治理指明方向，为人类实现更好发展提供中国方案，得到了与会者的高度赞赏。2017 年 10 月 18 日，习近平在党的十九大报告之中明确提出，坚持和平发展道路，推动构建人类命运共同体。2018 年 3 月 11 日，第十三届全国人民代表大会第一次会议所通过的宪法修正案，将我国宪法序言第十二自然段中的"发展同各国的外交关系和经济、文化的交流"修改为"发展同各国的外交关系和经济、文化交流，推动构建人类命运共同体"②。

构建人类命运共同体，是中国对全球人权治理提出的中国方案。2017 年 12 月 7 日，习近平在致首届"南南人权论坛"的贺信中指出："当今世界，发展中国家人口占 80% 以上，全球人权事业发展离不开广大发展中国家共同努力。人权事业必须也只能按照各国国情和人民需求加以推进。发展中国家应该坚持人权的普遍性和特殊性相结合的原则，不断提高人权保障水平。国际社会应该本着公正、公平、开放、包容的精神，尊重并反映发展中国家人民的意愿。中国人民愿与包括广大发展中国家在内的世界各国人民同心协力，以合作促发展，以发展促人权，共同构建人类命运共同体。"③ 在致"纪念《世界人权宣言》发表 70 周年座谈会"的贺信中，习近平再次指

---

① 崔玉英：《在"构建人类命运共同体与全球人权治理"理论研讨会开幕式上的主旨讲话》，《人权》2017 年第 4 期，第 4~7 页。
② 《习近平致信"纪念〈世界人权宣言〉发表 70 周年座谈会"》，2018 年 12 月 10 日，中国政府网，http：//www.gov.cn/xinwen/2018–12/10/content_5347429.htm。
③ 《习近平致首届"南南人权论坛"的贺信》，2017 年 12 月 7 日，央广网，http：//news.cnr.cn/native/gd/20171207/t20171207_524053878.shtml。

出："中国人民愿同各国人民一道，秉持和平、发展、公平、正义、民主、自由的人类共同价值，维护人的尊严和权利，推动形成更加公正、合理、包容的全球人权治理，共同构建人类命运共同体，开创世界美好未来。"

构建人类命运共同体，要求各国在平等和相互尊重的基础上开展人权对话和交流，形成人权共识，开展人权合作。2012年12月14日，习近平在华盛顿出席美国副总统拜登、国务卿希拉里·克林顿共同举行的欢迎午宴，在致辞中指出："中国愿在平等和相互尊重的基础上，与包括美国在内的世界各国就人权问题开展坦诚、建设性的对话和交流，增进了解，缩小分歧，相互借鉴，共同进步。"2015年9月16日，习近平致"2015·北京人权论坛"的贺信中指出："中国主张加强不同文明交流互鉴、促进各国人权交流合作，推动各国人权事业更好发展。希望各方嘉宾积极探讨、集思广益，为促进世界人权事业健康发展作出贡献。"2015年9月25日，习近平在华盛顿同奥巴马共同会见记者时指出："民主和人权是人类共同追求，同时必须尊重各国人民自主选择本国发展道路的权利。中国人民实现中华民族伟大复兴中国梦的过程，本质上就是实现社会公平正义和不断推动人权事业发展的进程。中方愿继续在平等和相互尊重基础上，同美方开展人权对话，扩大共识、减少分歧、相互借鉴、共同提高。"2015年10月21日，习近平在会见英国首相卡梅伦时指出："人权保障全世界来讲，没有最好，只有更好，任何国家都要改进。在人权方面，最大发言权还是所在国的大多数人民。"

为了促进构建人类命运共同体，中国作出了很多积极的努力。在人权对话方面，中国除了与西方发达国家定期开展人权对话之外，进一步开展了同俄罗斯、埃及、南非、巴西、马来西亚、巴基斯坦、白俄罗斯、古巴、非盟等发展中国家或国际组织的人权磋商。在定期举办"北京人权论坛"的基础上，2017年，中国举办了首届"南南人权论坛"。从2015年开始，中国每年定期举办"中欧人权研讨会"。2016年举办了"纪念《发展权利宣言》通过30周年国际研讨会"。

在人权国际合作方面，中国全程参与并有效推动国际气候谈判，为

《巴黎气候变化协定》的最终通过作出贡献。中国积极推动联合国《2030 年可持续发展议程》的制定和实施。中国提出了"一带一路"倡议，以合作促发展，以发展促人权。

四 在改革开放中走出了一条适合中国国情的人权发展道路

在改革开放的实践中，中国探索并成功走出了一条适合中国国情的人权发展道路。中共中央总书记、国家主席习近平在致"2015·北京人权论坛"的贺信中指出："中国共产党和中国政府始终尊重和保障人权。长期以来，中国坚持把人权的普遍性原则同中国实际相结合，不断推动经济社会发展，增进人民福祉，促进社会公平正义，加强人权法治保障，努力促进经济、社会、文化权利和公民、政治权利全面协调发展，显著提高了人民生存权、发展权的保障水平，走出了一条适合中国国情的人权发展道路。"[1]《2014 年中国人权事业的进展》（白皮书）对中国人权发展道路进行了进一步的总结概括："中国人权事业取得的巨大成就，充分说明中国成功地走出一条适合本国国情的人权发展道路。在这条人权发展道路上，中国坚持中国共产党的领导，确保人权事业发展的正确方向；坚持人权普遍性原则与中国现实国情相结合，在更高层次上保障好人民的生存权、发展权；坚持依法治国，把人权发展纳入法治化制度化轨道；坚持突出重点与全面推进相统一，推动人权建设和各领域建设统筹兼顾、协调发展；坚持继承和弘扬中华优秀传统文化，吸收和借鉴人类文明有益成果。"[2]

第一，坚持中国共产党领导，以人民为中心促进人权事业发展。中国共产党是中国人权事业发展的领导者，确保了中国人权事业沿着正确的方向前

---

① 《习近平致"2015·北京人权论坛"的贺信》，2015 年 9 月 16 日，新华网，http：//www. xinhuanet. com/politics/2015 - 09/16/c_ 1116583281. htm。

② 国务院新闻办公室：《2014 年中国人权事业的进展》（白皮书），2015 年 6 月 8 日，国务院新闻办公室网站，http：//www. scio. gov. cn/zfbps/ndhf/2015/Document/1437147/1437147. htm。

进。习近平在致"2015·北京人权论坛"的贺信中指出,"中国共产党和中国政府始终尊重和保障人权"①;在致"纪念《世界人权宣言》发表70周年座谈会"的贺信中特别强调,"中国共产党从诞生那一天起,就把为人民谋幸福、为人类谋发展作为奋斗目标"②;在致首届"南南人权论坛"的贺信中进一步指出,"中国共产党第十九次全国代表大会描绘了中国发展的宏伟蓝图,必将有力推动中国人权事业发展,为人类进步事业作出新的更大的贡献"③。坚持党对人权事业的领导,就是要坚持以人民为中心的人权发展方向。习近平多次强调要"坚持以人民为中心的发展思想,把增进人民福祉、保障人民当家作主、促进人的全面发展作为发展的出发点和落脚点"④。

第二,坚持将人权的普遍性原则与中国现实国情相结合,务实推进人权事业发展。习近平在致"纪念《世界人权宣言》发表70周年座谈会"的贺信中指出,"中国坚持把人权的普遍性原则同本国实际相结合"⑤。《国家人权行动计划(2009—2010年)》指出,要"从中国国情出发,本着务实的精神,确保设定的目标和措施切实可行,科学推进中国人权事业的发展"⑥。《国家人权行动计划(2012—2015年)》进一步提出"务实推进原则",要求"既尊重人权的普遍性原则,又坚持从中国的基本国情和新的实际出发,切实推进人权事业发展"⑦。《国家人权行动计划(2016—2020年)》再次强调"务实推进,把人权的普遍原则和中国实际相结合"⑧。务实推进中国人

---

① 《习近平致"2015·北京人权论坛"的贺信》,2015年9月16日,新华网,http://www.xinhuanet.com/politics/2015-09/16/c_1116583281.htm。
② 《习近平致信"纪念《世界人权宣言》发表70周年座谈会"》,2018年12月10日,中国政府网,http://www.gov.cn/xinwen/2018-12/10/content_5347429.htm。
③ 《习近平致首届"南南人权论坛"的贺信》,2017年12月7日,央广网,http://news.cnr.cn/native/gd/20171207/t20171207_524053878.shtml。
④ 《习近平致"纪念《发展权利宣言》通过30周年国际研讨会"的贺信》,2016年12月4日,人民网,http://politics.people.com.cn/n1/2016/1204/c1024-28923470.html。
⑤ 《习近平致信"纪念《世界人权宣言》发表70周年座谈会"》,2018年12月10日,中国政府网,http://www.gov.cn/xinwen/2018-12/10/content_5347429.htm。
⑥ 国务院新闻办公室:《国家人权行动计划(2009—2010年)》,外文出版社,2009,第3页。
⑦ 国务院新闻办公室:《国家人权行动计划(2012—2015年)》,人民出版社,2012,第4页。
⑧ 国务院新闻办公室:《国家人权行动计划(2016—2020年)》,人民出版社,2016,第3页。

权事业发展，要求结合中国的具体国情制定适合中国实际状况的人权发展战略，不盲目照搬照抄其他国家的人权发展模式。首先，在制订人权发展计划时，充分考虑民众最迫切的权利需求，将人民最关心的权利问题置于人权发展战略的优先位置，使人权事业的发展获得最广泛的支持，为人民群众带来实际的利益满足。其次，将人权事业发展与国家发展规划相结合，将人权发展与国家的各项建设规划结合起来，将人权发展目标纳入国家整体的发展规划之中，使各项人权保障措施得以有效落实。最后，处理好人权保障与经济发展和社会稳定的关系。人权事业的有效推进需要一定的条件，其中最重要的两个条件是经济的发展和社会的稳定。经济发展为各项人权的实现提供物质基础，社会稳定为各项人权的实现提供社会保障。中国在推进人权事业发展过程中，特别注意处理好人权保障与经济发展和社会稳定的关系，在经济发展的基础上提升人权保障的水平，在维护社会稳定的基础上推进人权事业发展，使人权事业发展有了坚实的现实基础和环境保障，中国人权事业得以快速和全面发展[1]。

第三，坚持将生存权和发展权作为首要人权，以发展促人权。中国是世界上最大的发展中国家，我们清醒地认识到自身处于社会主义初期发展阶段，明确地将生存权、发展权作为首要人权，通过保障生存权和发展权促进其他各项人权的实现。1991 年发布的第一份《中国的人权状况》（白皮书）中明确提出，"生存权是中国人民长期争取的首要人权"，"对一个国家和民族来说，人权首先是人民的生存权。没有生存权，其他一切人权均无从谈起"[2]。1995 年发布的《中国人权事业的进展》（白皮书）中进一步提出，"实践证明，将人民的生存权、发展权摆在首位，在改革、发展、稳定的条件下全面改进人权状况，是符合中国国情和全体人民的根本利益的"[3]。《国

---

① 常健、刘一：《从五大推进原则看中国人权发展道路的特点》，《人权》2017 年第 1 期。

② 国务院新闻办公室：《中国的人权状况》（白皮书），1991 年 11 月，国务院新闻办公室网站，http://www.scio.gov.cn/zfbps/ndhf/1991/Document/308017/308017.htm。

③ 国务院新闻办公室：《中国人权事业的进展》（白皮书），1995 年 12 月，国务院新闻办公室网站，http://www.scio.gov.cn/zfbps/ndhf/1995/Document/307995/307995.htm。

家人权行动计划（2009—2010年）》指出，要"切实把保障人民的生存权和发展权放在保障人权的首要位置，在推动经济社会又好又快发展的基础上，依法保证全体社会成员平等参与、平等发展的权利"①。《国家人权行动计划（2012—2015年）》进一步提出，要"继续把保障人民的生存权、发展权放在首位，着力保障和改善民生，着力解决人民群众最关心、最直接、最现实的权利和利益问题"②。《国家人权行动计划（2016—2020年）》再次强调"把保障人民的生存权和发展权放在首位，将增进人民福祉、促进人的全面发展作为人权事业发展的出发点和落脚点"③。

第四，坚持依法治国，把人权发展纳入法治化轨道。《国家人权行动计划（2009—2010年）》指出，要"根据中国宪法的基本原则，遵循《世界人权宣言》和国际人权条约的基本精神，完善保障人权的各项法律法规，依法推进中国人权事业的发展"④。《国家人权行动计划（2012—2015年）》进一步提出"依法推进原则"，要求"从立法、行政和司法各个环节完善尊重和保障人权的法律法规和实施机制，依法推进中国人权事业发展"⑤。《国家人权行动计划（2016—2020年）》再次强调"依法推进，将人权事业纳入法治轨道"⑥。中共十九大报告进一步提出"加强人权法治保障"⑦。把人权事业发展纳入法治化轨道，首先意味着不搞"运动式""突击式"，而是建立稳定的规则和制度，注重长期可持续的效果。其次，它意味着在人权保障的法律和政策的相互关系上，法律保障将日益占据主导位置。最后，它意味着要从立法、行政、司法、守法等法治的各个环节加强人权保障。

第五，坚持突出重点与全面推进相统一，协调推动各项人权发展。《国

---

① 国务院新闻办公室：《国家人权行动计划（2009—2010年）》，外文出版社，2009，第2页。
② 国务院新闻办公室：《国家人权行动计划（2012—2015年）》，人民出版社，2012，第3页。
③ 国务院新闻办公室：《国家人权行动计划（2016—2020年）》，人民出版社，2016，第2页。
④ 国务院新闻办公室：《国家人权行动计划（2009—2010年）》，外文出版社，2009，第3页。
⑤ 国务院新闻办公室：《国家人权行动计划（2012—2015年）》，人民出版社，2012，第3页。
⑥ 国务院新闻办公室：《国家人权行动计划（2016—2020年）》，人民出版社，2016，第2～3页。
⑦ 习近平：《决胜全面建成小康社会 夺取新时代中国特色社会主义伟大胜利——在中国共产党第十九次全国代表大会上的报告》（2017年10月18日），人民出版社，2017。

家人权行动计划（2009—2010年）》指出，要"坚持各类人权相互依赖与不可分割的原则，平衡推进经济、社会和文化权利与公民权利和政治权利的协调发展，促进个人人权和集体人权的均衡发展"①。《国家人权行动计划（2012—2015年）》进一步提出"全面推进原则"，要求"将各项人权作为相互依存、不可分割的有机整体，促进经济、社会、文化权利与公民权利、政治权利的协调发展，促进个人人权与集体人权的协调发展"②。《国家人权行动计划（2016—2020年）》再次强调"协调推进，使各项权利全面协调发展"③。全面协调推进中国人权事业发展，首先要求协调推进经济、社会、文化权利与公民权利、政治权利的发展。其次，它要求协调促进个人人权与集体人权的发展。再次，它要求平等保障各项个人权利。最后，它要求协调人权保障与其他公共利益之间的关系。

第六，合力推进，努力促进各类特定群体人权得到平等保障。中国作为全球最大的发展中国家，长期存在发展不平衡的问题。如何促进各类主体的人权特别是弱势群体的人权得到平等保障，是执政党必须面对的挑战。首先，中国特别注重对各类特定群体人权的平等保障。《国家人权行动计划（2012—2015年）》指出，要"充分保障少数民族、妇女、儿童、老年人和残疾人的合法权益"④；《国家人权行动计划（2016—2020年）》提出"平等推进"原则，要求"保障每个人都能平等享有各项人权"⑤；"采取有针对性的措施，有效满足各类群体的特殊需求，切实保障少数民族、妇女、儿童、老年人和残疾人的合法权益"⑥。其次，中国特别注意弥补由自然条件的差异和经济发展战略的不同造成的居住在不同地区的居民在权利享有上存在的实际差距，着力提升中西部地区和贫困地区的人权保障水平。最后，为

---

① 国务院新闻办公室：《国家人权行动计划（2009—2010年）》，外文出版社，2009，第3页。
② 国务院新闻办公室：《国家人权行动计划（2012—2015年）》，人民出版社，2012，第4页。
③ 国务院新闻办公室：《国家人权行动计划（2016—2020年）》，人民出版社，2016，第3页。
④ 国务院新闻办公室：《国家人权行动计划（2012—2015年）》，人民出版社，2012，第4页。
⑤ 国务院新闻办公室：《国家人权行动计划（2016—2020年）》，人民出版社，2016，第3页。
⑥ 国务院新闻办公室：《国家人权行动计划（2016—2020年）》，人民出版社，2016，第30页。

了促进社会所有成员的人权都得到平等保障，中国特别强调社会各界合力推进人权事业发展。《国家人权行动计划（2016—2020年）》提出了"合力推进"原则，要求"政府、企事业单位、社会组织共同促进人权事业的发展"①。

五　2018年中国人权事业发展值得关注的发展

2018年中国人权事业发展呈现丰富多彩的发展趋势，一些重点领域的发展特别值得重点关注。

2018年，是中国改革开放40周年。国务院新闻办公室发布了《改革开放40年中国人权事业的发展进步》白皮书。12月18日，"庆祝改革开放40周年大会"在人民大会堂隆重举行，习近平总书记在讲话中肯定了改革开放40年"人权事业全面发展"，并在对今后的要求中指出："前进道路上，我们必须始终把人民对美好生活的向往作为我们的奋斗目标，践行党的根本宗旨，贯彻党的群众路线，尊重人民主体地位，尊重人民群众在实践活动中所表达的意愿、所创造的经验、所拥有的权利、所发挥的作用，充分激发蕴藏在人民群众中的创造伟力。我们要健全民主制度、拓宽民主渠道、丰富民主形式、完善法治保障，确保人民依法享有广泛充分、真实具体、有效管用的民主权利。我们要着力解决人民群众所需所急所盼，让人民共享经济、政治、文化、社会、生态等各方面发展成果，有更多、更直接、更实在的获得感、幸福感、安全感，不断促进人的全面发展、全体人民共同富裕。"② 在本书中，除了总报告对改革开放40年中国人权事业发展作出总体分析之外，还有一篇研究报告综述了改革开放40年与人权发展之间关系的最新研究。

2018年，是《世界人权宣言》发布70周年，12月10日中国人权研究会和中国人权发展基金会在人民大会堂举行了"纪念《世界人权宣言》发

---

① 国务院新闻办公室：《国家人权行动计划（2016—2020年）》，人民出版社，2016，第3页。
② 习近平：《在庆祝改革开放40周年大会上的讲话》，2018年12月18日，人民网，http：//politics. people. com. cn/n1/2018/1218/c1024 - 30474793. html? form = rect。

表 70 周年座谈会",中共中央总书记、国家主席习近平专门发来贺信。贺信对《世界人权宣言》的意义予以了高度肯定,认为它"是人类文明发展史上具有重大意义的文献,对世界人权事业发展产生了深刻影响"①。贺信表明了中国对人权的明确态度,指出"中国人民愿同各国人民一道,秉持和平、发展、公平、正义、民主、自由的人类共同价值,维护人的尊严和权利,推动形成更加公正、合理、包容的全球人权治理,共同构建人类命运共同体,开创世界美好未来"②。习近平在贺信中回顾了中国共产党领导中国人民争取人权的历史进程,指出"人民幸福生活是最大的人权。中国共产党从诞生那一天起,就把为人民谋幸福、为人类谋发展作为奋斗目标。中华人民共和国成立近 70 年特别是改革开放 40 年来,中华民族迎来了从站起来、富起来到强起来的伟大飞跃。中国发展成就归结到一点,就是亿万中国人民生活日益改善"③。习近平在贺信中进一步阐明了中国人权事业发展的未来方向,指出"时代在发展,人权在进步。中国坚持把人权的普遍性原则和当代实际相结合,走符合国情的人权发展道路,奉行以人民为中心的人权理念,把生存权、发展权作为首要的基本人权,协调增进全体人民的经济、政治、社会、文化、环境权利,努力维护社会公平正义,促进人的全面发展"④。习近平还对人权研究工作提出了要求,指出"我国人权研究工作者要与时俱进、守正创新,为丰富人类文明多样性、推进世界人权事业发展作出更大贡献"⑤。中共中央政治局委员、中宣部部长黄坤明在座谈会上宣读了习近平的贺信并讲话。他说,习近平总书记的贺信深刻阐述了

① 《习近平致信"纪念〈世界人权宣言〉发表 70 周年座谈会"》,2018 年 12 月 10 日,中国政府网,http://www.gov.cn/xinwen/2018 – 12/10/content_ 5347429. htm。
② 《习近平致信"纪念〈世界人权宣言〉发表 70 周年座谈会"》,2018 年 12 月 10 日,中国政府网,http://www.gov.cn/xinwen/2018 – 12/10/content_ 5347429. htm。
③ 《习近平致信"纪念〈世界人权宣言〉发表 70 周年座谈会"》,2018 年 12 月 10 日,中国政府网,http://www.gov.cn/xinwen/2018 – 12/10/content_ 5347429. htm。
④ 《习近平致信"纪念〈世界人权宣言〉发表 70 周年座谈会"》,2018 年 12 月 10 日,中国政府网,http://www.gov.cn/xinwen/2018 – 12/10/content_ 5347429. htm。
⑤ 《习近平致信"纪念〈世界人权宣言〉发表 70 周年座谈会"》,2018 年 12 月 10 日,中国政府网,http://www.gov.cn/xinwen/2018 – 12/10/content_ 5347429. htm。

中国共产党的人权观，为新时代中国人权事业发展指明了方向。要认真学习贯彻习近平总书记重要指示精神，讲好中国人权故事，深化人权理论研究，促进人权领域交流，扎实做好尊重和保障人权各项工作①。此外，南开大学人权研究中心、中国人民大学人权研究中心也分别举行了研讨会，研讨《世界人权宣言》的历史意义和对后世的影响，以及宣言达成的人权共识对当今世界的意义。

2018 年，也是《共产党宣言》发表 170 周年，中国人民大学人权研究中心举办了"马克思主义人权理论研讨会"。

扶贫攻坚和乡村振兴仍然是 2018 年中国生存权、发展权保障的重中之重。有几篇报告分别涉及脱贫攻坚、健康扶贫、扶贫小额贷款、乡村振兴战略、乡村小规模学校和寄宿学校、农村人居环境整治。

健康权利保障在 2018 年有突出的进展，特别是在人体器官捐献移植方面实施了一些重要的举措，对健康权保障产生了积极的效果。

环境权利保障仍在持续推进，特别是环保督察和农村人居环境整治都对改善环境产生了实际的效果。

在公民权利保障方面，对公民个人财产权的保障值得关注。有一篇报告对政府反财产诈骗措施在保障个人财产权方面的效果作出了专门的分析。

人权的法治保障仍然是 2018 年关注的重点。有一篇报告对 2018 年国家立法进行了分析。

在政治权利保障方面，2018 年特别值得关注的是政务信息公开对保障公民知情权的影响以及妇女参政议政机制的发展。有一篇研究报告对基层政府政务信息公开标准化试点作出了研究。还有两篇报告涉及妇女参政议政机制，分别对全国和江苏省妇女参政议政机制进行了研究。

在特定群体权利保障方面，反家庭暴力法的实施、被诱拐儿童快速解救机制的构建、老年人赡养的司法保障、残疾人参加高考和高等教育权保障是

---

① 《习近平致信"纪念〈世界人权宣言〉发表 70 周年座谈会"》，2018 年 12 月 10 日，中国政府网，http://www.gov.cn/xinwen/2018 - 12/10/content_ 5347429. htm。

2018 年蓝皮书报告关注的重点，有四篇报告对上述主题分别进行了研究。

在人权研究、教育与培训方面，2018 年也出现了一些新的发展趋势，人权教育从学历教育扩展到课堂教育，从校园教育扩展到社会教育，从学校教育扩展到对公务员、干部特别是领导干部的培训，从对中国公民的教育培训扩展到对其他国家相关人员的培训。在人权研究、教育与培训的内容方面，也呈现出人权法学与人权政治学、社会学相结合，人权研究与教育、培训相结合，人权研究与人权宣传、传播和普及相结合，人权建设与人权国际传播相结合，人权理论与人权实际相结合的特点。有一篇报告专门对此作出了分析。

在参与国际人权交流与合作方面，2018 年中国又迈出了新的步伐。中国在国际人权领域倡导合作共赢和推动消除贫困方面的国际合作，合作共赢的理念被成功写入联合国人权理事会的决议，成为国际人权话语。中国积极参与常规性的多边和双边人权合作与交流并发挥建设性的作用。中国顺利通过了第三次联合国人权理事会普遍定期审议。中国的人权组织也在国际人权交流中开展了形式多样、内容丰富的活动，发挥了重要作用。

总体来看，新时代的中国人权事业正在不断向前迈进，中国的人权保障正在朝着更加全面、更加平衡、更加充分的方向健康发展。

专题报告

Thematic Reports

·（一）生存权和发展权·

B.2
乡村振兴战略与城乡居民平等

刘红春*

摘　要： 乡村振兴战略实施中的一个基础性工程是解决农民日益增长的权益保障诉求与不平衡不充分的发展间的矛盾，该战略是农民权利保障与推进城乡居民平等的新战略。该战略的有序推进将更充分地促进城乡融合发展、消除城乡差距、均等化城乡公共服务、加强乡村治理的司法保障，有效提升城乡居民平等基准。通过实施乡村振兴战略，采取针对性措施保障农民权利，切实发挥农民的主体作用，能有效化解矛盾，促进共同富裕，提升农民的获得感、幸福感、安全感，推动农民全面发展、农村全面进步、农业全面升级。

---

* 刘红春，宪法学博士，云南大学法学院副教授，主要研究方向：社会组织与人权保障。

关键词：　乡村振兴　农民权利　城乡融合　公共服务　司法保障

　　2018 年底中国乡村常住人口 56401 万人，与 2017 年相比减少 1260 万人，下降 2.23%①。农民作为中国最大的社会群体，其权利保障已不容忽视。为了全面解决"三农"问题，党的十九大报告提出了乡村振兴战略，总揽"三农"工作全局，至此，乡村不再是简单的农村概念，而是包含了农业、农村、农民。2018 年，中共中央、国务院从顶层设计的高度统筹城乡融合发展，先后出台了《中共中央　国务院关于实施乡村振兴战略的意见》《乡村振兴战略规划（2018—2022 年）》，以解决城乡二元社会结构矛盾，完成农民权利重构优化，实现城乡等值化发展。其中，《乡村振兴战略规划（2018—2022 年）》出现"农民"一词 110 次。截至 2018 年 12 月，全国已有 24 个省、自治区、直辖市地区紧密围绕实施乡村振兴战略发布相关文件，就推动乡村全面振兴、促进城乡良性互动、保障农民权利等一系列工作做出了总体设计和阶段谋划（见表 1）。

表 1　2018 年地方乡村振兴战略文件统计

省、自治区、直辖市	文件
山东省	《山东省乡村振兴战略规划(2018—2022 年)》《关于贯彻落实中央决策部署实施乡村振兴战略的意见》
重庆市	《重庆市实施乡村振兴战略行动计划》
江苏省	《关于贯彻落实乡村振兴战略的实施意见》
安徽省	《关于推进乡村振兴战略的实施意见》
山西省	《关于推进乡村振兴战略的实施意见》《山西省乡村振兴战略总体规划(2018—2022 年)》《关于 2018 年实施乡村振兴若干政策措施的通知》
辽宁省	《关于贯彻〈中共中央　国务院关于实施乡村振兴战略的意见〉的实施意见》
河南省	《关于推进乡村振兴战略的实施意见》
吉林省	《关于实施乡村振兴战略的意见》《吉林省乡村振兴战略规划(2018—2022 年)》

---

①　数据来源：国家统计局官网。

续表

省、自治区、直辖市	文件
福建省	《关于实施乡村振兴战略的实施意见》
江西省	《关于实施乡村振兴战略的意见》
湖北省	《关于推进乡村振兴战略实施的意见》
湖南省	《关于实施乡村振兴战略开创新时代"三农"工作新局面的意见》
广东省	《关于推进实施乡村振兴战略的实施意见》
四川省	《四川省乡村振兴战略规划（2018—2022 年）》《关于实施乡村振兴战略开创新时代"三农"全面发展新局面的意见》
贵州省	《关于乡村振兴战略的实施意见》
甘肃省	《关于实施乡村振兴战略的若干意见》
云南省	《关于贯彻乡村振兴战略的实施意见》
陕西省	《关于实施乡村振兴战略的实施意见》
青海省	《关于实施乡村振兴战略的若干意见》
内蒙古自治区	《关于实施乡村振兴战略的意见》
西藏自治区	《西藏自治区乡村振兴战略规划（2018—2022 年）》
广西壮族自治区	《关于实施乡村振兴战略的决定》
河北省	《关于实施乡村振兴战略的意见》
河南省	《河南省乡村振兴战略规划（2018—2022 年）》

资料来源：各省、自治区、直辖市政府网站。

一　融合发展消除城乡差距

《乡村振兴战略规划（2018—2022 年）》明确提出坚持城乡融合发展，顺应城乡等值化趋势，在保障公共财政能够向乡村倾斜的基础上，推动人才、土地、资本等多元要素在城乡之间畅通流动，为乡村振兴注入新血液新能量。2018 年，在市民化、提升农民就业质量、培育新型职业农民等城乡融合发展关键要素上取得实质进展，更好地激发了农村内部发展活力。

（一）加快农业转移人口市民化

2018 年国务院政府工作报告要求再进城落户 1300 万人，加快农业转移人口市民化，部分地方也出台《农民工工作领导小组 2018 年工作要点》以加快农民工市民化。《乡村振兴战略规划（2018—2022 年)》从落户条件、学生升学和参军、农业转移人口以及新生代农民工落户、分类落户政策、居住证制度、户籍变动与农村"三权"、财政政策、成本分担机制等方面详细提出了由政府、企业、个人共同参与的市民化实施机制①。国家发展和改革委员会牵头，就《国务院办公厅关于印发推动 1 亿非户籍人口在城市落户方案的通知》这一文件的落实情况通过实地监督与书面监督、集中督察与持续跟踪等相结合的方式在各地区各部门展开监督检查，在摸清改革障碍、总结优良经验的基础上，因地制宜地提出整改措施，以确保该政策文件能够切实落地见效。2018 年，国家统计局就农民工市民化进程进行动态监测，调查数据显示，在城镇常住人口较 2017 年末增加 1790 万人的同时，乡村常住人口减少了 1260 万人；就城镇化率来说，其在乡村人口迁移影响下提高了 0.39%②。与此同时，进城落户人口也随之有所增长，与 2017 年末统计数据相比较，人户分离人口和流动人口分别减少了 450 万人和 378 万人，换言之，这一数据也表明了更多农村人口向城镇流动，在实现"城镇身份"转换的同时获得城镇基本公共服务和社会保障③。另外，在这一大趋势之下，教育部出台相关政策保障随迁子女的义务教育，目前约有 80% 的随迁子女得以进入公办学校就读，另有 7.5% 能够享受政府购买服务及"两免一补"等相关政策优惠④。

（二）提升农民就业创业质量

就业是民生之本、发展之基，而农民就业往往存在渠道不畅、空间狭窄的问题，如何提升农民就业质量是城乡融合发展的主要难题之一。根据《乡村振兴战略规划（2018—2022 年)》的要求，各级政府及职能部门积极

---

① 《乡村振兴战略规划（2018—2022 年)》。
② 数据来源：国家统计局官网。
③ 数据来源：国家统计局官网。
④ 数据来源：教育部官网。

探索借助产业资源与劳务合作，打造高质量的就业渠道与空间支撑，将公共就业服务体系结合起来，实施乡村振兴战略，以化解农民就业瓶颈。从全国范围来看，截至2018年9月，全国累计帮扶859万贫困劳动力实现就业①。2018年，首届全国农业行业职业技能大赛有10万余人参加，搭建了农业农村人才快速成长的平台；通过"全国十佳农民""全国杰出农村实用人才""杰出青年农业科学家"等项目的陆续开展，以及"中华农业英才奖"评选表彰活动，选树了一批优秀人才；推动农村创业创新促进行动的开展，各地先后建设了1000余个农村创业创新园区，为金融服务、财政税收、用地用电等支持政策的落地提供了良好的环境，也进一步激发了返乡下乡人员的创业创新动力。②在农业农村部的这一系列举措之下，返乡下乡人员已超过740万人③。

以农民就业创业推动城乡等值化，还需要推进信息化与农村经济发展的深度融合。农产品电子商务规模持续扩大，全国农村网商超过980万家，带动就业超过2800万人④。另外，从"双十一"网购数据所反映的情况来看，农村产业平台和投资规模也在不断增大，现已有1600多个国家级、省级现代农业园，涉农领域的投资增长19.8%，增速比全部投资高13.9个百分点，其中，农业投资增长15.4%，畜牧业投资增长11.7%，渔业投资增长19.4%。农村经济的信息化、产业化、市场化有效增加了农民收入与消费能力：2018年1~6月，规模以上农产品加工业实现主营业务收入7.8万亿元，同比增长6.1%，实现利润总额5000多亿元，同比增长7.4%；休闲农业和乡村旅游接待16亿人次，实现营业收入4200亿元，同比增长15%；农村居民人均可支配收入14617元，比2017年名义增长8.8%，扣除价格因素实际增长6.6%。城乡居民人均收入倍差2.69，比2017年缩小0.02；农村居民人均可支配收入实际增速高于城镇居民1.0个百分点；

---

① 数据来源：人力资源和社会保障部第三季度新闻发布会数据。
② 资料来源：农业农村部官网。
③ 数据来源：农业农村部官网。
④ 数据来源：农村农业部官网。

城乡居民收入比由 2017 年的 2.71 下降为 2.69，城乡居民收入差距继续缩小；农村居民人均消费支出 12124 元，增长 10.7%，增速高于城镇居民 3.9 个百分点①。

（三）培育新型职业农民

如何有效提升农民职业技能，推动农民由身份向职业转变，实现城乡融合发展，消除城乡差距是实现乡村振兴的关键所在。新型职业农民是新时代实施乡村振兴战略的主力，农民职业化的核心是"培育"。《乡村振兴战略（2018—2022 年）》明确要求，全面建立职业农民制度，培育新型职业农民。在顺应时代要求的基础上，培育出生产经营型职业农民、专业技能型职业农民、专业服务型职业农民、创业创新型职业农民。基于此，农业农村部规定：16～55 周岁、身体健康、具有初中以上文化程度、收入主要来源于农业的这一类农民，如拥有果园 6 亩以上、大棚蔬菜 5 亩以上、露地蔬菜 10 亩以上、经营冷库 100 吨以上、粮食 30 亩以上、苗木 10 亩以上、猪年存栏 50 头以上、牛年存栏 30 头以上、羊年存栏 100 头以上等，且年收入是全县农民人均纯收入的 5 倍以上都可申请参加免费新型职业农民培育。培训方式以理论教学为主，实践操作与自学相结合，完成 600 学时的教学任务，经考试考核合格后，颁发由农业农村部统一印制的新型职业农民证书，并提供了四个配套政策，以供职业农民进一步专业化发展。在政策支持及制度推动下，新型职业农民人数超过 1500 万人，就年龄、文化程度与农村实用人才占比来看，45 岁及以下约占 54.35%，高中及以上文化程度占 30.34%，比例较之以往均有所上升；在这一基础上约有 68.79% 的新型职业农民对周边农户有积极的辐射作用，每一新型职业农民平均带动 30 户农民；就新型职业农民的各项成就及收获而言，7.5% 的新型职业农民获得了国家职业资格证书，15.5% 获得了农民技术人员职称认定，21.1% 正在接受学历教育，

---

① 数据来源：国家统计局官网。

11.1%享受到规模经营补贴①。2018年以来，技工院校新招收贫困家庭子女3.9万人，为9.6万人次贫困劳动力提供职业培训，新型职业农民培育工程稳步跟进，在以农广校等公益性教育培训机构为主体，多方资源与市场共同参与的基础上，初步搭建起来的"一主多元"式的教育培训机制，确保了每年参与培训教育的职业农民人数在100万以上。与此同时，还注重培养乡村振兴的"关键少数"，发挥示范带动作用。就农村实用人才带头人和大学生村官示范培育来看，农业农村部与中共中央组织部联合举办了培训班253期，接受培训人员达2.5万余人，较之2017年增长了23%，另外，还陆续针对农村妇女、乡村振兴专业人才、农村电商人才等因人制宜地开设了不同类型的班次②。

二 城乡公共服务均等化

破解城乡二元结构，坚持城乡融合发展，就要保障农民能够与城镇居民享受均等的基本公共服务。《乡村振兴战略规划（2018—2022年)》第三十章"增加农村公共服务供给"中提到："继续把国家社会事业发展的重点放在农村，促进公共教育、医疗卫生、社会保障等资源向农村倾斜，逐步建立健全全民覆盖、普惠共享、城乡一体的基本公共服务体系，推进城乡基本公共服务均等化。"③ 具体从农村教育事业、健康乡村建设、社会保障等方面开展工作。

（一）发展农村教育事业

农村教育事业历来是我国教育领域的热点与焦点，关乎农村困难群众的受教育水平以及义务教育的普及力度。2018年4月，国务院办公厅出台了《关于全面加强乡村小规模学校和乡镇寄宿制学校建设的指导意见》，在布

---

① 数据来源：《2017年全国新型职业农民发展报告》。
② 数据来源：人力资源和社会保障部官网。
③ 《乡村振兴战略规划（2018—2022年)》。

局规划、办学条件、师资建设等一系列措施的实行下，全国 832 个贫困县的 10.3 万所义务教育学校办学条件达到"底线要求"①。教育部与国务院扶贫办印发《深度贫困地区教育脱贫攻坚实施方案（2018—2020 年)》等文件，协商中央财政 2018～2020 年新增"三区三州"教育脱贫攻坚资金 70 亿元，其中 2018 年已下达 30 亿元②。在资金支持及教育部政策推动下，各地陆续建立控辍新机制（27 个省份已出台控辍保学实施方法，2075 个区县出台工作方案），以实现依法控辍、质量控辍、扶贫控辍、保障控辍；就成效而言，辍学留守儿童 1.88 万名，劝学复学 1.77 万名，并在健全监测制度的基础上将失学辍学问题较为严重的 57 个区县纳入国家重点监测范围③。2018 年 11 月，教育部等六部门联合出台《关于做好家庭经济困难学生认定工作的指导意见》，为全学段家庭经济困难学生认定工作的"全覆盖"提供了政策保障④。根据教育部《关于 2018 年农村义务教育阶段学校教师特设岗位计划实施情况的通报》，全国计划招聘特岗教师 9 万人，截至 2018 年 9 月底，实际招聘到岗 8.52 万人，计划完成率为 94.7%。新招聘的特岗教师分布在 22 个省份的 3.78 万所农村学校。其中，乡镇中学占 32.5%，乡镇小学占 33.9%，村小占 26.6%，教学点占 7.0%。在学历构成上，具有本科及以上学历的 6.31 万人，占总数的 74.1%⑤。

（二）推进健康乡村建设

健康乡村建设是乡村振兴战略的重要组成部分，是城乡公共服务均等化的重点任务。2018 年，国家卫生健康委员会制定了《乡镇卫生院服务能力标准》，对乡镇卫生院科室设置、设备配置、流程优化、服务内容等方面进一步明确了标准和要求；联合财政部开展农村订单定向医学生免费培养、全

---

① 数据来源：中国政府网。
② 数据来源：教育部官网。
③ 数据来源：教育部官网。
④ 数据来源：教育部官网。
⑤ 数据来源：教育部官网。

科医生特岗计划、万名医师支援农村卫生工程等培养培训计划，以提高贫困地区的医疗服务能力；启动"基层卫生人才能力提升培训"，培训包括乡村医生在内的基层医务人员，以提高常见病、多发病的诊疗能力；使基层医疗机构绩效工资水平与当地县（区）级公立医院绩效工资水平相衔接，进一步促进基层医疗卫生服务体系建设。中央财政支持对15.9万名村医开展专项培训，重点是高血压、糖尿病、儿科常见疾病和中医适宜技术。在健康扶贫方面，农村贫困人口基本医保、大病保险、医疗救助、补充保障措施"四重保障线"日益坚固，建档立卡贫困患者个人自付比例有了较大幅度的下降；"三个一批"救治策略进一步有序推进，大病集中救治病种扩大到了21种之多，累计救治患者54.8万名；三级医院以"组团式"对贫困地区医院进行了支援扶贫，实现派驻医院重点学科带头人、管理人员、护士长全覆盖，远程医疗系统也覆盖到了各乡镇卫生院并进一步向村级卫生室延伸；针对农村妇女的"两癌"检查，以及针对贫困地区的新生儿疾病筛查和儿童营养改善项目也在政策资金支持下有了较大程度的进展；全科医生特岗计划实施范围进一步扩大，在原有基础上新增招聘3000人，人均补助标准由每年3万元提高至5万元；"县管乡用"对卫生院引进人才和稳定人才发挥了显著作用①。

2018年，国务院办公厅印发《关于促进"互联网＋医疗健康"发展的意见》，国家卫生健康委员会发布《关于深入开展"互联网＋医疗健康"便民惠民活动的通知》，鼓励医疗联合体内上级医疗机构借助人工智能等技术手段，面向基层提供远程会诊等服务②。目前，各省份普遍开展医联体建设，部分地区探索远程医疗，帮助基层提升服务能力，推动形成基层首诊、双向转诊、急慢分治、上下联动的分级诊疗模式。国务院办公厅印发《关于改革完善全科医生培养与使用激励机制的意见》，对加强基层医疗卫生服务体系建设、维护和增进农民健康具有重要意义。

---

① 数据来源：国家卫生健康委员会官网。
② 资料来源：中国政府网。

（三）完善社会保障制度

在乡村振兴战略指引下，社会保障这一城乡等值化的基本公共服务体系短板得到有效弥补。一是加强最低生活保障制度建设。民政统计季报 2018 年第三季度数据显示：农村最低生活保障人数 3551.1 万人，最低生活保障户数 1942.8 万户，最低生活保障平均标准 4753.6 元/（人·年）；农村特困人员救助供养人数 456.0 万人①。民政部于 2018 年发布的《全国农村低保专项治理方案》要求集中治理"人情保""关系保""错保""漏保"，坚决查处农村低保工作中的腐败和作风问题，进一步提升农村低保规范管理水平，切实推动了农村低保在困难农民中的发放落实，有效保障了农民的权利；在《贯彻落实〈中共中央国务院关于打赢脱贫攻坚战三年行动的指导意见〉行动方案》《关于在脱贫攻坚三年行动中切实做好社会救助兜底保障工作的实施意见》中也提出坚持应保尽保、兜底救助、优化政策供给，完善农村低保、特困人员救助供养的要求。

二是完善基本养老保险制度。2018 年 3 月 26 日，人力资源和社会保障部、财政部印发《关于建立城乡居民基本养老保险待遇确定和基础养老金正常调整机制的指导意见》，进一步完善城乡居民基本养老保险制度。目前，农村老年人可享受以农村养老保险、新型农村合作医疗、最低生活保障、五保供养、失地养老金、高龄津贴等为主的社会救济和社会福利。民政部办公厅关于在全国省级层面建立老年人补贴制度情况的统计显示，在高龄津贴方面，已有 26 个省、自治区、直辖市出台了相关补贴政策；在养老服务补贴方面，已有 20 个省、自治区、直辖市出台了相关政策。截至 2018 年 9 月，全国 60 岁以上享受城乡居民养老保险待遇的贫困人口 2422 万人，其中建档立卡未标注脱贫的贫困人口 1117 万人，享受代缴保费政策的贫困人口 2053 万人，其中建档立卡未标注脱贫的贫困人口 1302

---

① 数据来源：民政部官网。

万人，代缴总金额超过 21.2 亿元。①

三是加强对农村残障群体的权利保障。各地根据自身的经济发展水平对"两项补贴"进行了调整，多地补贴金额上涨，部分省份还建立了动态增长机制。另外，2018 年 1 月 7 日，《着力解决因残致贫家庭突出困难的实施方案》出台，提出为 16 岁以上有照料护理需求的重度残疾人提供照护和托养服务。此后，湖南、甘肃等地亦出台了相关实施方案，从医疗救助、教育等方面保障农村残疾人权利。

三　乡村治理与司法保障

农民是乡村振兴的承载者、受益者，保障农民的合法权益是乡村振兴战略有序推进的关键，也是司法机关、纪检监察委乡村工作的出发点和落脚点。人民法院、人民检察院、纪检监察委陆续出台了专门保障措施，以发挥职能优势倾力构筑农民合法权益保障屏障，为农民合法权益保障水平的提升营造良好的实施环境，提供有力的司法服务。

（一）法院系统的专项保障举措

为了服务和保障"三农"发展工作，2018 年 2 月 24 日，最高人民法院下发了《关于认真学习贯彻〈中共中央　国务院关于实施乡村振兴战略的意见〉的通知》，致力于在司法的各方面和全过程中切实保障农民合法权益，增加乡村地区司法资源供给，通过发挥审判职能依法妥善处理各类涉农案件，通过多种形式参与乡村矛盾纠纷化解。2018 年 11 月 7 日，最高人民法院发布《关于为实施乡村振兴战略提供司法服务和保障的意见》，出现"农民"一词 56 次，以农民权利保护为出发点和落脚点，在坚持农民权利不受损原则的基础上，从 12 方面加强对农民各项合法权益的司法保护：（1）坚决惩治打击危害农村社会安全的犯罪，推进农村的"法治"与"平

---

① 数据来源：人力资源和社会保障部第三季度新闻发布会数据。

安"建设;(2)推进家事审判方式和工作机制改革,促进乡村家庭幸福和谐;(3)保护农民的合法权益,发挥农民的内在驱动力促进乡村振兴;(4)保护农民人格权,增加乡村人权司法保护资源;(5)保护农民财产权,妥善处理涉农成员资格纠纷;(6)保护农民工合法权益,发挥农民工在乡村振兴中的积极作用;(7)保护征地农民合法权益,妥善处理涉农征收、拆迁及安置补偿纠纷;(8)依法惩治侵害农民权益犯罪,保护农村群众人身和财产安全;(9)推进智慧法院建设和司法公开,提升农村群众对公正司法的获得感;(10)紧密结合群众路线与司法专业化,满足农民对社会公平正义的需求;(11)完善司法为民便民利民措施,加强司法服务与"三农"的契合度;(12)保护困难农民群体的基本权利,增加农村司法救助资源。云南、陕西、湖南等三省高级人民法院相继出台司法意见,全方位为乡村战略实施提供有力的司法服务和保障。

(二)检察系统的专门保障措施

2018年1月24日,最高人民检察院党组书记、检察长曹建明针对认真贯彻习近平总书记关于实施乡村振兴战略的重要指示强调,各级检察机关要强化涉农检查工作,坚决惩治侵害农民利益的犯罪,从快办理发生在农民身边的"微腐败"案件。多家省级检察院也先后出台涉农检察工作的意见,指导检察机关发挥检察职能,为乡村振兴战略的推进营造良好的法治环境。6月25日,重庆市检察院发布的《关于充分履行检察职能服务保障乡村振兴战略的实施意见》要求:重点从17个方面充分发挥检察职能作用,为全市实施乡村振兴战略提供司法保障。该院同时发布服务保障乡村振兴战略工作任务分解表,明确将34项具体任务分解到各内设部门,确保17条"干货"落地落细。7月8日,吉林省检察院出台的《关于充分发挥检察职能依法保障乡村振兴战略实施的意见》共五个方面12条意见,着重体现对行政不作为、乱作为的法律监督,加大民事、行政诉讼权益监督保障力度,强化公益诉讼工作,从吉林省情出发,在突出针对性的同时,将美丽乡村建设、促进依法行政和构建良好发展软环境作为服务保障的切入点和着力点,依法

服务保障乡村振兴战略取得实效。8月，甘肃省检察院制定下发《充分履行检察职能服务保障乡村振兴战略的实施意见》，指导该省检察机关服务新时代全省"三农"工作大局，服务保障甘肃乡村振兴战略实施①。8月29日，河南省检察院出台的《关于服务保障乡村振兴战略的实施意见》共18条，从检察机关要着力保障乡村产业振兴、生态振兴，保障农民群众合法权益等六个方面作出明确规定。12月6日，江西省人民检察院出台的《关于服务保障乡村振兴战略的实施意见》中提出：要充分发挥"爱群工作室"等检察品牌作用，积极为农村留守老人、妇女、儿童等弱势群体提供法律援助、司法救助、心理矫治等服务②。实践证明，这些涉农检察工作规定很好地保护了乡村振兴战略实施中农民的财产权、环境权、劳动权等。

（三）纪检监察机关的保障措施

农村扶贫领域的腐败，将直接侵犯农民的社会救助权及各项权益，影响和谐农村的建设，阻碍农村经济的发展，更对党和政府的形象造成恶劣影响。对此，各级纪委和监委及时采取有效应对措施，并取得良好法律、经济与社会效果：中央纪委、国家监委网站自2018年4月开通"扶贫领域腐败和作风问题曝光专区"已集中曝光44起典型案例；6月26日，天津市纪委监委通报6起扶贫助困领域腐败和作风问题典型案例；7月22日，湖北省纪委监委通报12起扶贫领域腐败和作风问题典型案例；8月1日，贵州省纪委监委通报5起扶贫领域腐败和作风问题典型案例③。据不完全统计，2017年各省区市扶贫领域苍蝇式腐败案件高达583起，2018年全国31个省区市农村扶贫领域的腐败案件总计为546起，虽较2017年有所下降，但其中，四川省、新疆维吾尔自治区农村扶贫领域腐败案件较2017年大增，分别增加了44起、35起，危害农民权益的苍蝇式腐败不容小觑。农村扶贫腐败案件各有其特点，从惠民补贴、征地补偿的截留，到行贿受贿、贪污公款

---

① 资料来源：最高人民检察院官网。
② 资料来源：江西政法网。
③ 李伟：《拍"蝇贪蚁腐"，还百姓心安》，《中国纪检监察报》2018年8月23日，第4版。

的腐败，已渗透至扶贫领域的方方面面，亟须各级纪检监察委采取行之有效的措施加以遏制，这也是保障广大农民群众权益的长久之策。

表2　各省区市纪检监察机关惩治扶贫领域苍蝇式腐败保护农民权益案件统计

单位：件

省份	2017 年	2018 年
北京市	18	1
天津市	29	12
河北省	27	16
山西省	18	21
吉林省	7	9
内蒙古自治区	33	16
辽宁省	27	32
黑龙江省	1	9
江苏省	14	2
浙江省	22	7
安徽省	31	1
福建省	15	17
江西省	16	11
山东省	22	25
上海市	7	15
青海省	21	7
甘肃省	31	5
陕西省	23	29
贵州省	14	39
四川省	24	68
云南省	8	12
重庆市	16	34
海南省	13	18
广西壮族自治区	19	2
广东省	31	7
湖南省	20	28
湖北省	17	6

省份	2017 年	2018 年
河南省	19	12
宁夏回族自治区	6	22
新疆维吾尔自治区	22	57
西藏自治区	12	6
总计	583	546

资料来源：中共中央纪律检查委员会、中华人民共和国国家监察委员会官网。

四　结语

　　《乡村振兴战略规划（2018—2022 年）》明确把"坚持农民主体地位"作为振兴乡村战略的基本原则，要求在乡村振兴战略实施过程中必须充分尊重农民的真实意愿，切实有效发挥农民的主体性作用，充分保障农民的合法权益，才能实现城乡居民平等。城乡居民平等体制机制弊端的破除，须改变以往的传统单一管理模式，建构更为开放的能够吸纳市场、社会、公众等各方力量参与的新型多元化治理模式，为城乡资源、人才等多要素的自由流动提供良好平台，加快形成全面融合的新型城乡关系，居民自治的分工负责、良性互动的农村治理新局面将对农民"增能赋权"，发挥其主体性作用作为建设目标，以《乡村振兴战略规划（2018—2022 年）》为顶层设计，以 24 个省、自治区、直辖市出台的乡村振兴战略行动计划、实施意见或规划，以及《财政部贯彻落实实施乡村振兴战略的意见》《农业农村部办公厅乡村振兴科技支撑行动实施方案》《水利部办公厅关于实施乡村振兴战略加强农村河湖管理的通知》《审计署关于在乡村振兴战略实施中加强审计监督的意见》《中共科学技术部党组关于创新驱动乡村振兴发展的意见》《商务部关于推进农商互联助力乡村振兴的通知》《农业农村部、中国邮政储蓄银行关于加强农业产业化领域金融合作助推实施乡村振兴战略的意见》的实践经验为参照，鼓励各级政府和职能部门因地制宜地出台更详细、更具针对性的乡村振兴战略行动计划或实施意见等，促进城乡良性互动，统筹城乡融合发展，着力有序推进《乡村振兴战略规划（2018—2022 年）》的实施；农业农村部、人力资源和社会保障部、教育部、国家卫生健康委员会、财政部等多部门，应加大政策扶持力度，落实强农惠农政策，促进公共资源向农村配置，坚持城乡等值化发展，扎实推进农民创业就业、农村教育、医疗卫生、社会保障等多方面的发展；以最高人民法院《关于为实施乡村振兴战略提供司法服务和保障的意见》为参照，各级人民法院结合各自涉农审判司法实务，为实施乡村振兴战略提供司法服务和保障；各级各类检察院结合农民权益保障检察实务，积极借鉴多家检察院提出的绿色通道、爱群工作室、法律援助、司法救助、心理矫治、公益诉讼等乡村振兴中涉农检察工作的经验，出台"充分履行检察职能服务保障乡村振兴战略的实施意见""充分发挥检察职能依法保障乡村振兴战略实施的意见"等；各级纪检监察委员会以《反腐倡廉建设的行动指南》及 31 个省、自治区、直辖市纪检监察委员会惩治扶贫领域苍蝇式腐败保护农民权益的 1120 余个案件经验为基础，出台"乡村振兴战略反腐倡廉建设的行动指南"与"乡村振兴战略中农民权益保护指南"等。

B.3
2018年脱贫攻坚新进展

李云龙*

摘　要： 《中共中央　国务院关于打赢脱贫攻坚战三年行动的指导意见》是脱贫攻坚的纲领性文件，为今后三年脱贫攻坚制定了时间表和路线图。2018年，中国脱贫攻坚政策体系进一步完善，实施力度进一步加大，减贫成效进一步显现，农村贫困人口人权保障取得新进展。与此同时，中国的脱贫攻坚依然面临深度贫困地区贫困问题依然突出、贫困群众脱贫的内生动力不足、扶贫领域存在腐败等问题，这些都是我们进一步做好脱贫工作的压力和动力。

关键词： 脱贫攻坚　农村贫困　人权保障

　　自从《中共中央　国务院关于打赢脱贫攻坚战的决定》发布以来，中国政府作出一系列重大部署和安排，采取超常规举措推进脱贫攻坚，创造了中国减贫史上的最好成绩。党的十九大进一步强调脱贫攻坚的意义，把精准脱贫作为决胜全面建成小康社会必须打好的三大攻坚战之一。2018年是落实十九大精神的关键年份，也是脱贫攻坚深入推进的年份。脱贫攻坚政策体系进一步完善，实施力度进一步加大，减贫成效进一步显现，农村贫困人口人权保障取得新进展。

---

　　* 李云龙，中共中央党校（国家行政学院）教授、博士生导师，主要研究方向：人权和国际关系。

一 解决好最后3000万贫困人口脱贫
问题的政策措施

脱贫攻坚实施三年多以来，各部门、各地方认真贯彻中央决策，脱贫攻坚取得决定性进展，农村贫困人口从2014年的7017万人减少到2017年的3046万人。但是，脱贫攻坚形势仍然严峻。目前的贫困人口主要集中在深度贫困地区。这些地区基础条件薄弱、致贫原因复杂、公共服务不足、贫困发生率高、贫困程度深，脱贫难度大。另外，由于相当多贫困人口属于因病、因残致贫，所以2020年前完成脱贫目标，任务十分艰巨。为了解决脱贫攻坚实践中存在的突出问题，完善顶层设计、强化政策措施，推动脱贫攻坚工作有效开展，2018年8月，中共中央、国务院发布《中共中央 国务院关于打赢脱贫攻坚战三年行动的指导意见》（以下简称《指导意见》），全面总结了脱贫攻坚的新做法新经验，回答了脱贫攻坚实践中提出的一系列问题，指明了未来三年脱贫攻坚的方向，为今后三年脱贫攻坚制定了时间表和路线图。《指导意见》把脱贫攻坚目标进一步细化，要求因地制宜综合施策，确保2020年农村贫困人口脱贫，消除绝对贫困；贫困县全部摘帽，解决区域性整体贫困；贫困地区乡镇和建制村通硬化路，所有贫困村全部通动力电，贫困人口住房和饮水安全问题全面解决，贫困村人居环境达到干净整洁的基本要求，义务教育学生因贫失学辍学问题得到解决，基本医疗保险、基本养老保险、大病保险覆盖全部贫困人口，最低生活保障做到应保尽保；深度贫困地区如期全面脱贫。《指导意见》要求严格执行现行扶贫标准，不允许随意提高扶贫标准和提不切实际的目标，要避免陷入"福利陷阱"，防止产生"悬崖效应"；把提高脱贫质量放在首位，不急功近利，不好高骛远，不搞层层加码，不赶时间进度，不搞冲刺，不搞拖延耽误；聚焦深度贫困地区，加大对深度贫困地区的政策倾斜力度，改善深度贫困地区的发展条件，解决深度贫困地区群众的特殊困难；全力推进产业扶贫、就业扶贫、易地扶贫搬迁、生态扶贫，实施教育脱贫攻坚行动和健康扶贫工程，推进农村危房改造，强化综合保障性扶贫，开展交通扶贫行动、水利扶贫行动、电力和网络扶贫行动、扶贫扶志行动以及贫困残疾人脱贫行动，补齐贫困地区基础设施短板，整治贫困地区农村人居环境；强化财政投入保障，加大金融扶贫和土地政策扶贫支持力度，实施人才和科技扶贫计划，强化扶贫信息的精准和共享，健全贫困退出机制，开展国家脱贫攻坚普查。《指导意见》是继《中共中央 国务院关于打赢脱贫攻坚战的决定》之后的又一脱贫攻坚纲领性文件，对实现 2020 脱贫攻坚目标有不可估量的意义。①

《指导意见》于 5 月 31 日经中央政治局审议、6 月 15 日下发之后，各地认真研究，结合本地实际情况加以落实。各地实施方案的共同特点是按照中央脱贫攻坚新要求，确定清楚的量化目标，提出有针对性的具体脱贫措施。

表 1 各省份落实《中共中央 国务院关于打赢脱贫攻坚战三年行动的指导意见》情况

省份	2018 年	2019 年	2020 年
山东	17.2 万省定贫困人口脱贫，7005 个省定贫困村全部退出	2000 个省定贫困村基础设施建设和公共服务延伸加快	全面完成脱贫攻坚任务,消除绝对贫困;20 个脱贫重点县基本公共服务主要领域指标接近全省平均水平
四川	100 万人脱贫,3500 个贫困村退出,30 个贫困县摘帽	63.5 万人脱贫,1622 个贫困村退出,31 个贫困县摘帽	7.8 万人脱贫,173 个贫困村退出,7 个贫困县摘帽
河南	110 万人、2365 个贫困村脱贫,19 个国定贫困县和 14 个省定贫困县摘帽,6.29 万人易地扶贫搬迁	75 万农村贫困人口脱贫,1080 个贫困村脱贫,14 个国定贫困县摘帽	36.4 万人脱贫、278 个贫困村脱贫。三年总计 221.4 万人稳定脱贫,3723 个贫困村全部退出,36 个国定贫困县、14 个省定贫困县全部摘帽,26.03 万人易地扶贫搬迁

---

① 《中共中央 国务院关于打赢脱贫攻坚战三年行动的指导意见》，新华网，2018 年 8 月 19 日，http://www.xinhuanet.com/politics/2018−08/19/c_ 1123292992.htm。

省份	2018 年	2019 年	2020 年
贵州	120 万人脱贫,18 个贫困县摘帽	100 万人脱贫,20 个贫困县摘帽;30 户以上的自然村寨 100% 通硬化路;农村人口饮水安全实现全覆盖;全省存量农村危房改造完成	三年总计发展生产脱贫 147 万人,易地搬迁脱贫 150 万人,发展教育就业脱贫 55 万人,生态补偿脱贫 78 万人,社会保障兜底 56.7 万人,贫困发生率下降到 3% 以下
广西	脱贫 115 万人,摘帽贫困村 1450 个,摘帽贫困县 14 个,贫困县九年义务教育巩固率不低于 93%	脱贫 100 万人,摘帽贫困村 1150 个,摘帽贫困县 20 个,贫困县九年义务教育巩固率不低于 94%	三年总计 267 万建档立卡贫困人口、3001 个贫困村和 43 个贫困县脱贫摘帽,20 个深度贫困县、30 个深度贫困乡镇、1490 个深度贫困村脱贫
广东	相对贫困人口全部纳入社会保障范围,40407 家相对贫困户完成危房改造,有劳动能力的相对贫困人口年人均可支配收入达到 7598 元	每个有劳动能力有参与意愿的相对贫困户都有扶贫产业带动,引导有意愿的相对贫困户参与资产收益项目,获得稳定分红收益	2277 个相对贫困村全部出列;有劳动能力相对贫困人口年人均可支配收入达到全省平均水平的 45%,相对贫困村年人均可支配收入达到全省平均水平的 60%,20 户以上自然村实现路面硬化
海南	保亭、琼中 2 个国定贫困县摘帽,83 个贫困村脱贫出列,8.3 万贫困人口脱贫,农村低保对象产业帮扶面达到 70%	五指山、临高、白沙 3 个国定贫困县(市)摘帽,剩余 3.96 万贫困人口全部脱贫,全省消除绝对贫困,农村低保对象产业帮扶面达到 100%	巩固提升脱贫成果,提供兜底保障脱贫,建设 100 个旅游扶贫示范村,在贫困人口中新增选聘 2000 名生态护林员,林业经营主体为贫困人口提供稳定就业岗位 1000 个
云南	145 万贫困人口脱贫,1841 个贫困村出列,27 个贫困县摘帽,易地扶贫搬迁 15 万贫困人口	完成建档立卡贫困户等 4 类重点对象危房改造,30.5 万人易地扶贫搬迁	332 万农村贫困人口脱贫,5732 个贫困村全部出列,73 个贫困县全部摘帽。贫困村集体经济收入达 5 万元以上
湖北	104.6 万人脱贫,963 个贫困村出列,17 个贫困县摘帽,89.08 万人易地扶贫搬迁	99.2 万贫困人口脱贫,800 个贫困村出列,17 个贫困县摘帽,全省现有 18.33 万户 4 类重点对象完成危房改造	全省非贫困县 788 个存量贫困村出列,65.94 万存量贫困人口脱贫;村村都有稳定的集体经济收入
江西	40 万人脱贫,1000 个贫困村退出,10 个贫困县摘帽,完成 120 个深度贫困村村庄整治,2.3 万人易地扶贫搬迁	40 万人脱贫、6 个国定贫困县和 1 个省定贫困县摘帽,基本完成现有排查确定的 10 万余户四类对象存量危房改造任务	高质量打赢全省脱贫攻坚战,具备通客运班车条件的建制村通班车率达到 100%,全面解决建档立卡贫困人口饮水安全问题

续表

省区	2018 年	2019 年	2020 年
福建	4286 名国定农村贫困人口脱贫,完成"造福工程"搬迁 1.5 万人	完成 15356 户贫困户危房改造	省定农村贫困人口全部脱贫,2201 个建档立卡贫困村和 23 个重点县全部摘帽;贫困村全部通动力电
山西	贫困县电子商务进农村综合示范全覆盖,快递网点乡镇全覆盖,10 个深度贫困县乡镇派驻科技特派员全覆盖	深度贫困村整村搬迁全面完成,搬迁人口全部入住;15.9 万人易地扶贫搬迁	90 万人(28.47 万特殊贫困群体)脱贫,43 个贫困县(含 10 个深度贫困县)摘帽,贫困人口参保率达到 100%,农村生活垃圾治理村庄达 85%,农村卫生厕所普及率达 80%
内蒙古	23 万农村贫困人口脱贫,4.15 万人易地扶贫搬迁	3.2 万人易地扶贫,搬迁落实草原禁牧补助 1 亿亩,草畜平衡奖励 9.2 亿亩	现行标准下农村牧区 37.8 万贫困人口全部脱贫,消除绝对贫困;贫困旗县全部摘帽
甘肃	71 万人脱贫,2081 个贫困村退出,14 个贫困县摘帽,15.9 万人易地扶贫搬迁	71 万人脱贫,2646 个贫困村退出,24 个贫困县摘帽,75 个贫困县完成"畅返不畅"整治 5805 公里	47 万人脱贫,1528 个贫困村退出,19 个贫困县摘帽,农村稳定可靠供电全覆盖
宁夏	2.5 万人易地扶贫搬迁,解决 9.15 万贫困人口饮水安全,贫困村自来水普及率达到 85% 以上	贫困户存量危房危窑改造全面完成,2.3 万人通过危房危窑改造促进脱贫	三年总计 23.9 万农村贫困人口脱贫,1100 个贫困村有条件的村组所有贫困村都用上动力电,90% 左右村庄生活垃圾得到治理,卫生厕所普及率达 85% 左右
陕西	101.7 万人脱贫,23 个贫困县摘帽;具备条件的所有建制村通沥青(水泥)路	63.5 万人脱贫,29 个贫困县摘帽;4 类重点对象完成危房改造	三年总计 183.27 万人脱贫,52 个贫困县摘帽。聘用生态护林员带动 9 万人脱贫,贫困地区每个乡镇卫生院至少 1 名全科医生
辽宁	15 万人脱贫,500 个贫困村销号,6 个省级贫困县脱贫退出	9 万贫困人口脱贫,104 个贫困村退出,5 个省级贫困县脱贫摘帽	三年总计有 24 万国家现行标准下农村建档立卡贫困人口脱贫,604 个贫困村退出,11 个省级贫困县摘帽,全面完成脱贫攻坚任务

资料来源:各省份实施《中共中央　国务院关于打赢脱贫攻坚战三年行动的指导意见》的相关文件等。

二 多措并举推进脱贫攻坚

自从中央做出打赢脱贫攻坚战的决定后，各部门和各地方付出巨大努力，一边投身脱贫攻坚实践，一边制定脱贫攻坚规划和政策，完善顶层设计。2016 年和 2017 年，有关部门出台了大量脱贫攻坚文件，形成脱贫攻坚政策体系的基本框架。2018 年则对这个政策体系进行了进一步完善。中国政府建立了立体的脱贫攻坚投入体系，财政资金、金融资金和土地政策的支持力度非常大，目前每年有超过 1 万亿元的各类资金投向贫困县乡村，用来帮助贫困人口脱贫[①]。2018 年，中央财政预算安排补助地方财政专项扶贫资金 1060.95 亿元，比 2017 年增加 200 亿元[②]。2018 年 10 月，财政部提前下达全国 28 个省（自治区、直辖市）2019 年中央财政专项扶贫资金预算 909.78 亿元，其中安排资金 120 亿元，继续重点支持"三区三州"等深度贫困地区[③]。

基础设施建设扶贫力度进一步加大。交通运输部制定《交通运输脱贫攻坚三年行动计划（2018—2020 年）》，规定贫困地区到 2020 年基本建成"外通内联、通村畅乡、客车到村、安全便捷"的交通运输网络；具备条件的乡镇和建制村通硬化路，县城通二级及以上公路，建制村通客车。[④]交通、能源、水利建设扶贫持续推进。"交通 + 特色产业""交通 + 生态旅游""交通 + 农村电商"等扶贫模式迅速发展。2018 年，交通部安排车购税资金 883 亿元开展交通扶贫农村公路建设，比 2017 年增加 14.6%，

---

① 刘永富：《在改革开放与中国扶贫国际论坛上的演讲》，国务院扶贫办公室网站，2018 年 11 月 6 日，http://www.cpad.gov.cn/art/2018/11/6/art_ 624_ 90881.html。

② 《财政部：今年中央财政 1060.95 亿元专项扶贫资金提前拨付完成》，人民网，2018 年 5 月 5 日，http://finance.people.com.cn/n1/2018/0505/c1004-29966667.html。

③ 《财政部关于提前下达 2019 年中央财政专项扶贫资金预算的通知》，财政部网站，2018 年 11 月 26 日，http://nys.mof.gov.cn/ybxzyzf/lsbqdqzyzf/201811/t20181126_ 3076169.html。

④ 《交通运输脱贫攻坚三年行动计划（2018—2020 年）》，中国经济网，2018 年 5 月 30 日，http://www.ce.cn/xwzx/gnsz/gdxw/201805/30/t20180530_ 29286572.shtml。

贫困地区建成资源路、产业路、旅游路 9284 公里，新增通硬化路乡镇 86个、通硬化路建制村 4245 个①。水利部印发《水利扶贫行动三年（2018—2020 年）实施方案》，确定到 2020 年全面解决贫困人口饮水安全问题，改善贫困地区水利基础条件，恢复和改善灌溉面积 2000 万亩，实现 65 万贫困水库移民脱贫，水利岗位吸纳 10 万以上贫困劳动力就业②。水利部等部门发布《关于坚决打赢农村饮水安全脱贫攻坚战的通知》，要求到 2020 年全面解决贫困村和贫困人口的饮水安全问题，在供水难度大的地区，应保证每人每天供水量不低于 20 升③。"十三五"以来，国家实施农村饮水安全巩固提升工程。到 2018 年 9 月底，中央安排农村饮水安全巩固提升工程投资 143 亿元，全国累计完成投资 1002 亿元，受益人口 1.36 亿人，1478 万贫困人口的饮水安全问题得到解决；山东、重庆、甘肃 3 省市率先完成农村饮水安全脱贫攻坚任务④。国家能源局印发《进一步支持贫困地区能源发展助推脱贫攻坚行动方案（2018—2020 年）》，确定优先规划布局贫困地区能源开发项目，加快推动贫困地区流域龙头水库和重大水电项目建设，积极支持贫困地区因地制宜发展风能、太阳能、生物质能等可再生能源，进一步加快实施动力电全覆盖工程，光伏扶贫规模优先向深度贫困地区安排⑤。国家能源局、国务院扶贫办印发《光伏扶贫电站管理办法》，规定光伏扶贫电站由县级政府运用市场化方式委托专业机构建设、运行和

---

① 《抓住重要战略机遇期　切实落实好八字方针　为服务全面建成小康社会收官打下决定性基础》，交通运输部网站，2018 年 12 月 27 日，http：//www. mot. gov. cn/jiaotongyaowen/201812/t20181227_ 3149743. html。

② 《水利部关于印发水利扶贫行动三年（2018—2020 年）实施方案的通知》，水利部网站，2018 年 8月 23 日，http：//www. mwr. gov. cn/zwgk/zfxxgkml/201808/t20180823_ 1046180. html。

③ 《水利部　国务院扶贫办　国家卫生健康委关于坚决打赢农村饮水安全脱贫攻坚战的通知》，水利部网站，2018 年 8 月 13 日，http：//www. mwr. gov. cn/zwgk/zfxxgkml/201808/t20180813_ 1045288. html。

④ 《实施水利扶贫三年行动暨坚决打赢农村饮水安全脱贫攻坚战视频会议在京召开》，水利部网站，2018 年 10 月 12 日，http：//www. mwr. gov. cn/xw/slyw/201810/t20181012_ 1052535. html。

⑤ 《进一步支持贫困地区能源发展助推脱贫攻坚行动方案（2018—2020 年）》，国家能源局网站，2018 年 5 月 18 日，http：//zfxxgk. nea. gov. cn/auto82/201805/t20180518_ 3176. htm。

维护；电网公司负责接入电网工程配套建设，并优先调度与全额消纳光伏扶贫项目的电力。① 国家电网开展贫困地区三年电网建设攻坚行动、国家重点扶贫项目电力服务保障行动、扶贫项目用电无忧行动，提高贫困地区电网支撑能力，强化扶贫项目电力保障。2018 年起，国家电网计划投资 3300 亿元进行农网改造升级，2020 年实现动力电全覆盖。2018 年，国家电网实施 648 个深度贫困村农网改造项目，开展 36 个易地搬迁配套供电工程建设。光伏发电是产业扶贫的重要组成部分。国家电网公司规划投资 32 亿元，实施贫困村光伏扶贫项目的接网工程。目前已完成配套电网投资 28 亿元，新增国家光伏扶贫项目接网总容量 1396 万千瓦，惠及 202 万贫困户②。工业和信息化部印发《关于推进网络扶贫的实施方案（2018—2020 年）》，规定到 2020 年全国 12.29 万个建档立卡贫困村宽带网络覆盖比例超过 98%，贫困人口方便快捷接入高速、低成本的网络服务，各类网络应用基本网络需求得到保障，更多贫困人口通过农村电商、远程教育、远程医疗等享受优质公共服务③。工业和信息化部与国务院扶贫办下发《关于持续加大网络精准扶贫工作力度的通知》，要求各基础电信企业对建档立卡贫困户选择使用光纤宽带和移动手机等基础通信服务资费套餐，给予最大幅度折扣优惠④。

产业扶贫带动贫困户稳定增收。电子商务进农村综合示范累计支持 1016 个示范县，其中有 737 个国家级贫困县，占国家级贫困县总数的 88.6%。建设县域物流配送中心 1000 多个，村级电商站点 7 万多个，覆盖

---

① 《国家能源局 国务院扶贫办关于印发〈光伏扶贫电站管理办法〉的通知》，国家能源局网站，2018 年 4 月 9 日，http://zfxxgk.nea.gov.cn/auto87/201804/t20180409_ 3140.htm。

② 《国家电网精准产业扶贫光伏新能源扶贫让贫困群众尽早获益》，央广网，2018 年 9 月 8 日，http://news.cnr.cn/native/city/20180908/t20180908_ 524354579.shtml。

③ 《工业和信息化部印发〈关于推进网络扶贫的实施方案（2018—2020 年）〉的通知》，工业和信息化部网站，2018 年 6 月 6 日，http://www.miit.gov.cn/n1146290/n4388791/c6210467/content.html。

④ 《工业和信息化部 国务院扶贫办关于持续加大网络精准扶贫工作力度的通知》，工业和信息化部网站，2018 年 10 月 29 日，http://www.miit.gov.cn/n1146285/n1146352/n3054355/n3057674/n4704636/c6475433/content.html。

2.6 万个建档立卡贫困村[①]。2018 年，电子商务进农村综合示范新增 238 个国家级贫困县；前三个季度，纳入综合示范的国家级贫困县完成网络零售额 1101 亿元，增速比全国平均水平高 31.5 个百分点[②]。乡村旅游市场需求旺盛，脱贫效果突出。文化和旅游部会同其他部门联合印发《关于促进乡村旅游可持续发展的若干意见》《促进乡村旅游提质升级行动方案（2018—2020 年）》，同时举办 4 期全国乡村旅游扶贫重点村旅游带头人培训班、5 期乡村旅游培训班，总培训人数达到 2000 多人。根据乡村旅游监测中心的测算，2018 年上半年全国乡村旅游收入 7700 亿元，占国内旅游总收入的 31.4%；乡村旅游已经接待游客 13.7 亿人次，占到国内旅游总人次的 48.6%[③]。

生态扶贫深入实施。国家发展改革委等六部门印发《生态扶贫工作方案》，规定通过吸纳贫困人口参与生态工程建设、提供生态公益性岗位、增加经营性收入和财产性收入、提供生态保护补偿等方式助力脱贫攻坚；组建 1.2 万个生态建设扶贫专业合作社，组织 10 万贫困人口参与生态工程建设，新增 40 万个生态管护员岗位；通过发展生态产业带动 1500 万贫困人口增收[④]。国家林业和草原局印发《林业草原生态扶贫三年行动实施方案》，决定开展生态保护扶贫行动，到 2020 年为贫困人口提供 30 万个生态护林员和草管员岗位；国家生态保护补助奖励政策资金向贫困地区倾斜，提高贫困地区补偿标准；吸纳贫困人口参与重大生态工程建设[⑤]。生态扶贫提高贫困人口的补偿、就业和财产收入。享受退耕还林还草补助政策的贫困户达到 160

---

① 《积极作为优化商务发展政策环境》，商务部网站，2018 年 12 月 27 日，http：//www. mofcom. gov. cn/article/ae/ai/201812/20181202820950. shtml。

② 《积极作为优化商务发展政策环境》，商务部网站，2018 年 12 月 27 日，http：//www. mofcom. gov. cn/article/ae/ai/201812/20181202820662. shtml。

③ 《文化和旅游部 2018 年第四季度例行新闻发布会》，文化和旅游部网站，2018 年 12 月 26 日，http：//www. mct. gov. cn/vipchat/home/site/2/302/message. html。

④ 《发展改革委关于印发〈生态扶贫工作方案〉的通知》，中国政府网，2018 年 1 月 24 日，http：//www. gov. cn/xinwen/2018 - 01/24/content_ 5260157. htm。

⑤ 《林业草原生态扶贫三年行动明确任务分工》，自然资源部网站，2018 年 12 月 20 日，http：//www. gov. cn/xinwen/2018 - 12/20/content_ 5350486. htm。

多万，平均每户增加补助资金 2500 元。实施禁牧和草畜平衡的农牧民人均获得 700 元奖励。贫困地区集体林权流转面积达 1 亿多亩。生态护林员选聘规模稳步扩大。截至目前，全国共有 50 多万名建档立卡人口就任生态护林员岗位，带动 180 万贫困人口增收脱贫。全国共有 35 万户建档立卡贫困人口依托森林旅游增收①。

民生领域扶贫行动全面开展。人社部印发《打赢人力资源社会保障扶贫攻坚战三年行动方案》的通知，规定到 2020 年，促进 100 万贫困劳动力就业，带动 300 万建档立卡贫困人口脱贫，实现贫困劳动力职业技能培训 300 万人次，技工院校新招收贫困家庭学生不少于 12 万人②。目前全国共有 26 个省（自治区、直辖市）人社厅（局）制定了实施《中共中央　国务院关于打赢脱贫攻坚战三年行动的指导意见》的具体工作方案。③ 人社部、国务院扶贫办印发《关于下达 2018—2020 年就业扶贫目标任务的通知》，进一步分解三年攻坚任务，明确各级责任④。人社部办公厅印发《人力资源社会保障部办公厅关于深入开展人力资源服务机构助力脱贫攻坚行动的通知》，要求召开扶贫专场招聘会，广泛搜集适合贫困劳动力的岗位信息，为贫困劳动力提供精准对接服务；开展贫困劳动力职业指导，面向贫困劳动力开展职业技能培训⑤。贫困劳动力转移就业是实现脱贫的重要形式。一人就业，全家脱贫。为此，提升贫困劳动力就业创业技能显得尤为重要。2018 年 1～11 月，全国人力和社会保障部门累计帮扶 955 万贫困劳动力就业，对贫困劳动力进行职业技能培训 152 万人次⑥。教育部和国务院扶贫办印发《深度贫困地区教育脱贫攻坚实施方案（2018—2020 年）》，规定到 2020 年，

---

① 《国家林业和草原局：打好一个战场上的两场战役》，人民网，2018 年 11 月 17 日，http://env.people.com.cn/n1/2018/1117/c1010 – 30405900.html。

② 《打赢人力资源社会保障扶贫攻坚战三年行动方案》，人社部网站，2018 年 9 月 6 日，http://www.mohrss.gov.cn/gkml/zcfg/gfxwj/201809/t20180906_ 300616.html。

③ 《决战贫困的人社行动》，《中国组织人事报》2018 年 12 月 26 日。

④ 《决战贫困的人社行动》，《中国组织人事报》2018 年 12 月 26 日。

⑤ 《人社部开展人力资源服务机构助力脱贫攻坚行动》，人社部网站，2018 年 8 月 23 日，http://www.mohrss.gov.cn/SYrlzyhshbzb/dongtaixinwen/buneiyaowen/201808/t20180823_ 299757.html。

⑥ 《决战贫困的人社行动》，《中国组织人事报》2018 年 12 月 26 日。

"三区三州"深度贫困地区建档立卡贫困人口全部获得教育基本公共服务，各教育阶段建档立卡学生全程全部获得资助；新疆南疆四地州实行 14 年免费教育政策，民族地区推广"9 + 3"免费教育计划，审慎开展四省藏区及三州的免费教育政策①。中国政府连续实施三期学前教育行动计划，2018 年全国学前三年毛入园率达到 79.6%。贫困地区农村义务教育薄弱学校办学条件全面改善，832 个贫困县基本完成建设任务。农村义务教育学生营养改善计划实现贫困县全覆盖，受益农村学生达 3700 万人，显著改善学生营养健康状况，男、女生各年龄段的平均身高、体重均有不同程度的增长。消除义务教育大班额计划有效实施，到 2018 年 10 月底，义务教育大班额、超大班额数量比 2017 年分别减少 18.9% 和 48.7%。教育扶贫倾斜政策全面落实，"211 工程"高校和中央部属高校面向贫困县安排专门招生计划，2018 年在专项计划范围内共录取 10.38 万名农村和贫困地区学生。2018 年，各类内地民族班招生共计 8 万余名。职业教育东西协作行动 2017 年跨省招收建档立卡贫困家庭学生 30 余万人②。

土地政策扶贫和危房改造扶贫有效实施。截至 2018 年上半年，贫困地区增减挂钩节余指标省域内流转 28 万亩，收益 800 亿元，相当于 2018 年财政专项扶贫资金的 74.6%。2018 年跨省域调剂土地交易指标安排 20 万亩，收益将达 640 亿元。截至 2018 年 9 月底，东西部扶贫协作中，东部地区已向西部地区投入的财政援助资金是 148.48 亿元③。农村贫困人口危房改造力度加大。2018 年，全国规划完成 190 万建档立卡贫困户等重点对象危房改造任务，其中 97% 在 11 月底以前已经开工④。住房和城乡建设部与财政

---

① 《深度贫困地区教育脱贫攻坚实施方案（2018—2020 年）》，中国政府网，2018 年 2 月 27 日，http://www.gov.cn/xinwen/2018 - 02/27/content_ 5269090.htm。
② 《介绍教育脱贫攻坚工作进展》，教育部网站，2018 年 12 月 28 日，http://www.moe.gov.cn/jyb_ xwfb/xw_ fbh/moe_ 2069/xwfbh_ 2018n/xwfb_ 20181228/201812/t20181228_ 365173.html。
③ 《2018 年扶贫用地政策论坛》，自然资源部网站，2018 年 10 月 17 日，http://www.mnr.gov.cn/dt/zb/2018/fpyd2018/jiabin/。
④ 《以习近平新时代中国特色社会主义思想和党的十九大精神为指引努力开创住房和城乡建设事业高质量发展新局面》，住房和城乡建设部网站，2018 年 12 月 24 日，http://www.mohurd.gov.cn/jsbfld/201812/t20181224_ 238966.html。

部印发《农村危房改造脱贫攻坚三年行动方案》，要求把建档立卡贫困户摆在突出位置，全力解决建档立卡贫困户、低保户、贫困残疾人家庭和农村分散供养特困人员等四类重点对象的危房改造问题，2020 年前完成 200 万建档立卡贫困户危房改造任务①。

2018 年，预计中国减少农村贫困人口超过 1000 万，280 个贫困县摘帽。2019 年将再减少农村贫困人口 1000 万左右，实现 300 个左右贫困县摘帽，为 2020 年全面打赢脱贫攻坚战奠定坚实基础。② 预计到 2018 年底，中国现行标准下农村贫困人口将减少 85% 以上，贫困村将退出 80% 左右，贫困县脱贫摘帽 50% 以上③。

三 迎战脱贫攻坚的难中之难和硬中之硬

经过多年的扶贫开发，大多数贫困人口都通过自身努力实现脱贫。目前剩余的贫困人口主要有三类：第一类是自然条件恶劣地区的贫困人口，第二类是因病致贫的人口，第三类是丧失劳动能力的人员。解决这三类人的脱贫问题，是脱贫攻坚的难中之难和硬中之硬，也是打赢脱贫攻坚战的关键。为此，中国政府制定了强有力的措施。

第一，实行易地扶贫搬迁。易地搬迁脱贫是解决"一方水土养不起一方人"问题的根本之策。生存条件恶劣、生态环境脆弱和自然灾害频发历来是造成贫困的重要原因。一些贫困地区不具备基本的发展条件，贫困人口无法在当地实现脱贫。为了彻底解决这个问题，中国政府制定了庞大的易地扶贫搬迁规划，确定"十三五"期间投入 9463 亿元（其中建档立卡

---

① 《农村危房改造脱贫攻坚三年行动方案》，住房和城乡建设部网站，2018 年 12 月 18 日，http：//www. mohurd. gov. cn/zxydt/201812/t20181218_ 238891. html。

② 《2018 年全国将减贫 1000 万人以上》，新华网，2018 年 12 月 28 日，http：//www. xinhuanet. com/politics/2018 – 12/28/c_ 1123921403. htm。

③ 《国新办举行中国减贫 40 年新闻发布会》，国务院新闻办公室网站，2018 年 12 月 13 日，http：//www. scio. gov. cn/xwfbh/xwbfbh/wqfbh/37601/39447/wz39449/Document/1643439/1643439. htm。

贫困人口搬迁费用 5922 亿元），搬迁 1628 万人（其中建档立卡贫困人口981 万人，同步搬迁人口 647 万人）①。2016～2017 年已有 589 万建档立卡贫困人口完成搬迁建设任务，2018 年有 280 万贫困人口实现易地搬迁。到2018 年 10 月，各类资金已到位 5000 亿元，有力保障了易地扶贫搬迁工程建设②。

第二，推进健康扶贫。国家卫生健康委、民政部、国务院扶贫办、国家医保局联合印发《关于进一步加强农村贫困人口大病专项救治工作的通知》，增加肺癌、肝癌、乳腺癌、宫颈癌、急性心肌梗死、白内障、尘肺、神经母细胞瘤、儿童淋巴瘤、骨肉瘤、血友病、地中海贫血、唇腭裂、尿道下裂等作为专项救治病种，使专项救治病种从 7 个增加到 21 个③。国家卫生健康委、国务院扶贫办印发《贫困地区健康促进三年攻坚行动方案》，实施贫困人口托底医疗保障，贫困人口大病和慢性病精准救治，贫困地区医疗卫生服务能力提升，贫困地区传染病，地方病综合防治，贫困地区健康促进，深度贫困地区健康扶贫等六大攻坚行动。④ 健康扶贫工程深入实施。一些医疗机构开展不同形式的远程医疗服务，重点覆盖了国家级贫困县和边远地区。按照"大病集中救治一批、慢病签约服务管理一批、重病兜底保障一批"的健康扶贫计划，建档立卡贫困患者享受倾斜性医保政策，县域内住院先诊疗后付费和"一站式"结算。农村贫困人口医疗费用实际报销比例提高到 80% 以上⑤。2018 年，中国农村贫困人口大病专项救治病种扩大

① 《全国"十三五"易地扶贫搬迁规划》，国家发展改革委网站，2017 年 5 月 16 日，http：//ghs. ndrc. gov. cn/ghwb/gjjgh/201705/t20170516_ 847589. html。
② 《2018 年扶贫用地政策论坛》，自然资源部网站，2018 年 10 月 17 日，http：//www. mnr. gov. cn/dt/zb/2018/fpyd2018/jiabin/。
③ 《关于进一步加强农村贫困人口大病专项救治工作的通知》，国家卫生健康委网站，2018 年 9 月30 日，http：//www. nhfpc. gov. cn/yzygj/s7659/201809/7f2a8afdf3524fb1812e9555b17921db. shtml。
④ 《关于印发贫困地区健康促进三年攻坚行动方案的通知》，国家卫生健康委员会网站，2018 年 10月 22 日，http：//www. nhfpc. gov. cn/xcs/s7852/201810/95b432c9ef7b4e579585efaae2404f7d. shtml。
⑤ 《国家卫生健康委员会 2018 年 11 月 27 日新闻发布会文字实录》，国家卫生健康委员会网站，2018 年 11 月 27 日，http：//www. nhc. gov. cn/zhuz/xwfb/201811/b465567ced4848cfa932250b9cdf3045. shtml。

到 21 种，计划 2019 年扩大到 25 种，2020 年扩大到 30 种。到 2018 年 8 月底，该专项救治确诊农村贫困人口大病病例 26.1 万人，救治 22.6 万人，累计救治 99.6 万人次；专项救治病种累计报销比例为 81.12%，比专项救治开展前提高 37.3 个百分点。贫困白血病患儿实际报销比例从 2017 年初的 49% 提升到 2018 年 9 月的 81%①。

第三，加速推进社会保障兜底扶贫。随着脱贫攻坚的进展，有劳动能力的贫困人口逐渐摆脱贫困，失去劳动能力的人（包括老年人、残疾人和患病者等）日益成为贫困人口的主体。对这部分贫困人口，只有通过提供社会保障才能实现脱贫。2018 年，民政部印发《关于推进深度贫困地区民政领域脱贫攻坚工作的意见》，要求加强农村低保制度与扶贫政策衔接，多措并举合力推进民政脱贫攻坚②。民政部制定《贯彻落实〈中共中央 国务院关于打赢脱贫攻坚战三年行动的指导意见〉行动方案》，规定丧失劳动能力的贫困人口一律纳入低保范围，到 2020 年，所有符合低保条件的建档立卡贫困人口做到"应保尽保、应救尽救"，符合特困人员救助供养条件的建档立卡贫困人口实现"不愁吃、不愁穿"③。民政部、财政部和国务院扶贫办印发《关于在脱贫攻坚三年行动中切实做好社会救助兜底保障工作的实施意见》，要求把家庭人均收入低于当地农村低保标准的未脱贫建档立卡贫困户全部纳入农村低保；把农村建档立卡人员中的特困人员全部纳入特困人员救助供养范围④。到 2017 年底，全国纳入最低生活保障的建档立卡贫困人口有 1762 万，纳入特困供养的建档立卡贫困人口有

---

① 《我国农村贫困人口大病专项救治病种扩大到 21 种累计报销比例达 80% 以上》，中国经济网，2018 年 10 月 16 日，http：//www. ce. cn/xwzx/gnsz/gdxw/201810/16/t20181016_ 30540965. shtml。

② 《民政部关于推进深度贫困地区民政领域脱贫攻坚工作的意见》，民政部网站，2018 年 4 月 7 日，http：//xxgk. mca. gov. cn：8081/new_ gips/contentSearch？id = 150394。

③ 《民政部关于印发贯彻落实〈中共中央 国务院关于打赢脱贫攻坚战三年行动的指导意见〉行动方案的通知》，民政部网站，2018 年 7 月 26 日，http：//xxgk. mca. gov. cn：8081/new_ gips/contentSearch？id = 151927。

④ 《关于在脱贫攻坚三年行动中切实做好社会救助兜底保障工作的实施意见》，民政部网站，2018 年 7 月 16 日，http：//xxgk. mca. gov. cn：8081/new_ gips/contentSearch？id = 151928。

126 万①。2018 年前三季度，全国共有 2422 万 60 岁以上的贫困居民享受城乡居民养老保险待遇，2053 万贫困人员享受代缴保费②。

四　脱贫攻坚面临的挑战及应对

尽管 2018 年脱贫攻坚取得巨大进展，但实现 2020 年全面脱贫的目标仍面临不少困难和挑战，需要采取积极的应对措施。

（一）面临的挑战

首先，深度贫困地区的贫困问题依然突出。经过改革开放 40 年的经济社会发展和农村扶贫开发，中国绝大多数地区都摆脱了贫困。但是，还有一些地区贫困人口集中，贫困程度较深，成为脱贫攻坚的难点。这些深度贫困地区的脱贫攻坚进展，直接制约着 2020 年消除贫困目标的实现。截至 2018 年 9 月，全国贫困人口超过 30 万的地市州有 23 个，超过 50 万的地市州有 5 个。贫困程度最深的"三区三州"（西藏、四省藏区、南疆四地州和四川凉山州、云南怒江州、甘肃临夏州），贫困发生率达到 14.6%；334 个深度贫困县的贫困发生率达到 11.3%，1.67 万个贫困村的贫困发生率超过了 20%。这些都比全国 3.1% 的贫困发生率高很多。同时，这些贫困人口的构成也提高了脱贫的难度。据统计，在剩余的贫困人口中，有 42.3% 属于因病致贫，14.4% 系因残致贫，17.5% 是 65 岁以上的老人，96.6% 仅具有初中以下文化程度③。这就意味着，大多数剩余贫困人口不是完全失去了劳动能力，就是就业竞争力较弱。他们很难通过就业或发展生产的方式脱贫。

---

① 《民政部 2018 年第四季度例行新闻发布会》，国务院新闻办公室网站，2018 年 10 月 30 日，http：//www. scio. gov. cn/xwfbh/gbwxwfbh/xwfbh/mzb/Document/1640510/1640510. htm。
② 《决战贫困的人社行动》，《中国组织人事报》2018 年 12 月 26 日。
③ 刘永富：《有效应对脱贫攻坚面临的困难和挑战（人民观察）》，《人民日报》2018 年 10 月 21 日。

其次，有些贫困群众脱贫的内生动力不足。脱贫首先是贫困群众自己的事情。贫困群众自身的意愿和努力是脱贫的最重要因素。外部帮扶的作用是第二位的。只有激发贫困群众的内在动力，提高贫困群众的就业能力和生产能力，才能真正脱贫、持久脱贫。目前一些贫困群众"等、靠、要"思想严重。除了坐等"帮扶""慰问"等送上门的帮扶外，有人甚至装病装穷，索要项目、资金，要低保、兜底名额等。一些贫困群众脱贫意愿不高，脱贫意识不强，缺乏依靠自身努力摆脱贫困的信心。一些地方出现干部作用发挥有余、群众作用发挥不足现象，"干部干，群众看""干部着急，群众不急"。据统计，2015年底，内生动力不足的贫困人口占贫困人口总数的11.3%。到2017年底，这个数字上升到13.2%[①]。

最后，扶贫领域存在腐败和作风问题。随着脱贫攻坚的深入发展，扶贫领域开始出现腐败现象，如贪污侵占、行贿受贿、虚报冒领、截留挪用、挥霍浪费、吃拿卡要、优亲厚友等问题。同时，扶贫领域的作风问题也开始暴露出来，如工作不扎实、敷衍应付、监管不严、推诿扯皮，不作为、慢作为、乱作为、盲目决策、弄虚作假、数字脱贫、虚假"摘帽"等。

（二）应对挑战的措施

针对面临的挑战，党和国家采取了一系列应对措施。

首先，针对深度贫困地区的特殊情况，《中共中央　国务院关于打赢脱贫攻坚战三年行动的指导意见》要求集中力量支持深度贫困地区脱贫攻坚，统筹各类保障措施，为完全丧失劳动能力和部分丧失劳动能力的贫困人口提供兜底保障，将他们纳入低保范围[②]。

其次，为了解决贫困群众脱贫内生动力不足的问题，国务院扶贫办会同中央组织部、中央宣传部等13个部门印发《关于开展扶贫扶志行动的意

---

① 刘永富：《有效应对脱贫攻坚面临的困难和挑战（人民观察）》，《人民日报》2018年10月21日。

② 《中共中央　国务院关于打赢脱贫攻坚战三年行动的指导意见》，新华网，2018年8月19日，http://www.xinhuanet.com/politics/2018-08/19/c_1123292992.htm。

见》，要求开展扶志教育，帮助贫困群众摆脱思想贫困，树立主体意识，激发贫困群众立足自身实现脱贫的信心决心，树立勤劳致富、脱贫光荣的价值取向和政策导向；加强技能培训，减少简单发钱发物式帮扶，杜绝"保姆式"扶贫，杜绝政策"养懒汉"①。

最后，针对扶贫领域存在的腐败和作风问题，2017年底，中央纪委决定，从2018年到2020年持续三年开展扶贫领域腐败和作风问题专项治理，严肃查处违纪违法行为，为脱贫提供纪律保障②。党的十九大以来，到2018年11月，共查处扶贫领域腐败和作风问题13.31万件，处理18.01万人③。2018年上半年，各级纪检监察机关共查处扶贫领域腐败和作风问题4.53万件，处理6.15万人。在查处的4.53万个问题中，42.16%属于腐败问题，35.51%属于形式主义、官僚主义问题，22.33%属于失职失责问题④。

① 《关于开展扶贫扶志行动的意见》，国务院扶贫办网站，2018年11月19日，http：//www.cpad.gov.cn/art/2018/11/19/art_ 46_ 91266.html。
② 《中央纪委未来3年将开展扶贫领域腐败和作风问题专项治理》，新华网，2018年12月15日，http：//www.xinhuanet.com//politics/2017 – 12/15/c_ 1122118785.htm。
③ 《十九大以来全国共查处扶贫领域腐败和作风问题13.31万个》，央视网，2018年12月31日，http：//news.cctv.com/2018/12/31/ARTIfLUJNg6UQ4JqKMee3iY9181231.shtml。
④ 《上半年查处扶贫领域腐败和作风问题4.53万个处理6.15万人》，人民网，2018年8月29日，http：//leaders.people.com.cn/n1/2018/0829/c58278 – 30257486.html。

B.4

脱贫攻坚中的健康扶贫

马 婷 唐贤兴*

摘 要： 贫困与健康之间存在复杂的关联，因病致贫和因贫致病等现象都严重阻碍着人的权利的实现，以及社会的稳定与发展。中国当前正在推进的健康扶贫攻坚行动，具有"健康中国"战略和国家扶贫攻坚行动的双重战略基础，这一行动密切关注贫困与健康的互动性关联。2018年的中国健康扶贫攻坚行动有序推进，财政投入不断加大，协同治理体系初步形成，但总体上依然面临贫困群体自身的脆弱性和多元帮扶主体参与不足等方面的挑战。未来，政府主导的健康扶贫攻坚行动将促使多元行为体之间开展更为积极、协调与精准的合作。

关键词： 脱贫攻坚 健康扶贫 健康权

"没有全民健康，就没有全面小康"①，健康是走向共同富裕和幸福生活的基础。近些年来，中国的反贫困（扶贫）行动与"健康中国"战略（见图1）分别从不同角度密切关注贫困与健康之间的复杂关联，共同推动着该

---

* 马婷，管理学博士，上海对外经贸大学法学院讲师，复旦大学人权研究中心兼职研究员，主要研究方向：人权与公共健康治理；唐贤兴，政治学博士，复旦大学国际关系与公共事务学院教授、博士生导师，复旦大学人权研究中心副主任，主要研究方向：公共政策、国际政治理论、人权理论。

① 2014年12月，国家主席习近平在江苏镇江考察时强调"没有全民健康，就没有全面小康"。

领域诸多问题的解决，并已取得初步成效。尤其是自 2018 年开始，中国的健康扶贫攻坚行动全面铺开，一系列政策行动有序推进，健康权利正越来越从法律和政策文书中的应然权利转化为民众真正享有的实然权利。但同时也要看到，在那些深度贫困地区和卫生健康服务的薄弱环节中，仍存在迫切需要促进特定群体健康权的诸多与贫困相关联的问题和议题。那么，中国的健康扶贫攻坚行动是如何提出的？这项制度和政策设计形成的体系是什么样子？有效推进这个政策体系的工具是什么？以及政策行动的已有成效如何、怎样改进？本报告试图展现近几年中国在健康扶贫行动中所逐渐形成的政策体系，尤其是对 2018 年起愈发清晰的政策图景进行分析，并提出政策建议。

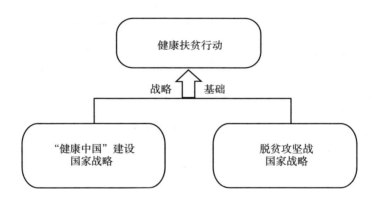

图 1　健康扶贫行动的双重国家战略基础

一　健康扶贫行动的进展

在过去一年多时间里，中国的健康扶贫工作取得了显著成效。自 2017 年起至 2018 年，中国已分类救治建档立卡贫困患者 1057.7 万人，救治比例达 97.6%[①]。在救治比例得到了大幅度提高的同时，贫困患者的医疗成本也

[①] 《国家卫生健康委：健康扶贫计划救治超千万贫困患者》，"健康中国"微信公众号，2018 年 12 月 7 日，https：//mp.weixin.qq.com/s/zHXUmOjf6fhPFcFo3i4w7Q，最后访问日期：2018 年 12 月 7 日。

明显下降。2017 年建档立卡的贫困患者的人均自付比例同比 2016 年大幅下降 26.6%，降至 15.8%。农村贫困人口医疗费用中的人均自付费用从 2016 年的 3536 元降至 2017 年的 1026 元，同期自付比例由 42.4% 减为 15.8%。截至 2017 年底，贫困地区的儿童营养改善项目累计受益儿童 580 万，新生儿疾病筛查项目累计受益儿童 605 万①。2018 年 10 月发布的《中国健康扶贫发展研究报告》显示，截至 2017 年底，在国务院扶贫办建档立卡的因病致贫和因病返贫的 2856 万人中，已有 1730 万人脱贫，脱贫率超过六成。累计核实贫困患者 849 万人，其中，大病、慢病和重病患者分别为 196 万人、608 万人和 47 万人。已有 804 万人入院治疗或接受签约服务，救治比例已达 95%。由此，贫困患者可以突破时空限制享受到更为优质的医疗资源服务，从而有助于切实保障这类群体的健康权利。

在这样的基础上，2018 年与健康问题相关联的反贫困工作取得了显著绩效。截至 2018 年 10 月，在国务院扶贫办建档立卡的因病致贫和因病返贫的 981 万户贫困户中，已经有 581 万户实现了脱贫，脱贫率已达 59.2%。其中，农村贫困人口医疗费用个人自付比例逐年下降，大病专项救治病种的范围扩大到了 21 个病种，累计有 900 多万贫困患者得到了分类救治。同时，已有 963 家三级医院与所有贫困县 1180 家县级医院建立互联互通的远程医疗网络，年均超过 3 万人次的城市三级医院医务人员被派驻到贫困县县级医院，贫困患病人口的经济负担得以显著缓解②。而新农合大病保险起付线降低了 50%，实现贫困地区农村妇女"两癌"免费筛查目标人群全覆盖③。

也正因为如此，健康扶贫行动获得了较高的民众满意度。2018 年 1 月，

---

① 《我国实施健康扶贫工程减轻农村贫困人口医疗负担》，中国政府网，2018 年 10 月 19 日，http：//www. gov. cn/xinwen/2018 – 10/19/content_ 5332542. htm，最后访问日期：2018 年 11 月 20 日。

② 《我国实施健康扶贫工程减轻农村贫困人口医疗负担》，中国政府网，2018 年 10 月 19 日，http：//www. gov. cn/xinwen/2018 – 10/19/content_ 5332542. htm，最后访问日期：2018 年 11 月 20 日。

③ 《健康扶贫成效显著 未来三年我们尽锐出战》，中国青年网，2018 年 7 月 10 日，http：//news. youth. cn/jsxw/201807/t20180710_ 11665807. htm，最后访问日期：2018 年 10 月 15 日。

对中国 22 个省份的因病致贫和因病返贫人员进行关于健康扶贫满意度的电话调查显示，贫困人群对健康扶贫政策在本地执行情况满意率达 83.9%，其中，非常满意和比较满意的占比最高，分别为 46.7% 和 37.2%，认为一般的是 11.8%，比较不满意和非常不满意的只有 3.7% 和 0.6%①。

二 健康扶贫的经验和逻辑

2018 年中国的健康扶贫工作积极有序推进，从中央到地方，从国家到社会，有效地协同起来，形成了很多有益的经验，健康扶贫工作的逻辑也日益清晰。

（一）国家：政策设计与项目规划

国家层面上的健康扶贫行动首先表现为强有力的立法推动和体系化的政策设计。2018 年 10 月，第十三届全国人大常委会第六次会议对《中华人民共和国基本医疗卫生与健康促进法（草案二次审议稿）》进行了审议，并于 11 月 1 日至 12 月 1 日公开向社会各界征求意见。根据这个草案，基本医疗服务将实行分级诊疗制度，中国将推进基层医疗卫生机构实行家庭医生签约服务模式，民众主要健康指标的改善情况将被纳入政府目标责任考核中。若该法案最终通过，这将是中国首部健康领域的综合性法律，有助于把宪法中关于国家健康事业发展和人民健康保障的有关规定落实下去。

健康扶贫的政策促进措施越来越体系化和密集化。中共中央、国务院 2018 年 6 月发布的《关于打赢脱贫攻坚战三年行动的指导意见》，明确提出要对贫困人口实施托底医疗保障，对贫困人口的大病和慢性病进行精准救治，并认为这是健康扶贫工作上的攻坚行动。根据这一政策精神，国家卫健

---

① 中国人口与发展研究中心：《中国健康扶贫发展研究报告》，"健康中国"微信公众号，2018 年 11 月 22 日，https：//mp. weixin. qq. com/s/K6M9z7VqT8L5f8loDR47cA，最后访问日期：2018 年 11 月 22 日。

委在 9 月发布了《关于进一步加强农村贫困人口大病专项救治工作的通知》，对中央关于脱贫攻坚工作的决策部署以及健康扶贫三年攻坚工作的要求进行了具体设计，其主要的政策内容包括：各地要增加专项救治覆盖病种①，鼓励各地结合实际将多发和群众反映强烈的重大疾病纳入专项救治病种范围，加强专项救治医疗质量安全监管，加快实施"一站式"结算，等等。而国家卫健委、国家发改委和国务院扶贫办等十部门于 11 月联合发布的《地方病防治专项三年攻坚行动方案（2018—2020 年）》，则提出要按照三个一批——"大病集中救治一批、慢病签约服务管理一批、重病兜底保障一批"的健康扶贫原则，广泛动员、整合资源，给予各地方病病区以组织、资金与技术上的保障，通过信息化监测全覆盖、民众防病意识和各地区行动能力的提升，落实大骨节病、克山病、血吸虫病、饮水型和水源性中毒等地方病的"防"与"治"工作。

同时，健康扶贫政策体系的目标设定和价值定位也日益明确，即提高贫困人口的健康素养，保障贫困人口的健康权利。2018 年 10 月国家卫健委、国务院扶贫办联合印发的《贫困地区健康促进三年攻坚行动方案》，要求全国居民健康素养水平由 2018 年的 14.18% 逐步提升到 20%（2020 年）和 30%（2030 年），并规定贫困地区的居民健康素养水平应达到本省 2020 年的目标或较 2018 年提高 60%。该政策方案强调地方各级要将该行动纳入当地经济社会发展和卫生健康事业发展大局，加大基本公共卫生服务健康素养促进项目经费保障力度，将落实情况纳入地方卫生健康部门工作绩效考核。

为了让相关政策能有效得到实施，健康扶贫行动的各种保障工作也有序展开。一是资金保障。中央财政决定将在 2018～2020 年为深度贫困地区提供 100 亿元补助资金托底医疗保障，宫颈癌、乳腺癌、肺癌、尘肺病等近

---

① 具体的要求是：各地在已开展儿童先心病、儿童白血病、胃癌、食道癌、结肠癌、直肠癌、终末期肾病等大病专项救治基础上，增加肺癌、肝癌、乳腺癌、宫颈癌、急性心肌梗死、白内障、尘肺、神经母细胞瘤、儿童淋巴瘤、骨肉瘤、血友病、地中海贫血、唇腭裂、尿道下裂等作为专项救治病种。详情见《关于进一步加强农村贫困人口大病专项救治工作的通知》，国家卫健委网站，2018 年 9 月 30 日，http：//www.moh.gov.cn/yzygj/s7659/201809/7f2a8afdf3524fb1812e9555b17921db.shtml，最后访问日期：2018 年 10 月 8 日。

30 种重大疾病将被纳入专项救治范围①。二是关联保障。健康扶贫意味着健康与贫困之间存在复杂的关联，因此，那些致力于解决人的健康的影响因素的努力，构成了健康扶贫的关联性保障。这其中，对贫困地区贫困人口的教育扶贫，就是一个很重要的健康扶贫关联保障。教育部和国务院扶贫办 2018 年 1 月联合印发的《深度贫困地区教育脱贫攻坚实施方案（2018—2020 年）》，提出到 2020 年，要让更多建档立卡贫困学生接受更好更高层次的教育，使他们都有机会通过职业教育、高等教育或职业培训实现家庭脱贫，以最大可能规避因病致贫和因病返贫现象的发生。2018 年 9 月出台的《关于进一步加强农村贫困人口大病专项救治工作的通知》，要求"扶贫部门要加大对贫困大病患者及其家庭帮扶力度"，增加贫困家庭规避因病致贫风险、其成员接受教育机会的可能性。

在这些政策促进下，中国就健康扶贫问题推出了一系列政策项目。其中，由国家卫健委指导、中国人口福利基金会实施的"健康暖心"工程，就是最典型的政策项目。该项目以供资源、助医生、助机构为主线，通过为特困家庭及人群提供大病救助和医疗补助、帮助贫困地区基层医生提升能力、为贫困地区医疗卫生机构捐赠医疗设备和物资等举措，广泛动员不同领域或层级的政府部门、各类企事业单位及多元社会力量进行跨省域/地区的多向度合作，优化贫困地区民众实质性健康权的可及性、可获得性和便利性。供资源方面，仅 2018 年第一季度，分别在四川省甘孜藏族自治州和甘肃省甘南藏族自治州发放健康暖心小药箱 5000 个和 1000 个，总计价值 68 万元。助医生方面，2018 年在甘肃开展"健康暖心——贫困地区基层医生培训润土计划"，在设计、管理、执行、影响等四个主要维度上都获得了成功经验，这将作为该工程参与健康扶贫的多元共治解决方案的样板。助机构方面，开展了各种形式的企业合作，比如，与飞利浦公司联合启动的"健康暖心——爱她计划"，飞利浦公司提供了 300 万元的设

---

① 《国家卫健委：未来三年实施健康扶贫"六大攻坚行动"》，中国新闻网，2018 年 7 月 3 日，http://www.chinanews.com/jk/2018/07-03/8555236.shtml，最后访问日期：2018 年 9 月 2日。

备和资金，用于面向基层贫困地区人口密集地区的医院开展设备捐赠、医技培训、疾病筛查、宣传教育等工作，旨在为高危的贫困妇女提供"两癌"筛查与诊断，早诊早治，帮助她们降低患病风险、缓解经济压力、提升生活品质。同时，对于工程的绩效，积极开展第三方评估。2018 年 2 月，第三方评估机构益生信评估公司对"健康暖心工程"进行了整体评估，认为该工程从扶贫体系中的多个方面入手进行资源整合，较为体系化地推动了健康扶贫工程，具有一定的创新性和较好的社会价值①。此外，持续开展的农村义务教育学生营养改善计划、贫困地区儿童营养改善项目、"百万贫困白内障患者复明工程"等健康扶贫项目，都是作为政策工具的健康扶贫项目，具有较高的社会覆盖面和适配性，推动着中国基于权利的健康扶贫政策行动的实施与完善。

（二）地方：多样化的模式创新

在中央的政策指导和多方协调下，各地方就健康扶贫进行了多样化的治理创新。中央 6 月出台的《关于打赢脱贫攻坚战三年行动的指导意见》指出，西藏、四省藏区、南疆四地州和四川凉山州、云南怒江州、甘肃临夏州（"三区三州"）等深度贫困地区，"不仅贫困发生率高、贫困程度深，而且基础条件薄弱、致贫原因复杂、发展严重滞后、公共服务不足，脱贫难度更大"，因此，中央要求集中力量支持深度贫困地区，坚决打赢"三区三州"健康扶贫攻坚战。具体包括深入实施健康扶贫工程、改善基础设施等发展条件、解决群众面临的地方病等特殊困难、加大专项扶贫资金和教育医疗保障转移支付等政策倾斜力度。

2018 年 7 月，国家卫健委同国务院扶贫办在成都召开"三区三州"健康扶贫攻坚工作座谈会。强调要围绕让贫困人口"看得起病、看得好病、看得上病、少生病"，实行政策优先供给、项目优先安排、资金优先

① 《"健康暖心"工程 2017 年第一季度进展报告》，中国人口福利基金会，2018 年 4 月 4 日，http：//www.cpwf.org.cn/home/news/view/id/10735.rjh，最后访问日期：2018 年 9 月 26 日。

支持、资源优先配置、社会力量优先对接等"五大优先",统筹中央支持、对口支援、社会力量和"三区三州"自身力量,加大投入和攻坚力度,制定更具有针对性、可操作性的政策措施,有效解决因病致贫返贫问题。9月,国家卫健委在昆明举办"三区三州"健康扶贫攻坚工作专题培训班,邀请国家卫健委财务司和疾控局等、国家医疗保障局、人发中心等机构代表,聚焦重点难点,深入解读国家健康扶贫工作部署和政策措施。11月,河仁慈善基金会为"三区三州"健康扶贫三年攻坚行动捐赠4亿元人民币。

1. 甘肃省:"整合叠加式"健康扶贫

甘肃省对贫困地区的基础设施、人力资源、医疗保险等方面项目资金和优惠政策予以整合叠加,积极推行"将健康融入所有政策"的理念。近几年,省市两级相继出台文件规定,在制定规范性文件和实施重大项目前必须进行健康审查,各有关部门定期监测和治理空气、水、土壤、装饰材料、食品等污染,及时纠正危害健康的制度性缺陷①。2018 年以来有 10 项重点工作任务,具体如下:(1)加大健康扶贫工作力度;(2)全面开展 50 种大病集中救治,完善贫困人口家庭医生签约服务;(3)强化上门面对面服务,建档立卡贫困户签约服务管理率提高到 95% 以上;(4)将健康扶贫宣传纳入计划生育一票否决考核内容,做到健康扶贫政策家喻户晓;(5)坚持病种分级分工,做好医疗机构能力评估和病种动态调整工作,2018 年县级增加 10 个病种、乡级增加 5 个病种;(6)建立分级诊疗控费机制,将县外转诊率与不合规费用控制比例挂钩;(7)实施 19 个深度贫困县县级医院薄弱学科建设项目;(8)2018 年培养基层骨干人才 500 名,麻醉、康复、助产等紧缺专业人才 500 名;(9)安排全科医生转岗培训 500 名,在岗村医轮训 4500 名,招收临床医学专业订单定向医学生 800 名,村医订单定向医学生 500 名;(10)全面落实基层医疗卫生机构负责人公开竞

---

① 《甘肃健康扶贫助推全面小康》,中国财经,2016 年 7 月 11 日,http://finance.china.com.cn/roll/20160711/3805207.shtml,最后访问日期:2018 年 11 月 20 日。

聘上岗和任期目标管理制、在岗村医购买养老保险和离岗村医退养补助政策，全面取消收支两条线管理等。

甘肃省"整合叠加式"的健康扶贫理念体现在各领域的工作中。这在大数据平台的创新模式上效果显著，也就是通过对资源的整合叠加，实现对精准扶贫对象的靶向帮扶①。一是在设计理念上，整合叠加健康扶贫数据资源，形成"政策—人员—设备—贫困者"数据链，从而更好地挖掘数据的潜在价值，围绕政府健康扶贫政策、医疗机构的医务人员、医疗器械的储备以及贫困者的具体情况，构建多元化的大数据挖掘分析模型。二是模型评价方式，整合叠加执行力数据，对 13 个地市健康扶贫的力度做出聚类分析，对全省各地市的健康扶贫效果进行综合评价，从而对健康扶贫各项措施的效果进行综合排序，为政府制定下一步有效脱贫政策提供决策支持。三是在精准帮扶上，整合叠加各方力量，政策措施精准到村、到户、到人，为"一户一策"精准帮扶提供准确高效的数据支持。2018 年初，甘肃省卫健委将全民健康信息平台与全省扶贫大数据库进行对接，开发了健康扶贫大数据分析平台。已有 267 家公立医院、1768 家乡镇卫生院及社区卫生服务机构、15451 个村卫生室接入全民健康信息平台，并实现全员人口数据库、健康档案数据、电子病历等数据库共享，每日采集各类数据 4000 万条②。全面、动态、快速、准确地甄别贫困人口，促进了医保基金在健康扶贫中有序高效地发挥作用。至 2018 年 12 月，已全面落实省、市、县、乡、村五级医疗机构"先看病后付费"、"一站式"结报、"报销比例提高至85%"、"3000 元兜底保障"等四项重点指标，实现了中央部委对于"三个一批"的行动要求。③

---

① 闫宣辰等：《甘肃省健康扶贫大数据平台的建设与应用》，《医学与社会》2018 年第 9 期。

② 南如卓玛：《甘肃建医疗大数据推健康扶贫 日采集数据达四千万条》，甘肃省卫健委网站，2019 年 1 月 18 日，http：//www. gsws. gov. cn/single/11067/77749. html，最后访问日期：2019 年 1 月 18 日。

③ 刘晓芳：《大数据分析平台支撑精准帮扶 甘肃省借助信息化推进健康扶贫工作取得成效》，中国甘肃网，2018 年 12 月 5 日，http：//www. gscn. com. cn/gsnews/system/2018/12/06/012079319. shtml，最后访问日期：2018 年 12 月 20 日。

除数据资源的整合叠加外，积极开展人员与项目的整合叠加。比如，为进一步贯彻落实《甘肃省"两州一县"和18个深度贫困县医疗人才"组团式"健康扶贫工作实施方案》（甘卫发〔2018〕68号）和全省健康扶贫三年攻坚行动会议精神，2018年9月，甘肃省卫健委发布了《关于建立组团式健康扶贫工作年度考核和月通报制度的通知》，对各市州卫健委、委属各医院、兰州大学第一和第二医院、甘肃中医药大学附属医院的协同合作提出进一步细化要求，明确了考核指标，形成了公开透明的工作成效通报制度并反馈整改意见。

2. 四川省："全面推进式"健康扶贫

四川省出台《健康扶贫专项2018年实施方案》，计划资金达到17.93亿元，其中用于贫困人群参加城乡医保的补助达15.01亿元。要求3500个计划退出的贫困村有达标卫生室，每个村卫生室有合格村医，贫困人口100%参加城乡居民基本医疗保险。方案要求还包括县域内住院和慢性病维持治疗费用个人支付比在10%以内，家庭医生签约率达100%，对贫困人群实施免费体检和建立电子健康档案等。人才培养的到位包括，创新性地实施了贫困地区对口支援"传帮带"工程，将组织内地三级医院全覆盖深度贫困地区进行对口支援，确保深度贫困县的医疗卫生机构都有相应的帮扶力量进行帮扶，实施师带徒、服务质量审查、远程诊疗指导、组团帮扶、设备规范使用、管理帮扶、临床进修、远程教学、专项培训等九大帮扶行动①。通过医疗扶持到位、农村贫困人口大病救治到位、贫困人口兜底保障，因病致贫返贫得到有效遏制。2017年，88个贫困县免费开展各类医疗及基本公共卫生服务累计超1230万人次，减免（补助）各类费用累计超57700万元。通过"两保三救助三基金"，2017年度为588.5万人次报销了住院医疗费用，贫困患者医疗费用个人支付占比控制在10%以内，大幅减轻了病患家庭医疗费用支出压力②。

---

① 《四川今年健康扶贫资金近18亿》，央视网，2018年4月25日，http://jiankang.cctv.com/2018/04/08/ARTIpFdDUFwJ32Vh4arMYhiI180408.shtml，最后访问日期：2018年8月31日。

② 《四川：健康扶贫重系统重精准》，健康报，2018年11月5日，http://www.jkb.com.cn/management/2018/1105/441572.html，最后访问日期：2018年11月6日。

四川省健康扶贫工作秉持全面推进的治理理念。一是创新实施"十免四补助"和"两保三救助三基金"等政策，全面落实"先诊疗后付""一站式结算"等制度。至 2018 年 5 月底，88 个贫困县县级医院中有 87 家达二级水平，其中二级甲等达标率为 75%。盘点三年工作进展，贫困人口县域内就诊率达 90.8%，增长 10.8 个百分点；卫生健康领域的工作人员达 19.9 万人，增加 69.1%；人均期望寿命增长 0.68 岁。二是全面推进"三个一批"行动计划。全面落实贫困人口家庭医生签约服务。提供个性化、精准化慢病管理。统筹基本医保、大病保险及各项救助和基金，实现贫困患者医疗费用自付比在 10% 以内。至 2018 年 5 月底，全省建档立卡贫困患者 68.31 万人，已救治或慢病签约服务 65.21 万人，救治进度达到 95.47%。贫困患者住院医疗费用自付占比实际为 5.94%，较三年前下降 17.4 个百分点①。2018 年 10 月，全国在健康扶贫工作中表现突出的 45 个贫困县区受到国家卫健委和国务院扶贫办联合通报表扬，四川省北川羌族自治县、广元市昭化区、叙永县三县区位列其中②。

3. 宁夏回族自治区："精准服务式"健康扶贫

在宁夏回族自治区，"精准服务式"健康扶贫的彭阳经验最有代表性。彭阳县以"党委领导、政府主导，部门协作、群策群力，突出重点、统筹兼顾，因地制宜、分类施策，遵循规律、务求实效"五个原则为指导，创新"三个精准"管理模式，实行县乡村三级人员精准识别、"三个一批"精准救治、"一站式"结算精准报销。其中，"三个一"管理措施，包括一户一档案、一病一方案、一人一计划。具体的推动力量在于坚持"三级联包"责任制的落实，即卫计局领导包片、局机关中层干部和乡镇卫生院院长包乡镇、乡镇卫生院职工包村。2018 年，全县核准患病 2861 人，按照"三个一

---

① 程渝：《四川健康扶贫三年攻坚 因病致贫返贫人口减少 109 万》，新浪四川，2018 年 7 月 3 日，http：//sc.sina.com.cn/news/m/2018-07-03/detail-ihespqry8784375.shtml，最后访问日期：2018 年 9 月 30 日。

② 《我省三县健康扶贫工作受到国家通报表扬》，四川省卫健委网站，2018 年 11 月 2 日，http：//www.scwst.gov.cn/zt/jkfp/201811/t20181102_21839.html，最后访问日期：2018 年 11 月 10 日。

批"精准治疗，其中大病集中救治 399 人，慢病签约服务 2460 人，救治率和签约服务率都达到了 100%。2018 年 1 月，彭阳县荣获全国"互联网医疗健康行业'墨提斯奖'中的'互联网＋健康扶贫'实践奖"。4 月，中共中央政治局委员、国务院副总理孙春兰一行专程赴彭阳调研指导，对彭阳在健康扶贫治理中的积极探索给予肯定。10 月，国家卫健委办公厅和国务院扶贫办综合司就彭阳县健康扶贫工作表现突出联合予以通报表扬①。

（三）社会：多元行为体参与治理

健康扶贫不仅是国家和政府层面上的行动，而且是全社会的事业。在过去几年里，中国的反贫困事业，已经形成了政府—社会—市场多方协同治理的格局，其中，在过去一年多时间里，这种协同治理格局在健康扶贫领域里也有生动的体现。

1. 市场参与的案例：营利机构"互惠共融型"健康扶贫

中国乳业企业伊利集团推出"营养扶贫"公益项目——"伊利营养2020"②。该项目根据企业优势，即在儿童营养健康领域完善的研发与产品体系，探索出"立足产业、立体扶贫、精准担当"的模式，积极参与"社会责任体系"构建。深耕"三区三州"等精准扶贫重点区域，重点关注婴幼儿、孤残、老人等特殊群体，探索健康扶贫与教育扶贫、产业扶贫等相结合的专业扶贫机制，目标是持续帮助扶贫对象稳定脱贫。截至 2017 年底，该项目累计向中国十余个省份捐赠伊利学生奶 480 万盒，市场价值总计1200 万元，惠及贫困地区的超 12 万名学生。2018 年，该项目覆盖约全国25 个省、130 个市县。③ 该项目入选《人民日报》2018 年"大国攻坚　决

---

① 《宁夏彭阳：精准施策　健康扶贫惠民生》，人民网，2018 年 10 月 22 日，http：//nx. people. com. cn/n2/2018/1022/c388840 - 32187306. html，最后访问日期：2018 年 10 月30 日。
② 《"伊利营养 2020"正式发布　乳业精准扶贫再升级》，伊利集团官网，2017 年 2 月 20 日，http：//www. yili. com/cms/rest/reception/articles/show，最后访问日期：2018 年 9 月 3 日。
③ 曹晨：《"伊利营养 2020"精准扶贫战略全面升级》，新华网，2018 年 9 月 5 日，http：//www. xinhuanet. com/2018 -09/05/c_ 1123384968. htm，最后访问日期：2018 年 12 月 20 日。

胜 2020" 精准扶贫案例。①

在脱贫攻坚战略下，作为营利机构的企业是重要的市场力量，它们秉持"互惠共融"理念，通过发挥自身优势参与到健康扶贫治理中来。"互惠"体现在企业短期利益与社会影响力塑造的统一上，健康扶贫需要市场力量的有序参与，企业通过创新参与模式，将自身的产品资源、智力资源、社会资源结合起来，大部分以捐助和帮扶的形式呈现出来，短期内虽没有或少有现金收益，但通过这些健康扶贫行动，扩大了企业的社会影响力、塑造（或重塑）了企业良好的社会形象，使消费者产生好感。"共融"体现在企业长远利益与企业社会责任的统一上，在捐助与帮扶行动中，企业承担了社会责任，社会影响力、良好形象与消费者好感等要素将成为企业未来盈利与良性运转的重要基础，长期看，将形成市场与社会的良性互动，而健康扶贫既是目标也是过程。

2. 社会参与的案例：公益组织"职业关怀型"健康扶贫

纯民间性的非政府组织（NGO）大爱清尘公益基金成立于 2011 年，专注于关爱尘肺病农民的救助，在职业健康权保障领域发挥了不可忽视的积极作用。作为一种典型的职业病，尘肺病是一种身体疾痛，也是一种社会疾病。据国家卫生健康委员会的统计数据，尘肺病报告病例数约占全国职业病总病例数的 90%。尘肺病是严重的呼吸系统疾病，治疗费用高昂，患者通常遭遇（高风险）贫困处境。

大爱清尘基金会围绕尘肺病这种严重的职业病开创了"职业关怀型"健康扶贫，分别从个人关怀、家庭关怀、发展关怀等多个方面，主要通过救援项目、预防宣传、政策倡导三个维度开展协同治理。救援项目包括医疗救治、康复训练、子女助学、创业助困等，预防宣传包括尘肺课堂、线上线下活动、专家咨询等，政策倡导包括法律法规、研究报告、

① 《"大国攻坚　决胜 2020"精准扶贫案例展示》，人民网，2018 年 9 月 20 日，http：//rmfp. people. com. cn/n1/2018/0920/c406725 - 30304315. html，最后访问日期：2018 年 10 月 2 日。

政府合作等。

截至 2018 年底，大爱清尘在全国各省份累计帮扶尘肺病农民 7 万多人。其中，通过提供一次性住院治疗费用支持救治尘肺农民 2959 人，累计发放制氧机 3144 台、助学 7857 人次、发放爱心包裹 73254 件，在江西萍乡、河南栾川、陕西镇安依托乡镇卫生院挂牌建立了 3 个尘肺病农民康复中心①。

3. 社区参与的案例：基层组织"个人赋能型"健康扶贫

社区等基层组织是健康扶贫的一线阵地，可以通过健康知识宣传、健康技能教育、医疗卫生服务等多种方式有效开展。2018 年，四川省德阳市推行"健康扶贫进乡镇"，在 134 个乡镇社区开展义诊活动。全市共 118 家医疗卫生单位派出医务人员 1086 人，共接待就诊群众 2.64 万人次，其中农村建档立卡贫困人口 1.52 万人次，发放各类宣传资料 8.25 万份，发放药品价值 9.68 万元。核心目的是为民众个人赋能，通过义诊宣传健康扶贫知识与理念，从源头上提升健康素养与能力。

比如，10 月在德阳市中江县仓山镇的义诊活动获得成功，原因至少包括两方面。第一，跨部门合作机制是保障。来自市县两级 14 个不同科室（内科、外科、妇产科、儿科、中医科、眼科、口腔科等）的医务工作者们相互支持、通力合作。第二，人力资源的质量是有序推进工作的利器。医务工作者们耐心细致地接诊每一位前来就诊咨询的群众，对居民进行全面体检后，提出医疗方案及建议，获得当地群众的认可与赞赏。

（四）经验总结

中国健康扶贫行动的主要经验在于政府重视、加大财政投入、多种途径增强社会成员的健康意识、各样途径发挥社会力量的积极性与能动性等多方面。中国尊重和确认、保障和保护、促进和实现民众健康与健康权，整个演

---

① 《中国尘肺病农民工生存状况调查报告（2018）》，大爱清尘官网，2019 年 1 月 28 日，http://www.daaiqingchen.org/upload_ files/35/36_ 20190128140131_ xym5v.pdf，最后访问日期：2019 年 1 月 30 日。

变过程中都表现出国家和政府的积极态度，不断增加的财政投入就是最好的证明。

中国健康扶贫工作体系已初步建立①，至少在以下运行机制方面积累了宝贵的经验。一是工作推进机制。包括定期召开工作会议、开展工作培训、政策宣传解读、推广典型经验。二是动态管理机制。比如建立全国健康扶贫动态管理信息系统，实时更新数据，跟踪因病致贫和因病返贫的救治进展，把握政策落实情况。三是跨部门合作机制。国家卫生健康委、国务院扶贫办是实施健康扶贫工程的牵头部门，负责统筹协调、督促落实，国家发展改革委、教育部、民政部、财政部、人力资源和社会保障部等部门分工负责、制定各领域的相关政策。四是考核问责机制。将健康扶贫作为脱贫攻坚成效考核的重点内容，开展督察巡察，定期通报各地健康扶贫工作任务进展和目标实现情况。

在健康扶贫治理中，政府已不再大包大揽，社会中大量的非政府行为体（包括社会组织、企业、家庭和个人等）都逐步开始发挥各有所长的资源、技术和能力。这体现了党的十八大报告提出的构建中国特色社会主义社会管理体系"党委领导、政府负责、社会协同、公众参与、法治保障"的要求。

政府积极转变其对自身与社会之间关系的定位，意识和认识到协同合作的重要性与必要性，并允许、寻求和鼓励各行为体相互之间的融合协作，是健康扶贫政策的一个重要方面。一是跨层面协同。2018 年 2 月，世界银行发布的《中国系统性国别诊断》② 报告表示，支持中国共产党十九大强调的包括消除贫困和改善民众健康等在内的优先事项，并对教育、医疗、监管、信息等与健康扶贫密切相关的领域提出建议，包括建立教育质量保障体系、为贫困人口提供公平的教育机会，完善贫困人口医疗保险制度、为农村地区

① 中国人口与发展研究中心：《中国健康扶贫发展研究报告》，"健康中国"微信公众号，2018 年 11 月 22 日，https：//mp. weixin. qq. com/s/K6M9z7VqT8L5f8loDR47cA，最后访问日期：2018 年 11 月 22 日。
② 世界银行：《中国系统性国别诊断》，http：//documents. shihang. org/curated/zh/436081519311267846/pdf/113092 - V2 - SCD - CHINESE - P156470 - PUBLIC. pdf，最后访问日期：2018 年 11 月 16 日。

提供更多可负担的优质医疗卫生服务，加强激励机制和监管力度、使地方政府充分重视基本公共服务提供，以及推动信息领域新技术在农村地区的应用等。

二是跨部门和跨地区协同。国家要求各级扶贫部门将社会组织参与脱贫攻坚纳入重要议事日程，并建立相应机制，为社会组织参与脱贫攻坚提供方便和创造条件。2018 年 9 月出台的《关于进一步加强农村贫困人口大病专项救治工作的通知》指出，地方各级卫生健康、民政、扶贫、医保等部门要明确部门责任，加强沟通协调以形成合力，共同推进专项救治工作。夯实基础设施，互联互通的远程医疗网络在国家级贫困县中已全覆盖；汇集智力支持，实施"万名医师支援农村卫生工程"等。

三是跨领域协同。通过思想动员、政策支持、典型宣传等方式，支持引导社会组织积极参与脱贫攻坚。2018 年 10 月，国家卫健委主办的"社会力量参与健康扶贫协作"论坛发布了《社会力量参与健康扶贫行动倡议》①，内容包括建立社会力量参与健康扶贫行动的网络平台，成立由健康行业机构、公益组织、企业单位、媒体机构等全社会各界力量组成的公益联盟，目的是推动健康扶贫事业进一步畅通渠道、创新机制、整合资源、凝聚力量。中国人口福利基金会、阿里巴巴、中国医师协会和人民网等 15 家机构为首批联盟单位，启动了儿童大病救助计划。中国扶贫基金会和复星集团等机构共同展示了"顶梁柱"健康扶贫公益保险和乡村医生健康扶贫等公益项目的设计与成效。而大病救助筹款平台"轻松筹"公益组织（2014 年成立），注册用户和累计筹款至 2018 年底已分别超过 5.5 亿人和 200 亿元，通过互联网渠道帮助 160 多万个大病家庭摆脱了经济困境②。多元行为体参与健康扶贫协同治理的具体情况见图 2。

---

① 《积极引导社会力量参与健康扶贫》，《健康报》2018 年 10 月 18 日，http：//szb. jkb. com. cn/jkbpaper/html/2018－10/18/content_ 230364. htm，最后访问日期：2018 年 10 月 29 日。
② 《2018 "互联网＋精准健康扶贫"论坛在京举办》，人民网－人民健康网，2018 年 8 月 16 日，http：//health. people. com. cn/n1/2018/0816/c14739－30233598. html，最后访问日期：2018 年 9 月 16 日。

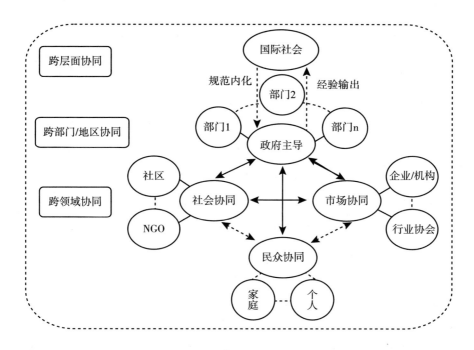

图 2　脱贫攻坚中的健康扶贫协同治理

三　挑战和对策

对于政策制定者、政策执行者、政策参与者和利益相关方而言，从意识、理解、认识、行动、合作等各个层面上得以提升并达成共识仍存在不小的挑战。也就是说，保障健康权的健康扶贫行动的顺利推行与最终完成仍有相当的艰巨性。

（一）健康扶贫攻坚面临的主要挑战

第一，源于国家资源禀赋的挑战。中国资源的稀缺性是国家不得不面对的现实，中国现有的人均资金和卫生设施等一系列资源都显现出不足，而在环境问题日益严峻的情况下，既要保证经济社会稳定发展，又要消除贫困问题对健康权造成的障碍，不仅需要平衡多方利益，还要不断优化制度安排并监测执行，对于中国这样一个发展中大国而言实属不易。

第二，贫困群体具有高度的脆弱性。健康权利本身就是一个很脆弱的问题，如果不对侵害健康的行为（比如污染和劣质食品等）进行积极的干预和控制，那么人们（尤其是贫困人群）的健康和健康权利就极易受到损害。比如，农村贫困患病母亲面临的情况是，一方面要面对医疗所产生的沉重经济负担，另一方面需要相当的时间、精力和金钱养育孩子，因此，政府对她们实行重点帮扶显得尤为必要。同时，贫困人群的脆弱性还体现在遭受剥夺和社会排斥问题上。也就是说，消除贫困的过程，不仅是资源获取（安全饮用水、生活社区环境整洁、使用清洁能源等）、个体的权利增进和能力提高的过程，也应该是获得社会关怀和接纳的过程，是对国家资源分配制度的优化过程。

第三，多元行为体参与健康扶贫行动不足。这主要存在两方面的问题，一是由于激励机制与监管机制的不完善等，非政府行为体参与不足[1]。比如，前述"轻松筹"公益筹款救助平台在运作过程中就遇到了"假病历骗捐"和"恶意发起项目"等问题的困扰[2]，一些爱心力量因难以辨别受困家庭的真实性而放弃捐助，或者对真正需要帮助的大病患者产生怀疑，使接受捐助者损失甚至丧失尊严，这严重偏离了健康扶贫行动以权利为本位的原则。2018年9月，该平台号召社会各界共同维护好行业环境，发出打假宣言并公布"个人失信虚假名单"[3]，这已显示出一定的行业自觉性，但进一步的规范仍需由政府主导、全社会共同参与制定与实施更有效的法律或伦理等方面的规范性机制。二是资源差异与利益分配失衡造成跨部门协同不足。长期以来，各部门之间严重的禀赋差异和利益区隔，使他们无法应对越来越多的跨域问题，跨部门协同是应对碎片化政策过程的一种方式。比如研究发

① 《报告指中国社会力量参与健康扶贫仍有限》，中国新闻网，2018年10月18日，http：//health. cnr. cn/jkgdxw/20181018/t20181018_ 524388053. shtml，最后访问日期：2018年10月9日。

② 《轻松筹创始人兼CEO杨胤：全面的健康保障让每个家庭都拥有应对疾病的勇气和力量》，人民网－人民健康网，2018年8月23日，http：//health. people. com. cn/n1/2018/0823/c14739－30246561. html，最后访问日期：2018年9月16日。

③ 《2018 "互联网＋精准健康扶贫"论坛在京举办》，人民网－人民健康网，2018年8月16日，http：//health. people. com. cn/n1/2018/0816/c14739－30233598. html，最后访问日期：2018年9月16日。

现，部门的有限理性选择和外部政策窗口等因素使卫生与计划生育监督中心的监管能力相对较弱①。如果部门之间认识不到通过协同合作能够带来更多利益，那么协作动力不足、无法实现资源共享，健康扶贫行动的推进效果就十分有限。因此，形成跨部门联合决策和共同执行的制度框架，更好地让健康扶贫政策体系体现出以民众权利为取向的价值，是非常必要的。

（二）应对挑战的对策建议

首先，完善健康扶贫政策体系。至少包括：明晰国家义务，由外内化国际规范、对内优化制度框架，将健康融入扶贫工作的各个环节，加大投入保障基本医药卫生物资与服务的供给；努力消除障碍，提升治理水平，为贫困人群提供接受教育、稳定就业、知讯获取和表达诉求的机会，全方位提升贫困人群的健康素养与健康能力，倡导全生命周期的健康教育；主导协同治理，允许、鼓励和扶持多元行为体更加积极、共融、协调地参与健康扶贫事业项目、金融和人力资源等各领域、各层面、各条线的建设；将健康扶贫绩效纳入各地经济社会发展指标，建构因病致贫防控信息系统等。

其次，加大对贫困地区的财政投入。消除贫困、解决饥饿与营养剥夺问题、实现社会平等的过程，是明确的公共利益问题。中国贫困地区的基础设施建设和基层服务能力仍极为有限，严重制约了民众健康权的真正享有，这就需要各级政府长期投入给予支持。一方面，发挥兜底作用。如果一个国家不做出足够的努力，来向包括贫困人群在内的每个人提供其所需的健康设施与服务，或努力改善那些影响健康的基本条件，则可能违反实现健康权的义务。人们建立在健康基础上的美好生活，需要充分的财政投入。另一方面，在兜底的基础上发挥引领作用。政府不再大包大揽，在充足财政投入的基础上，引导社会力量参与贫困人口健康保障体系建设，从而强化保障民众健康

---

① 刘鹏、刘志鹏：《社会性监管机构的能力差异及原因——基于八个中央机构的定性评估》，《公共管理学报》2017 年第 1 期。

权的合力。

再次，提升对贫困人群的赋能水平。这至少需要三个层面上的努力。第一是基础层面，主要指给予物质补助，比如为贫困人群提供低保或大病医保等，解决最基本的生活问题。第二是素养层面，主要指提升个人技能，比如通过职业技能培训促进就业，进而改善生活和健康状况。第三是理念层面，指基于对民众权利的尊重与关怀，保障公平机会的享有，比如使贫困人口通过接受教育提升健康与健康权利意识，通过共同努力真正实现美好生活。健康扶贫的过程，应该被视为权利增进和能力提高的过程。在健康扶贫行动中，对于贫困地区和贫困人群而言，其需要更多的根本性的、相互关联的制度性保障来消除障碍和提升能力，从而摆脱由坠入"贫困陷阱"造成的健康恶化和健康权受损。

最后，优化跨领域和跨部门协同机制。健康扶贫行动的进一步有效推进，必须依靠基于权利本位观念的全社会积极行动。在高速发展的现代文明国家，市场和社会领域的行为体具有强烈的参与健康扶贫的需求和丰富的资源，但健康扶贫的社会保障不能只依靠天然逐利的市场力量来提供，当然也不能只依靠国家和政府家长式的政策行动。多元行为体的参与是现代国家治理的有效路径①，可以丰富政府有效运用政策资源和政策工具的机会。同其他人权一样，健康权包含着对社会公平与正义的要求，但倘若只是简单地对公共卫生资源进行平均分配，那并不能获得实质性的健康权，关键在于，能够在全社会形成一系列的制度安排，在多个维度上保障民众获得和享有用以预防/治疗疾病并促进健康的资源、机会和能力。这种以公平为衡量标准的价值回归无疑是社会的进步。

当前，中国的脱贫攻坚战已进入"一个人也不能落下"的精准扶贫阶段，在可预见的未来，每个人的健康权利都将得到尊重与保障；中国在健康扶贫行动上的投入正在不断加大，并努力变革以往不够合理、不够公正的公

---

① 陈炳辉：《国家治理复杂性视野下的协商民主》，《中国社会科学》2016 年第 5 期，第 136 页。

共卫生和健康服务体系，这也是"健康中国"战略的要求；中国在不断加大整治生态环境的力度，并在这个过程中倒逼经济发展模式转型，尤其要改善贫困地区的发展状况；中国在不断加强贫困地区基础设施建设和服务能力建设，以为民众提供更多更公平的健康机会；越来越多的多元行为体正在以各种方式参与健康扶贫行动，资源共享、互惠互利；等等。所有这些方面的积极公共行动，都反映了国家和政府在履行健康权义务上的积极作为与主导作用，广大社会力量正逐渐被激活并积极参与到健康扶贫行动中。因此，对于经济还处于发展中国家的中国来说，我们并不需要按照西方国家的人权观念和话语来理解健康权，中国在诸如健康扶贫等这样一些基础性的人权领域所采取的公共政策或公共行动，在很多方面并不逊于西方国家。

B.5
脱贫攻坚中的小额贷款实践新进展

张立哲　马妍慧*

摘　要： 扶贫小额信贷是脱贫攻坚、缩小收入差距、促进农村贫困人口生存发展的重要金融实践。小额信贷与农业保险、互助组织、特色产业和干部驻村制度相结合，发展出具有中国特色的金融减贫模式。制度保障、精准施策、数据引领和风险防控是扶贫小额信贷的中国经验。未来应当继续坚持可持续发展理念、完善风险监管措施、建立信息共享机制、推进小额信贷立法、发展数字网络信贷，进一步推动农村贫困人口发展权利的实现。

关键词： 小额信贷　发展权　普惠金融

《世界人权宣言》发表七十周年、改革开放四十年以来，中国坚持把生存权、发展权作为首要的基本人权，发展人权事业，促进人的全面发展。中国引入普惠金融并进行本土化改造后，将以小额贷款为代表的普惠金融模式与扶贫政策相结合，探索出了具有中国特色的扶贫小额信贷模式。扶贫小额信贷服务开启农村贫困人口参与金融活动、分享金融资源，将贫困人口从被动的"受助者""金融排斥者"转变为金融服务的"参与者"和社会发展

---

* 张立哲，四川大学中国西部边疆安全与发展协同创新中心博士研究生，伊犁师范学院法学院副教授、硕士生导师，主要研究方向：宪法行政法、边疆社会学；马妍慧，四川大学中国西部边疆安全与发展协同创新中心博士研究生，主要研究方向：宪法行政法、边疆社会学。

的"推动者"。此举对于保障我国农村贫困人口的生存权、发展权，对于促进人的全面发展和人权事业进步发挥了重要作用。

一 2018年扶贫小额信贷促进农村贫困人口发展权概况

党的十八大以来，扶贫小额信贷被纳入精准扶贫十大工程，成为中国国家贫困治理的重要政策工具，是为建档立卡贫困户量身定做的金融精准扶贫产品。国务院先后颁布《关于创新机制扎实推进农村扶贫开发工作的意见》《推进普惠金融发展规划（2016—2020年）》，实施针对贫困户扶贫小额信用贷款政策，服务于农村青年的创业和农村妇女的小额贷款，推动贫困乡镇和社区金融网点建设。在政策的大力推动下，截至2018年第三季度，全国小贷公司从2010年的2614家发展到8332家，从业人数达到98316人，贷款余额达到9721.45亿元，网点覆盖31个省（自治区、直辖市）。扶贫小额信贷已经成为现代市场经济条件下缩小收入差距、促进农村贫困人口生存发展的重要金融实践。

（一）2018年扶贫小额信贷的政策供给

扶贫小额信贷为"三农"发展提供了资金支持，促进了农村贫困人口发展权利保障。在实践中需要对小额信贷业务发展给予政策规范，通过规范性文件的制定，进一步明确小额贷款公司的法律属性，调整金融许可制度，规范业务活动，保障当事人合法权益。2018年中央针对扶贫小额贷款颁发的相关政策文件主要集中在货币政策、监管考核、财税激励、金融环境优化和金融风险防控等方面，为扶贫小额信贷的短期精准发力、长期标本兼治提供了有效的政策和制度保障。地方性的规范文件主要集中在扶贫小额信贷的创新服务、政策推广、政策落实、扶贫资金规划与管理等具体操作层面，为切实落实扶贫小额贷款政策、加大扶贫力度提供了符合地方实际的有效指引（见表1、表2）。

表 1　中央关于扶贫小额贷款的规范性文件（按颁发时间降序排列）

颁发时间	颁发机关	文件名称	相关内容
2018 年 9 月 5 日	财政部、国家税务总局	关于金融机构小微企业贷款利息收入免征增值税政策的通知	自 2018 年 9 月 1 日至 2020 年 12 月 31 日，对金融机构向小型企业、微型企业和个体工商户发放小额贷款取得的利息收入免征增值税
2018 年 6 月 23 日	中国人民银行、中国银行保险监督管理委员会等五部委	关于进一步深化小微企业金融服务的意见	督促和引导金融机构加大对小微企业的金融支持力度，缓解小微企业融资难融资贵，切实降低企业成本，促进经济转型升级和新旧动能转换
2018 年 6 月 15 日	中共中央、国务院	中共中央、国务院关于打赢脱贫攻坚战三年行动的指导意见	开展扶贫小额贷款保证保险等业务，防范扶贫小额贷款还贷风险，纠正户贷企用、违规用款等问题
2018 年 4 月 16 日	中国银行保险监督管理委员会等四部委	关于规范民间借贷行为维护经济金融秩序有关事项的通知	小额贷款公司等发放贷款应强化服务意识，开发面向不同群体的信贷产品，疏通金融服务实体经济渠道，服务供给侧结构性改革
2018 年 4 月 2 日	中国人民银行、中国银行保险监督管理委员会等七部委	关于印发《融资担保公司监督管理条例》四项配套制度的通知	规范融资担保业务的经营和管理，防范融资担保业务风险
2018 年 3 月 18 日	国务院办公厅	关于全面推进金融业综合统计工作的意见	建立中央与地方之间的金融信息共享机制
2018 年 2 月 14 日	中国银行业监督管理委员会	关于做好 2018 年银行业三农和扶贫金融服务工作的通知	根据当地农业生产的季节特点等实际情况，灵活确定农村小额贷款期限
2018 年 2 月 12 日	中华全国供销合作总社	关于深入贯彻落实中央一号文件大力推动乡村振兴的实施意见	鼓励小额贷款公司为新型农业经营主体融合发展提供金融信贷支持

资料来源：中华人民共和国中央人民政府网。

表 2　地方关于扶贫小额贷款的规范性文件（按颁发时间降序排列）

颁发时间	颁发机关	文件名称	相关内容
2018 年 11 月 16 日	中共四川省委员会、四川省人民政府	中共四川省委、四川省人民政府关于促进民营经济健康发展的意见	开展小额贷款保证保险试点工作

颁发时间	颁发机关	文件名称	相关内容
2018 年 10 月 17 日	海南省人民政府办公厅	海南省人民政府办公厅关于印发《海南省促进创业投资持续健康发展实施方案》的通知	积极推动小额贷款、保证保险、信用保险等业务发展，完善"政银保"合作机制
2018 年 10 月 15 日	内蒙古自治区人民政府办公厅	内蒙古自治区人民政府办公厅关于金融支持乡村振兴战略的指导意见	规范发展小额贷款公司，坚持小额、分散和服务"三农三牧"的信贷投放原则，加大对"三农三牧"融资增信服务力度
2018 年 10 月 8 日	黑龙江省人民政府办公厅	黑龙江省人民政府办公厅关于印发《黑龙江省小额贷款公司管理办法》的通知(2018)	保护小额贷款公司及其客户的合法权益，规范小额贷款公司行为，加强小额贷款公司监管
2018 年 9 月 27 日	山东省人民政府	山东省人民政府关于印发《山东省现代金融产业发展规划(2018—2022 年)》的通知	促进小额贷款、农村合作金融等多类型金融业态有序发展
2018 年 9 月 20 日	河南省人民政府办公厅	关于加强扶贫小额信贷工作的通知	坚持户贷户用、消化存量贷款，规范保费补贴，精准使用扶贫再贷款，加强政策落实与风险管理
2018 年 9 月 7 日	四川省人民政府办公厅	关于继续实施财政金融互动政策的通知	支持新型农村金融组织发展，参照农村金融机构定向费用补贴政策，对符合条件的小额贷款公司给予财力补助，加大政策宣传与贷款投放灵活度，强化扶贫小额信贷的产业支撑
2018 年 9 月 3 日	上海市人民政府办公厅	上海市人民政府办公厅转发市旅游局、市农委《关于促进本市乡村民宿发展的指导意见》的通知	支持在沪小额贷款公司等金融机构创新金融产品和服务模式，引导金融资源配置到乡村民宿产业发展
2018 年 7 月 2 日	山西省人民政府办公厅	山西省人民政府办公厅关于印发《山西省普惠金融发展实施方案》的通知	规范发展小额贷款公司，拓展面向"三农"及小微企业的融资服务
2018 年 5 月 19 日	内蒙古自治区人民政府办公厅	内蒙古自治区人民政府办公厅印发《关于进一步完善精准扶贫信贷政策八项措施》的通知	脱贫攻坚期内扶贫小额贷款按基准利率给予全程全额贴息

续表

颁发时间	颁发机关	文件名称	相关内容
2018 年 5 月 15 日	青海省人民政府办公厅	青海省人民政府办公厅关于加快全省政策性融资担保体系建设的实施意见	积极践行普惠金融发展要求,发挥小额贷款保证保险面向"三农三牧"的比例风险分担机制
2018 年 1 月 7 日	江苏省人民政府	江苏省政府关于推进普惠金融发展的实施意见	坚持农村小额贷款公司"服务三农、小额分散"的经营宗旨,鼓励农村小额贷款公司开展"惠农贷""小微贷"业务

资料来源：各级地方政府网站。

（二）2018年扶贫小额信贷的业务现状

截至 2018 年第三季度,农村贫困地区的扶贫小额信贷已经初具规模,扶贫小额贷款公司已经覆盖 31 个省、自治区、直辖市,53.13 万个行政村实现了基础金融服务覆盖,覆盖率达 96.44%,乡镇一级银行物理网点和保险服务覆盖面逐步扩大,银行业网点乡镇覆盖率达到 95.99%①。扶贫小额信贷的总体规模已趋近平稳,但各地区的发展情况还存在较大差异。

1. 贷款规模增长

国务院实施《推进普惠金融发展规划（2016—2020 年）》后小额信贷业务达到发展高峰。经历了 2015 年的快速发展期后,传统小额贷款行业进入了增速放缓、风险增加的瓶颈期,由于制度规范、互联网行业的冲击和自身发展制约,其机构数量、贷款余额和从业人员数量开始逐季下降,部分机构逐渐退出市场,但新兴互联网小贷公司的数量和线上业务量所占比重逐步增加,贷款余额稳步增长。与 2015 年末相比,2018 年第三季度小额贷款机构数量减少 578 家,从业人员减少 19028 人,实收资本减少 5.29 亿元,贷款余额为9721.45 亿元,2018 年全年贷款余额与 2017 年基本保持一致（见图 1）。

---

① 蒋金丽：《中国证监会扶贫办副主任杨志海：做好金融扶贫这篇文章》,《国际金融报》2018 年 11 月 19 日,第 13 版。

图1　2014～2018年小额贷款公司机构数量和贷款余额数量统计

资料来源：中国人民银行网站。

2. 地区差异较大

由于小额贷款公司的规模、数量和经营质量不同，各地区小额贷款公司发展的差异较大。扶贫小额贷款公司的贷款业务主要面向当地"三农"，当地农业人口及小微企业数量相对较多，则贷款余额占比相对较高。对各地区小额贷款公司贷款余额与地区生产总值的比值进行排序可以看出，其中，重庆市的贷款余额占比最高，已达9.93%，而湖南省的贷款余额占比最低（0.42%），仅为重庆所占比值的1/23。其次，小额贷款公司在各地区分布不均衡，在西部、东部和中部地区分别占比37%、27%和21%（见表3）。

表3　2018年第三季度各省份小额贷款公司贷款余额
与地区生产总值的对比情况（按比值降序排列）

省份	贷款余额（亿元）	地区生产总值（亿元）	贷款余额与地区生产总值的比值（%）
重庆市	1467.37	14773.3	9.93
广西壮族自治区	474.33	12863.07	3.69
青海省	47.17	1926.54	2.45
新疆维吾尔自治区	203.13	8502.39	2.39

续表

省份	贷款余额(亿元)	地区生产总值(亿元)	贷款余额与地区生产总值的比值(%)
甘肃省	128.99	6043.71	2.13
内蒙古自治区	262.06	12309.17	2.13
安徽省	447.01	21632.94	2.07
宁夏回族自治区	56.22	2784.66	2.02
四川省	606.15	30853.5	1.96
海南省	65.95	3546.92	1.86
辽宁省	310.98	18012.38	1.73
浙江省	668.24	39795.62	1.68
山西省	172.6	11640.33	1.48
陕西省	241.77	16867.92	1.43
江西省	223.45	15592.53	1.43
江苏省	932.72	67039.28	1.39
西藏自治区	13.98	1044.03	1.34
福建省	299.81	23311.8	1.29
广东省	855.6	70635.22	1.21
黑龙江省	112.62	9859.52	1.14
湖北省	310.71	27634.35	1.12
吉林省	109.88	9957.68	1.10
云南省	127.88	11619.76	1.10
河北省	245.6	25226.33	0.97
上海市	219.01	23656.69	0.93
天津市	129.6	14658.36	0.88
山东省	495.04	59607.54	0.83
贵州省	80.99	10401.39	0.78
北京市	146.77	21511.11	0.68
河南省	238.48	35537.4	0.67
湖南省	105.4	25321.58	0.42

资料来源：中国人民银行网站、国家统计局网站。

（三）2018年扶贫小额信贷模式创新

中国农村贫困地区的扶贫小额信贷覆盖面广片区大，在政策的大力推进和群众的积极参与下，2018 年的脱贫攻坚工作在提高农民收入、促进农村产业发展和地方经济增长、基层治理等方面登上了新台阶。在发展落后、基础建设薄弱的农村贫困地区，扶贫小额信贷模式通过互助组织调动各方力量，集中优势促进特色产业规模化发展，通过干部驻村帮扶制度进行科学引导。

1. 扶贫小额信贷与特色产业结合促进农村贫困人口发展

以产业促脱贫、以产业促发展，因地制宜结合实际充分发挥当地资源优势，能够激发贫困群众自力更生提高脱贫质量。2018 年山西大同市紧抓产业扶贫，以"光伏产业扶贫和小额信贷扶贫"为基础，采取"协会＋企业＋农户"的方式，有效解决了贫困户发展产业的资金困难，截至 2018 年 7 月，全市发放金融扶贫小额贷款 10345 户，信贷资金 5.1316 亿元，完成年度目标任务的 101.59%[①]。中国农业银行重庆市分行通过小额信贷与特色产业相结合，促进订单农业发展，推动了金银花、银杏叶等中药材的产业发展，近三年发展银杏种植基地 8 万亩，带动秀山县 5000 户农民增收致富，当地建档贫困户签订订单合同，2018 年人均增收 4000 元左右[②]。中国农业开发银行海南省分行聚焦产业扶贫，建立了"政策性金融扶贫优惠贷款＋商业金融扶贫政策＋平台企业＋贫困户"扶贫模式，扩大了扶贫小额信贷覆盖区域及受惠人数[③]。

2. 扶贫小额信贷与互助组织结合促进农村贫困人口发展

互助组织按照自愿组合、互帮互助、互相监督的组内机制进行管理，有

---

① 苑捷、彭富强：《小额信贷"跑"出产业扶贫"大同速度"》，《大同日报》2018 年 7 月 26 日，第 2 版。

② 焦宏：《打造群众脱贫致富的金融引擎——农行重庆市分行实施金融扶贫纪实》，《农民日报》2018 年 3 月 8 日，第 8 版。

③ 裴林：《金融扶贫"贷"动发展"保"效益》，《海南日报》2018 年 7 月 21 日，第 6 版。

效保证了贷款资金的正确使用和及时归还，同时有助于吸引村民组织、金融机构、社会组织等多方参与，是实施扶贫小额贷款的有效支柱。陕西省汉中市的留坝县作为国家级贫困县建立扶贫互助合作社，于2018年开始，通过"支村社合一"拓展村级组织职能，由村支书担任扶贫社理事长，村民担任股民并对重大决策进行商议，通过"龙头企业＋扶贫社＋农户"模式为农民提供产前、产中、产后服务，将小农户与大市场形成有效对接①。2018年宁夏盐池试点的互助资金信贷以村为单位成立互助社，政府提供配套资金，村民以自愿形式参与入股。农村信用联社与贫困村互助社捆绑推出"千村信贷"扶贫项目，结合诚信度、家庭收入等基本情况将全县的农户信用状况评级授信发放贷款，重点支持滩羊等特色产业发展，对获得借款但仍无法满足发展需求的，经互助社推荐可由农信社发放1~10倍贷款②。通过互助组织的形式发放小额贷款，使9个贫困县区GDP增长2.4倍、财政收入增长2.1倍，贫困发生率降低到0.66%③。

3. 扶贫小额信贷与农业保险结合促进农村贫困人口发展

在扶贫小额信贷中引入农业保险，可以增强农户的抗风险能力，通过商业保险分散降低自然灾害和人身意外的风险压力，提高用户还贷能力，切实保障减贫效果，同时降低金融机构的放款风险，实现扶贫小额贷款的可持续发展，在实践中取得了良好效果。2018年7月，贵州农行铜仁分行与松桃自治县政府签订的"10亿元惠农脱贫贷"协议就引入涉农保险机制，将全县11万亩水稻、1万头能繁母猪纳入政策性种养综合保险，176万亩公益林纳入政策性森林保险④。安徽当地保险机构开发创新险种100多项，创新补充性商业农业保险、小额信贷保证保险等，截至2018年第三季度，农业保险为1.7亿户农户共19.1亿亩的主要农作物提供风险保障2.39万亿

---

① 杨星月：《留坝强化兜底保障助力精准扶贫》，《汉中日报》2018年12月13日，第1版。
② 禹丽敏、朱磊：《宁夏盐池：诚信拓宽脱贫路》，《人民日报》2018年11月21日，第4版。
③ 马学礼：《金融扶贫闯出"盐池模式"》，《工人日报》2018年11月30日，第1版。
④ 《"信贷＋农业保险"为企业与农户撑起保护伞》，《贵州日报》2018年7月31日，第8版。

元，向5359.44万户次的受灾农户支付赔款310.77亿元①。以江苏省为例，2018年江苏苏北的贫困县建立扶贫小额信贷风险补偿金制度，以上年度扶贫小额信贷月均贷款余额按10∶1的比例由省与县共同筹资建立，明确了贷款损失风险分担机制。当扶贫小额信贷逾期率在5%以内时，由扶贫小额信贷风险补偿金和放款金融机构分别承担90%和10%；当扶贫小额信贷逾期率超过5%时，由扶贫小额信贷风险补偿金和放款金融机构分别承担80%和20%；当扶贫小额信贷逾期率达到10%时，放款金融机构停止发放贷款②。

4. 扶贫小额信贷与干部驻村帮扶结合促进农村贫困人口发展

信贷业务与干部驻村帮扶制度相结合，解决了扶贫小额信贷发放中的信息不对称、贫困人口基础信息识别等问题，对政策宣传和政策落地起到了良好的推动作用，是确保扶贫小额贷款业务顺利开展的坚实后盾。近五年，全国累计选派担任第一书记的干部43.5万名，派出驻村帮扶的干部277.8万名，截至2018年12月，在岗第一书记19.5万名，驻村干部77.5万名，五年累计减贫6853万人，贫困发生率从2012年的10.2%下降至3.1%，为脱贫工作提供了坚实的人员保障③。徽商银行建立总分支三级党组织选派组成驻村扶贫工作队，截至2018年9月共定点帮扶困村44个，选派驻村扶贫干部31人协调小额贷款发放，使定点帮扶村脱贫摘帽④。通过驻村扶贫工作队进村入户走访贫困户开展政策宣讲，调动贫困户参与小额扶贫信贷工作的积极性和主动性，通过各项财政补贴政策减轻贫困户脱贫成本，为有劳动能力、有合适项目、有贷款意愿的贫困户提供扶贫小额贷款，山西大宁县

---

① 何思：《金融扶贫要把握好"一个根本、四个基本"》，《国际金融报》2018年11月19日，第13版。

② 黄朱文、张敏：《扶贫小额信贷风险补偿机制亟待完善》，《金融时报》2018年3月29日，第12版。

③ 汪军、胡星：《武陵山集中连片特困区的"贫困斗士"》，《铜仁日报》2018年11月20日，第1版。

④ 《徽商银行构建"一体两翼"战略布局六大金融体系齐助力》，《21世纪经济报道》2018年11月28日，第16版。

2018 年选派 30 名县级领导承担了所包乡镇小额贷款发放以及精准脱贫的任务，全县共有 87 个机关党委（支部）和 80 个村委结成帮扶对子，通过驻村干部搭建金融机构与贫困户之间的桥梁①。

二　2018 年扶贫小额信贷促进农村贫困人口发展的经验

中国实施扶贫小额信贷促进，主要得利于党的领导和政策支持。除此之外，构建政府主导、市场参与、科技融合的多元金融服务模式，形成合力调动各方力量积极参与、突破贫困障碍，推动农村贫困人口发展权利保障，是 2018 年中国扶贫小额信贷促进农村贫困人口发展的基本经验。

（一）扶贫小额信贷依托制度保障促进农村贫困人口发展

坚持党的领导是中国特色社会主义的制度优势，也是扶贫小额信贷又好又快发展的根本保证。扶贫小额信贷在推广过程中注重发挥基层党政组织在网点覆盖的先天优势，通过干部下派与扶贫项目直接对接，掌握借贷人员、金融信用和风控信息，增强扶贫小额信贷与基层治理的有效融合。2018 年，绍兴银监分局负责督促辖内金融机构切实走访摸排，对走访对象有关情况进行记录，建立电子档案，了解基层金融服务需求，引导辖区内 14 家银行设计扶贫类专项产品 27 个，发放贷款 5.36 亿元，帮助脱贫 3183 人②。河南省信阳市珠江村镇银行党委统筹联动城乡网点，选派 3 名中层管理人员进驻重点贫困村担任"第一书记"，并组建 11 个扶贫工作组对重点帮扶村开展工作③。河北省保定市银监分局扶贫工作队开展扶贫小额信贷试点工作，引导金融扶贫和产业扶贫深度融合，探索出"村两委 +

---

① 刘晓荣：《山川路坎坷扶贫志弥坚——中行临汾分行小额扶贫贷款工作纪实》，《临汾日报》 2018 年 11 月 13 日，第 6 版。
② 方敏：《绍兴提高扶贫贷款投放精准度》，《人民日报》2018 年 8 月 8 日，第 13 版。
③ 潘家栋：《信阳银监分局引导信阳珠江村镇银行扎实开展扶贫工作》，《信阳日报》2018 年 11 月 14 日，第 2 版。

合作社＋贫困户"模式，帮扶村退出贫困人口269人，贫困发生率由54.89％降至11.28％[1]。

（二）扶贫小额信贷依托精准施策促进农村贫困人口发展

扶贫小额信贷发展关键在于风险和盈利的平衡，其难点在于如何识别优质客户或针对不同情况的农户提供最贴合的金融服务，实现商业性和公共性的统筹需要对症下药、精准施策。湖北省孝感农商行通过分析贫困户市场需求推出投资分红、就业帮扶、订单回购、自主创业和土地流转等小额贷款扶贫模式，带动贫困户脱贫，截至2018年4月向建档立卡贫困户发放扶贫小额贷款2814笔、金额2.22亿元，占孝感市银行业务的80％以上[2]。山西晋中农村信用社对贫困户进行细化分类，分为创业类、就业类、收益类三种类型，对于有劳动能力、创业潜质、技能素质、贷款意愿和一定还款能力的"创业类"贫困户直接给予信贷支持，采用"小额贷款贫困户""小额贷款致富能手贫困户"模式，推出大棚贷、养殖贷等精确定位于贫困个体的贷款产品，截至2018年第三季度，全市农信社扶贫贷款余额达28.14亿元，个人扶贫贷款金额达8.10亿元，发放扶贫小额贴息贷款6.07亿元，带动建档立卡贫困户8964户[3]。在重庆合川小额贷款131笔，贷款业务开展中，民生银行成立了近150人的机动服务团队，对客户进行批量降息的前提是对客户进行分层，对部分优质客户降低小额贷款价格，截至2018年11月，投放小额贷款131笔，贷款余额1.17亿元，金融资产突破3亿元[4]。

（三）扶贫小额信贷依托数据引领促进农村贫困人口发展

发展数字普惠金融，充分发挥互联网、大数据、云计算等金融科技功

---

[1] 于洋：《智能化养鸡产业助贫困户摘"穷帽"》，《河北日报》2018年11月27日，第15版。
[2] 钟红涛、徐小润：《精准投放小额贷款》，《人民日报》2018年4月1日，第11版。
[3] 刘毅松、万能民、赵建忠：《晋中农信持续推进精准扶贫》，《山西经济日报》2018年11月21日，第8版。
[4] 方海平：《10年小微之路：精细化和技术可解决融资难融资贵——民生银行西南地区小微贷款模式调查》，《21世纪经济报道》2018年11月28日，第10版。

效，延伸金融服务半径、扩大服务覆盖、降低服务成本、提升服务质量，发挥大数据在扶贫小额贷款业务中的引领作用，使金融创新真正延伸惠及偏远贫困地区。农业银行在贫困地区着力打造"物理网点＋自助银行＋惠农通服务点＋互联网金融平台"的新型服务体系，让贫困农户足不出村就能办理扶贫小额贷款、提款和还本付息等金融业务，其在 2018 年第一季度建立了 14.2 万个惠农通服务点，乡镇覆盖率达到 96.4%①。2018 年，海南农村信用社在手机银行 App 上创新推出小额信贷产品服务，用户可通过手机端提交贷款申请，并通过大数据平台实现即时审批，对用户征信和还款记录等数据进行综合评估，迅速完成贷款发放②。重庆黔江区创新了"五分工作法"，通过"目标任务分级、政策业务分层、贷款品种分类、贷款风险分担、督察考核分线"，确保有意愿、符合条件的贫困户"愿贷尽贷"，同时在 2018 年创新扶贫资金"大数据"司法监管机制，建立惠农扶贫数据库信息共享系统，通过"大数据"对比、分析和预警，实现对全区扶贫资金的动态管理，有效防止扶贫资金"跑冒滴漏"，成为全国"智慧检务"典型③。

（四）扶贫小额信贷依托风险防控促进农村贫困人口发展

扶贫小额信贷中贷款信息识别不准确、生产经营风险和信用风险等都极易产生不良贷款引发金融危机，通过建立农户信用档案、信用互保互担、风险补偿机制、监管黑白名单等措施进行风险防控，能够确保扶贫小额信贷的有序发展。由监管部门督促小贷公司严格整改、规范运作，对于小额贷款行业中的"高利贷""暴力催收"情况应当及时处置，为合法经营的小贷公司营造良好的发展空间④。2018 年 6 月，《中共中央国务院关于打赢脱贫攻坚战三年行动的指导意见》提出应当对产业扶贫的市场风险进行防范，加强

---

① 《多措并举打赢脱贫攻坚战——"大国攻坚决胜 2020"精准扶贫案例展示》，《人民日报》2018 年 9 月 20 日，第 11 版。

② 《金融扶贫惠及更多村民》，《人民日报》2018 年 9 月 10 日，第 2 版。

③ 梅佳：《创新精准脱贫机制　奋力推进脱贫攻坚》，《武陵都市报》2018 年 11 月 14 日，第 3 版。

④ 张文：《小额贷款公司，严管才有未来》，《人民日报》2018 年 6 月 25 日，第 10 版。

其小额贷款的还贷风险，并纠正户贷企用等违规用款行为[①]；同年财政部、国家税务总局在落实《关于小额贷款公司有关税收政策的通知》《关于贯彻落实支持脱贫攻坚税收政策的通知》等文件中强调"组织力量或委托第三方等方式对贫困地区经济发展和贫困群众脱贫的实施情况和激励效果进行深入分析评估"[②]。为实施对小额贷款信贷风险监督，部分地方政府出台意见或办法，如安徽省设立省领导小组办公室负责防范和处置非法集资活动，对小额贷款公司等金融机构进行监管，对各类账户交易中具有分散转入集中转出、定期批量小额转出等特征的涉嫌非法集资资金异动识别[③]。

三 扶贫小额信贷促进发展权的问题分析与对策建议

扶贫小额信贷在促进农村贫困人口发展方面取得了显著成绩，在肯定过往成效的基础上仍应当保持客观中立，正确对待小额信贷面临的系列难题并逐步攻克，从而实现农村贫困地区的长远发展。扶贫小额信贷的资源配置不平衡，可持续性不强，信贷产品的性价比、效率、风控质量不高，新型小贷的立法管控缺失，农村贫困人口信用信息共享、互联互通不足等问题依然存在。未来推进扶贫小额信贷发展，应当贯彻"建设普惠金融体系"的基本要求，从小额信贷供给和需求双侧发力，重点把握好以下工作。

（一）坚持可持续发展理念

小额信贷应坚持面向三农总体定位，同时创新商业运作模式确保资产的保值增值，实现服务效率、风险可控与可持续发展的统一。明确投资者预期收益，通过有效机制确保资本的正常增长、利益分享与权责分担；通过股份

---

① 《中共中央国务院关于打赢脱贫攻坚战三年行动的指导意见》，《人民日报》2018 年 8 月 20 日，第 1 版。

② 《财政部：多项税收政策支持脱贫攻坚确保贫困地区享红利》，《经济日报》2018 年 11 月 27 日，第 6 版。

③ 张英奇、冯瑶：《打出金融扶贫"组合拳"》，《金融时报》2018 年 11 月 20 日，第 13 版。

制改造以及产权界定等有效途径，理顺监管机构、信用社和地方政府之间的权责关系；在地方政府监管小额贷款公司和社会金融组织的同时，应当明确其在区域金融改革中应当承担的风险和成本责任。

（二）完善风险监管措施

中国的扶贫小额信贷是由政府财政投入和金融机构参与共同保障农村贫困人口发展，其政策福利高于其他普惠金融产品，信用风险偏高。完善扶贫小额信贷风险管控的关键在于改进政府职能部门与承贷机构的合作、强化对借贷方的信用约束。鼓励社会监督，引导基层组织和扶贫对象共同监督资金的管理使用，将扶贫小额贷款贴息资金等分配情况在政府网站上公示，公开举报电话和信箱。加大行政监督力度，财政与扶贫部门不定期深入农村开展扶贫腐败问题的专项巡察和财政扶贫资金专项督察，以查促改，确保小额信贷资金合理运行。加快农村贫困户的信用体系建设，以"信用户、信用村、信用乡镇"为目标建立信用评价体系，向农户普及正确的金融信贷知识，提高农户信用意识，优化金融生态环境；建立健全风险熔断机制，对小额贷款不良率超过一定比例的乡镇、行政村，可以通过暂停贷款督促贷款清偿，不良贷款率恢复至较低标准后再重新给予贷款。通过定期排查和严格管理，做好风险防控与追责，通过专项治理对高风险机构、高风险业务进行严格管制。同时坚持区别对待，通过高拨备、快核销方式应对三农业务，提高三农贷款抗风险能力。

（三）建立信息共享机制

小额信贷的精准投放离不开多方合作和优势互补，发挥农村地区熟人社会的特点，并充分利用村两委、驻村工作队对全村的熟悉，建立相互监督机制，解决信息不对称问题实现精准帮扶。依靠政府、协会、企业等机构平台，信息共享、风险共担，对各方主体明确分工、明确责任、明确机制，多方联动。加快信息平台建设，对各地方各部门、各组织、各机构的金融管理状况进行统计，填补统计空白；整合相关融资担保、股权市场、商业保险和资产管理等统计制度，建立中央与地方之间的金融信息共享机制。同时在经济可行、方式合法的前提下，小额信贷还应积极扩展、对接相关部门的公开信息，提高信贷政策和产品的针对性、时效性。

（四）发展数字网络信贷

未来小额信贷业务应当加快推广电子化和互联网技术应用，通过现代科技联合点多面广的传统信贷模式，打造现代化的农村小额信贷体系。围绕人工网点的主体地位，稳定网点总量并进一步优化网点布局，向新市镇、新社区等人口密集区域推动网点迁移，增强网点辐射，增加自助渠道和互联网金融服务覆盖。全方位数据分析，通过征信数据精准评估用户的还款能力和信用状况，降低信贷风险。同时应当加快推进大数据开发以及有关的评级授信模型建立，实现线上线下相结合的有效服务。

（五）资源整合推动发展

发展才是硬道理，产业才是硬支柱。扶贫小额信贷固然为农村贫困人口提供了更多更好的发展机会，但应当乘胜追击、趁热打铁，鼓励农户运用灵活的融资渠道实现产业升级、发展实业，切实提高扶贫质量。贫困地区、贫困人口需要的不仅仅是扶贫贷款，还要整合多方资源，通过政府、企业和社会力量帮助其获得更多的发展机会和能力拓展，借力发展当地产业，以可持续的产业运作支持和推动地方经济，真正帮助贫困人口实现脱贫致富和发展自由。

B.6
中国人体器官捐献移植与人权保障

范林 杜冰*

摘　要： 我国人体器官捐献与移植事业经历了器官来源的转型，器官
　　　　　移植医疗安全与患者健康权以及捐献者人权均得到进一步有
　　　　　效保障。医疗质量与技术实现双提升，器官移植医疗服务可
　　　　　及性增加。自 2010 年开展公民逝世后器官捐献以来，我国人
　　　　　体器官捐献与移植数量每年以 20% 以上的速度增加，现位居
　　　　　亚洲第一、世界第二。我国器官捐献与移植事业已站在世界
　　　　　舞台的中央。

关键词： 器官捐献　器官移植　人权

中国器官移植工作始于 20 世纪 60 年代。近 20 年来，中国器官移植临床和科研工作成绩斐然，目前年捐献与移植数量已位居亚洲第 1 位、世界第 2 位[①]，移植物/受者生存率等指标已达国际领先水平。中国政府对人体器官捐献与移植工作态度是一贯和明确的，坚定遵循国际上公认的关于器官移植的伦理学原则，坚持公民逝世后器官捐献自愿、无偿的原则，使用符合伦理学原则的器官，严格控制活体器官移植，禁止旅游移植，保障器官捐献者和

＊ 范林，博士，武汉大学中南医院主治医师，主要研究方向：腹部器官移植；杜冰，国家卫生健康委医政医管局医疗质量与评价处四级调研员。

① "Organ Donation and Transplantation Activities 2016", Global Observatory on Donation Transplantation, http://www.transplant-observatory.org/download/2016 – activity – data – report/.

接受者权利，实现人体器官科学、公正的分配，推动中国器官捐献与移植工作在法治的框架内规范发展①。

一　中国关于人体器官捐献与移植法律法规的原则

中国政府高度重视器官捐献与移植工作，出台了相应的法律法规文件，制定了一系列配套政策，健全工作机制，推动器官捐献与移植依法规范开展。2007 年 3 月 31 日，国务院颁布《人体器官移植条例》（以下简称《条例》)②，我国器官移植走上法制化建设道路。《条例》明确规定了器官捐献的来源和公民捐献器官的权利，并从法律层面上确定了国务院卫生主管部门与中国红十字会在我国器官捐献与移植工作中的行政管理地位。2009 年，原卫生部办公厅下发了《关于境外人员申请人体器官移植有关问题的通知》③，严禁"移植旅游"。2011 年 5 月 1 日，《中华人民共和国刑法修正案（八）》（以下简称《刑法修正案八》)④ 施行，把器官买卖和非自愿摘取器官纳入刑法打击范围，有力遏制和打击了器官买卖等违法行为。2011 年，经国务院批准，"中国器官捐献管理中心"成立。随后，卫生部和红十字会两部门联合相继出台近 30 多个相关器官捐献的配套政策文件，构建我国移植事业的法律框架。2013 年 2 月 25 日，我国开始全面推开中国公民逝世后器官捐献（China Donation after Citizens' Death，以下简称 CDCD）工作⑤。2013 年 8 月国家卫生计生委出台《人体捐献器官获取与分配管理规

---

① 《卫生部办公厅关于印发〈世界卫生组织人体细胞、组织和器官移植指导原则（草案)〉的通知》（卫办医发〔2008〕138 号）。
② 《人体器官移植条例》（中华人民共和国国务院令第 491 号）。
③ 《卫生部办公厅关于境外人员申请人体器官移植有关问题的通知》（卫办医发〔2007〕110 号）。
④ 《中华人民共和国刑法修正案（八）》，全国人民代表大会，http：//www. npc. gov. cn/npc/xinwen/2011 –02/25/content_ 1625679. htm。
⑤ 《全国人体器官捐献工作视频会议召开》，山东省红十字会，http：//www. sdredcross. org. cn/news/show/327. html。

定（试行）》①，以确保捐献器官分配的透明、公正、可溯源性。自 2015
年 1 月 1 日起，中国器官移植来源实现历史性变革和转型，所有器官均来
自公民自愿捐献②。2017 年 2 月 8 日在梵蒂冈反对器官贩卖全球峰会上，
黄洁夫教授代表中国移植界向国际移植界分享了器官捐献与移植管理的
"中国模式"③，并倡议由世界卫生组织（WHO）牵头成立器官移植监管
特别委员会，协助各成员国提高打击器官买卖的执法效率，表达了中国
移植界推进器官移植事业健康发展的意愿和决心。中国人体器官捐献与
移植工作遵循以下原则。

（一）自愿无偿的原则

《条例》对人体器官捐献有明确规定，人体器官捐献应当遵循自愿、无
偿的原则，禁止器官买卖；《刑法修正案八》已将组织出卖人体器官列入严
重刑事犯罪予以打击。

（二）知情同意（明确同意）的原则

公民享有捐献或者不捐献其人体器官的权利；任何组织或者个人不
得强迫、欺骗或者利诱他人捐献人体器官。捐献人体器官的公民应当具
有完全民事行为能力。公民捐献其人体器官应当有书面形式的捐献意愿，
对已经表示捐献其人体器官的意愿，有权予以撤销。公民生前表示不同
意捐献其人体器官的，任何组织或者个人不得捐献、摘取该公民的人体
器官；公民生前未表示不同意捐献其人体器官的，该公民死亡后，其配

---

① 《国家卫生计生委关于印发〈人体捐献器官获取与分配管理规定（试行）〉的通知》（国卫
医发〔2013〕11 号）。
② 《中国 OPO 联盟（昆明）研讨会召开　器官捐献与移植进入新阶段》，中国日报，http：//
cnews. chinadaily. com. cn/2014 – 12/03/content_ 19017887. htm。
③ 《黄洁夫主任委员受邀参加梵蒂冈反对器官贩卖全球峰会》，环球网，http：//
world. huanqiu. com/exclusive/2017 – 02/10068259. html？agt = 15417。

偶、成年子女、父母可以以书面形式共同表示同意捐献该公民人体器官的意愿①。

（三）回避的原则

《条例》及其配套文件明确规定：获取捐献器官，应当在捐献人死亡后进行。从事人体器官移植的医务人员和人体器官获取组织（OPO）工作人员不得参与捐献人的死亡判定。

（四）伦理审查的原则

明确要求各器官移植医院必须成立人体器官移植技术临床应用与伦理委员会，对每一例器官移植进行伦理审查。未通过审查的，不得获取器官进行器官移植手术。

（五）活体器官移植管理的原则

活体器官移植是在公民逝世后器官捐献无法满足需要的一种不得已而为之的补充措施，在管理上中国采取了较国际上其他国家（如美国等）更为严格的活体器官移植监管措施，维护器官捐献者与接受者合法权益，确保活体器官移植在法律的框架内规范开展。在政策层面，中国在《刑法修正案八》《条例》及其配套文件的框架下，形成了活体器官移植管理的政策体系并付诸实施。已将组织出卖人体器官罪入刑，明确规定将活体器官捐献严格限定在亲属间，不得摘取不满18周岁公民的活体器官用于移植。所有活体器官移植手术必须经主诊医生、医院伦理委员会及省级卫生健康行政部门三级审核同意后方可实施。目前，中国活体器官捐献以父母向子女捐献为主，其余为配偶间捐献，子女向父母捐献，以及兄弟姐妹间的捐献。

（六）器官科学公平分配的原则

《条例》及《中国人体器官分配与共享基本原则和核心政策》明确规

---

① 《人体器官移植条例》（中华人民共和国国务院令第491号）。

定：申请人体器官移植手术患者的排序，应当符合医疗需要，遵循公平、公正和公开的原则。

基于此政策，中国已建立了中国人体器官分配与共享计算机系统（以下简称 COTRS），要求所有捐献器官必须通过 COTRS 进行分配，确保捐献器官的分配科学、高效、公平。

（七）可溯源管理的原则

中国已搭建了以 COTRS 和各器官移植注册登记中心为核心的大数据信息化监管平台，实现了器官可溯源管理。

（八）违法必究的原则

对于违反中国人体器官移植相关法律的行为，一经查实，将依据法律规定，对涉案医务人员和医疗机构给予暂停直至吊销执业证书或取消器官移植资质的处罚。涉及违反《中华人民共和国刑法》等法律法规的，移交司法机关查处。

综上所述，中国对器官移植管理的法规和政策与世界卫生组织《人体细胞、组织和器官移植指导原则》完全一致，在活体器官移植管理等方面甚至采取了更加严格的管理措施。

二 中国人体器官捐献与移植工作进展

自 2007 年《条例》颁布实施以来，经过 11 年的努力，目前已初步建立了符合中国国情、文化和社会治理结构的人体器官移植工作体系（包括捐献体系、获取与分配体系、移植临床服务体系、移植科学注册体系以及移植监管体系，见图 1），成立了中国人体器官捐献与移植委员会，有力地推动了中国人体器官捐献与移植事业的发展[①]。

---

① 黄洁夫、叶啟发：《建立中国模式的公民器官捐献体系，为人民群众提供高质量的器官移植医疗服务》，《武汉大学学报》（医学版）2017 年第 38（6）期，第 861~865 页。

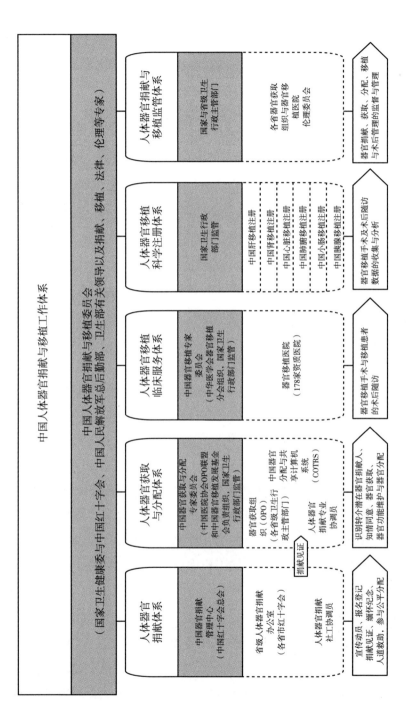

图 1 中国人体器官捐献与移植工作体系

资料来源：国家卫生健康委。

109

（一）人体器官捐献体系日臻完善

自2010年起，卫生部与中国红十字会密切协作，依据《条例》及两部门配套文件，立足于中国社会结构特点，着手推动建立人体器官捐献体系。至2018年，由中国红十字会作为第三方参与的人体器官捐献体系已基本建立并初见成效。器官捐献的理念得到社会广泛认同。中办、国办在《关于党员干部带头推动殡葬改革的意见》中，鼓励党员干部逝世后捐献器官和遗体。部分省份还通过地方立法，完善人体器官捐献法律保障体系。2017年新修订的《中华人民共和国红十字会法》明确提出红十字会履行此项职责："参与、推动无偿献血、遗体和人体器官捐献工作，参与开展造血干细胞捐献的相关工作。"

（二）人体器官获取与分配日趋规范

1. 人体器官获取组织体系日趋完善

2013年8月，国家卫生计生委制定下发了《人体捐献器官获取与分配管理规定（试行）》①，该规定对捐献器官的获取、捐献器官的分配及监督管理提出了明确要求。在对捐献器官的获取部分，规定了捐献器官获取的流程，要求各地应当成立人体器官获取组织（OPO），划定服务区域并明确OPO的职责。组建人体器官捐献协调员队伍，规定了人体器官捐献协调员的准入条件、培训考核和履行的职责。规定了捐献器官分配的原则，要求捐献器官必须通过中国人体器官分配与共享计算机系统进行分配。在监督管理部分，明确了对在捐献器官获取与分配工作中违法违规行为的处罚，并对信息公开提出要求。

2. 人体器官获取能力显著提升

各省级卫生计生委已按要求成立各省人体器官获取组织（OPO），划定

---

① 《国家卫生计生委关于印发〈人体捐献器官获取与分配管理规定（试行）〉的通知》（国卫医发〔2013〕11号），http://www.gov.cn/gongbao/content/2013/content_2528125.htm。

服务范围，规范器官获取工作，同时严格使用中国人体器官分配与共享计算机系统分配捐献器官，确保捐献器官的分配科学、高效、公平。

（1）人体器官获取工作量质双升

随着人体捐献器官获取与分配管理不断加强，人体获取技术能力不断提升。截至 2017 年，全国已成立 137 个 OPO，为全国 178 家器官移植医疗机构提供器官获取服务。2017 年成功实施 5146 例器官捐献，完成 15047 个大器官获取工作，日均完成 14 例器官捐献、49 个大器官获取工作。在获取器官数成倍增长的基础上，我国公民逝世后捐献器官使用率也得到持续提升，从 2012 年到 2017 年，肝脏使用率从 72% 提升至 79%，肾脏使用率从 75% 提升至 89%，平均器官产出率从 2.63 个/例提升至 2.85 个/例。

（2）人体器官转运绿色通道提升器官利用率

2016 年 5 月，国家卫生计生委联合公安部、交通部、民航局、铁路总公司、中国红十字会总会联合制定下发了《关于建立人体捐献器官转运绿色通道的通知》①，建立了多部门协作的、以民航与高铁为核心的、低成本高效率的器官转运"绿色通道"，该项措施是中国政府对 CDCD 事业健康发展的实际行动支持，也是捐献与移植的中国模式的有力体现。器官转运"绿色通道"开通后，器官全国共享率从 12.38% 提升至 19.08%，器官弃用率明显下降。建立绿色通道在系统层面上改善了中国器官移植的质量和安全，减少了由运输原因造成的器官浪费。

（三）人体器官移植临床服务稳中有进

2015 年，中国成功实现移植器官来源转型，所有移植器官均来源于公民自愿捐献。中国进入公民逝世后器官捐献时代，器官质量更加可控。器官来源转型本身就是对人民健康权保障的重要转折点。截至 2017 年底，全国累计公民逝世后器官捐献 1.51 万例，捐献大器官近 4.2 万个。2017 年完成

---

① 《关于建立人体捐献器官转运绿色通道的通知》（国卫医发〔2016〕18 号），http：//www.nhc.gov.cn/yzygj/s3585/201605/940f44e39f1e452e8e35c37593025537.shtml。

器官捐献5146例,实施器官移植手术超过1.6万例。其中,86%来源于公民逝世后捐献,14%来源于亲属间活体捐献。每百万人口年捐献率(PMP)达到3.72例/(百万人·年),创历史新高。

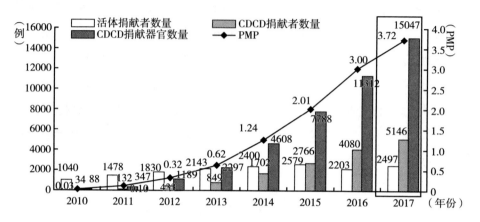

图2 中国人体器官年度捐献数量(2010～2017)

资料来源:国家卫生健康委。

自20世纪50年代末,中国器官移植的奠基人裘法祖教授、夏穗生教授开始实施器官移植动物实验,拉开了中国器官移植的伟大序幕。

1. 肝脏移植技术

1977年,上海第二医科大学附属瑞金医院林言箴教授与武汉医学院同济医院夏穗生教授实施临床原位肝移植各1例,正式开启了中国肝移植临床应用。截至2018年,全国肝脏移植中心97所,肝脏移植技术服务能力明显提升。2017年完成肝脏移植手术5149例(其中公民逝世后捐献肝脏移植手术4405例,活体肝脏移植手术744例),手术例数较2010年(2160例)增长138.38%,较2016年增长34%[1]。肝脏移植手术操作技术改进革新。例如改变肝移植血管吻合方式,采取前后壁均间断吻合,大大降低术后吻合口缩窄并发症;改进吻合口位置,吻合部位从胃十二指肠动脉改为脾动脉,显

---

① 数据来源:国家肝脏移植质控中心。

著改善术后肝脏血流，明显降低了胆道并发症等发生率。部分肝脏移植技术也实现突破，实现国际领跑，如自体肝移植技术、无缺血肝移植技术。

2. 肾脏移植技术

1960 年，我国著名泌尿外科专家吴阶平院士在北京大学第一医院成功实施了我国首例尸体肾移植。2010 年起，器官捐献工作取得了蓬勃发展，CDCD 肾脏移植数量快速增长。2017 年，全国共实施肾脏移植 10793 例，其中 CDCD 肾脏移植 9040 例（83.76%），亲属活体器官捐献肾脏移植 1753 例（16.24%）。2017 年肾脏移植手术例数较 2016 年增长 25%。截至 2018 年，全国肾脏移植中心 136 所[①]。近年来，随着中国公民逝世后器官捐献的蓬勃发展，中国开展了肾移植相关新技术新业务，制定了多部肾脏移植相关技术的诊疗规范与指南。肾脏移植操作技术改革创新。例如，手术机器人完成同种异体肾移植术已开始临床应用，并逐步普及。儿童肾脏移植技术国际领先。中国累计实施儿童肾脏移植 1875 例，其中 2017 年实施儿童肾脏移植 217 例。中国儿童肾脏移植供者以儿童供者为主，可有效缓解中国移植器官短缺的问题，减少儿童等待移植的时间。中国儿童肾脏移植供者年龄最小为 4 天，为目前国际上应用于儿童肾移植的最小年龄供者。受者年龄最小为 6 个月。移植物放置位置以髂窝为主。供受者血型不相容肾脏移植技术得到突破。中国共实施血型不相容肾脏移植 234 例，其中 2017 年实施血型不相容肾脏移植 63 例。

3. 心脏移植技术能力

心脏移植数量稳步增长。全国心脏移植中心由 2015 年的 38 所增加到 2018 年的 46 所。2004 年至 2017 年，中国大陆心脏移植手术量稳步增加，2017 年全国完成 446 例心脏移植手术。2017 年心脏移植手术例数较 2016 年增长 21%。我国单中心心脏移植临床服务能力已居世界前列。我国有 2 所心脏移植医院（中国医学科学院阜外心血管病医院、华中科技大学同济医学院附属协和医院）在近 3 年年移植例数大于 75 例，国际心肺移植协会

---

① 数据来源：国家肾脏移植质控中心。

（ISHLT）2017年统计数据显示，世界范围内仅5所心脏移植中心年例数大于75例。移植技术突破6小时禁区。近3年，我国供体心脏缺血时间长于6小时的患者占比为21.3%，其中最大的两家心脏移植中心该比例为38.1%，ISHLT报道的比例仅为3%。全国心脏移植平均院内存活率为93.9%，其中两大移植中心平均生存率为94.7%，高于ISHLT报道的国际平均术后30天存活率90.4%。以中国医学科学院阜外医院为例，其心脏移植患者的1年、3年、5年、10年生存率分别为92.9%、90.0%、84.9%和72.4%，高于ISHLT报道的74.6%、68.6%、63.1%和57.5%。我国在心脏供体缺血时间较长的情况下，仍能取得高于国际水平的院内及长期生存率，显示我国在心脏供体选择维护、受者围手术期管理及术后长期管理方面已经积累了成功经验，达到国际先进水平[1]。

4. 肺脏移植技术能力

全国肺脏移植中心由2015年的27所增加到2018年的32所。2002年后，肺脏移植每年手术例数不断上升，目前全国肺移植总例数已超过1200例。2017年，全国完成肺脏移植299例，比2016年（204例）增长46.57%，比2010年（33例）增长806.06%。2015年，成功实施世界首例"Nuss手术漏斗胸矫正术＋双肺移植术"救治1名呼吸衰竭伴胸廓畸形的危重患者。对1例较大身高的成人供肺进行肺叶劈裂后，成功对两名胸腔较小的纤维化受者进行双侧肺叶移植，受者长期存活。另外近二年来全国为4例Kartagener综合征双侧支气管扩张右位心的病人进行了双肺移植术，受者长期存活。此外，为进一步提高供肺使用效率，中国正在积极进行体外肺灌注修复技术（EVLP）机器的研制[2]。

5. 器官维护和获取技术能力

ECMO技术得到广泛应用。中国已将ECMO相关技术应用于器官维护和潜在捐献者转运方面，大大保护了器官功能，提高了器官利用率。器官保存

---

① 数据来源：国家心脏移植质控中心。
② 数据来源：国家肺脏移植质控中心。

技术取得突破。中国已研发具有自主知识产权的器官保存液，并已临床应用。积极研发器官体外机械灌注修复技术和设备，与国外保持同步。

（四）搭建了以大数据为基础的监管体系

国家卫生健康委成立了肝脏、肾脏、心脏、肺脏 4 个移植数据中心（质控中心），分别独立承担肝脏、肾脏、心脏和肺脏移植数据注册登记、统计分析和移植质量控制等工作，完善信息安全各项措施，数据报送、收集、分析等工作平稳运行。目前，各数据中心与 COTRS 共同构成了中国器官移植管理的核心系统，实现了移植器官的可溯源管理，在器官移植精细化、信息化监管中发挥着不可替代的作用。国家卫生健康委依托各数据中心与 COTRS 对人体器官捐献与移植工作开展了趋势预警分析、日常动态监测与重点监测，并有针对性地采取监管措施，每年不定期开展飞行检查，形成了大数据信息化监管与点对点飞行检查紧密结合的监管机制并初见成效。同时，国家卫生健康委员会联合公安部建立数据资源共享机制，严厉防范打击器官买卖犯罪行为。

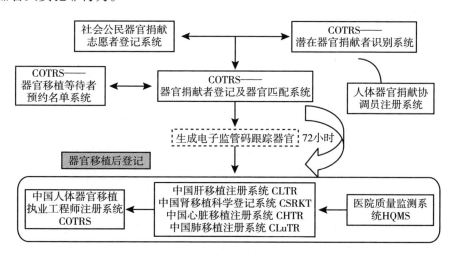

图 3 大数据时代的中国器官移植监管

资料来源：国家卫生健康委。

1. 肝脏移植质量控制有关情况

肝脏移植术后 1 年、3 年、5 年生存率分别为 84.04%、75.21%、71.03%，国际平均 1 年、3 年、5 年生存率分别为 83%、76%、71%，与国际水平基本持平。

第一，CDCD 肝脏移植。CDCD 肝脏移植术后生存率不断提高：术后 1 年生存率不断提高，CDCD 肝脏移植术后 1 年人/肝生存率由 2010 年以前的 81.27%/81.36% 上升至 2017 年的 83.78%/86.87%。

第二，活体肝脏移植。活体肝脏数量自 2010 年逐年增加，2017 年共实施活体肝脏移植 594 例，以儿童活体肝移植为主。活体肝脏移植手术例数较 2016 年（408 例）增长 45.59%，较 2010 年（64 例）增长 828.13%，截至 2017 年底，术后 1 年、3 年、5 年累积受者生存率分别为 87.33%、81.08%、76.91%，较 2010 年增长均超过 10 个百分点。

第三，儿童肝脏移植。从整体上看，截至 2017 年底，全国实施儿童（<18 岁）肝脏移植手术累计达 2774 例（其中 CDCD 肝脏移植手术 702 例，活体肝脏移植手术 2072 例）。2017 年，全国共实施儿童肝移植 723 例，较 2016 年增长 44.02%。2017 年儿童肝脏移植受者生存率较 2016 年累计生存率有所提高。术中平均失血量由 2016 年的 300.42ml 降至 2017 年的 246.68ml。平均无肝期时间由 2016 年的 47.09h 降至 2017 年的 44.87h。从儿童受者年龄结构来看，自 2012 年起，为 1 岁以下儿童实施的 CDCD 肝脏移植数量明显增多，该年龄组在儿童 CDCD 肝脏移植的占比从 2011 年的 0% 升至 2012 年的 50%，截至 2017 年，1 岁以下受者在儿童 CDCD 肝脏移植中的占比为 37.22%。手术技术和围手术期管理水平不断提高。从器官来源上看，中国儿童活体肝脏移植比例逐年上升，2012 年已超过 50%，2017 年达到 57.86%。2017 年为 543 例，比 2016 年增加 199 例。活体肝脏移植已成为中国儿童肝脏移植的主要术式。截至 2017 年底，儿童活体肝脏移植受者 1 年、3 年、5 年累积生存率分别为 91.32%、88.72%、83.58%，显著高于成人活体肝脏移植受者累积生存率（82.23%、73.31%、69.72%）。

第四，多器官联合肝脏移植。截至 2017 年底，全国多器官联合移植中涉及 CDCD 肝脏移植累计 127 例，其中，74.80% 为肝-肾联合移植[①]。

2. 肾脏移植质量控制有关情况

第一，肾脏移植生存率。2010 年起，肾脏移植人/肾生存率稳步提升，近年中美两国的术后移植肾生存率无明显差异，部分指标优于国际平均水平。

肾脏移植术后 1 年人/肾生存率为 98.93%/97.91%。其中 CDCD 供肾移植人/肾 1 年生存率为 99.05%/98.17%，活体供肾移植人/肾 1 年生存率为 99.53%/98.92%。

肾脏移植术后 3 年人/肾生存率为 96.34%/92.65%。其中 CDCD 供肾移植人/肾 3 年生存率为 95.92%/92.18%，活体供肾移植人/肾 3 年生存率为 98.45%/96.04%。

第二，活体肾脏移植。2011～2015 年，我国亲属活体肾脏移植占比较为平稳，2015 年以后，我国以 CDCD 移植为主，亲属活体肾脏移植为辅。2016 年开始亲属活体肾移植占比下降，2017 年实施 1753 例，占比由 2016 年的 19.9% 降至 16.24%。

第三，儿童肾脏移植。循证医学表明肾移植是儿童尿毒症的治疗首选。中国肾脏移植科学登记系统（CSRKT）统计显示，截至 2017 年，全国累计完成儿童肾脏移植 1762 例，其中 2017 年完成 217 例，占比 2.01%。2010 年以来，中国儿童 CDCD 肾脏移植迅速发展，效果显著，并成为中国特色。目前我国最小肾移植受者年龄为 6 个月，供者最小仅出生 4 天，为目前国际上应用于儿童肾移植的最小年龄供者[②]。

3. 心肺移植质量控制有关情况

随着我国器官捐献与移植的快速发展，心脏移植和肺脏移植的数量和质量也显著提升。

第一，心脏移植。目前我国有 38 家具有器官移植资质的心脏移植中心

---

① 数据来源：国家肝脏移植质控中心。

② 数据来源：国家肾脏移植质控中心。

完成超过 2595 例心脏移植。自 2004 年至 2017 年，中国大陆心脏移植手术量每年增幅近 20%，2017 年完成 446 例，比 2010 年（146 例）增长 205.48%。

　　统计显示，中国捐献心脏的供者年龄分布、性别等基本情况与来自国际心肺移植协会（ISHLT）的心脏移植登记资料相似。但供者缺血时间大于 6 小时的比例（21.3%）远高于 ISHLT 统计数据（3%）。在此情况下，中国心脏移植的院内生存率仍能与国际持平或优于国际水平。以中国医学科学院阜外医院为例，其心脏移植患者的 1 年、3 年、5 年、10 年生存率分别为 92.9%、90.0%、84.9% 和 72.4%，高于 ISHLT 报道的 74.6%、68.6%、63.1% 和 57.5%。其中非缺血性心肌病受者的 1 年、3 年、5 年和 10 年生存率分别为 95.1%、92.7%、88.6% 和 78.7%，高于 ISHLT 报道的 85.8%、80.6%、74.8% 和 61.9%。冠心病患者 1 年、3 年、5 年和 10 年生存率分别为 89.6%、86.5%、83.2%、50.6%，总体高于 ISHLT 的 84.0%、77.5%、71.6% 和 52.7%。中国心脏移植受者中长期生存率远高于全球同期。总体上，我国心脏移植手术仍有较大的发展空间，心脏移植的平均院内生存率和中长期生存率已达到国际先进水平[①]。

　　第二，肺脏移植。2016 年 5 月，中国建立并启用器官转运绿色通道，极大地降低了供肺冷缺血时间，提高了供肺利用率。在中国受者年龄大、病情危重（平均年龄 55 岁，60 岁以上比例 >50%，急诊肺移植 >8%），受者移植条件远低于国外，且供肺冷缺血时间远长于国外平均水平的情况下，中国肺移植患者围手术期及中长期生存率仍接近国际水平[②]。

　　中国的器官捐献与移植取得了巨大的突破，在新模式、新体系环境下不仅手术数量节节攀升，手术创新及诊疗技术也达到国际先进水平。近年来中国对器官移植领域科学研究的投入逐年加大，基于器官移植临床和基础的研究成果突出。在积极推动器官移植发展以满足广大患者的诊疗需求的同时，

---

①　数据来源：国家心脏移植质控中心。
②　数据来源：国家肺脏移植质控中心。

我们不断优化机制，完善法规、监管体系。协调区域发展，加强培训，组织具有器官移植资质的质控单位交流分享工作经验。全面核查各中心上报数据，并将 COTRS 系统与各质控中心数据进行汇总分析，全面提升中国器官移植质量。我们希望与世界各国加强学术、政策等多方面交流，为全人类的健康福祉作出中国贡献。

三　中国人体器官捐献与移植工作的国际交流

中国人体器官捐献与移植事业取得重要进展的同时，也得到了国际社会的大力支持。世界卫生组织、国际移植协会（TTS）和国际器官捐献与获取协会（ISODP）等国际组织多次来华并全程参与、见证了中国人体器官捐献体系的构建，在器官获取组织（OPO）建立、人体器官捐献协调员培训、器官分配政策研究、人体器官捐献与移植的各种技术标准制定，以及人体器官捐献与移植管理等方面开展了广泛而又深入的合作和交流。

2016 年 8 月在香港举办的第 26 届国际器官移植大会①上，举办了"中国器官移植的新时代"专场会议，中国人体器官捐献与移植委员会黄洁夫主任委员作为唯一受邀嘉宾在大会主论坛作主旨发言，向世界展示了中国人体器官捐献与移植工作改革发展取得的成就，得到了包括 WHO 和 TTS 在内的国际组织和专家的高度评价。WHO 代表表示中国目前的人体器官捐献与移植体系与 WHO 的指导原则完全一致，将一如既往支持中国的器官捐献与移植。

2016 年 10 月在北京人民大会堂举办的中国 - 国际器官捐献大会②上，时任世界卫生组织总干事陈冯富珍女士在视频讲话中高度赞扬中国在器官捐献与移植领域的进展，她表示中国的改革方向正确，行动迅速，许多成功经

---

① 《第 26 届国际器官移植大会在港举行》，央视网，http://tv.cctv.com/2016/08/18/VIDEhYo7y0yfb7uEttaiaTc3160818.shtml。

② 《中国 - 国际器官捐献大会在京召开》，中国新闻网，http://www.chinanews.com/gn/2016/10 - 17/8034355.shtml。

验可以作为样板，供其他国家学习借鉴。

2017 年 2 月在梵蒂冈举办的反对器官贩卖全球峰会①上，"中国方案"获得国际认可，标志着中国已经以无可争辩的伦理方式融入世界器官移植大家庭，展示了中国政府反对器官贩卖的坚决态度，证明中国器官捐献与移植的发展道路既符合国际惯例，又符合中国国情。

2018 年 3 月我国专家再次受邀参加在梵蒂冈举办的全球践行伦理峰会②，世界卫生组织代表何塞·努涅斯博士表示，中国近年来在器官来源和移植方面的管理越来越规范，自 2015 年起，无偿自愿的器官捐献成为中国器官移植的唯一合法来源。中国在预防和打击器官贩卖工作中作出了重要贡献，可供他国学习借鉴。中国的器官分配政策和系统也变得更加公平和安全，能够有效地保障人权，非常值得推广。

2018 年 5 月 24 日在瑞士日内瓦万国宫召开的第 71 届世界卫生大会（WHA）"器官移植服务的全民覆盖"边会③上，WHO 总干事谭德塞（Tedros Adhanom Ghebreyesus）用中文感谢中国在器官移植领域作出的重要贡献。WHO 服务提供和安全司司长 Edward Kelley 在第 71 届 WHA 器官移植边会上的发言中感谢我国有关设立 WHO 器官捐献与移植特别委员会的提议，表示 WHO 将在西班牙承办的第 27 届国际器官移植协会（TTS）大会期间正式成立 WHO 器官捐献与移植工作委员会。

在中国大力倡导和积极推动下，2018 年 7 月 3 日，WHO 人体器官组织捐献与移植特别委员会（Task Force）在马德里正式成立④，该委员会的职责是为 WHO 提供有关器官捐献与移植的政策建议和技术支持，协助各成员

① 《"反对器官贩卖全球峰会"在梵蒂冈召开》，新华网，http：//www. xinhuanet. com/world/2017 - 02/08/c_ 129470386. htm。

② 《全球践行伦理峰会在梵蒂冈召开"中国模式"获肯定》，中国反邪教网，http：//news. sina. com. cn/o/2018 - 03 - 15/doc - ifyshryh6867477. shtml。

③ 《世卫大会器官移植边会在日内瓦召开 黄洁夫发言反驳"活摘"谣言》，环球网，http：//world. huanqiu. com/exclusive/2018 - 05/12095867. html？ agt =15417。

④ 《第 27 届国际器官移植大会和世卫组织器官捐献与移植特别委员会成立会议在西班牙召开》，环球网，http：//world. huanqiu. com/article/2018 - 07/12414740. html。

国加强本国的器官和组织捐献与移植系统，推动成员国加强器官移植监管，保障人权。委员会共有 30 名委员，其中，黄洁夫理事长和王海波教授担任委员。由此，中国成为该特别委员会中拥有 2 名委员的国家之一。这标志着国际器官移植界对中国器官捐献与移植事业的高度认同，为中国人体器官捐献与移植事业的健康可持续发展营造了良好国际环境，我国将在国际器官移植舞台发挥越来越重要的作用。

目前我国人体器官捐献与移植事业已经走在世界舞台的中央，国际影响力日益增大。但是，器官移植技术的特殊性，要求行业必须时刻学习新技术，紧跟时代步伐，加强与各国之间的交流，取长补短，努力提升公民健康保障水平。在提升国际影响力的同时，与世界共享中国的经验与智慧，让中国人体器官捐献与移植事业的改革成果"中国模式"造福更多患者。

四 展望

经过 10 年的艰辛努力，我国器官移植改革已看到胜利的曙光，获得国际社会高度赞誉。公民自愿器官捐献，将树立我国在世界大家庭中作为一个负责任大国的良好形象，将为亚洲及相同文化背景的国家作出榜样，将是中华文明对世界文明的新贡献。保障我国人体器官捐献与移植人权应继续从以下三方面进行。

（一）进一步加强我国人体器官捐献与移植监管工作

加强器官移植监管，不断完善大数据信息化监管与点对点现场飞行检查紧密结合的监管机制。为适应当前形势，开展人体器官捐献与移植调研，广泛征求意见修订《人体器官移植条例》，保障我国人体器官捐献与移植事业健康发展。进一步优化完善国家卫生健康委员会与公安部建立的数据资源共享机制，严厉防范打击器官买卖犯罪行为，保障人民群众的生命健康与财产安全。

（二）进一步完善器官移植管理体系和技术规范

加强器官捐献和移植工作体系建设，完善器官移植技术管理规范，加强器官移植质量安全保障。加强人体器官获取组织建设，完善器官获取和分配系统；完善脑死亡判定质控体系，加强脑死亡培训；加强器官移植技术质量管理，完善器官移植技术质控体系；发布新版质控指标，应用大数据分析指导临床移植质量的持续提升。

（三）不断提升我国器官移植临床服务能力

建立健全人体器官移植医师培训体系，持续丰富人才储备，进一步加强完善人才梯度建设，为顺利实现"十三五"发展目标提供强有力的人才支撑。以点带面，由线到片，以点面结合的方式持续推动解决不同地区器官移植能力发展不平衡、不充分的问题，进一步提升全国人体器官捐献与移植服务能力。实现全国器官移植医疗机构医疗质量及技术能力双提升，保障患者安全。

B.7
农村人居环境整治提升
环境质量

顾莎莎　谭一之*

摘　要： 2018 年是实施《农村人居环境整治三年行动方案》的开局之年。我国政府以建设美丽宜居村庄为导向，以农村垃圾、污水治理与村容村貌提升为主攻方向，通过健全政策支持体系，开展试点示范工作，加强资金技术保障，强化督导考核等行之有效的措施，进一步保障了农村居民生存权、健康权和发展权。但是农村人居环境整治仍面临一些问题和挑战，需要强化地方政府整治责任，推进农村垃圾污水治理的市场化、社会化，建立村民参与环境治理的有效机制，统筹城乡发展规划，为切实保障农村居民权益创造良好条件。

关键词： 农村人居环境整治　生存权　健康权　发展权

农村人居环境整治不仅是对十九大提出的乡村振兴战略的实践，更是对农村居民生存权、健康权与发展权的切实保障。近几年来，我国农村环境整治取得了明显进展。截至 2017 年底，中央财政累计安排农村环保专项资金

---

* 顾莎莎，四川大学法学院博士研究生，大理大学法学院讲师，主要研究方向：宪法、人权法；谭一之，四川大学法学院博士研究生，主要研究方向：宪法、人权法。

435 亿元，完成 13.8 万个村庄环境综合整治，近 2 亿农村人口受益①。2018
年 2 月，中共中央办公厅、国务院办公厅印发《农村人居环境整治三年行
动方案》（以下简称《方案》）。《方案》要求以建设美丽宜居村庄为导向，
以农村垃圾、污水治理和村容村貌提升为主攻方向，加快补齐农村人居环境
突出短板，提出了六项重点任务。2018 年以来，各级政府围绕《方案》确
立的目标任务采取了一系列举措，加大了农村人居环境整治力度，完成 2.5
万个建制村的环境综合整治任务②，为建设清洁卫生、生态宜居与乡风文明
的美丽乡村开创了良好局面，提升了农村居民权益的保障水平。

一 推进农村人居环境整治，提升农村
人居环境质量的主要措施

（一）建立工作推进机制，健全政策支持体系

2018 年是实施《方案》的第一年，为完善农村人居环境整治的工作推
进机制，中央明确了中央农办、农业农村部的牵头组织职责③。各省（区、
市）均成立了农村人居环境整治工作领导小组，其中 12 个省（区、市）由
党委或政府主要负责人担任组长④，加强了组织保障。住房和城乡建设部、
生态环境部、农业农村部、国家发展改革委、水利部等中央有关部门形成工
作合力，建立健全了农村人居环境整治的政策支持体系（见表 1）。2018 年
以来，河北、河南、吉林、海南、云南等 25 个省（区、市）结合实际情

---

① 《生态环境部 2018 年 4 月例行新闻发布会实录》，生态环境部网站，2018 年 4 月 19 日，
http：//www. mee. gov. cn/gkml/sthjbgw/qt/201804/t20180419_ 434980. htm。
② 《深入贯彻习近平生态文明思想　以生态环境保护优异成绩迎接新中国成立 70 周年——在 2019
年全国生态环境保护工作会议上的讲话》，生态环境部网站，2019 年 1 月 27 日，http：//
www. mee. gov. cn/xxgk2018/xxgk/xxgk15/201901/t20190127_ 691113. html。
③ 龙新：《农村人居环境整治工作扎实推进》，《农民日报》2018 年 12 月 22 日，第 1 版。
④ 郁静娴：《编制建设规划、建立示范点　各地发力农村人居环境整治》，《人民日报》2018
年 9 月 5 日，第 23 版。

况，编制了省级农村人居环境整治工作实施方案，明确了整治时序，通过量化、分解目标任务落实各地整治工作。例如，河南省把整治年度目标任务分解到 157 个县（市、区），推进分类分区域达标①。这一系列措施形成了中央部署、省负总责、县抓落实的工作推进格局。

表 1　2018 年有关农村人居环境整治的政策文件一览

发布机关	发布时间	文件名称
国家发展改革委	2018 年 2 月 26 日	《关于扎实推进农村人居环境整治行动的通知》（发改农经〔2018〕343 号）
农业部、环境保护部	2018 年 3 月 8 日	《关于印发畜禽养殖废弃物资源化利用工作考核办法（试行）的通知》（农牧发〔2018〕4 号）
住房和城乡建设部、文化和旅游部、国家文物局、财政部、自然资源部、农业农村部	2018 年 4 月 28 日	《关于公布 2018 年列入中央财政支持范围中国传统村落名单的通知》（建村〔2018〕47 号）
全国爱卫会办公室	2018 年 5 月 14 日	《全国爱卫办关于进一步推进农村户厕建设的通知》（全爱卫办发〔2018〕4 号）
住房和城乡建设部、生态环境部、水利部、农业农村部	2018 年 6 月 1 日	《关于做好非正规垃圾堆放点排查和整治工作的通知》（建村〔2018〕52 号）
中央农办、农业农村部	2018 年 6 月 15 日	《关于学习推广浙江"千村示范、万村整治"经验深入推进农村人居环境整治工作的通知》（中农办发〔2018〕2 号）
国家发展改革委	2018 年 6 月 21 日	《关于创新和完善促进绿色发展价格机制的意见》（发改价格规〔2018〕943 号）
住房和城乡建设部、中国农业发展银行	2018 年 9 月 3 日	《关于做好利用抵押补充贷款资金支持农村人居环境整治工作的通知》（建村函〔2018〕175 号）
住房和城乡建设部	2018 年 9 月 14 日	《关于开展引导和支持设计下乡工作的通知》（建村〔2018〕88 号）
住房和城乡建设部	2018 年 9 月 18 日	《关于进一步加强村庄建设规划工作的通知》（建村〔2018〕89 号）

---

①　高云才：《让美丽乡村为美丽中国打底色——全国农村人居环境整治综述》，《人民日报》2018 年 8 月 23 日，第 6 版。

续表

发布机关	发布时间	文件名称
生态环境部办公厅、住房和城乡建设部办公厅	2018 年 9 月 29 日	《关于加快制定地方农村生活污水处理排放标准的通知》（环办水体函〔2018〕1083 号）
国家发展改革委、生态环境部、农业农村部、住房和城乡建设部、水利部	2018 年 10 月 26 日	《关于加快推进长江经济带农业面源污染治理的指导意见的通知》（发改农经〔2018〕1542 号）
生态环境部、农业农村部	2018 年 11 月 6 日	《关于印发农业农村污染治理攻坚战行动计划的通知》（环土壤〔2018〕143 号）
水利部办公厅	2018 年 12 月 24 日	《关于实施乡村振兴战略加强农村河湖管理的通知》（办河湖〔2018〕274 号）
中央农办、农业农村部等 18 部门	2018 年 12 月 29 日	《关于印发〈农村人居环境整治村庄清洁行动方案〉的通知》（农社发〔2018〕1 号）

资料来源：根据政府部门网站整理。

（二）开展试点示范，总结推广经验

各地借鉴浙江"千村示范万村整治"经验，结合本地情况开展了试点示范工作，探索出各具特色的整治方法和管护制度。2003 年，浙江省率先实施"千村示范万村整治"工程，成为农村人居环境整治的先进示范。2018 年 9 月，"千村示范万村整治"工程被授予联合国最高环保荣誉"地球卫士奖"[1]。为贯彻落实《方案》提出的要求，中央农办、农业农村部印发《关于学习推广浙江"千村示范、万村整治"经验深入推进农村人居环境整治工作的通知》，要求各地打造示范县、示范乡镇和示范村[2]。2018 年以来，

---

① 《中国浙江"千万工程"获联合国"地球卫士奖"》，新华网，2018 年 9 月 27 日，http：//www. xinhuanet. com/world/2018–09/27/c_ 1123493509. htm。

② 《中央农办　农业农村部关于学习推广浙江"千村示范、万村整治"经验深入推进农村人居环境整治工作的通知》，农业农村部网站，2018 年 6 月 15 日，http：//www. moa. gov. cn/gk/tzgg_ 1/tz/201806/t20180615_ 6152221. htm。

29 个省（区、市）和新疆生产建设兵团均开展了试点示范活动（见表2）①，全国确定了 100 个农村人居环境整治示范县②。地方政府通过开展试点示范集中推广成熟经验，推动了农村人居环境整治水平的整体提升。

表2　2018 年部分地区农村人居环境整治试点示范措施一览

地区	规范文件	措施
云南	《关于公布 2018 年云南省农村人居环境整治示范县（村）名单的通知》（云人居组办〔2018〕26 号）	确定昆明市安宁市等 23 个县，昆明市安宁市八街街道相连村等 300 个村列为农村人居环境整治示范县（村）
四川	《四川省农村生活污水治理"千村示范工程"工作方案》	选定成都市新都区等 18 个县（市、区）的 1190 个行政村开展首批示范
安徽	《关于公布第二批省级农村生活垃圾分类和资源化利用示范县（区）的通知》（建村函〔2018〕2799 号）	确定合肥市包河区等 6 县（区）为第二批省级农村生活垃圾分类和资源化利用示范县（区）
湖北	《关于印发〈湖北省美丽宜居乡村示范项目建设方案〉的通知》（鄂建文〔2018〕19 号）	2018 年至 2020 年，每个县（市、区）打造 5 个精品型、20 个提升型美丽宜居乡村示范项目，所有村庄达到基础型村庄标准
山东	《关于印发〈山东省美丽村居建设"四一三"行动推进方案〉的通知》（鲁政办字〔2018〕114 号）	到2020 年，打造 300 个省级试点，建成一批美丽村居，胶东、鲁中、鲁西南、鲁西北 4 大风貌区和 10 条风貌带初步形成

资料来源：根据各地政府网站整理。

（三）健全资金技术保障机制

1. 完善资金投入体系

各级政府持续加大农村人居环境整治的财政投入，创新政府支持方式。2018 年底，财政部累计安排资金 215 亿元，支持建设美丽乡村 8 万多个③。

---

① 《农村人居环境整治催生乡村蝶变》，农业农村部网站，2018 年 12 月 27 日，http：// www. moa. gov. cn/xw/zwdt/201812/t20181227_ 6165736. htm。

② 《对十三届全国人大一次会议第 7350 号建议的答复》，住房和城乡建设部网站，2018 年 7 月 24 日，http：// www. mohurd. gov. cn/ztbd/jytabl/201811/t20181113_ 238338. html。

③ 《农村人居环境整治催生乡村蝶变》，农业农村部网站，2018 年 12 月 27 日，http：// www. moa. gov. cn/xw/zwdt/201812/t20181227_ 6165736. htm。

广东省省级财政按每个行政村平均 1000 万元标准补助粤东西北欠发达地区，推进农村人居环境整治①。天津市采用"以奖代补"的方式按照不同标准，对符合条件的整治项目补助②。不仅如此，中央通过引导金融机构提供信贷支持，拓宽资金渠道。9 月 3 日，住房和城乡建设部、中国农业发展银行印发《关于做好利用抵押补充贷款资金支持农村人居环境整治工作的通知》，明确了抵押补充贷款资金支持范围，要求建立资金支持项目库③。

2. 加强多方位技术支持

农业农村部会同有关部门，组织高等学校、科研单位、企业共同推进整治技术与工艺的研发。2018 年以来，先后召开了东北地区秸秆处理行动现场交流暨成果展示会、全国果菜茶绿色发展暨化肥农药减量增效经验交流会、农药发展 40 年座谈会暨绿色农药发展研讨会、全国残膜污染综合治理技术现场会、干旱、寒冷地区农村卫生厕所技术与产品开发研讨会，以及地膜污染治理研讨会。地方政府针对农村厕所改造、村落修缮、村庄建设规划等整治工作，编制了各类技术指南、技术导则，为提升农村人居环境的整治水平提供了技术支撑。例如，云南省制定了《农村人居环境整治技术导则（试行）》与《农村厕所改造建设技术指南（试行）》④。

---

① 吴涛：《广东三清三拆打造美丽乡村推动乡村振兴》，新华社，2018 年 8 月 24 日，http：//www. gd. xinhuanet. com/newscenter/2018 – 08/24/c_ 1123324262. htm。

② 《市环保局关于印发天津市 2018 年农村环境综合整治项目"以奖代补"补助方案的通知》，天津市生态环境局网站，2018 年 5 月 7 日，http：//hjbh. tj. gov. cn/root16/mechanism/the_ natural_ ecological_ protection/201810/t20181031_ 34244. html。

③ 《住房城乡建设部中国农业发展银行关于做好利用抵押补充贷款资金支持农村人居环境整治工作的通知》，住房和城乡建设部网站，2018 年 9 月 3 日，http：//www. mohurd. gov. cn/wjfb/201809/t20180911_ 237544. html。

④ 《云南省住房和城乡建设厅关于印发云南省农村人居环境整治技术导则（试行）及云南省农村厕所改造建设技术指南（试行）的通知》，云南省住房和城乡建设厅网站，2018 年 8 月 21 日，http：//www. ynjst. gov. cn/detail. aspx？ did = 158566。

（四）强化监督考核措施

为确保农村人居环境整治工作落到实处，从中央到地方持续推开督察行动，组织实施督导检查。7 月，中央农办、农业农村部会同 12 部门启动 2018 年农村人居环境整治工作督导调研，围绕任务落实、组织保障等情况，分两批对全国 31 个省（区、市）和新疆生产建设兵团进行实地调研、听取汇报以及指导工作①。新疆天山环保行执法检查组分三组，检查乌鲁木齐市、喀什地区等地农村环境整治情况②。河南省对 63 个县（市、区）、196 个乡镇、612 个村以垃圾治理为重点的农村人居环境整治情况进行督促检查③。

完善考核验收机制，细化农村人居环境整治的考核工作，使考核措施具有针对性。2018 年 3 月，农业部、环境保护部印发《畜禽养殖废弃物资源化利用工作考核办法（试行）》，明确了畜禽养殖废弃物资源化利用工作的考核主体、内容和程序④。7 月，农业农村部召开畜禽养殖废弃物资源化利用考核实地检查汇报会⑤。与此同时，地方加快制定农村人居环境整治的考核办法。例如，河北省印发《2018 年河北省农村人居环境整治工作考核要点及办法》，将 9 个专项行动列入考核内容，对各市、164 个县（市、区）党委、政府进行考核⑥。

---

① 《中央农办、农业农村部启动 2018 年农村人居环境整治工作督导调研》，农业农村部网站，2018 年 7 月 26 日，http：//www.moa.gov.cn/xw/zwdt/201807/t20180726_6154817.htm。
② 《农村人居环境整治："改头换面"的深刻变革——2018 年天山环保行执法检查活动综述》，《新疆日报》2018 年 7 月 3 日，第 A2 版。
③ 尚杰：《我省对改善农村人居环境工作持续开展督查》，《河南日报》2018 年 11 月 7 日，第 2 版。
④ 《农业部环境保护部关于印发〈畜禽养殖废弃物资源化利用工作考核办法（试行）〉的通知》，农业农村部网站，2018 年 3 月 16 日，http：//www.moa.gov.cn/gk/tzgg_1/tz/201803/t20180316_6138509.htm。
⑤ 《农业农村部开展畜禽养殖废弃物资源化利用工作实地检查考核》，农业农村部网站，2018 年 7 月 24 日，http：//www.moa.gov.cn/xw/zwdt/201807/t20180724_6154620.htm。
⑥ 《河北省对农村人居环境整治完成情况进行考核》，新华网，2018 年 10 月 24 日，http：//www.he.xinhuanet.com/xinwen/2018-10/24/c_1123603964.htm。

二 围绕任务分类推进，保障农村居民生存权、健康权与发展权

2018年，全国农村人居环境整治工作围绕六项重点任务，在农村垃圾治理、厕所粪污治理、生活污水治理、村容村貌提升、加强村庄规划管理以及完善建设和管护机制方面稳步推进，大力提升了农村人居环境质量，使农村居民权利得到有力保障。

（一）推进农村生活垃圾治理

开展非正规垃圾堆放点排查和整治。《方案》提出"开展非正规垃圾堆放点排查整治，重点整治垃圾山、垃圾围村、垃圾围坝、工业污染'上山下乡'"。为此，2018年6月1日，住房和城乡建设部、生态环境部、水利部与农业农村部联合印发《关于做好非正规垃圾堆放点排查和整治工作的通知》，要求强化城镇垃圾、工业固体废物违法违规向农村转移的监督管理和执法检查，消化非正规垃圾堆放点存量，严格控制增量①。全国各省份均启动了整治工作，北京、上海、山东3省（市）基本完成整治工作②。5月，生态环境部开展"清废行动2018"专项行动，组成150个督察组分四批对长江经济带11省（市）摸排核实，其中挂牌督办了一批向农村违规堆放固体废物的突出问题③。

推进畜禽粪污废弃物资源化利用，建立部省（市）联动机制，打造

---

① 《住房城乡建设部生态环境部水利部农业农村部关于做好非正规垃圾堆放点排查和整治工作的通知》，住房和城乡建设部网站，2018年6月1日，http://www.mohurd.gov.cn/wjfb/201806/t20180606_236320.html。

② 《关于政协十三届全国委员会第一次会议第1657号（资源环境类101号）提案答复的函》，住房和城乡建设部网站，2018年9月11日，http://www.mohurd.gov.cn/ztbd/jytabl/201811/t20181115_238378.html。

③ 《生态环境部公布"清废行动2018"第四批30个挂牌督办问题》，生态环境部网站，2018年5月16日，http://www.mee.gov.cn/gkml/sthjbgw/qt/201805/t20180516_440450.htm。

7 个省（市）样板发挥示范带动作用。2018 年 11 月 23 日，召开全国畜禽养殖废弃物资源化利用现场会，农业农村部与北京、天津、上海、江苏、浙江、福建、山东 7 个省（市）人民政府签署了《畜禽粪污资源化利用整省推进合作协议》，上述省（市）共同发布了《畜禽粪污资源化利用整省推进联合宣言》，探索整省推进畜禽粪污资源化利用的有效机制①。

各地因地制宜探索垃圾分类减量、垃圾收运处置的高效模式，建立农村保洁队伍，提升了农村生活垃圾治理率。例如，上海奉贤区的 82 个村实施三级"桶长制"②，使村民生活垃圾分类知晓率达到了 99%。四川雅安高岗村采取垃圾"四分类"法，生活垃圾分类减量 60% 以上。③ 河北省 48317 个村庄建立了日常维护机制，配备保洁员 19 万名，截至 2018 年底累计清理农村积存垃圾 6055 万立方米④。

（二）深入开展农村"厕所革命"

近年来，我国农村地区卫生厕所普及率持续上升（见图 1）。2018 年，"农村厕所"革命继续深入，从源头预防控制疾病的发生，为农村居民享有健康权创造了良好的卫生条件。

2018 年 5 月，全国爱卫办组织印发《关于进一步推进农村户厕建设的通知》及《农村户厕建设规范》，明确了农村户厕建设设计施工、维护管理与监管评价的规定⑤。10 月，中央农办、农业农村部、国家卫生健康委召开

---

① 《七省市将提前一年完成"十三五"畜禽粪污资源化利用目标》，农业农村部网站，2018 年 11 月 23 日，http：//www.moa.gov.cn/xw/zwdt/201811/t20181123_ 6163559.htm。

② 《奉贤区绿化市容局试点"桶长制"推动农村生活垃圾分类》，上海市人民政府网站，2018 年 10 月 29 日，http：//www.shanghai.gov.cn/nw2/nw2314/nw2315/nw15343/u21aw1348465.html？date = 2018-11-07。

③ 王小玲：《雅安探索"四分类"法处置农村垃圾户分类、村转运、区处理，实现生活垃圾减量 60% 以上》，《中国环境报》2018 年 11 月 26 日，第 4 版。

④ 杨玉：《全省农村人居环境整治深入推进》，《河北日报》2019 年 2 月 13 日，第 3 版。

⑤ 《全国爱卫办关于进一步推进农村户厕建设的通知》，国家卫生健康委员会网站，2018 年 5 月 21 日，http：//www.nhfpc.gov.cn/jkj/s7934/201805/15eef7befb994959bdf3c89d20c43497.shtml。

全国农村改厕工作推进现场会，举办了全国首届农村卫生厕所新技术新产品展示交流活动①，不仅为各地农村厕所的建设规范提供了科学指导，还强化了对农村改厕工作的技术支持。

地方政府进一步提高农村卫生厕所普及率，加快无害化厕所改造。例如，浙江省改造完成 52176 座农村公厕，为年度改造任务的 104.35%②。在农村改厕工作中，加强改厕与农村生活污水治理的衔接，合理选择改厕模式。天津市新建 2.4 万座无害化卫生户厕配套污水处理站，324 个村将实现农村污水达标排放③。西安市在 8 个涉农区县推广五类无害化户厕④。各地"农村厕所"革命的开展，助力实现《方案》提出的目标。

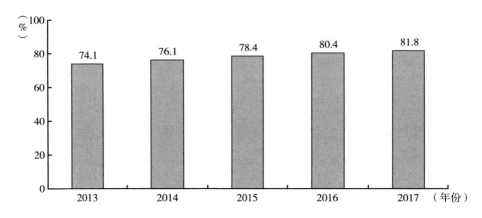

图1　2013～2017年我国农村卫生厕所普及率

资料来源：根据国家统计局网站数据整理。

---

① 《韩长赋在全国农村改厕工作推进现场会上强调以更加扎实有力的行动深入推进农村"厕所革命"》，农业农村部网站，2018 年 10 月 9 日，http：//www. moa. gov. cn/xw/zwdt/201810/t20181009_ 6160391. htm。

② 《我省 2018 年农村公厕改造民生实事全面完成》，浙江省住房和城乡建设厅网站，2018 年 12 月 5 日，http：//www. zjjs. gov. cn/n17/n26/n44/n47/c376264/content. html。

③ 任悦、李海燕：《到 2020 年全市农村生活污水处理设施全覆盖》，《每日新报》2018 年 9 月 13 日，第 M3 版。

④ 《西安市人民政府办公厅关于印发〈西安市农村无害化户厕提升改造三年行动计划方案（2018—2020 年）〉的通知》，西安市人民政府网站，2018 年 4 月 19 日，http：//www. xa. gov. cn/ptl/def/def/index_ 1121_ 6774_ ci_ trid_ 2803164. html。

（三）梯次推进农村生活污水治理

2018 年，农村生活污水处理设施建设不断加强。截至 11 月底，全国建成生活污水处理设施 50.8 万套[①]。此外，各级政府从技术规范、处理工艺与治理市场化方面，提升了农村污水治理效能。9 月，生态环境部、住房和城乡建设部印发《关于加快制定地方农村生活污水处理排放标准的通知》，要求地方根据农村不同区位条件等因素，分类确定控制指标和排放限值[②]。重庆、成都、北京、陕西等省（市）均加快了地方排放标准的研究和制定。与此同时，地方通过采用污染治理与资源利用的建设模式，推广 PPP 模式等措施，推进农村生活污水治理。江西省定南县龙塘镇建成运行 20 余座村镇生活污水处理站，采用新型低能耗一体化生活污水处理设备[③]。安徽省 39 县（市、区）采用市场化运作和 PPP 模式建设乡镇污水处理厂[④]。

排查农村饮用水水源地污染问题，加大农村水环境治理，减少农村居民的健康隐患。2018 年 3 月，生态环境部启动全国集中式饮用水水源地环境保护专项行动，截至 10 月底解决了农村农业面源污染问题 2260 个[⑤]。12 月，水利部发布《关于实施乡村振兴战略加强农村河湖管理的通知》，要求对农村地区全部中小河湖，通过实施河湖"清四乱"专项行动，摸清乱占、乱采、乱堆、乱建等问题，全面加强农村河湖管理[⑥]。农村水环境的治理，使农村居民的饮水安全得到保障，居住环境进一步改善。

---

① 《农村人居环境整治催生乡村蝶变》，农业农村部网站，2018 年 12 月 27 日，http：// www. moa. gov. cn/xw/zwdt/201812/t20181227_ 6165736. htm。
② 《关于加快制定地方农村生活污水处理排放标准的通知》，生态环境部网站，2018 年 9 月 29 日，http：//www. mee. gov. cn/xxgk2018/xxgk/xxgk06/201810/t20181015_ 662167. html。
③ 乔金亮：《农村人居环境整治三年行动开局良好，成效初显——齐心换得满村芳》，《经济日报》2018 年 9 月 7 日，第 5 版。
④ 《农村人居环境整治催生乡村蝶变》，农业农村部网站，2018 年 12 月 27 日，http：// www. moa. gov. cn/xw/zwdt/201812/t20181227_ 6165736. htm。
⑤ 《生态环境部 10 月例行新闻发布会实录》，生态环境部网站，2018 年 10 月 31 日，http：// www. mee. gov. cn/xxgk2018/xxgk/xxgk15/201811/t20181101_ 672093. html。
⑥ 《水利部办公厅关于实施乡村振兴战略加强农村河湖管理的通知》，水利部网站，2018 年 12 月 24 日，http：//www. mwr. gov. cn/zw/tzgg/tzgs/201812/t20181224_ 1058439. html。

（四）大力提升村容村貌

1. 加大传统村落、历史文化名村保护

2012 年以来，共有 4153 个村落列入中国传统村落名录。2018 年，住房和城乡建设部等部门评选公布了一批中国传统村落、中国历史文化名镇名村名单，继续加大中央财政支持，扩大村落保护范围。4 月，住房和城乡建设部等部门决定将 156 个中国传统村落列入 2018 年第二批中央财政支持范围①。12 月，相继公布了第五批中国传统村落名录、第七批中国历史文化名镇名村，分别将 2646 个村落列入中国传统村落名录②，60 个镇、211 个村列为中国历史文化名镇名村③。为加强对传统村落的专门保护，一些地方制定了相关立法。例如，重庆市批准通过了《重庆市历史文化名城名镇名村保护条例》④。

2. 加快"四好农村路"建设与农村危房改造

完善顶层设计和制度措施，提升农村公路建设、农村危房改造的进度，推动改善农村居民的出行条件和居住环境。2018 年 6 月 1 日，修订后的《农村公路建设管理办法》正式施行，为破除农村公路建设发展瓶颈，解决村民"出行难"问题优化了制度保障⑤。内蒙古、上海、陕西、河南、吉林、江苏、浙江、山东、云南等省（区、市）均制定了推进"四好农村路"建设的实施意见。全国各地农村危房改造工作有序开展，截至 11 月底，190

---

① 《住房城乡建设部等部门关于公布 2018 年列入中央财政支持范围中国传统村落名单的通知》，住房和城乡建设部网站，2018 年 4 月 28 日，http：//www. mohurd. gov. cn/wjfb/ 201805/t20180511_ 236024. html。

② 《关于第五批拟列入中国传统村落名录的村落基本情况公示》，住房和城乡建设部网站，2018 年 12 月 10 日，http：//www. mohurd. gov. cn/wjfb/201812/t20181210_ 238785. html。

③ 《关于对拟公布为第七批中国历史文化名镇名村名单的公示》，住房和城乡建设部网站，2018 年 12 月 17 日，http：//www. mohurd. gov. cn/wjfb/201812/t20181217_ 238878. html。

④ 《重庆历史文化名城名镇名村保护条例 9 月起实施》，人民网，2018 年 7 月 26 日，http：// cq. people. com. cn/n2/2018/0726/c365401 － 31863203. html。

⑤ 《为全面推进"四好农村路"建设做好制度保障——解读〈农村公路建设管理办法〉》，交通运输部网站，2018 年 5 月 8 日，http：//zizhan. mot. gov. cn/zfxxgk/bnssj/glj/201805/t20180508_ 3017883. html。

万户建档立卡贫困户等重点对象危房改造任务开工97%①。

3. 组织开展村庄清洁行动

为加快提升村容村貌,逐步建立长效清洁机制,2018年12月,中央农办、农业农村部等18部门发布《农村人居环境整治村庄清洁行动方案》,要求各地实施村庄清洁行动,做好村庄内"三清一改",集中整治农村环境脏乱差问题,将农村人居环境整治从典型示范转为全面推开②。全国村庄清洁行动的启动,有助于持续改善农村人居环境,实现村庄环境干净、整洁、有序,不断增强农村居民的清洁卫生文明意识。

(五)加强村庄规划管理

各级政府统筹考虑村庄建设规划,建立设计下乡服务制度,开展乡村规划培训以及查处违法违规用地行为,使村庄建设规划符合农村实际和村民需要,推动村庄功能布局的优化。

2018年9月,住房和城乡建设部先后发布了《关于进一步加强村庄建设规划工作的通知》《关于开展引导和支持设计下乡工作的通知》,要求各地实现村庄规划管理基本覆盖,因地制宜编制村庄建设规划③,引导和支持规划、建筑、景观等领域设计人员下乡服务④。9月以来,农业农村部、自然资源部等在全国开展"大棚房"问题专项清理整治行动,排查占用耕地违法违规建设"大棚房"11.4万个⑤,遏制农地非农化乱象。12月,农业

---

① 《全国住房和城乡建设工作会议召开》,住房和城乡建设部网站,2018年12月24日,http://www.mohurd.gov.cn/jsbfld/201812/t20181224_238966.html。

② 《中央农办 农业农村部等18部门关于印发〈农村人居环境整治村庄清洁行动方案〉的通知》,农业农村部网站,2018年12月29日,http://www.moa.gov.cn/gk/tzgg_1/tz/201901/t20190108_6166294.htm。

③ 《住房城乡建设部关于进一步加强村庄建设规划工作的通知》,住房和城乡建设部网站,2018年9月18日,http://www.mohurd.gov.cn/wjfb/201809/t20180921_237695.html。

④ 《住房城乡建设部关于开展引导和支持设计下乡工作的通知》,住房和城乡建设部网站,2018年9月14日,http://www.mohurd.gov.cn/wjfb/201809/t20180918_237634.html。

⑤ 《全国"大棚房"问题专项清理整治行动有力有序有效推进》,农业农村部网站,2018年12月19日,http://www.moa.gov.cn/xw/zwdt/201812/t20181219_6165234.htm。

农村部会同国家发改委举办了全国乡村规划专题培训班。同时，地方政府通过编制村庄建设规划、培训乡村工匠与建立设计人才驻村机制的举措，提升了村庄建设规划水平。

（六）完善多方参与的建设和管护制度

探索建立农村垃圾、污水处理收费制度。2018 年 6 月，国家发展改革委印发《关于创新和完善促进绿色发展价格机制的意见》，要求在已建成污水集中处理设施、实行垃圾处理制度的农村地区，综合考虑农户承受能力、处理成本等因素，合理确定费用标准[①]。鼓励社会化、市场化及村民参与的建设和管护模式。浙江省涉及农村生活污水处理设施运维管理的 82 个县（市、区），共有 66 家第三方专业运维服务机构参与运维工作[②]。重庆市环投公司聘用村民参与污水处理设施建设和运管，提供了约 6000 个劳动岗位[③]。这些措施促进了农村人居环境整治效果长效化，同时强化了村民的环保意识和责任感。

三 农村人居环境整治存在的问题与对策

（一）农村人居环境整治存在的主要问题

1. 地方政府责任落实不到位，工作推进机制有待完善

部分地方政府尚未建立起有效的工作推进机制，政府部门职责分工不明，资金投入、工作部署不到位。例如，2018 年 5 月至 6 月，中央第三环境保护督察组发现黑龙江省农村环境连片整治示范项目管理混乱，在项目推

---

① 《国家发展改革委关于创新和完善促进绿色发展价格机制的意见》，国家发改委网站，2018年 6 月 21 日，http：//www. ndrc. gov. cn/zcfb/gfxwj/201806/t20180629_ 891044. html。
② 王庆丽、金燕翔：《补齐农村公厕和污水治理短板》，《浙江日报》2018 年 9 月 19 日，第 2 版。
③ 《市生态环境局发挥环保优势 全力推动脱贫攻坚工作》，重庆市生态环境保护局网站，2018 年 10 月 26 日，http：//www. cepb. gov. cn/doc/2018/10/26/191350. shtml。

进、过程监管工作中问题突出①。11 月，广州市通报黄埔等七个区存在农村人居环境整治工作假作为问题②。有关地方政府承担农村环境整治责任的法律规定尚不健全，缺乏对政府不作为的责任追究。

2. 农村环保设施运行维护不足，社会资本参与程度不高

农村环保基础设施存在重建设轻维护问题，设施运行维护缺乏专业环保服务公司参与，已建成的基础设施运行效果不佳。中央第六环境保护督察组向云南省反馈"回头看"及专项督察情况显示，截至 2018 年 5 月底，抚仙湖流域已建成的村落污水处理设施近 50% 不能正常运行；洱海流域已建成的村落污水处理设施约 80% 不能稳定达标排放③。

3. 农村环保监管能力薄弱，村民参与意识亟待加强

一些农村地区缺乏专门环保机构、保洁人员与监测设施，农村环境监测未全面开展。各地在农村人居环境整治过程中，对鼓励村民参与进行了有益尝试，但整治工作仍主要依靠政府行政措施推动，村民参与环境治理的方式和手段还有待进一步探索和创新。

4. 城乡人居环境差距较大，城镇化措施带来新污染

农村人居环境整治力度仍需加强。全国近 1/4 的村生活垃圾未得到收集和处理，使用无害化卫生厕所的农户比例不足一半，80% 的村庄生活污水未得到处理，约 1/3 的行政村村内道路未实现硬化④。"撤乡并镇"措施将导致部分基础设施建成的日处理量与设计量脱节。随着部分乡镇引入工业振兴农村经济，可能造成新的工业污染，增加农村人居环境负荷。

---

① 《黑龙江省农村环境连片整治示范项目管理混乱问题突出》，生态环境部网站，2018 年 10 月 23 日，http：//www. mee. gov. cn/xxgk2018/xxgk/xxgk15/201810/t20181023_ 665180. html? keywords = 农村。

② 《广州通报三起环境整治慢作为、假作为典型问题》，中央纪委国家监委网站，2018 年 11 月 8 日，http：//www. ccdi. gov. cn/yaowen/201811/t20181108_ 183056. html。

③ 《中央第六环境保护督察组向云南省反馈"回头看"及专项督察情况》，生态环境部网站，2018 年 10 月 22 日，http：//www. mee. gov. cn/xxgk2018/xxgk/xxgk15/201810/t20181022_ 664938. html。

④ 《国新办举行〈乡村振兴战略规划（2018—2022 年）〉有关情况新闻发布会》，农业农村部网站，2018 年 9 月 29 日，http：//www. moa. gov. cn/hd/zbft_ news/xczxxwfbh/。

（二）深化农村人居环境整治的对策建议

1. 强化地方政府责任，加强监管措施常态化

将农业农村污染治理突出问题纳入中央生态环境保护督察范畴①，使地方农村人居环境整治成为党委政府目标责任考核内容，落实"党政同责、一岗双责"。完善农村垃圾治理条例、乡村清洁条例等农村人居环境保护的地方立法，细化政府整治义务和责任，加大执法力度严肃追责。采取常态化的监管措施，在条件允许的地方建立环境监测网络，定期开展流动监测。

2. 健全资本投入机制，推进治污设施运维市场化

继续加大对农村垃圾污水处理设施建设的投入，中央财政支持需向中西部及贫困农村地区倾斜，地方政府要统筹整合涉农资金，建立多重资金筹措渠道。要运用 PPP 模式，引导社会资本参与农村垃圾污水治理，兼采专业化、市场化的建设和维护措施，以解决农村环保设施建设短板，提高垃圾污水处理效能。

3. 建立村民参与环境整治的有效机制

地方政府要创新方式鼓励村民参与环境整治。例如，提供环保清洁、设施管护等劳动岗位，壮大农村基层环保力量。充分利用评选文明村户、奖励整治成效的多重激励措施，将村民培养成治理、维护和监督的主体力量。各地要尽快探索建立农村生活污水垃圾农户付费制度，在已经建成污水集中处理设施与垃圾治理制度的农村地区，合理确定付费标准，缓解治理资金压力，强化农民环保意识。通过完善村规民约，使积极参与农村人居环境整治成为村民的自觉行动，发挥村民的主体作用。

4. 统筹城乡发展规划，加强城镇垃圾违规转移执法

在实施"乡村振兴"战略、整治农村人居环境过程中，要防止不考虑

---

① 《生态环境部：将农村治污突出问题纳入中央环保督察范畴》，中国新闻网，2018 年 10 月 26 日，http：//www.chinanews.com/sh/2018/10－26/8660492.shtml。

农村实际把城镇模式在农村地区铺开的做法。推进城乡统一规划，补齐农村治污环保设施短板，在产业发展、基础设施、公共服务、生态保护等领域，优化城乡发展布局结构。"清废行动 2018"暴露出违规向农村转移城市垃圾、工业固废的现象较普遍，地方政府要加大执法监管，形成城乡产业发展与环境保护互促的格局。

B.8
环保督察的新举措与新进展

马 原*

摘 要： 环保督察制度是党中央、国务院关于加强生态建设和环境保
护的重大制度安排，对于推进我国的环境保护工作具有重要
作用。2018 年，我国针对大气污染、水污染和固体废物污染
等环境问题展开了一系列环保督察专项治理行动，包括"蓝
天保卫战"、水源地环境保护专项督察、城市黑臭水整治专项
督察行动、"清废行动 2018"等，通过约谈、限期整改与强
化问责等手段，取得显著成效，环境质量明显改善，环保督察
制度更加成熟，环保责任追究机制逐步完善。下一步需要继续完
善规则、规范程序、落实责任，处理好环境保护和经济发展的关
系，实现经济效益、社会效益和环境效益的有机统一。

关键词： 环保督察 环境权 环保专项行动 环保问责

良好的生态环境是最普惠的民生福祉，也是重要的公共物品。环境权利是
指涉及环境的公民生命、健康权以及环境领域的监督、参与、知情权和相关救
济权利。我国政府一向重视对公民环境权利的保障，采取各类积极措施保护生
态环境，实现可持续发展。2018 年 3 月，十三届全国人民代表大会一次会议通
过宪法修正案，将"生态文明建设"写入宪法；党的十九大也将环保提升到前

---

* 马原，南开大学周恩来政府管理学院行政管理系讲师，南开大学人权研究中心研究人员，主
要研究方向：人权政治学、社会冲突治理。

所未有的战略层面。环保督察是我国环境监管模式的重大改革和制度创新之一，也是加快推进生态文明建设，落实环境保护党政同责的核心制度安排[①]，通过精细排查、重点约谈和限期整改和强化问责等方式，解决影响民生的突出环境问题，督促地方党委政府履行环境保护主体责任，推动被督察地区生态文明建设和环境保护工作的落实[②]，对于推进我国的环境保护工作具有重要作用。

一　2018 年我国环保督察专项治理的新举措

我国环保督察机构主要包括区域环保督察中心和中央环保督察办公室。从产生之初发展至今，我国环保督察机构不断完善，职能不断调整和扩展，通过精细排查、重点约谈和限期整改和强化问责等方式，解决突出环境问题、落实环境保护主体责任情况，推动被督察地区生态文明建设和环境保护工作的落实。中央环保督察组从 2016 年到 2018 年对全国 31 个省（区、市）存在的环境问题进行了一次全覆盖式的督察，推动各地各部门落实生态文明建设目标，一批长期难以解决的环境问题得到了解决，在 2018 年正式组建成立了六大环保督察中心，并针对大气污染、水污染和固体废物污染等环境问题展开专项督察行动，使环保督察逐渐常态化。

（一）大气污染专项督察行动：“蓝天保卫战”

由于环境污染的外部性和地方环保工作中可能存在的“政府失灵”现象，通过专项检查的方式，加强对地方环保工作的监督和管理是世界各国普遍采用的手段。在 2018 年，我国针对大气污染、水污染和固体废物污染等环境问题展开了一系列专项行动，由生态环境部专项督察办公室统一负责指挥、调度、协调强化督察工作，大量环境问题得到解决。

---

① 《改革开放 40 年来的生态文明建设》，人民网，2019 年 1 月 17 日，http：//theory. people. com. cn/n1/2019/0117/c40531 – 30560926. html。

② 《生态文明体制改革推出“组合拳”——五部委介绍生态文明体制改革总体方案相关情况》，中国政府网，2015 年 9 月 18 日，http：//www. gov. cn/xinwen/2015 –09/18/content_ 2934247. htm。

为推动地方各级党委政府及相关部门落实大气污染防治责任，持续改善京津冀及周边地区、汾渭平原、长三角地区等重点区域环境空气质量，巩固大气污染防治成效，2018 年以来，我国生态环境部开展大气污染防治强化督察，制定了《2018—2019 年蓝天保卫战重点区域强化督查方案》，督促重点区域地方各级党委政府及有关部门落实大气污染防治责任，继续加强区域联防联控，深化综合整治，加大各类涉气环境违法行为打击力度，突出重点区域、重点时段和重点领域，围绕产业结构、能源结构、运输结构和用地结构四项重点任务，督促重点区域地方各级党委、政府及有关部门落实各项任务及措施，按期完成攻坚任务①。督察内容包括"散乱污"企业综合整治情况、工业企业环境问题治理情况、工业炉窑整治情况、清洁取暖及燃煤替代情况、燃煤锅炉综合整治情况、运输结构及方式调整情况、露天矿山综合整治情况、扬尘综合治理情况、秸秆禁烧管控情况、错峰生产落实情况、重污染天气应急措施落实情况、群众投诉的突出环境问题办理情况等事项②。

表 1　"蓝天保卫战"专项行动三阶段工作内容

阶段	整治项目	工作内容
第一阶段（2018 年 6 月 11 日至 2018 年 8 月 5 日）： 对"2 + 26"城市"散乱污"企业整治、燃煤锅炉淘汰、督办问题整改以及《京津冀及周边地区 2017—2018 年秋冬季大气污染综合治理攻坚行动方案》规定的其他措施落实情况开展"回头看"	"散乱污"企业综合整治	是否根据产业政策、产业布局规划，以及土地、环保、质量、安全、能耗等要求，制定"散乱污"企业整治方案及标准；是否按照"先停后治"的原则，实施分类处置；是否按要求完成整改；是否存在清单外的"散乱污"企业；是否存在已取缔"散乱污"企业死灰复燃情况
	工业企业环境问题治理	排查涉气工业企业环保设施安装、运行及达标排放情况。重点检查污染防治设施是否按要求建设；是否存在不正常运行污染防治设施、超标排放、以逃避现场检查为目的临时停产、非紧急情况下开启应急排放通道等逃避监管的方式排放大气污染物行为；重点区域二氧化硫、氮氧化物、颗粒物、挥发性有机物（VOCs）是否全面执行大气污染物特别排放限值；是否对钢铁、建材、有色、火电、焦化、铸造等重点行业及燃煤锅炉无组织排放情况采取有效管控措施；是否对物料（含废渣）运输、装卸、储存、转移和工艺过程等无组织排放实施深度治理

---

① 《2018—2019 年蓝天保卫战重点区域强化督查方案》，生态环境部网站，2018 年 6 月 7 日，http：//www. mee. gov. cn/gkml/sthjbgw/sthjbwj/201806/t20180612_ 442954. htm。

② 《2018—2019 年蓝天保卫战重点区域强化督查方案》，生态环境部网站，2018 年 6 月 7 日，http：//www. mee. gov. cn/gkml/sthjbgw/sthjbwj/201806/t20180612_ 442954. htm。

阶段	整治项目	工作内容
第二阶段(2018 年 8 月 20 日至 2018 年 11 月 11 日): 对"2+26"城市、汾渭平原 11 城市开展全面督察,排查工业炉窑、矿山治理、小火电淘汰、"公转铁"落实、扬尘治理及秸秆焚烧等方面存在的问题,以问题为导向督促各项任务及措施落实到位	工业炉窑整治	是否制定工业炉窑综合整治实施方案,并开展拉网式排查工作;是否淘汰不达标工业炉窑;是否淘汰热电联产供热管网覆盖范围内的燃煤加热、烘干炉(窑);是否按要求淘汰关停环保、能耗、安全等不达标的 30 万千瓦以下燃煤发电机组
	清洁取暖及燃煤替代	是否制定本年度清洁取暖及燃煤替代清单,以乡镇(街道)为单位,逐村入户抽查各项工作落实情况;列入清单的乡镇(街道)是否按要求杜绝散煤燃烧;对照上年度清单,抽查已完成清洁取暖或燃煤替代的地区是否存在散煤复烧的情况
	燃煤锅炉综合整治	是否存在未严格按要求淘汰、改造燃煤锅炉情况;淘汰类燃煤锅炉须拆除烟囱或物理截断烟道,不具备复产条件;改造类燃煤锅炉须确保正常运行治污设施、达标排放
	运输结构及方式调整	是否对运输结构及运输方式进行调整,2018 年年底前,重点区域沿海主要港口,包括天津港、唐山港、黄骅港等煤炭集港须改由铁路或水路运输;新、改、扩建涉及大宗物料运输的建设项目,原则上不得采用公路运输
	露天矿山综合整治情况	是否对污染环境、破坏生态、乱采滥挖的露天矿山依法予以关闭;是否对污染治理不达标的露天矿山依法责令停产整治;是否存在拒不停产或未完成整治,擅自恢复生产的情况;是否对责任主体灭失的露天矿山进行修复、减尘抑尘;是否存在重点区域新建露天矿山建设项目的情况
	扬尘综合治理	建筑施工工地是否采取工地周边围挡、物料堆放覆盖、土方开挖湿法作业、路面硬化、出入车辆清洗、渣土车辆密闭运输"六个百分之百"措施;是否安装在线监测和视频监控,并与当地有关主管部门联网
	秸秆禁烧管控	是否履行秸秆禁烧主体责任,是否建立网格化监管制度;尤其是夏收及秋收阶段,是否存在秸秆焚烧情况
第三阶段(2018 年 11 月 12 日至 2019 年 4 月 28 日),共 11 个轮次。重点督促"2+26"城市、汾渭平原 11 城市、长三角地区落实秋冬季减排措施	错峰生产落实	是否按要求制定"一企一策"的采暖季错峰生产方案,实施差别化管理;对照清单及方案,检查相关企业是否按要求进行限产、停产;企业未按期完成治理改造任务的,是否纳入当地错峰生产方案,实施停产;未列入管理清单的工业炉窑,是否纳入秋冬季错峰生产方案
	重污染天气应急措施落实	重污染天气应急启动期间,是否按照当地重污染天气应急预案要求,及时发布相应级别预警,启动应急预案;各城市是否制定重污染天气应急减排项目清单,各企业(单位)是否按照预案要求落实减排措施

阶段	整治项目	工作内容
排查错峰生产及重污染天气各项应对措施落实情况	群众投诉的突出环境问题办理情况	生态环境部适时将"12369"电话、微信举报、来信来访投诉等案件作为督办问题交相关地方政府办理,并对办理结果进行核查,督促解决群众反映强烈的突出环境问题
	其他督察事项	根据打赢"蓝天保卫战"工作要求,将视情况调整督察内容,并督促落实相关任务措施

资料来源:《2018—2019 年蓝天保卫战重点区域强化督查方案》,生态环境部网站,http://www.mee.gov.cn/gkml/sthjbgw/sthjbwj/201806/t20180612_442954.htm。

(二)水污染专项督察行动

1. 水源地环境保护专项督察

近年来,我国饮用水水源地环境保护工作取得积极进展,但一些地区的环境保护形势依然严峻,存在饮用水水源保护区划定不清、边界不明等一系列不规范甚至违法现象。为贯彻落实党的十九大关于坚决打好污染防治攻坚战的决策部署,加快解决饮用水水源地突出环境问题,2018 年,生态环境部组织开展全国集中式饮用水水源地环境保护专项第一轮督察,进一步推动水源地保护攻坚战向纵深发展,并联合水利部制定了《全国集中式饮用水水源地环境保护专项行动方案》,要求地方各级人民政府组织做好本辖区饮用水源地环境违法问题排查整治工作,确保饮用水源安全[1]。

根据该行动方案的要求,各省级人民政府应当严格依据《中华人民共和国水污染防治法》等法律法规要求,利用两年时间,全面完成县级及以上城市(包括县级人民政府驻地所在镇)地表水型集中式饮用水水源保护区"划、立、治"三项重点任务,努力实现"保"的目标[2]。具体目标任

---

[1] 《生态环境部启动水源地专项督查》,中国政府网,2018 年 5 月 21 日,http://www.gov.cn/xinwen/2018-05/21/content_5292389.htm。

[2] 《全国集中式饮用水水源地环境保护专项行动方案》,环境保护部办公厅 2018 年 3 月 12 日印发。

务如下。

第一，划定饮用水水源保护区。开展县级及以上城市水源地环境保护专项排查，逐一核实水源地基本信息，查清水源保护区划定、边界设立以及违法建设项目等环境违法问题，建立问题清单。未划定保护区或保护区划定不符合法律法规要求的，参照《饮用水水源保护区划分技术规范》（HJ338—2018），按法定程序予以划定或调整①。

第二，设立保护区边界标志。重点检查是否在饮用水水源保护区的边界设立明确的地理界标和明显的警示标志。未设立保护区界标和警示牌或设立不符合法律法规要求的，参照《饮用水水源保护区标志技术要求》（HJ/T433—2008）予以设立或纠正②。

第三，整治保护区内环境违法问题。按照"一个水源地、一套方案、一抓到底"原则，制定环境违法问题整改方案。一、二级保护区内存在环境违法问题的，按照《中华人民共和国水污染防治法》、《中华人民共和国水法》、《集中式饮用水水源地规范化建设环境保护技术要求》（HJ773—2015）予以清理整治。重点检查饮用水水源一、二级保护区内是否存在排污口、违法建设项目、违法网箱养殖等问题，保护区内环境违法问题全部限期清理整治到位。通过落实"划、立、治"三项重点任务，定期开展水质监测，确保饮用水水源地水质得到保持和改善，努力提高饮用水水源环境安全保障水平③。

明确具体措施、任务分工、时间节点、责任单位和责任人等。按照整改方案，如期完成各项整治任务。要求地方各级人民政府做到排查无盲区、整治无死角、环境违法问题全部按期清零。生态环境部会同水利部定期开展督察督办，重点检查各地水源地是否完成保护区划定、环境违法问题排查整治

---

① 《全国集中式饮用水水源地环境保护专项行动方案》，环境保护部办公厅2018年3月12日印发。

② 《全国集中式饮用水水源地环境保护专项行动方案》，环境保护部办公厅2018年3月12日印发。

③ 《全国集中式饮用水水源地环境保护专项行动方案》，环境保护部办公厅2018年3月12日印发。

是否到位，督促各地工作落实①。

2.城市黑臭水体整治专项督察行动

2018年5月至6月，生态环境部联合住房和城乡建设部实施了城市黑臭水体整治环境保护专项督察行动。督察组分三批对全国36个重点城市和部分地级城市开展现场督察、问题交办、巡察、约谈和专项督察。现场督察工作结束后15个工作日内形成城市黑臭水体整治情况统计表和问题清单，实行"拉条挂账，逐个销号"式管理；9月至10月，对问题整改情况进行巡察，提出约谈建议；10月至12月，对问题严重的城市人民政府进行约谈，对约谈后整改不力的城市，开展环境保护专项督察②。

（三）固体废物污染专项督察行动："清废行动2018"

2018年5月9日，生态环境部启动"打击固体废物环境违法行为专项行动"（"清废行动2018"），对地方违规进行了集中整治和查处。到5月为止，生态环境部完成对81个突出问题的挂牌督办。5月9日至15日，"清废行动2018"各督察组在长江经济带11省（市）开展为期一周的现场督察工作，共摸排核实2796个固体废物堆存点，发现1308个堆存点存在问题。5月11日，生态环境部首次以固废专题的形式对7市政府开展集中约谈。这7地分别涉及广东省三市（广州、江门、东莞）、江苏省两市（连云港、盐城）、内蒙古自治区一市（包头）以及浙江省一市（温岭），督促各地切实压实责任、推进具体问题整改，加强固废及危废处置能力建设，严厉打击非法转移倾倒行为③。自5月9日开始至6月底，生态环境部从全国抽调执法骨干力量组成150个组，对长江经济带固废倾倒情况进行全面摸排核实④。

---

① 《全国集中式饮用水水源地环境保护专项行动方案》，环境保护部办公厅2018年3月12日印发。

② 《黑臭水体整治三年攻坚战打响，今年分三批督查36城》，新浪网，2018年5月9日，http：//news.sina.com.cn/c/2018–05–09/doc–ihaichqy5887197.shtml。

③ 《生态环境部旋风般"清废"挂牌督办81个突出问题》，中国政府网，2018年5月21日，http：//www.gov.cn/xinwen/2018–05/21/content_5292328.htm。

④ 《生态环境部旋风般"清废"挂牌督办81个突出问题》，中国政府网，2018年5月21日，http：//www.gov.cn/xinwen/2018–05/21/content_5292328.htm。

二　2018年我国环保督察工作的新进展

（一）环境质量明显改善

1. 空气质量显著改善

生态环境部通报的2018年空气质量状况显示，2018年1月至12月，全国338个地级及以上城市平均优良天数比例为79.3%，同比上升1.3个百分点；PM2.5浓度为39微克/立方米，同比下降9.3%。三大重点区域——京津冀及周边地区、长三角、汾渭平原的PM2.5浓度分别为60微克/立方米、44微克/立方米、58微克/立方米，同比分别下降11.8%、10.2%和10.8%[①]。从"十三五"环境空气质量两项约束性指标完成情况来看，PM2.5未达标的262个城市平均浓度为43微克/立方米，同比下降10.4%；338个城市优良天数比例为79.3%，同比提高1.3个百分点，均达到序时进度和年度目标要求。从"蓝天保卫战"三大重点区域看，京津冀及周边地区"2+26"城市2018年平均优良天数比例为50.5%，同比上升1.2个百分点；PM2.5浓度为60微克/立方米，同比下降11.8%。其中，北京市2018年平均优良天数比例为62.2%，同比上升0.3个百分点；PM2.5浓度为51微克/立方米，同比下降12.1%。长三角地区2018年平均优良天数比例为74.1%，同比上升2.5个百分点；PM2.5浓度为44微克/立方米，同比下降10.2%。汾渭平原2018年平均优良天数比例为54.3%，同比上升2.2个百分点；PM2.5浓度为58微克/立方米，同比下降10.8%[②]。

2. 水源地环保督察取得显著成效

早在2016年和2017年，环保部就组织开展了长江经济带饮用水水源地

[①] 《2018年"蓝天保卫战"成绩单：三大重点区域PM2.5同比下降》，中国新闻网，2019年1月8日，http://www.chinanews.com/gn/2019/01-08/8723472.shtml。
[②] 《2018年"蓝天保卫战"成绩单：三大重点区域PM2.5同比下降》，中国新闻网，2019年1月8日，http://www.chinanews.com/gn/2019/01-08/8723472.shtml。

环保执法专项行动，沿江 11 省市对地级及以上饮用水水源地开展排查整治。2018 年 3 月起，生态环境部和水利部联合部署全国集中式饮用水水源地环保专项行动。这一行动的范围扩展至长江经济带县级、其他省份地市级水源地，由于水源地整治涉及面广，生态环境部采取了倒排工期、彻底信息公开、建立包保机制、集中强化督察、加强信息沟通、强化督促问责等 9 项措施，督促各地持续推进工作。为推动地方整治工作进展，生态环境部定期以视频会议方式调度推进工作，会议只请没完成任务的地方来参会。2018 年上半年第一次、第二次视频会议时，31 个省份 276 个地市全部参加，到 11 月底的第四次视频会议就只有 19 个省份 89 个地市参加会议。截至 12 月中旬，全国只剩下 39 个尚未解决的具体问题，涉及 27 个地市①。

（二）环保督察制度更加成熟

1. 环保约谈力度不断增强

约谈作为一种新型政府规制工具，近年来被广泛运用于食品药品安全、环境保护、安全生产等社会性规制领域，而环保约谈作为重要的督政手段之一，能够有效实现传导压力、推动整改、震慑警醒等效果。我国环保约谈形式通常包括非公开约谈和公开约谈，单独约谈和集体约谈，由生态环境部直接进行的和由生态环境部委托各个督察局进行的约谈，前者通常在北京，后者一般在督察局所在城市或被约谈城市举行②。从 2014 年正式启动对地方政府主要负责人的约谈以来，被约谈的城市已经覆盖了 23 个省（区、市），已有 61 个地方政府被生态环境部（原环保部）约谈。约谈的重点问题包括政府监管不到位、重污染天气应对流于形式、企业违法排污问题突出、"散乱污"企业污染整治不力、环保基础设施建设落后、未批先建、监测数据造假等。

---

① 《让"水缸子"更安全——2018 年全国水源地环境问题整治接近尾声》，中国政府网，2018 年 12 月 25 日，http：//www.gov.cn/xinwen/2018-12/25/content_ 5352075. htm。
② 《"环保约谈"地方政府威力有多大?》，新华网，2018 年 5 月 14 日，http：//www.xinhuanet.com/politics/2018-05/14/c_ 1122826313. htm。

2018 年，新组建的生态环境部加大约谈力度，效果也日益显现。环保约谈原因通常分为以下几种情况。一是中央环保督察或其他专项督察发现问题较多且整改不力。2018 年 4 月开始，生态环境部密集通报了多起中央环保督察后污染反弹及整改不力的事件。二是在年度或季度考核不达标或排名靠后。三是中央领导批示或新闻媒体曝光、群众反映强烈的突出环境问题。2018 年被约谈的 27 个地方政府，主要是由于大气治理工作不到位、自然保护区管理不严格和非法倾倒固废等被约谈①。从公开的约谈名单来看，截至 2018 年底，90% 以上的城市没有被第二次约谈，从侧面说明了约谈的效果。具体到京津冀大气污染传输通道 "2 +26" 城，生态环境部的评估考核结果显示，曾经被约谈的保定、德州、衡水、安阳 4 市考核结果为优秀；长治、沧州 2 市考核结果为良好；郑州、济宁 2 市为合格，均完成了《攻坚行动方案》中确定的空气质量改善目标。

2. 部门协作与政策执行更加顺畅

我国环境保护系统采用 "统一管理" 与 "分工负责" 相结合的行政管理体制，其中各地环保部门对辖区环境保护工作进行统一监督管理，被监督管理的部门包括发改、工信、财政等综合部门，也包括海洋、交通、铁道、民航等环境污染防治监督管理部门和土地、矿产、林业、农业、水利等资源保护监督管理部门。这种模式有利于发挥各主管部门的专业优势，然而在实际工作中，环保部门与被监督的各相关部门同属政府平行部门，在行政级别上不存在领导与被领导、管理与被管理的关系，因此环保政策目标执行力较弱，不仅导致具体措施很难落实，也缺乏长效的综合协调机制。长期以来，生态环境部（原环保部）纵向对各省、自治区、直辖市传递环保压力，横向对各有关部委却缺少必要的监督手段，一定程度上影响了环保合力的发挥。中央环境保护督察组通过定期督察国务院有关部门，督促各部门落实环境保护法定职责，能够起到促进各部门协作的效果。

---

① 《2018 年共有 27 个地方政府被约谈，环保约谈问责持续发力》，中国政府网，2019 年 1 月 7 日，http://www.gov.cn/hudong/2019 – 01/07/content_ 5355429. htm。

（三）环保责任追究机制逐步完善

1. 环保督察整改"回头看"成效显著

2018 年，中央环保督察组分两批共对 20 个省市实施环保督察"回头看"，推动解决群众身边的生态环境问题 6 万多个，问责超 8000 人。

2018 年 5 月至 10 月，第一批中央环境保护督察"回头看"全面启动并完成反馈。6 个中央环境保护督察组对河北、河南、内蒙古、宁夏、黑龙江、江苏、江西、广东、广西、云南等 10 省区开展为期一个月的"回头看"督察进驻工作，重点督察经党中央、国务院审核的中央环境保护督察整改方案总体落实情况；督察整改方案中重点环境问题具体整改进展情况；生态环境保护长效机制建设和推进情况①。来自中央生态环境保护督察办公室的信息显示，"回头看"工作开展以来，10 省区党委、政府高度重视，进一步加大整改力度。广东省坚决压实责任，特别是针对固体废物跨省转移问题和茅洲河、练江等重点流域污染防治加大工作力度；云南丽江、江苏镇江分别针对拉市海高原湿地、长江豚类等自然保护区违法建设问题迅速整改，加快拆除有关项目和设施②。

2018 年 10 月开始，第二批中央生态环境保护督察"回头看"对山西、辽宁、吉林、安徽、山东、湖北、湖南、四川、贵州、陕西等 10 个省份开展督察进驻工作。10 省份受理群众举报超 3.8 万件，问责 2177 人。五个督察组于 2018 年 10 月 30 日至 11 月 6 日陆续对这 10 个省份实施督察进驻③。进驻期间，督察组共计走访问询省级有关部门和单位 80 个，调阅资料 18661 份，对 104 个市（州）开展下沉督察。经梳理后陆续公开 27 个典型案例，传导督察压力，推动整改落实。督察

① 《第一批中央环境保护督察"回头看"近日将全面启动》，中国政府网，2018 年 5 月 25 日，http：//www.gov.cn/xinwen/2018 - 05/25/content_ 5293657.htm。

② 《首批中央环保督察"回头看"完成反馈》，中国政府网，2018 年 10 月 26 日，http：//www.gov.cn/hudong/2018 - 10/26/content_ 5334532.htm。

③ 《第二批中央生态环保督察"回头看"进驻结束》，新浪网，2018 年 12 月 9 日，https：//news.sina.com.cn/c/2018 - 12 - 09/doc - ihprknvt8557346.shtml。

组高度重视群众生态环境诉求，及时转办督办群众举报问题①。

2. 环保工作"党政同责"进一步强化

严肃问责是中央环保督察的鲜明特色。我国环境管理体制的基本特征之一是国家宏观驱动、地方负责落实，因此督促地方党委、政府及有关部门落实环境保护责任是环境保护工作的关键。中央环保督察组在2018 年正式组建成立了六大环保督察中心，使环保督察逐渐常态化，从环保约谈、中央环保督察、部长专项督察、例行性督察等方面架构环保督察体系。从督察试点探索开始再到全面开展综合性督察通过环保约谈使督察对象从监督企业转变为"监企督政、督政为先"。以中央名义，开展全国性督察，生态环境部部长亲自带队开展专项性督察，使督察由"督企、督政府"向"党政企同督"转变，"党政同责"得到进一步强化，解决了基层主体环保责任不落实的问题，让治理污染、保护环境的压力层层传导，一些干部和部门在保护生态环境方面不作为、少作为的局面根本改变。针对第一批中央环境保护督察"回头看"督察组进驻期间公开的 53 个典型案例，各地党委、政府迅速开展问责调查，到 2018年底为止，已主动问责 513 人，其中厅级干部 17 人、处级干部 132人。10 月 16 日起，6 个中央环境保护督察组将陆续向相关省区反馈"回头看"和专项督察意见，并同步移交生态环境损害责任追究问题案卷。目前，督察组受理的 37640 件群众生态环境问题举报已基本办结，共责令整改 28407 家，立案处罚 7375 家，罚款 7.1 亿元；立案侦查 543 件，行政和刑事拘留 610 人；约谈 3695 人，问责 6219 人②。第二批环保督察回头看截至 12 月 6 日，共收到群众举报 49561 件，经梳理分析，受理有效举报 38133 件，合并重复举报后向地方转办 37679 件。地方已办结26873 件，其中责令整改 12240 家；立案处罚 2991 家，罚款 21414.36

---

① 《第二批中央生态环保督察"回头看"进驻结束》，新浪网，2018 年 12 月 9 日，https：//news. sina. com. cn/c/2018 - 12 - 09/doc - ihprknvt8557346. shtml。
② 《生态环境部召开发布会介绍我国应对气候变化及碳减排等情况》，生态环境部网站，2018年 11 月 1 日，http：//www. gov. cn/xinwen/2018 - 11/01/content_ 5336480. htm。

万元；立案侦查 186 件，行政和刑事拘留 88 人；约谈 1804 人，问责 2177 人①。

三 我国环保督察工作的发展与展望

（一）完善规则，提升环保督察制度化水平

我国环保督察行动在专项治理和责任追究等方面取得了显著成效，因此应当通过稳定的制度和规范保障，巩固环保督察工作取得的阶段性成果，建立长效工作机制，促进中央 – 地方环保工作的协同推进与环境治理的良性循环。建议通过制定"中央环境保护督察条例"的方式，对中央环保督察的体制、机制、责任追究程序与追责情形进行明确和细化，使环境保护督察工作有规则可依；明确环保督察机构与生态环境部及国务院其他相关部门、地方党委政府、地方环境保护部门及其他职能部门之间的关系；明确督察组的工作职责，明确环保督察机构的职权边界，避免在实践中出现超越职权、滥用职权的现象，并突出中央环保督察的统领效果。

（二）规范程序，明确环保督察工作实施细则

通过制定"中央环境保护督察实施细则"等方式，提高中央环保督察的规范性。针对环保督察的前期准备、流程规范、结果反馈、跟踪督办等全过程的各环节做出详细具体的实施规范，进一步提升环保督察工作的规范化水平。

首先，在今后的环保督察工作中应当进一步明确责任追究细则，强化责任追究的威慑力，将中央高度关注、群众反映强烈、社会影响恶劣的突出环境问题作为督察和整治的重点；重点关注环境质量呈现恶化趋势的区域流域

---

① 《第二批中央生态环保督察"回头看"进驻结束 10 省份问责两千余人》，中国政府网，2018 年 12 月 8 日，http：//www.gov.cn/hudong/2018 – 12/08/content_ 5347058.htm。

整治情况、地方政府及其有关部门的环保不作为或超越职权、滥用职权现象。其次，未来的环保督察工作应当注重提升地方政府治理能力，提升管理的规范化、制度化、法制化、精细化水平，通过"激励"与"增能"的方式，促进地方政府关注环境问题，实现环境质量稳步改善。第三，未来的环保督察工作应当通过差异化的评价标准，针对不同地区的环境问题做出科学评价。由于我国国情复杂，各省（自治区、直辖市）的自然条件、经济发展水平、国土开发强度不相同，人口密度、单位面积的能源消耗量不同，管理水平等存在明显差异，因此要科学把握各地的环境保护现状，差异化地开展评价，避免出现评价尺度机械死板、督察问题千篇一律的情况。此外，今后应当在环保督察工作中鼓励公众参与，引导群众有序参与督察，不断深化公众参与环境保护；严格信息公开，督察的全过程、问题整改的过程及时全面准确对外公开，满足群众对环境保护的知情权、参与权、监督权。

（三）落实责任，加强环保督察工作约谈力度

在未来发展方向上，环保督察工作应继续发挥"约谈"这一回应性监管工具的制度优势。针对各地环保工作中存在的问题集中、工作滞后或治理力度欠缺的地方政府，整改不力、问题反弹，并造成不良影响的地区，以及存在典型性环境问题的地方政府展开约谈，发挥约谈工具的劝服、教育、警示和震慑作用，督促当事者加大工作力度，警示其他地方以此为鉴，查找不足，主动作为。与此同时，将约谈和量化问责紧密结合，共同促进环保督察工作的有效展开。

四 结语

良好的生态环境关系到公民环境权利的保障，也是全面建成小康社会的指标之一。伴随改革开放的不断深入，我国社会主要矛盾已经转化为人民日益增长的美好生活需要和不平衡不充分的发展之间的矛盾。党的十八大以来，我国的环境保护工作力度不断加大，环境质量总体改善，但水、大气、

土壤污染问题不容乐观，一些传统的环境污染，包括噪声、扬尘等局部性污染，酸雨、水体富营养化等区域性污染还没有解决；而包括重金属污染、化学品和持久性有机污染物等新的污染种类和问题相继出现，一些地方出现了相关的群体性事件；雾霾污染频发，水体污染严重，沿海生态系统遭到破坏，污染危害居民健康，并成为经济社会发展的制约因素①。在这一背景下，通过环保督察的方式弥补生态环境短板，坚持绿色发展理念，将良好的生态环境作为最普惠的民生福祉，坚持生态惠民、生态利民、生态为民，重点解决损害群众健康的突出环境问题，不断满足人民日益增长的优美生态环境需要，是供给侧改革成功的关键，也是提高发展质量和效益、加快建设生态文明的必然要求。作为党中央、国务院关于加强生态建设和环境保护的重大制度安排，环保督察制度对于全面落实经济发展与环境保护综合决策，从决策源头实现生态文明要求，处理好环境保护和经济发展的关系，实现经济效益、社会效益和环境效益的有机统一具有重要意义。

---

① 周宏春：《环保督察，生态文明建设之先行举措》，国务院发展研究中心网站，2016 年 8 月 26 日，http：//drc. gov. cn/xsyzcfx/20160826/4 - 4 - 2891537. htm。

· （三）公民权利和政治权利 ·

B.9
反财产诈骗与公民财产权利保障[*]

潘　俊[**]

摘　要： 财产诈骗直接侵害公民财产权等合法权益，严重干扰了正常的金融安全，破坏了社会诚信，影响社会和谐与稳定。2018 年，我国政府各个部门在专项行动基础上加强联合行动，并与相关金融机构、互联网企业等协力合作，形成了较为完善的财产诈骗治理格局，集中打击了个人信息违法犯罪活动这一财产诈骗关键源头，有效降低了财产诈骗犯罪案件发生率和受害者经济损失，提高了财产诈骗案件破案率。面对当前财产诈骗人均损失额逐年上升、诈骗手段不断翻新、诈骗发生地集中与分散并存等问题，加强宣传教育提升公民财产安全意识、突出财产诈骗治理重点并强化法律保护、制度与技术双管齐下形成协同监管共治格局等措施将进一步提升反财产诈骗力度，强化我国公民财产安全保障。

关键词： 财产诈骗　金融风险　财产权

有恒产者有恒心。在我国《宪法》第十三条明确"公民的合法的私有财产不受侵犯"的基础上，《民法总则》第五章民事权利第一百一十三条到

---

　* 本文为重庆市社会科学规划项目（2016bs010）、2017年重庆市教育委员会人文社会科学研究基地项目（17skj010）的成果。
** 潘俊，法学博士，西南政法大学讲师，主要研究方向：民法、网络法。

第一百一十七条全面规定了财产权，旨在贯彻落实党中央关于实现公民权利保障法治化和完善产权保护制度的要求①。财产诈骗直接侵害公民财产权等合法权益，严重干扰了正常的金融安全，破坏了社会诚信，影响社会和谐与稳定。在众多财产诈骗类型中，通讯信息诈骗②利用高新技术，手段繁多，变化频繁，让人防不胜防，给公安部门的侦破带来巨大困难，而被害人财产一旦被骗，损失极难弥补，其成为影响群众安全感的重要案件类型③。通讯信息诈骗常包括电话诈骗、短信诈骗以及网络诈骗。这些诈骗形式并未严格区分，诈骗分子常常组合多种形式实施诈骗活动。其中，网络诈骗成为通讯信息诈骗的主要手段，对人们财产安全的危害日益加重。

当前，我国财产诈骗人均损失额逐年上升，"00后"成为诈骗首要目标。2018年上半年，全国范围内接到网络诈骗举报12052起，涉案总金额为19419.3万元，人均损失1.6万元，较2017年全年人均损失1.4万元上升了11.8%，损失金额4年来上涨近8倍。2014年至2018年上半年，"00后"网络诈骗受害者占总数的38.6%，"90后"占31.9%，"80后"占11.6%，"70后"占5.0%，"60后"占1.0%，其他年龄段占11.9%④。其中，经济发达地区诈骗多发且集中，反映出诈骗分子实施诈骗跨区域性的加强。此外，传统诈骗持续高发，新型诈骗不断涌现。诈骗实施手段不断翻新，诈骗方式更加隐蔽，呈现多样化、精准化的发展趋势（2018年上半年主要网络诈骗相关情况见图1、图2）。在2018年全国网络安全和信息化工

---

① 2016年11月，《中共中央国务院关于完善产权保护制度依法保护产权的意见》明确"产权制度是社会主义市场经济的基石，保护产权是坚持社会主义基本经济制度的必然要求……经济主体财产权的有效保障和实现是经济社会持续健康发展的基础"。

② 根据中国信息通信研究院的解释，电信诈骗、网络诈骗、电信网络诈骗和通讯信息诈骗实际指向一致，但前几种表达不够准确，易使民众产生"电信运营商诈骗""中国电信诈骗"的错误认识，故使用"通讯信息诈骗"更为准确。为行文方便，引文仍保持原本使用的表达。通讯信息诈骗是指，诈骗分子以非法占有为目的，利用电信、互联网等信息通信技术和工具，通过发送短信、拨打电话、网络聊天等联络手段，诱骗、盗取被害人资金汇入其控制的银行账户，实施违法犯罪的行为。参见中国信息通信研究院《信息通信行业打击通讯信息诈骗白皮书（2018）》。

③ 上海社会科学院：《法治中国司法指数研究报告》。

④ 参见《2017年网络诈骗趋势研究报告》。

作会议上，习近平总书记强调，"依法严厉打击……电信网络诈骗、侵犯公民个人隐私等违法犯罪行为，切断网络犯罪利益链条，持续形成高压态势，维护人民群众合法权益"。对此，我国政府积极采取相关措施，加大反财产诈骗力度，进一步保障公民财产安全。

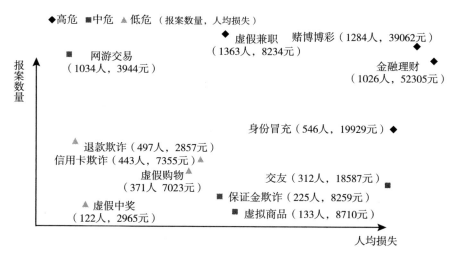

图1　2018年上半年主要网络诈骗类型

资料来源：360互联网安全中心《2018年上半年中国互联网安全报告》。

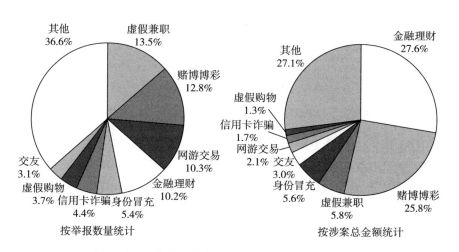

图2　2018年上半年主要网络诈骗举报情况分布

资料来源：360互联网安全中心《2018年上半年中国互联网安全报告》。

一 防治结合，大力查处财产诈骗类案件

（一）境内外财产诈骗类案件立案数降低、破案率提高

在"侦查打击－重点整治－防范治理"三位一体联合治理的模式下，通讯信息诈骗犯罪呈现出立案数、群众经济损失"双降"与破案数、查处违法犯罪人员数"双升"的发展趋势。2017 年，电信诈骗类犯罪立案率同比下降 17.2%，经济损失额同比下降 21.6%，跨国电信网络诈骗同比下降 36.9%，破案率同比上升 40.7%。其中，北京、江苏、浙江、上海、广东等电信网络诈骗高发地区案件发生率降幅高达 50% 以上。全国范围内，电信网络诈骗立案数达 53.7 万起，同比下降 6.1%，经济损失额同比下降 29.1%；电信网络诈骗破案数达 7.8 万起，同比上升 55.2%；违法犯罪人员查处 4.7 万名，同比上升 50.77%。2018 年，全国境外电信诈骗立案 3.1 万起，同比下降 36.8%，仅占电信诈骗案件总数的 5.1%。"在外交部和驻外使领馆大力支持下，公安部先后 64 次组织各地公安机关赴东南亚、欧洲、非洲、中美洲等 34 个国家和地区开展境外打击，捣毁境外诈骗窝点 216 个，抓获犯罪嫌疑人 3159 名。"① 为有效防范群众受骗，工业和信息化部指导并督促电信企业配备二代身份证识别设备、现场拍摄留存办理用户照片、开展在线视频实人认证以及强化"一证五卡"限制等，以落实电话用户实名登记法律要求。2018 年第一季度，诈骗电话拨打次数同比下降 77.9%，收到诈骗短信人数同比下降 75.3%，网络诈骗涉案金额同比下降 28.3%②。截至 2018 年 10 月 10 日，工业和信息化部共关停违规语音专线 6.1 万条，"400"涉案号码从 2016 年月均 700 余个下降至个位

---

① 《净网 2018 打击治理电信诈骗成效显著》，《人民公安报》2018 年 11 月 30 日。
② 参见腾讯守护者计划《反电信网络诈骗大数据报告（2018 年第一季度）》。

数，用户举报号码数量较 2017 年下降 55%，公安通报封停号码总量较
2017 年下降 66%①。

（二）各地方财产诈骗案件损失挽回额上升

截至 2018 年 8 月，河北丰宁、江西余干、福建龙岩新罗、安徽合肥和
广东茂名电白等 5 个中央点名挂牌的电信诈骗重点地区顺利摘牌，剩下 13
个地区也取得了诸多进展。如 2018 年 6 月，长沙"2·12"电信诈骗案中抓
获福建南靖籍涉案人数 7 人；2018 年 1 月到 7 月，广西陆川县电信诈骗刑
事立案数 42 起，打掉 2 个团伙，抓获嫌疑人 24 人②。四川、山东、辽宁等
多个省份通过反诈骗中心、诈骗止付平台及时挽回群众损失。2018 年，四
川省反诈中心通过公安部止付近 7 亿元，是历年止付金额总和的 3 倍。截至
2019 年 1 月，全省共返还受害人被骗资金 3000 余万元③。2018 年 1～9 月，
海南省反诈中心发起止付 1215 起、止付金额 2593.71 万元、冻结金额
3982.18 万元④。2018 年，山东省公安机关破获电信网络诈骗案件 12310 起，
抓获犯罪嫌疑人 5000 余名，为群众避免和挽回经济损失金额 27.66 亿元；
止付金额 14.77 亿元，同比上升 245%；冻结金额 16.36 亿元，同比上升
186%⑤。辽宁省破获电信网络诈骗案件 2072 起，打掉窝点 66 个、团伙 58
个，收缴赃款赃物案值 1488.16 万元，冻结资金 2.69 亿元，避免群众损失
1.45 亿元⑥。

---

① 《日均处置诈骗电话超 400 万次　信息泄露成根源》，新浪网，http://news.sina.com.cn/
sf/news/fzrd/2018-10-11/doc-ifxeuwws3096918.shtml。
② 《电信诈骗等四大热点领域治理取得阶段性进展》，中华人民共和国中央人民政府网站，
http://www.gov.cn/fuwu/2018-08/20/content_5315025.htm。
③ 《"反诈骗·护万家"全省 2018 年共成功返还受害人被骗资金 3000 余万元》，搜狐网，
https://www.sohu.com/a/287804107_161216。
④ 《海南省召开打击治理电信网络新型违法犯罪工作联席会议》，海南省公安厅网站，
http://ga.hainan.gov.cn/view/3677.html。
⑤ 《山东公安机关去年破获 12310 起电信网络诈骗案》，新华网，http://www.sd.xinhuanet.com/
news/2019-01/18/c_1124006718.htm?from=singlemessage。
⑥ 《2018 年全省破获电信诈骗 2072 起避免群众损失 1.45 亿元》，搜狐网，https://
www.sohu.com/a/287833302_355251。

一年来，"守护者计划"成效明显，诈骗电话和短信数量大幅下降。2018 年第一季度诈骗电话拨打 0.81 亿次，同比下降 77.9%；收到诈骗短信人数为 323 万人，同比下降 75.3%（见图 3）。

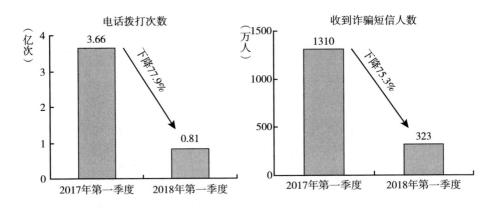

图 3　2018 年第一季度财产诈骗电话拨打次数与短信接收人数变化

资料来源：《反电信网络诈骗大数据报告》。

二　集中打击个人信息违法犯罪活动，源头整治财产诈骗

（一）专项行动力度不断加强

随着信息通讯的快速发展，公民个人信息为电信网络诈骗、金融诈骗、敲诈勒索等提供了作案条件，导致此类违法犯罪活动屡禁不绝。数据显示，90% 以上的电信网络诈骗案件是不法分子通过获取公民详细个人信息而实施的[①]。2018 年上半年，54% 的中国网民在上网过程中遭遇网络安全问题，28.5% 遭遇个人信息泄露，较 2017 年末提高 1.4 个百分点[②]。其中，公民个人身份、联系方式、房产、征信报告、行踪轨迹、车辆信息等成为"重灾

---

① 参见《中国犯罪形势分析与预测（2017—2018）》。
② 参见中国互联网络信息中心第 42 次《中国互联网络发展状况统计报告》。

区"。这既包括网络黑客、公司"内鬼"、专业公司等窃取、贩卖个人信息，也包括不法分子利用"充电桩"等电子产品新型手段获得个人信息。

2017 年，全国公安机关继续推进打击整治网络侵犯公民个人信息犯罪专项行动。截至 2017 年 12 月 20 日，累计侦破侵犯公民个人信息案件 4911 起，抓获犯罪嫌疑人 15463 名，其中利用工作便利窃取、泄露公民个人信息的有关业内人员和入侵信息系统窃取公民个人信息的人员分别为 831 名、389 名；打击处理相关涉案公司 164 家，重点集中于房产类、互联网通信类、金融商贸类、文化教育类等行业。2018 年，公安部继续部署全国范围内全年开展打击整治网络违法犯罪"净网 2018"专项行动，重点打击群众反映强烈的侵犯公民个人信息等违法犯罪，坚决捣毁窃取、贩卖公民个人信息的公司、平台，坚决打击窃取、贩卖公民个人信息的企事业单位内部人员，坚决摧毁利用公民个人信息实施诈骗、盗窃、敲诈勒索等犯罪团伙组织体系①。截至 2018 年 9 月，浙江省公安机关共清理网上公开买卖个人信息相关帖文 2405 条，处罚网站、网络服务提供商 209 家，破获侵犯公民个人信息类刑事案件 447 起，抓获犯罪嫌疑人 1863 名，查获泄露公民个人信息 22.8 亿余条，打击泄露信息的单位"内鬼" 33 名，网络黑客 107 名，发现并督促整改安全隐患 6788 起②。2018 年，工业和信息化部对国内应用商店架上 8 万款应用软件进行技术检测，针对媒体报道及用户举报所涉网络数据和个人信息过度收集、泄露或滥用等问题加大核查力度，与公安机关等相关部门联合行动，及时有效劝阻受害用户 36.9 万人，直接挽回经济损失 11.2 亿余元③。2018 年 7 月，工业和信息化部等十三部门联合印发《综合整治骚扰电话专项行动方案》，对商业营销类、恶意骚扰类、违法犯罪类骚扰电话进行重点整治，严厉打击泄露个人信息违法行为。2016 年 1 月至 2018 年 9

---

① 《公安部：深入开展"净网 2018"专项行动，侵犯公民个人信息将被严厉打击》，《法制晚报》2018 年 2 月 8 日。
② 《22.8 亿余条！浙江公安重拳打击整治侵犯公民个人信息违法犯罪行为》，中国网，http：//zjnews. china. com. cn/yuanchuan/2018 - 09 - 21/148040. html。
③ 《电信诈骗治理取得阶段性成果》，《北京日报》2018 年 8 月 6 日，第 9 版。

月，检察机关共起诉侵犯个人信息犯罪8700多人，其中2018年1~9月起诉3283人，较2016年1029人、2017年4407人呈明显增长趋势①。

（二）法律制度保障不断完善

2009年《刑法修正案（七）》增设"出售、非法提供公民个人信息罪""非法获取公民个人信息罪"，将公民个人信息纳入刑法保护范围，2015年《刑法修正案（九）》将两罪合并调整为"侵犯公民个人信息罪"，到2017年最高人民法院与最高人民检察院联合发布《关于办理侵犯公民个人信息刑事案件适用法律若干问题的解释》，明确侵犯公民个人信息罪的定罪量刑标准，我国公民个人信息安全的司法保护正在不断完善。目前，刑法、民法总则、网络安全法、消费者权益保护法、电子商务法、广告法等构成了我国个人信息保护的法律体系。特别值得注意的是，2018年9月十三届全国人大常委会公布的第61个立法规划，标志着个人信息保护将迎来专门立法阶段。此后，恶意贩卖个人信息、盗取个人信息的行为将受到法律的严惩，对因个人信息而实施财产诈骗的违法犯罪行为将起到极大的震慑作用。

三 多措并举综合治理，工作格局日渐完善

（一）针对专项打击新突破

公安部、工业和信息化部等有关部门联合开展反财产诈骗专项行动。2015年11月以来，公安部持续开展专项管理工作，全国范围内破获电信诈骗案件31.5万起，打掉违法犯罪团伙1.6万个，捣毁犯法窝点1.7万个；查处电信诈骗违法犯罪分子14.6万人，检察机关批准逮捕7.9万人、起诉7.7万人；缉获涉案银行卡28.7万张、手机卡32.2万张，缴获赃款赃物折

---

① 《第五届世界互联网大会 "大数据时代的个人信息保护"》，《光明日报》2018年11月9日，第9版。

合人民币 47.4 亿元①。2018 年 5 月，工业和信息化部印发《关于纵深推进防范打击通讯信息诈骗工作的通知》，加强部署打击电信诈骗，明确了巩固电话用户实名登记、着力治理境外来源诈骗电话、加强钓鱼网站和恶意程序整治、压缩诈骗信息传播渠道等九项重点任务工作。针对区块链这一新兴事物，2018 年 11 月 30 日我国电子商务协会、区块链技术应用发展工作委员会和西安市公安局共同成立中国区块链技术应用反诈骗中心，重拳整治打击利用披着区块链外衣发行的传销币、分叉币、山寨币、资金盘、电信诈骗以及自媒体写黑稿诈骗、新型网络犯罪等违法活动。

（二）协同强化治理新格局

加强顶层统筹，相关各部门积极合作、沟通，形成联合工作机制。对于通讯信息诈骗，2015 年党中央、国务院建立了打击治理电信网络新型违法犯罪工作部际联席会议制度，组织部署公安部、工业和信息化部、中国银行业监督管理委员会、最高人民法院、最高人民检察院等 23 个部门和单位深入开展全国防范打击专项行动，不断形成、完善财产诈骗治理工作新格局②。公安、银行、运营商等单位改变传统办案模式，形成合力。在公安部指导下，全国公安机关建立并健全各级“反诈”中心，初步形成了“上下联动、区域配合、内外互补”的立体化打击防范新模式。截至 2018 年 7 月，全国已建成 32 个省级、316 个地市级“反诈”中心，初步形成了全国一体化联动的反诈骗网络体系③。自 2017 年 3 月底全国诈骗电话防范系统上线运行，截至 2018 年底，及时劝阻受害人 7000 余次，挽回直接经济损失 6000 余万元，有力维护了广大人民群众的合法财产权益。

此外，政府部门与相关互联网企业联手，积极主动沟通，加大了对财产诈骗的打击力度。2017 年国务院联席办牵头，与阿里巴巴联手打造“钱盾

---

① 《全国三年破获电信诈骗案 31.5 万起》，新华网，http：//www.xinhuanet.com//tech/2018 - 11/30/c_ 1123787373.htm。

② 《信息通信行业防范打击通讯信息诈骗白皮书（2018 年）》。

③ 《公安部刑侦局：坚持对电信诈骗高压严打》，《人民日报》2018 年 7 月 31 日。

反诈平台"，通过技术手段对财产诈骗等进行提醒和拦截，并与公安机关联手打击诈骗黑产、推广反诈意识、保险赔付弥补一定经济损失，以此缓解公众对财产诈骗犯罪的恐慌，提高公众安全感①。在 2018 年 1 月举行的 2018 年"守护者计划"大会上，公安部、最高人民检察院、最高人民法院、中国人民银行、工业和信息化部等部门宣布，将采取联合治理模式，携手更多政府部门和企业，共同构建网络安全共同体。继 2017 年 40 多家企业声援守护者计划公益行动"反电信网络诈骗"之后，2018 年参与守护者计划公益行动的企业数量、范围进一步扩大。中国金融认证中心、光大银行、VISA、银联等金融类合作伙伴以及其他大众企业共 60 余家加入。仅 2018 年 1～6 月，由腾讯守护者计划协助各地公安机关破获的案件多达 73 件，涉案金额超过 91 亿元。此外，以腾讯为代表的企业与北京市金融工作局、深圳市金融办等地方政府部门合作建立大数据金融安全监管科技平台，通过资源共享识别、检测各种金融风险，保护金融消费者合法权益；与国家工商总局共同建立"网络传销监测治理基地"，并借助反诈骗实验室"可疑网络传销态势感知平台"，通过可视化技术呈现出安全事件关联、预警、追踪等业务逻辑，推动线下监管和精准打击②。

四　加强反财产诈骗，进一步保障公民财产权的展望

（一）加大宣传教育力度，提高财产安全意识

"触网较少的老人、涉世未深的年轻人对电信诈骗的防备心理更弱、知识储备更少，这说明打击治理网络诈骗不仅需要治已病的'末端治理'，也需要治未病的'源头防治'，让人们有充分的知识和信息识破诈骗迷

---

① 《阿里打造了怎样的反诈骗能力》，搜狐新闻网，http：//www.sohu.com/a/197144844_490113。
② 《网堤安全携手守护者计划 2018 抵制网络诈骗　共同守护亲友幸福》，搜狐新闻网，http：//www.sohu.com/a/250227434_99932061。

局。"① 提高宣传的广度和深度，通过开展讲座、发放宣传资料等多渠道、多层次进行普适性安全观、安全意识以及基本法律法规方面的培训，能提高公民识骗防骗能力，增强防范金融诈骗和保护个人财产安全的意识。具体开展时，应当注意继续对当前财产诈骗存在的典型特点进行宣传②，尤其是对老年人、青少年等重点受骗群体。"网络诈骗犯罪的不断发生与网络用户错误的网络行为密不可分。"③ 在宣传过程中，应当注意培养公民的良好习惯，防范移动支付诈骗、微信支付诈骗、指纹识别诈骗以及网购诈骗等，如在网络上少留个人信息，不随意点开陌生邮件、网络链接、微信信息、短信信息、陌生电话等；警惕免费 WiFi，避免使用免费 WiFi 进行网络支付等。面对已经发生的财产诈骗，被诈骗者应及时、积极配合公安机关等取证处理。公安机关等部门也可以通过有奖举报、竞赛等方式大力鼓励公民积极参与财产诈骗防范工作，形成群策群力、群防群治的反财产诈骗工作局面。

（二）突出财产诈骗治理重点，强化法律保护

公民个人信息泄露已成为通讯信息诈骗的根源。当前，诈骗分子利用各行业漏洞非法窃取个人信息的情况日益突出，加之利用社会热点，不断更新诈骗脚本，千方百计规避防范策略，让财产诈骗整治过程呈现高对抗、快转移、难防范等特点。因此，完善个人信息保护是财产诈骗治理的关键一环。目前，我国个人信息保护法律体系框架基本形成，初步建立了以《民法总则》《刑法》《网络安全法》为核心，《征信业管理条例》《电信和互联网用户个人信息保护规定》等行政法规和部门规章在内的个人信息保护立法体系，但尚未制定专门统一的个人信息保护法，呈现出分散立法的特点。"碎片化个人信息保护立法未能为公民个人信息提供充分保护，也未能促进其合

---

① 张洋：《打击电信诈骗要治未病》，《人民日报》2018 年 12 月 7 日，第 5 版。
② 如 2018 年 3 月，公安部刑侦局曾专门归纳出 48 种常见的电信诈骗犯罪案件，并通过官方渠道向全社会发布，以此提升全社会的防骗意识和识骗能力；2018 年 10 月，浙江义乌联合美团、饿了么等平台向本地订餐者发送印有关于网购、网贷、刷单等 11 类反诈知识。
③ 乔壮壮：《论多元共治网络诈骗防控体系之构建》，《湖北警官学院学报》2018 年第 1 期，第 34 页。

理利用，必须通过制定专门的《个人信息保护法》保护公民个人信息，规范个人信息利用，减少侵害公民个人信息违法犯罪行为的生存空间，从而切断电信诈骗等下游犯罪的实施条件。"① 同时，现有法律规范都只是大概划出个人信息的范围，尚未明确刑法意义上的"个人信息"内涵，导致司法实践理解过于宽泛，有必要从实质上予以明确界定；而私法领域中对个人信息收集的合法性、必要性以及个人信息被侵害后的赔偿标准也应作出具有可操作性的规定。

切实保护公民个人信息安全，要建立有效的事前预防、实时监测、主动预警等机制，特别是加强整治信息的收集、买入方。就财产诈骗而言，电信、金融机构分别对应电信诈骗的始末两端，是电信诈骗防范工作的重要环节。当前，个人身份信息、电话号码、车辆、征信报告、银行账户、房产、教育、医疗信息等成为"抢手货"。因此，对银行、房产中心、税务、车管所等大量掌握公民个人重要信息的部门必须加强监督和制约，禁止工作人员随意浏览、下载相关内部信息。登录、查看、下载单位信息系统数据的应当使用专属于个人的数字证书，以便实现全程留痕，发生信息泄露时直接倒查责任人员②。

（三）制度与技术双管齐下，协同监管共治

随着全国金融创新以及人工智能等技术的普及，金融行业不断向精细

---

① 张新宝、葛鑫：《基于个人信息保护的电信诈骗综合治理研究》，《中共中央党校学报》2016年第5期，第45页。

② 腾讯网络安全与犯罪研究基地的研究成果显示，个人信息被泄露的渠道主要有：（1）内鬼泄露，即在行政管理机关、快递公司、房产中介、车票代售网点、酒店人员、医院、学校、运营商等单位的工作人员利用职务或工作便利泄露其所掌握的个人信息；（2）黑客攻击，即黑客入侵网站盗取用户数据（即俗称的"拖库"）；（3）病毒木马窃取，即伪网站发送带有木马链接的短信，盗取网银账号、密码、短信验证码；（4）网络"钓鱼"，即通过手机短信、社交工具、邮箱等发送的"钓鱼"网站链接，骗取账号密码及各类身份信息；（5）密码暴力破解，即通过一定方式破解密码（即所谓的"撞库"）。参见腾讯网络安全与犯罪研究基地《你知道你的个人信息有多值钱吗?》，《腾讯网络安全与犯罪研究》2017年第1期。

化、集约化的趋势发展，在金融服务质量和效率得到提升的同时金融风险形势更加错综复杂，如诈骗模式由"地毯式"向"精准式"转变。这就要求我们更加充分地利用高新技术，强化技术手段，跨领域业务合作，以便在与违法犯罪分子较量时取得先机、赢得主动，形成联防联治。如对实施过诈骗行为的人进行跟踪，建立相应的反诈骗数据库，跟踪、预警各种诈骗行为，一旦发现异常，立即启动相关预案；一旦发生诈骗案件，公安机关等也能利用大数据进行跟踪、挖掘，实现精准打击①。特别是面对二维码支付等新型诈骗手段时，将第三方支付平台掌握的数据及时纳入公安机关等部门掌握的反诈骗中心，实行数据交互、数据共享，能及时有效地打击网络财产诈骗。

　　技术之外，财产诈骗的预防和惩治仍然需要行政机关、司法机关、金融企业等各个部门在不同法域之间加强合作以落实各项工作，尤其是财产诈骗集中与分散结合的态势对打击防范的挑战越来越大②。一方面，中央金融监管部门和地方金融机构应当积极履行监管职责，如定期审查各类金融机构提供的金融产品是否合法，充分发挥监管的主动性和协调性，推动金融回归本源，以服务实体经济为导向。金融机构等企业也应加强自身风险防控管理，提升金融科技技防能力，从源头控制信息泄露和财产欺诈风险。另一方面，在财产诈骗集中度高的地方，公安、司法、工信等部门应当协同联动，重点打击、树立标杆，实现由点到面的全面打击，实现行业共治到全民共治。

---

① 黄欣荣：《大数据时代的精准诈骗及其治理》，《新疆师范大学学报》（哲学社会科学版）2017 年第 4 期，第 90 页。

② 时延安：《个人信息保护与网络诈骗治理》，《国家检察官学院学报》2017 年第 7 期。

B.10
知情权视角下的政务公开标准化规范化试点

刘 明[*]

摘 要： 2017 年 5 月，国务院办公厅印发了《开展基层政务公开标准化规范化试点工作方案》，确定在 15 个省份的 100 个县（市、区）开展基层政务公开标准化规范化试点工作。试点工作推行一年多以来，试点单位在公布和执行政务公开的标准和规范、完善政府网站、拓展民众的信息获取渠道、公布权责清单和事项清单、清除"僵尸网站"等方面取得了明显改进，大大提升了公民知情权的保障水平。然而，在政务公开标准化规范化的推行过程中，也存在应付主义、形式主义、技术滞后、机构混乱等问题。

关键词： 基层政务公开 标准化 规范化 知情权

　　政务公开指的是政府机构或受政府委托的组织在行使职权的过程中，应该主动将政府信息向社会公众或指定群体公开。政务公开是依法治国的重要举措，也是保障公民知情权的基本前提。2017 年 5 月，国务院办公厅印发《开展基层政务公开标准化规范化试点工作方案》（以下简称《方案》），确定在北京市等 15 个省份的 100 个县级（市、区）政府开展基层政务公开标准化规范化试点工作，这是我国继推行"权力清单制度"之后，进一步推

* 刘明，哲学博士，南开大学人权研究中心研究人员，南开大学周恩来政府管理学院讲师，主要研究方向：人权理论与人权实践。

动政务公开和依法行政的重要举措，也是进一步落实《中华人民共和国政府信息公开条例》、推动依法治国的重要举措。截至 2018 年 8 月（试点时间为期一年），各试点单位在城乡规划、医疗卫生、环境保护等涉及公民切身利益的方面推行了政务公开的标准化和规范化，公民的知情权得到了进一步的保障。

一 基层政务公开试点《方案》与公民的知情权保障

知情权指公民拥有知悉国家机关等公共信息的权利，政府机关和公共事业单位等主体则有必须告知相关信息的义务。知情权是我国宪法和法律赋予我国公民的基本权利。政务信息公开是确保公民知情权的重要保障。根据《中华人民共和国政府信息公开条例》第 9 条的规定，行政机关对符合下列基本要求之一的政府信息应当主动公开：（1）涉及公民、法人或者其他组织切身利益的；（2）需要社会公众广泛知晓或者参与的；（3）反映本行政机关机构设置、职能、办事程序等情况的；（4）其他依照法律、法规和国家有关规定应当主动公开的[1]。该条例详细规定了各级政府及相关部门应该重点公开的政府信息。此外，该条例还规定，行政机关应该将主动公开的政府信息，通过政府网站、新闻发布会、政府公报以及广播、报刊、电视等方式向公众公开。

基层政府是我国公民接触最为直接的一级政府单位，基层政府的政策、法规以及执行状况也是同公民的切身利益直接相关的，因此，基层政府的政务公开一直是公民的关注点。为了保障公民的切身利益和公民的知情权，《中华人民共和国政府信息公开条例》第 11 条对县（市、区）一级的政府信息公开的范围进行了明确规定，在县级以上政府应该公开的信息范围之外，县级政府公开的信息还应当包括下列内容：（1）城乡建设和管理的重大事项；（2）社会公益事业建设情况；（3）征收或者征用土地、房屋拆迁

---

① 《中华人民共和国政府信息公开条例》第 9 条。

及其补偿、补助费用的发放、使用情况；（4）抢险救灾、优抚、救济、社会捐助等款物的管理、使用和分配情况①。

为了进一步落实《中华人民共和国政府信息公开条例》，推动依法行政和保障公民知情权，2017年5月9日，国务院办公厅发布《方案》，确定在北京、安徽、贵州等15省份的100个县（市、区），重点围绕城乡规划、重大建设项目等方面开展基层政务公开标准化规范化试点工作。《方案》要求试点时间为期一年，各试点地方要在2018年8月底前完成试点各项任务。该项试点工作按照"先试点、后推开"的工作思路，以涉及群众利益、社会普遍关注的领域和服务事项为重点，选取部分县（市、区）先行试点、总结经验，以点带面，逐步扩大到基层政府的所有政务领域和服务事项，最终"形成可复制、可推广、可考核的基层政务公开标准和规范，为在全国全面推行奠定基础"②。此次基层政务公开试点具有标准化、规范化、便民性等特点，具体体现在以下三个方面。

首先，《方案》依据试点单位的各自情况，明确规定了各个试点单位政务公开的范围，在制度和法规层面确立了公民知情权的范围，为基层政务公开的标准化和规范化提供了法规依据。总体而言，试点单位"重点围绕城乡规划、重大建设项目、公共资源交易、财政预决算、安全生产、税收管理、征地补偿、拆迁安置、保障性住房、农村危房改造、环境保护、公共文化服务、公共法律服务、扶贫救灾、食品药品监管、城市综合执法、就业创业、社会保险、社会救助、养老服务、户籍管理、涉农补贴、义务教育、医疗卫生、市政服务等方面开展试点工作"③。不同的试点单位由于自身情况不同，其政务信息公开的范围也有所侧重。

其次，《方案》要求上级政府确立明确的标准、流程和公开方式，以保

① 《中华人民共和国政府信息公开条例》第11条。
② 《国务院办公厅关于印发开展基层政务公开标准化规范化试点工作方案的通知》，2017年5月22日，中国政府网，http://www.gov.cn/zhengce/content/2017-05/22/content_5195775.htm。
③ 《国务院办公厅关于印发开展基层政务公开标准化规范化试点工作方案的通知》，2017年5月22日，中国政府网，http://www.gov.cn/zhengce/content/2017-05/22/content_5195775.htm。

障政务公开的标准化和规范化，为公民知情权的保障提供了切实可循的标准和流程。《方案》要求承担试点任务的省（区、市）人民政府要按本方案确定的试点范围重点做好以下工作。第一，梳理政务公开事项，并按条目方式逐项细化分类，确保公开事项分类科学、名称规范、指向明确。第二，编制政务公开事项标准。逐项确定每个具体事项的公开标准，至少应包括公开事项的名称、依据以及应公开的内容、主体、时限、方式等要素，汇总编制政务公开事项标准目录，并实行动态调整。第三，规范政务公开工作流程。全面梳理和优化政务公开工作流程，健全工作机制，推动发布、解读、回应有序衔接，实现决策、执行、管理、服务、结果全过程公开。第四，完善政务公开方式。按照政府网站建设管理的有关要求，加快推进政务公开平台标准化规范化，加强政府网站内容建设和管理，发挥政府网站信息公开第一平台作用①。

再次，《方案》充分考虑了公民获取信息的便捷性需求，从基本原则和获取路径等方面切实保障公民的知情权，明确从公民的权利保障视角提出了政务公开的标准和规范。政务信息公开的目的是确保公民便捷、及时地获取相关信息。《方案》要求，试点单位"立足基层政府直接联系服务群众的实际，积极探索高效、便捷的公开方式，及时、准确公开影响群众权利义务的行政行为和服务事项，让群众看得到、听得懂、易获取、能监督、好参与"，"综合利用政务新媒体、广播、电视、报纸、公示栏等平台和办事大厅、便民服务窗口等场所，多渠道发布政务信息，方便公众查询或获取"②。

最后，此次试点的100个单位所覆盖的15个省份，既包括发达的省份，也包括相对落后的省份，既有东部沿海省份，也有中西部内陆地区，既有汉族聚集省份，也有少数民族自治区，具备较强的代表性。《方案》依据各试

---

① 《国务院办公厅关于印发开展基层政务公开标准化规范化试点工作方案的通知》，2017年5月22日，中国政府网，http://www.gov.cn/zhengce/content/2017-05/22/content_5195775.htm。

② 《国务院办公厅关于印发开展基层政务公开标准化规范化试点工作方案的通知》，2017年5月22日，中国政府网，http://www.gov.cn/zhengce/content/2017-05/22/content_5195775.htm。

点单位的自身特点，为各试点单位确立了政务公开的范围和重点，充分考虑了试点地区公民的切身诉求和需要（见表1）。

表1　试点单位及试点内容

序号	组织实施省份(15个)	试点单位(100个)	试点内容
1	北京市	东城区、西城区、朝阳区、海淀区、昌平区(共5个)	城乡规划、重大建设项目、财政预决算、税收管理、环境保护、食品药品监管、安全生产、公共文化服务、公共法律服务等方面
2	内蒙古自治区	呼和浩特市新城区、包头稀土高新区、兴安盟乌兰浩特市、通辽市开鲁县、赤峰市克什克腾旗、锡林郭勒盟镶黄旗、乌海市海勃湾区(共7个)	
3	江苏省	南京市建邺区、无锡市滨湖区、徐州市新沂市、常州市天宁区、苏州工业园区、南通市如皋市、宿迁市沭阳县(共7个)	
4	云南省	保山市腾冲市、昭通市绥江县、楚雄彝族自治州楚雄市、楚雄彝族自治州姚安县、红河哈尼族彝族自治州开远市、红河哈尼族彝族自治州弥勒市(共6个)	
5	陕西省	西安市未央区、宝鸡市岐山县、咸阳市彬县、渭南市华州区、延安市安塞区、榆林市靖边县、安康市紫阳县(共7个)	
6	上海市	浦东新区、徐汇区、普陀区、虹口区、金山区(共5个)	就业创业、社会救助、社会保险、户籍管理、医疗卫生、涉农补贴、城市综合执法、养老服务等方面
7	河南省	长垣县、济源市、汝州市、郑州市上街区、开封市祥符区、洛阳市洛龙区、安阳市汤阴县、信阳市潢川县(共8个)	
8	湖南省	长沙市浏阳市、株洲市株洲县、衡阳市衡阳县、常德市武陵区、岳阳市平江县、郴州市资兴市、永州市蓝山县(共7个)	
9	广东省	广州市海珠区、深圳市罗湖区、佛山市禅城区、梅州市平远县、惠州市博罗县、肇庆市高要区、云浮市新兴县(共7个)	
10	贵州省	贵阳市南明区、遵义市播州区、遵义市凤冈县、六盘水市六枝特区、黔西南布依族苗族自治州兴义市、黔西南布依族苗族自治州贞丰县(共6个)	

序号	组织实施省份(15 个)	试点单位(100 个)	试点内容
11	黑龙江省	哈尔滨市道里区、齐齐哈尔市龙沙区、牡丹江市东宁市、佳木斯市汤原县、大庆市杜尔伯特蒙古族自治县、鸡西市密山市、绥化市肇东市(共7个)	征地补偿、拆迁安置、保障性住房、农村危房改造、扶贫救灾、市政服务、公共资源交易、义务教育等方面
12	浙江省	杭州市拱墅区、宁波市江北区、温州市瓯海区、嘉兴市嘉善县、金华市义乌市、衢州市江山市、台州市临海市(共7个)	
13	安徽省	合肥市庐阳区、亳州市蒙城县、宿州市灵璧县、滁州市定远县、六安市金寨县、宣城市宁国市、铜陵市义安区、黄山市徽州区(共8个)	
14	四川省	成都市新津县、攀枝花市西区、泸州市合江县、德阳市什邡市、绵阳市盐亭县、广元市青川县、达州市万源市、凉山彝族自治州西昌市(共8个)	
15	宁夏回族自治区	银川市贺兰县、石嘴山市平罗县、吴忠市青铜峡市、固原市彭阳县、中卫市海原县(共5个)	

资料来源：《国务院办公厅关于印发开展基层政务公开标准化规范化试点工作方案的通知》，2017 年 5 月 22 日，中国政府网，http：//www. gov. cn/zhengce/content/2017－05/22/content_ 5195775. htm。

二 推动政务公开标准化规范化，切实保障公民知情权

自推行权力清单制度以来，我国政府信息公开的整体水平得到明显提升，公民的知情权、监督权等权利的保障水平也得到了相应提高。然而，不少基层政府对于哪些政务信息应主动公开、哪些信息属依申请公开把握不准，国办针对全国十省百家办事大厅的一项调研显示，不少地方办事服务的事项不标准、流程不清晰，群众看不懂，办事还得来回跑[①]。此外，基层政

[①] 《全国 100 个地方试点政务公开标准化规范化》，2018 年 7 月 6 日，中国政府网，http：//www. gov. cn/xinwen/2018－07/06/content_ 5303940. htm。

府中的"僵尸网站"仍较为普遍,信息不全以及更新缓慢等问题较为突出。基层政府政务公开所存在的以上问题,在一定程度上阻碍了民众知情权、监督权等权利的实现。

此次试点聚焦于政务公开领域中那些重要而又基础的工作,包括具体工作涉及的公开事项内容、每个事项的公开标准、公开工作的流程设置、公开平台如何更好地运作等,旨在从程序、范围、标准等层面全面规约基层政府的政务公开,不仅有助于提升基层政府的依法行政水平,而且将有助于从根本上提升公民知情权、监督权等权利的保障水平。

自2017年5月9日国务院办公厅发布《方案》之日起,经过一年多的试点工作,试点单位在公布和执行政务公开的标准和规范、完善政府网站、拓展民众的信息获取渠道、公布权责清单和事项清单、清除"僵尸网站"等方面取得了明显改进,大大提升了公民的知情权和监督权等权利的保障水平,具体表现如下。

第一,试点省份依据《方案》要求并结合自身特点,纷纷公布政务公开的标准和规范,确保政务公开有章可循,为公民知情权的保障提供了法规和制度依据。例如,宁夏回族自治区人民政府在2017年8月发布了《自治区人民政府办公厅关于印发开展基层政务公开标准化规范化试点工作实施方案的通知》,向其5个试点县(市、区)提供具体的实施方案和标准。该通知比较详细地确定了5个基层试点单位在政务公开方面的任务。例如,该通知要求各基层试点单位在"政府网站信息公开""新媒体建设""政府新闻发布制度"等六个方面统筹建好用好各类政务公开平台①,为自治区内基层试点单位的政务公开提供了具体的标准和规范。

第二,试点单位遵循"应公开、尽公开"的原则,纷纷完善政府网站,确保政务信息公开的及时、准确和全面,为公民获取政务信息和实现公民知情权提供了根本保障。例如,内蒙古自治区的克什克腾旗人民政府

① 《自治区人民政府办公厅关于印发开展基层政务公开标准化规范化试点工作实施方案的通知》,2017年8月21日,宁夏新闻网,http://www.nxnews.net/zt/2017/wxsyfzcg/wztt/201708/t2017082 4_4331460.html。

网站专门建立了"基层政务公开标准化规范化试点工作专栏",公布了"城乡规划""重大建设项目""财政预决算"等与民众有密切关系的九大主题,并进行实时更新;建立了"工作方面""法律法规、政策文件""公众参与""政务公开工作流程"等八大专栏①。民众打开政府网站,能够较为方便和直观地获取相关信息。西安市未央区的"基层政务公开标准化规范化试点专区"则依据政策制定和执行过程明确确立了"决策公开""执行公开""管理公开""服务公开""结果公开"的"五公开"专栏,确保民众能够在政策制定、政策执行、执行结果等各个环节及时全面地获得相关信息②。

第三,试点单位积极拓展民众获取政务信息的途径和渠道,在便民、利民等方面提高政务公开的标准化,在获取途径的便捷性和多样性等方面保障了公民的知情权。例如,湖南省常德市武陵区在政务公开方面确立了"采用多元化公开渠道和公开方式"的多元化渠道,拓展"网站""微博""微信""触摸屏""电话""广播""公告栏"等多渠道信息公开和信息获取通道,确保公民"一看就懂"③。为了拓宽政务公开渠道,上海市普陀区则着力打造立体式政务公开模式,发布渠道包括自助服务终端、网络公众平台、新闻发布会、12345市民热线服务、政府公报、政务服务窗口等。不少部门聚焦重点领域积极推进特色建设,比如,区民政局开发了覆盖全区259个居委会的"社区治理云平台",区公安分局和区城管执法局分别在社区警务室、城管工作室设置电子触摸屏,为社区群众提供更加便捷、迅速的政府信息公开查询和申请服务④。

第四,试点单位纷纷公布权责清单和需公开的事项清单,通过清单

① 克什克腾旗人民政府网,http://new.kskt.gov.cn/jczwbzh。
② 西安市未央区人民政府网,http://www.weiyang.gov.cn/info/iList.jsp?cat_id=13478。
③ 湖南省人民政府网,http://www.hunan.gov.cn/topic/zwgksdx/cgzs/201807/t20180716_5054126.html。
④ 《"政务服务地图"接入766个服务点普陀形成全国首个政务公开标准体系》,2018年12月28日,上海市人民政府网,http://www.shanghai.gov.cn/nw2/nw2314/nw2315/nw4411/u21aw1355947.html。

定责和清单确权的方式在基层政府的法规层面确定政务公开的标准和依据，保障公民知情权的稳定性和可靠性。例如，截至 2018 年 1 月，江苏省 9 大试点领域的权责清单和公共服务清单基本梳理完成，共梳理出权责清单 8220 项，公共服务清单 1076 项①。湖南省人民政府公布了"户籍管理""涉农补贴""就业创业""社会保险"等"八个试点领域事项目录清单"，每个事项目录清单下设"试点领域""事项名称""事项依据""单位名称"等栏目，方便民众获取相关信息，并依法到相关部门办理相关事宜②。

第五，清理"僵尸网站"，清除陈旧、不准确、不实用的政务信息，提高了政务公开的标准化水平和规范化水平，进而确保了公民知情权的质量。自 2017 年 5 月《方案》发布至 2018 年 6 月的一年时间内，"在各试点单位的带动下，群众反映强烈的政府网站长期不更新、信息不准确、互动不回应、服务不实用等问题越来越少。大量无运行无保障无维修能力的'问题基层网站'被集约上移，全国政府网站数量由近 7 万家减少到 22169 个，减幅达 65%，问题集中的县级以下基层政府网站减少了 36101 个，减幅达 96%"③。

总体而言，此次试点工作具有范围广、领域多、力度大、深度强等特点，旨在最终实现"以点带面"，在全国范围内实现基层政府政务公开的标准化规范化，进而全面实现政务公开与公民知情权和监督权的保障。此次试点共涉及 15 个省份，各个省份的试点基层单位在 5 个至 8 个不等。表 2 选取了每个省份中的某一个基层试点单位进行介绍，以便较为全面、均态、客观地展现此次试点工作的进展和实施情况。

---

① 《江苏开展基层政务公开试点，整个流程标准化规范化》，2018 年 1 月 23 日，中共江苏省委新闻网，http：//www.zgjssw.gov.cn/yaowen/201801/t20180123_ 5050284.shtml。

② 湖南省人民政府网，http：//www.hunan.gov.cn/topic/zwgksdx/zxdt/SDZLSZFBGT/201808/t20180801_ 5065090.html。

③ 《基层政务公开标准化规范化试点持续推进》，2018 年 6 月 21 日，法制网，http：//www.legaldaily.com.cn/index_ article/content/2018 – 06/21/content_ 7575036.htm？node =5955。

表2 各试点省份中代表县（市、区）的实施情况（截至2018年12月）

序号	组织实施省份(15个)	代表县(市、区)	实施的基本情况
1	北京市	东城区	建立政务公开App,市民可以通过"市民随手拍"手机App,随时随地举报违法建设、占道经营等行为,实现了城市管理问题举报、受理的移动端上报。市民还可在App上实时追踪最新进展,不满意可直接"差评"。据悉,截至7月初,平台共受理2148件举报问题,处理完毕1793件。此外,东城区开通了食药监管系统"你点我检"信息互动平台,百姓"点"需求,政府"检"质量,网上"看"结果。东城区还推出了"家门口的提案屋",开通公众参与大数据平台,征集分析居民对街巷整治的意见建议①
2	内蒙古自治区	包头稀土高新区	打造服务最优的政务服务平台。在政务服务领域打造了服务通用基础标准、服务保障标准、服务提供标准和"马上就办"考核标准四大体系、21个子体系、235项标准。采用国家标准36项、行业标准2项,内蒙古地方标准3项,制定企业标准194项,对22项行政审批事项实行标准化材料清单管理,是包头市首家唯一通过内蒙古自治区级服务业标准化试点验收的单位②
3	江苏省	苏州工业园区	苏州工业园区梳理围绕企业开办、项目建设、社保公积金缴纳等方面40多项套餐服务清单,比如2个工作日开办企业、33个工作日内完成工业建设项目施工许可等;梳理社区服务和不动产登记等方面20多项场景式清单,全区138个社区的120万居民可享受"一口受理、一门办结、全科社工、全天服务"的现代社区服务③
4	云南省	楚雄彝族自治州楚雄市	率先开展相对集中的行政审批制度改革,在全省成立第一家县级行政审批局,对126项行政许可事项制定规范统一的《办事指南》。精简办事材料,实现"一颗印章管审批",95%的市场主体可实现当场受理、当场登记。同时,实现了审批事项办理的全过程公开,事前老百姓可"扫码"了解所有事项清单、办事指南等信息;事中可通过短信提示了解查询办理进度;事后还可通过网上办事大厅实现所有办件结果公示④

① 《北京五区基层政务公开试点亮点,点手机可享16项服务》,2018年9月17日,手机人民网,http://m.people.cn/n4/2018/0917/c1456-11617678.html。

② 《稀土高新区着力打造"四最"政务服务平台》,2018年3月13日,包头市人民政府网,http://www.baotou.gov.cn/info/1144/162302.htm。

③ 《江苏政务公开试点收获满满"干货" 让群众办事更简单》,2018年9月28日,中国新闻网,http://www.js.chinanews.com/news/2018/0928/183118.html。

④ 《云南楚雄州全国基层政务公开标准化规范化试点工作推进会召开》,2018年5月25日,云南省人民政府网,http://www.yn.gov.cn/yn_zt/jczw/bmdt/201805/t20180525_32674.html。

序号	组织实施省份(15个)	代表县(市、区)	实施的基本情况
5	陕西省	西安市未央区	未央区创新性地提出了"政务公开七步循环工作法",探索形成了"线下123、线上789"的政务公开模式,精心打造了"一网两厅、两微一端、多点查阅、热线办理"的线上线下公开平台体系、政务公开"六个一"保障机制,制定形成了"1+7+N"的目录清单和政务公开规范流程等多项创新举措,推动了"城乡规划,重大建设项目,财政预决算,税收管理,环境保护,食品药品监管,安全生产,公共文化服务,公共法律服务"等9个核心试点领域的公开标准化、规范化①
6	上海市	普陀区	2017年9月6日,上海市普陀区政府发布了"政府信息主动公开目录标准化体系"系列标准,是全国第一个按照GB/T24421制订的关于基层政府信息公开的标准体系,从基础、保障、提供等环节,为区政务公开标准化工作提供了规范。在试点过程中,普陀区共梳理形成了61个重点领域1923项政府信息主动公开事项,其中办要求的七个领域共梳理了587项。还对各重点领域涉及的政务公开工作流程进行了统一规范,共编制完成了10个流程图,体现了以标准化推动规范化、以规范化促进标准化②
7	河南省	长垣县	"打开政府网站,就和政府见面",长垣县通过推进信息系统整合和数据共享,推动实体大厅和网上办事大厅的深度融合。该县共有368项审批事项可实现网上办理。通过推行"一网通办",2018年以来,企业和群众办事提交的材料减少61%,网上受理事项10218件,办结9965件,办结率达97.52%③

---

① 《全国基层政务公开标准化规范化试点陕西在行动》,2019年1月8日,中国政府网,http://www.gov.cn/xinwen/2019-01/08/content_5356656.htm。

② 《普陀区发布全国首个基层政府信息主动公开系列标准》,2017年9月8日,上海市人民政府网,http://www.shanghai.gov.cn/nw2/nw2314/nw41452/nw42403/nw42406/u21aw1255704.html。

③ 《以民为本高效便捷——长垣县试点工作助推政务服务水平提升》,2018年12月4日,河南省人民政府网,https://www.henan.gov.cn/2018/12-04/724744.html。

续表

序号	组织实施省份(15 个)	代表县(市、区)	实施的基本情况
8	湖南省	长沙市浏阳市	浏阳市以政务公开标准化规范化试点为契机,促进政务服务智能化便民化,努力实现政务公开政务服务"一看就明白""最多跑一次"。健全了表单体系,按照"要素一张表、标准一把尺"的要求,编制统一规范的具体事项清单标准。市级层面共梳理事项 1064 项,其中涉及试点领域 604 项,乡镇梳理事项平均 30 项,园区梳理事项近 300 项,村社区梳理事项平均 10 项。完善了市、乡、村三级便民服务体系建设,优化提升各级政务服务大厅"一站式"功能,实施"三集中三到位",推动 36 个部门入驻,设置窗口 180 个,可办 621 个事项,其中 607 项实现"最多跑一次",占比 98%①
9	广东省	深圳市罗湖区	梳理 9 大领域 1206 个事项业务流程图和群众办事流程图,明确承诺办理时间,标记最多跑动次数,进行了全渠道主动公开。编制公开事项 13 项标准要素,条目式梳理 9 个试点领域权责清单、公共服务清单共 1164 个事项和群众关切事项信息 42 项,并试点专栏进行成果呈现运用②
10	贵州省	六盘水市六枝特区	贵州省第一个推出基层政务公开标准体系的试点区。严格规范公开程序。梳理并公开发布公开事项 923 项,发布政务公开工作流程图 923 张、权力运行流程图 822 张、公共服务事项服务流程图 111 张、10 个试点领域 10 个大类公开流程图 10 张。以 923 项公开事项清单为基础,重点清理并公开与人民群众密切相关的脱贫攻坚、社会保障、教育医疗等信息,实现了决策、执行、管理、服务、结果全过程公开③
11	黑龙江省	牡丹江市东宁市	截至 2018 年 12 月 31 日,东宁市绥阳镇在市政府网站主动发布政府信息 438 条。通过微信平台及其他网络途径公开信息 603 余条④

① 《"一看就明白""最多跑一次"——浏阳市开展基层政务公开标准化规范化试点工作总结》,2018 年 8 月 3 日,浏阳市人民政府网,http://www.liuyang.gov.cn/liuyanggov/rdzt/zwgkbzhgfhsdgz/4247026/4247028/4256100/。

② 《2018:罗湖奏响改革最强音》,2018 年 12 月 18 日,罗湖家园网,http://www.luoohu.com/news-159709。

③ 《六枝特区多措并举提升基层政务公开标准化规范化建设水平》,2018 年 8 月 9 日,六枝特区人民政府网,http://www.liuzhi.gov.cn/zwdt/lzdt/201808/t20180809_3235512.html。

④ 《东宁市绥阳镇 2018 年政务公开报告》,2019 年 3 月 27 日,东宁市政府网,https://www.dongning.gov.cn/index.php/cms/item-view-id-50977.shtml。

序号	组织实施省份(15个)	代表县(市、区)	实施的基本情况
12	浙江省	宁波市江北区	宁波市江北区把学生家长关心的信息放到区校务公开平台,包括教学信息、校园安全、学生管理等15大类。当地坚持需求导向和目标导向,共梳理告知类事项384项、审批许可类事项281项,基本实现公开事项、审批事项清单全覆盖。在此基础上,按企业、被征收人、办事群众个人等视角"集成公开",对公开内容重新整合,提升政务服务水平①
13	安徽省	宣城市宁国市	全面公开"放管服"权力清单、公共服务清单、涉审中介诚信名录、阳光税费目录、窗口预约服务电话和"最多跑一次"事项,实现对1510个市级事项、164个乡级事项、68个村级事项全程网办的公开承诺。2018年以来,涉审中介服务的均价降幅达20%左右,部分项目服务费用降幅达50%,中介服务满意度提高35%。在试点领域,已梳理公开"微权力"清单295项,绘制"微权力"运行流程图70余张,公开"晾晒"廉政风险点111个、防控措施128条②
14	四川省	攀枝花市西区	拟定并发布西区"最多跑一次"清单,有450项办事事项实现"最多跑一次","最多跑一次"实现率接近85%;通过"互联网+政务服务",将线下业务搬到线上,逐步推行"全流程、无纸化、零见面"的电子化登记新模式,用信息"网上跑"换取群众"一次都不跑",已有207个事项可以在线申报,有38个事项可以完全在线办理③
15	宁夏回族自治区	银川市贺兰县	政府服务事项集中主动公开,所有政务服务事项通过网站和微信同步公开,不见面办理事项956项,占比80.7%。全县17个部门的164项行政许可事项,入驻行政审批服务局集中办理,集约率达96.5%。所有事项办理时限由2283个工作日减少到730个工作日④

资料来源:笔者根据国内各大权威网站和报纸公布的信息和数据制作。

① 《浙江基层政务公开标准化规范化试点取得成效》,2018年7月3日,央广网,http://zj.cnr.cn/zjyw/20180703/t20180703_524289235.shtml。

② 《宁国市基层政务公开国家试点交出全优成绩单》,2018年11月27日,安徽省政务公开网,http://jcsd.ahzwgk.gov.cn/content/detail/5bfccb42fd9742900d000000.html。

③ 《突出"三个导向"探索市辖区公开工作新路径——攀枝花市西区打造市区联动"西区模式"的实践》,2018年9月4日,四川省人民政府网,http://www.sc.gov.cn/10462/10778/14266/14268/2018/9/4/10458209.shtml。

④ 《贺兰县:政务公开政务服务双提升显成效》,2018年9月6日,银川市人民政府网,http://www.yinchuan.gov.cn/xwzx/zwyw/201809/t20180906_1033406.html。

三 基层政务公开标准化规范化工作存在的问题及建议

总体而言，基层政务公开标准化规范化工作实施一年多以来，取得了明显成效，不仅试点单位的政务公开水平有所提高，而且对非试点单位起到了带动作用，各地基层政府纷纷推行政务公开的标准化和规范化工作。公民的知情权和监督权等权利的保障在这一过程中得到了相应提升。然而，由于此项工作存在面广量大、区域之间存在基础不均衡等客观现实，某些基层政府在推行政务公开的标准化和规范化工作中仍存在不少问题，主要表现为以下几个方面。

首先，部分单位表态多、调门高、行动少，存在消极、应付的现象，在态度上没有将政务公开与公民知情权的保障提到"以人民为中心"的高度上来。"有的部门对试点工作指导不够，除少数几个国务院部门专门开会研究部署外，不少部门还没参与进来；部分试点单位存在表态多、调门高、行动少、落实差的现象；有的试点单位明确提出试点工作是'一把手'工程，可就看不到主要领导抓这项工作的任何信息。此外，试点工作中依然存在'等靠'思想，有的试点单位等着照搬其他县市的样本，有的简单套用相关技术标准，认为编制出标准规范就算完成了试点任务。"①

其次，某些地方政府在此项工作的推行过程中存在"为上不为民""留痕不留绩""务虚不务实"等形式主义现象，将工作的重心放在应对上级检查而不是公民的权利保障方面。具体而言，部分单位在此项工作中存在如下形式主义问题。第一，政府网站和信息平台做得好，但同群众的互动和对群众的回应做得少，"留痕不留绩"的官僚主义和形式主义作风明显。第二，试点节点前后对比明显，试点期限一结束，部分试点单位的信息更新水平和政务公开水平下降明显，存在明显"为上不为民"的应付主义。第三，部分单位将重点

---

① 《全国 100 个地方试点政务公开标准化规范化》，2018 年 7 月 6 日，中国政府网，http：//www. gov. cn/xinwen/2018 – 07/06/content_ 5303940. htm。

放在"材料写作""工作汇报""应付督察"等方面,而没有将工作重心切实放在政务公开和公民的知情权保障方面,"务虚不务实"的现象明显。

再次,某些地方政府受技术、人才等方面的限制,政务公开的平台建设滞后,信息更新不及时不全面,公民的知情权难以得到有效保障。政务公开的信息网站需要专业的技术和人员,而某些地区短时间内难以实现专业技能和人才的对接,导致网站建设相对滞后,信息公开随意,信息更新慢,公众难以及时、准确获得有效性信息。此外,某些单位的相关工作人员由于缺乏政策理论方面的专业知识,对政务公开的理论和政策掌握不透,在对政务公开的事项进行科学、合理的分类以及制定当地的标准和规范等方面缺乏专业基础。

最后,在此项工作中,某些地方政府存在负责机构未理顺、岗位人员不固定、工作人员的专业性、稳定性难以得到保障等问题,导致政务公开以及相应公民知情权的保障缺乏稳定的机构执行保障。有的单位设置了专门的执行机构,如政府信息公开办公室,有的则将试点工作的执行挂靠在已有机构中,如网络管理中心、网络管理办公室、信息化办公室、电子政务办公室等,许多执行部门的机构职能分散,其工作人员的工作任务也纷杂多样,导致此项工作中存在机构不专业、工作效率低下、工作协调力差、责任落实不到位等问题。

鉴于此项工作的推行中存在的以上问题,在随后的基层政务公开标准化规范化的推广中,建议做好以下几方面的工作。第一,建立明确的责任机制,从省级到县乡落实好责任分工和责任承担机制。将具体的工作分工落实到具体的机构和个人,对于未能按照要求推行相关工作的单位和个人依法依规追究相应责任。第二,确立上级督察和民众考评的双层考核机制,纠正"为上不为下""务虚不务实"等形式主义做法,将民众的满意度作为考核政务公开的主要指标。第三,进行相关的理论培训和技术培训,从政策、技术、人才等方面确保政务公开标准化规范化的有效执行。第四,为保障政务公开标准化规范化的高质量、稳定性和持续性,建议确定稳定的执行机构和相应的工作人员,增强此项工作的专业性和长久性。

B.11

我国妇女参政权保障的新进展

张晓玲*

摘　要：　保障妇女的平等参政权，一直受到我国政府的高度重视。我国始终坚持男女平等的宪法原则，将男女平等作为促进国家和社会发展的一项基本国策，不断完善法律和公共政策，保障妇女的政治权利，妇女参政比例逐步提高。2018 年，我国妇女的参政权保障实现了历史性突破。但是，同世界大多数国家一样，政治领域仍是男女差距最大的领域，全面推进妇女政治权利的实现和发展仍是我国社会主义人权事业面临的一项重要任务。

关键词：　妇女参政权　性别平等　参政议政

妇女参与国家和社会事务管理是社会文明进步的重要标志。保障妇女的政治权利，一直受到我国政府的高度重视，是我国社会主义民主政治建设和人权发展的一个重要目标。

妇女的参政权也叫妇女政治权利，是指妇女参加国家管理、参政议政的民主权利。妇女参政权有广义和狭义之分。根据联合国《公民权利和政治权利国际公约》，广义的参政权主要包括：言论自由权；和平集会、结社、游行示威权；选举权和被选举权；参加国家公共事务的权利；担任公职的权

---

* 张晓玲，中共中央党校（国家行政学院）政治和法律教研部教授、博士生导师，主要研究方向：人权法。

利等。我国《宪法》第 34 条规定，公民有选举权和被选举权；第 35 条规定，公民有言论、出版、集会、结社、游行和示威的自由；第 41 条规定，公民有批评、建议、申诉等监督权利等。

狭义的妇女参政权主要包括选举权、被选举权和担任公职的权利。联合国《妇女政治权利公约》明确规定："第一条　妇女有权参加一切选举，其条件与男子平等，不得有任何歧视。第二条　妇女有资格当选任职于依国家法律设立而由公开选举产生之一切机关，其条件应与男子平等，不得有任何歧视。第三条　妇女有权担任依国家法律而设置之公职及执行国家法律所规定之一切公务，其条件应与男子平等，不得有任何歧视。"联合国《消除对妇女一切形式歧视公约》第七条规定："保证妇女在与男子平等的条件下：（a）在一切选举和公民投票中有选举权，并在一切民选机构有被选举权；（b）参加政府政策的制订及其执行，并担任各级政府公职，执行一切公务……"这些国际人权文件确立了妇女参政权的国际标准。本文所研究的妇女参政权是狭义上的参政权。妇女的参政权在妇女权利体系中处于核心的地位，是妇女人权的重要组成部分，也是妇女平等享有其他权利的基础。

一　保障妇女参政权的法律和政策及其发展

（一）保障妇女参政权的法律不断完善

在历史上，政治曾经长期是我国妇女的禁区，妇女完全被排除在社会政治生活之外。1949 年 10 月 1 日之后，新中国废除了一切压迫和歧视妇女的旧法律、旧制度，妇女的政治地位发生了翻天覆地的变化，在法律上享有了与男性一样的政治权利。

1954 年，我国第一部宪法明确规定，"妇女有同男子平等的选举权和被选举权"。此后宪法的几次修改，都对妇女的参政权做了明确的规定。现行宪法规定："中华人民共和国妇女在政治的、经济的、文化的、社会的和家庭的生活等各方面享有同男子平等的权利。国家保护妇女的权利和利益，实行男女同工同酬，培养和选拔妇女干部。"宪法对妇女权利的规定，为促进男女平等提供了最高法律依据。

我国不断完善法律，加强对妇女参政权的保障。1992 年 4 月 3 日第七届全国人大第五次会议通过的《妇女权益保障法》进一步规定："妇女享有与男子平等的选举权和被选举权。全国人民代表大会和地方各级人民代表大会的代表中，应当有适当数量的妇女代表，并逐步提高妇女代表的比例。"2005 年修改的《妇女权益保障法》进一步规定："国家积极培养和选拔女干部。国家机关、社会团体、企业事业单位在任用干部时必须坚持男女平等的原则，重视培养、选拔女干部担任领导成员。国家重视培养和选拔少数民族女干部。"同时，该法第 12 条还规定："各级妇女联合会及其团体会员，可以向国家机关、社会团体、企业事业单位推荐女干部。"

2007 年，全国人大十届五次会议又正式通过了《关于第十一届全国人大代表名额和选举问题的决定》，明确要求"第十一届全国人民代表大会代表中，妇女代表的比例不低于 22%"。同年，有 27 个省（区、市）在妇女权益保障法实施办法中明确女性在各级人大代表候选人中应达到的最低比例。

2010 年修订的《全国人民代表大会和地方各级人民代表大会选举法》规定城乡按照相同人口比例选举人大代表，进一步完善了关于选举机构、选举程序等规定，更好地体现了平等的宪法原则；新修改的选举法还规定了预选制度，根据预选时得票多少的顺序，确定正式代表候选人名单。正式代表候选人名单应当在选举日的 5 日以前公布。2015 年修订的《全国人民代表大会和地方各级人民代表大会选举法》规定，全国人民代表大会和地方各级人民代表大会的代表应当有适当数量的妇女代表，并逐步提高妇女代表的比例。

2010 年修订的《村委会组织法》规定："村民委员会成员中，应当有妇女成员"（第六条）；"妇女村民代表应当占村民代表会议组成人员的三分之一以上"（第二十五条）。2013 年 5 月，民政部颁布的《村民委员会选举规程》为保证村委会中有女性成员做出如下规定："候选人中应当有适当的妇

女名额，没有产生妇女候选人的，以得票最多的妇女为候选人。""村民委员会主任、副主任的当选人中没有妇女，但委员的候选人中有妇女获得过半数选票的，应当首先确定得票最多的妇女当选委员，其他当选人按照得票多少的顺序确定；如果委员的候选人中没有妇女获得过半数选票的，应当从应选名额中确定一个名额另行选举妇女委员，直到选出为止，其他当选人按照得票多少的顺序确定。""补选时，村民委员会没有妇女成员的，应当至少补选一名妇女成员。"

（二）保障妇女参政权的政策和措施不断加强

1.《中国妇女发展纲要（2011—2020年）》提出促进妇女参政的目标和举措

制定妇女发展纲要，促进妇女参政，是我国的一贯做法。从 1995 年开始，我国制定的三部《中国妇女发展纲要》都明确提出了妇女参政的目标。2011 年我国发布的《中国妇女发展纲要（2011—2020 年）》提出主要目标："（1）积极推动有关方面逐步提高女性在全国和地方各级人大代表、政协委员以及人大、政协常委中的比例。（2）县级以上地方政府领导班子中有 1 名以上女干部，并逐步增加。（3）国家机关部委和省（区、市）、市（地、州、盟）政府工作部门领导班子中女干部数量在现有基础上逐步增加。（4）县（处）级以上各级地方政府和工作部门领导班子中担任正职的女干部占同级正职干部的比例逐步提高。（5）企业董事会、监事会成员及管理层中的女性比例逐步提高。（6）职工代表大会、教职工代表大会中女代表比例逐步提高。（7）村委会成员中女性比例达到 30% 以上。村委会主任中女性比例达到 10% 以上。（8）居委会成员中女性比例保持在 50% 左右。"①

2.《国家人权行动计划（2016—2020年）》进一步提出保障妇女参政权的具体目标

制定《国家人权行动计划》，促进妇女参政，是 2009 年以来我国采取

---

① 国务院：《中国妇女发展纲要（2011—2020 年）》。

的新的工作举措。2016 年发布的《国家人权行动计划（2016—2020 年）》明确提出："继续促进妇女平等参与管理国家和社会事务。逐步提高女性在各级人大代表、政协委员中的比例，以及在各级人大、政府、政协领导成员中的比例。到 2020 年，村民委员会成员中女性比例达 30% 以上，村民委员会主任中女性比例达 10% 以上，居民委员会成员中女性比例保持在 50% 左右。"

3. 加大培养、选拔妇女干部力度

为了加大培养和选拔女干部，中央组织部多次召开会议，明确提出培养选拔女干部工作的目标和政策措施，要求在各级领导班子中都要有一定数量的女干部。为了落实这些要求，各级党委和政府不断采取许多特别的措施，加大培养选拔女干部工作力度。一是通过交流等形式，安排一定比例的女干部到重要部门和关键岗位担任主要领导职务。二是加大从基层、生产一线培养选拔女干部。三是组织有关大专院校采取定向招生的办法，为基层培养女干部。四是从高等院校选调优秀女应届毕业生到基层工作。五是坚持从县以上政府机关，特别是女性比较集中的行业、部门和企事业单位选派年轻优秀的女干部到基层任职；乡镇、街道等机构招聘录用干部时规定一定的女性比例等。

4. 党政群团密切合作积极推动妇女参政

2014 年，中央组织部、民政部和全国妇联联合召开村"两委"换届工作座谈会，要求各地把村"两委"至少各有 1 名女性、村妇代会主任 100% 进村"两委"、村"两委"女性成员和女性正职比例高于上届等，作为村"两委"换届的具体目标。

2008 年民政部和全国妇联联合下发了《关于充分发挥妇联组织在基层群众自治制度建设中积极作用的若干意见》《关于进一步加强新形势下妇女参加村民委员会工作的意见》，在农村妇女当选村委会成员和村民代表的比例方面提出新要求。这些年各地不断采取新措施落实这一精神。有的地方采取"女委员专职专选"的做法，提高妇女的当选率。各地更加重视妇联组织在推荐女干部和推动妇女参政议政等方面的意见和作用。

二 妇女参政的实践和成就

我国妇女政治权利受到法律的充分保护，也得到党和政府有关政策的有力保障。在国家法律和政策的保障下，我国妇女参与管理国家和社会事务的水平不断提高。

（一）全国人民代表大会的女代表比例实现历史突破

国际社会十分重视女性在议会中所占席位，将其视为衡量妇女参政的重要指标。2018 年 3 月 9 日各国议会联盟发布的《2017 年议会中的女性》年度报告显示，从全球范围来看，2017 年国家议会中女性人数仅比 2016 年增加了 0.1 个百分点，从 23.3% 上升到 23.4%，这距离议会联盟确定的女性议员占到 50% 的目标还有较大差距。2017 年我国全国人大女性代表比例为 23.7%，超过了全球平均水平。我国人大女代表的增加对于提升全球的平均统计数据具有重要影响。

1954 年我国召开的第一届全国代表大会，共有女性代表 147 人，占代表总数的 12%。2003 年我国召开的第十届全国人大会议，共有女代表 604 人，占代表总数的 20.2%，远远高于新中国成立初期占代表人数的比例[1]。2008 年第十一届全国人民代表大会，女代表和常委中女性的比例分别占 21.33% 和 16.10%，比上届提高了 1.1 个和 2.9 个百分点；2013 年十二届全国人民代表大会第一次会议女代表比例为 23.4%，比上届提高 2.1 个百分点，是历届人大代表中女性比重最高的一届。

2018 年我国妇女参政再创辉煌，在第十三届全国人大 2980 名代表中，女代表 742 名，占代表总数的 24.9%，比十二届全国人大女代表总数增加了 43 名，所占比例比上一届提高了 1.5 个百分点，是历届人大代表中女性比例最高的一届；有女常委 18 人，占常委总数的 11.3%，低于上届 4.2 个百分点（历届全国人大女代表所占比例见图 1）。

---

[1] 李薇薇、崔清新：《全国已有女干部 1500 多万人　科技队伍中女性超过 1/3》，《人民日报》2007 年 3 月 8 日。

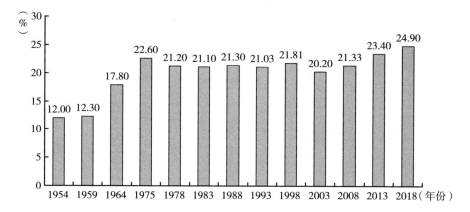

图1　历届全国人大女代表所占比例

与十二届全国人大相比，十三届全国人大 35 个选举单位中有 23 个选举单位女代表比例有所上升（见图2），5 个选举单位女代表与上届持平，其中，上升幅度最大的是辽宁，提高了 13.72 个百分点。其次为台湾、福建和西藏，分别提高了 7.69 个、5.41 个和 5 个百分点。海南、广西、陕西、河北、贵州 5 省紧随其后，上升幅度在 3 个百分点以上（见表1）[①]。

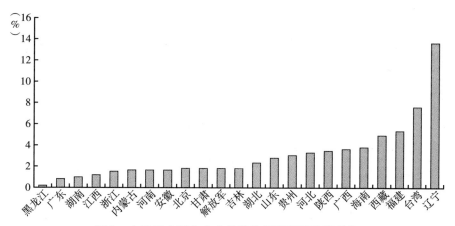

图2　十三届全国人大女代表比例提高的选举单位

---

① 贺燕荣、林丹燕、张婧文：《新一届全国两会代表委员中女性比例创新高》，《人民日报》（海外版）2018 年 2 月 27 日。

更加可喜的是，在十三届全国人大 35 个选举单位中，6 个选举单位女代表比例超 30%，比上届翻了一番，达到了联合国提出的 30% 的目标。它们分别是广西（32.58%）、福建（31.88%）、云南（31.87%）、辽宁（31.37%）、台湾（38.46%）、澳门（33.33%）。

表1　35 个选举单位十三、十二届全国人大女代表比例分层一览

层次	女代表比例	届次	个数	省、区、市
第一档	30% 及以上	十三届	6	广西（32.58%）、福建（31.88%）、云南（31.87%）、辽宁（31.37%）
				台湾（38.46%）、澳门（33.33%）
		十二届	3	云南（31.76%）、澳门（33.33%）、台湾（30.77%）
第二档	25%～29.99%	十三届	15	安徽（28.32%）、陕西（27.94%）、贵州（27.75%）、浙江（27.66%）
				河北（27.20%）、广东（27.16%）、山东（26.56%）、湖南（26.27%）
				重庆（26.3%）、黑龙江（26.09%）、内蒙古（25.6%）、天津（25.55%）
				湖北（25.42%）、西藏（25.00%）、河南（25.00%）
		十二届	12	广西（28.89%）、重庆（27.87%）、江苏（26.67%）、安徽（26.55%）
				福建（26.47%）、广东（26.25%）、浙江（26.04%）、黑龙江（25.81%）
				天津（25.58%）、上海（25.42%）、湖南（25.21%）、香港（25.00%）
第三档	22%～24.99%	十三届	8	江西（24.69%）、四川（24.32%）、甘肃（24.07%）、海南（24.00%）
				北京（23.64%）、山西（22.56%）、上海（22.03%）、江苏（22.00%）
		十二届	12	贵州（24.66%）、四川（24.32%）、山西（24.29%）、陕西（24.29%）
				内蒙古（24.14%）、山东（24.00%）、河北（23.51%）、江西（23.46%）
				河南（23.26%）、湖北（22.88%）、青海（22.73%）、甘肃（22.22%）

续表

层次	女代表比例	届次	个数	省、区、市
第四档	22%以下	十三届	6	吉林（21.88%）、新疆（21.31%）、宁夏（19.05%）、青海（19.05%）
				香港（13.59%）、解放军（12.69%）
		十二届	8	北京（21.82%）、新疆（21.67%）、西藏（20.00%）、吉林（20.00%）
				海南（20.0%）、宁夏（19.3%）、辽宁（17.65%）、解放军（10.82%）

（二）十三届全国政协女委员比例首次突破20%

人民政协是中国妇女参政议政的重要渠道。十一届全国政协一次会议委员和常委中的女性分别占17.7%和10.1%，全国政协副主席中有5位是女性。2018年第十三届全国政协共有委员2158名，其中女委员440名，占全体代表总数的20.39%，首次突破20%，较十二届全国政协女代表所占比例17.84%增加了2.55个百分点，是改革开放以来增加幅度最大的一次，也是新中国成立以来比例最高的一次（见图3）。女常委39人，占常委总数的13%，比上届提高1.2个百分点。

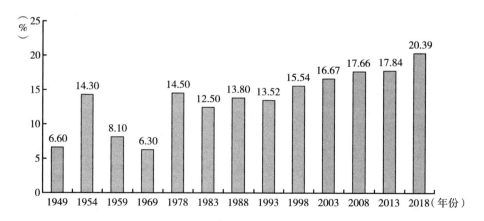

图3　历届全国政协女委员所占比例

（三）中国共产党第十九次全国代表大会女代表比例进一步提高

2017年党的十九大共有代表2287名，其中女代表551名，占全体代表总数的24.09%，较十八大女代表所占比例22.95%增加了1.14个百分点，女性在党的代表大会上的参与程度明显提高。

（四）越来越多优秀女性进入权力机构担任公职

妇女进入权力机构担任公职，是妇女参政权的最高体现，是妇女直接参与公共事务的重要途径。

我国一方面在法律上保障妇女平等担任公职的权利，另一方面从政策上积极推进妇女担任公职权利的实现，加快妇女进入权力机构的进程。在历届全国人大和全国政协中有25位女性担任过副国级职务。目前，有6位女性担任党和国家领导职务。

1954年，我国只有3位女性任部长，4位女性任副部长。2005年以来全国女干部数量稳中有升，各级国家机关干部中女性所占比例大体稳定在23%左右，县处级以上女领导干部所占比例基本保持在16.5%左右[1]。近几年，各级国家机关及其直属机构招录的公务员中，女性所占比例大幅提高。如2013年中央机关及直属机构录用的公务员中女性比例为47.8%[2]。近年来，地方新录用公务员中女性比例不断提高。有的地方新录用公务员中女性人数超过了男性。

2017年，全国党政机关中女性干部从改革开放初期的42.2万名提升至2017年的190.6万名，占干部总数的26.5%[3]。2018年2月，31个省、区、市共有副省级以上女性领导干部106名，其中有12个省、区、市选出女性省级"一把手"。

---

[1] 李建国：《全国人大常委会执法检查组关于检查〈中华人民共和国妇女权益保障法〉实施情况的报告》，2010。
[2] 国务院新闻办公室：《中国性别平等与妇女发展》，2015。
[3] 国务院新闻办公室：《改革开放40年中国人权事业的发展进步》，2018。

（五）基层组织、企业管理层的女性比例也明显提高

2017 年，居民委员会成员中女性比例为 49.7%，村委会主任中女性比例为 10.7%，已提前实现《中国妇女发展纲要》提出的目标。2017 年，企业董事会中女职工董事占职工董事的比重为 39.7%，企业监事会中女职工监事占职工监事的比重为 41.6%，分别比 2010 年提高 7 个和 6.4 个百分点；企业职工代表大会中女性代表比重为 29.3%，比 2010 年提高 0.3 个百分点①。

三 实现妇女参政权面临的问题和挑战

尽管我国在保障妇女平等参与政治方面不断取得成就，但是，受经济社会发展水平和历史文化等因素影响，我国保障妇女平等参政权方面还面临不少新情况新问题，推进妇女平等参政权的实现仍然是一个艰巨的任务。

（一）女性权力参与比例偏低

我国妇女在各级决策层的比例偏低，距 1995 年第四次世界妇女大会通过的《北京行动纲领》要求各国女性参政比例要达到 30% 的目标还有不小的差距。相比男性，妇女进入人大、政协、政府、政党决策机构等的机会不多。我国妇女在担任公职方面不仅人数少，比例偏低，而且还存在副职多、正职少，虚职多、实职少，低层次多、高层次少等结构不合理问题。另外，农村妇女参政进展缓慢。2017 年，村委会成员中女性所占比重为 23.1%，比 2010 年仅提高 1.7 个百分点，距《中国妇女发展纲要（2011—2020 年）》提出的 30% 的目标仍有不小差距。村委会主任中女性比例虽已达该纲要提出的 10% 的目标，但从全国来看，仍有半数的地区在目标值以下，比例最低的地区仅为 2.8%，发展很不均衡。而且在社会组织中，妇女担任高层和中层领导者的比例也远远低于男性。

---

① 国家统计局：《中国妇女发展纲要（2011—2020 年）》，《统计监测报告》2018 年 10 月。

（二）妇女参政速度相对减缓

我国妇女参政虽然近几年进步很大，高于世界平均水平，但是在世界的排名自 1995 年以来一直下降，与国际妇女参政比例不断提高的趋势不相一致。国际议员联盟网站各国女议员比例的统计数据显示：中国人大女代表比例在世界各国女议员比例的排名中一直在下降，从 1998 年的第 15 位，下降到 2016 年的第 74 位。而世界女议员比例的平均水平由 1995 年 7 月的11. 30% 提高到了 2017 年 1 月的 23. 3%，提高了 12 个百分点。我国女部长和女人大代表的比例在 20 世纪 50 年代到 70 年代曾超过世界同期比例，但是，近年来，有的国家妇女参政进展很大，比如，卢旺达女议员比例从2000 年前不到 10% 跃升为 2015 年的 63. 8%，位居当年世界第一。

（三）传统文化和舆论社会偏见严重妨碍妇女参政

中国传统社会对妇女潜能、才干、贡献的认识仍然不充分，男女权利、机会、资源分配仍然不平等，社会上关于性别的传统观念，包括通过媒体传播的陈规定型的性别观念，强化了政治决策是男性领域的看法。

2010 年全国妇联和国家统计局联合组织实施第三期中国妇女社会地位调查的主要数据报告显示，对各级领导岗位上女性数量相对较少的主要原因，超过半数的被访者把"社会对女性有偏见"（57. 6%）、"女性家务负担重"（67. 5%）和"对女性培养、选拔不力"（60. 5%）作为主要的制约因素（见图 4）；超过半数的被访者认同"男人应该以社会为主，女人应该以家庭为主"的看法（见图 5），甚至 10 年后对这一"男主外女主内"传统观念的认同度超过了 10 年前，这揭示出社会文化偏见对妇女参政的深刻影响。

社会的偏见和歧视，强化了"女人能力天生不如男人""妇女不适合从政"等错误看法，特别是社会舆论对男女参政采取的双重标准和性别角色定型，严重影响着对女干部的公正评价，降低了妇女的参政意愿，造成女性自卑、矛盾、恐惧成功，在竞争和机会面前，往往退缩和谦让，导致政治参

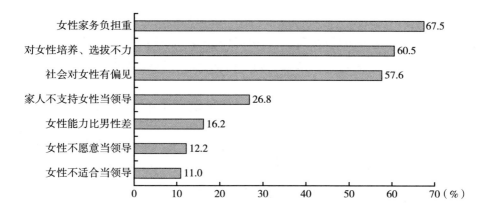

图 4　各级领导岗位上女性数量相对较少的主要原因问卷调查结果

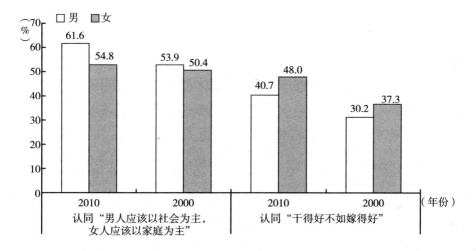

图 5　对女性社会角色的认知问卷调查结果

与的性别差距。但是，这种男女的政治成就与活动的差别，却不被视为是由社会限制和歧视所致，而被视为是不可改变的生理差别。

（四）传统性别分工的影响

2018 年世界经济论坛发布的《2017 年全球性别差距报告》显示，中国女性花在照顾家庭等无报酬工作上的时间占总劳动时间的 44.6%，而男性的这一数字仅为 18.9%。

女性家务劳动负担依然较重，平衡工作和家庭存在困难。男主外女主内的价值观念，家庭内的不平等分工和责任分配，限制了妇女用于学习的时间，难以发展其政治潜力，妨碍了妇女担任公职权利的实现。

（五）男女不同龄退休制度对妇女参政产生不利影响

男女不同龄退休的法律规定，出发点是为了保护妇女，但是，在现实中对妇女担任公职权利产生了不利的影响。一旦女性干部超过 50 岁，不仅很少获得培训机会，而且很难再有被提拔的机会。

歧视性态度和做法、家庭和照顾子女的责任、女干部培养选拔机制的不完善、争取和担任公职所需付出的高昂代价，都影响到我国妇女参政的进程。

四　进一步保障妇女参政权的思考和建议

（一）充分认识保障妇女参政权的重大意义

第一，保障妇女参政权对于实现党的十九大提出的宏伟奋斗目标具有重要意义。党的十九大做出中国特色社会主义进入新时代的重大政治判断，提出了"两个一百年"奋斗目标、实现中华民族伟大复兴中国梦的历史任务。在一个拥有近 14 亿人口的大国，实现"两个一百年"奋斗目标、实现中华民族伟大复兴中国梦，是中华民族历史上，也是世界历史上空前伟大的壮举。要实现这个宏伟奋斗目标，必须充分发挥占人口一半的妇女在政治上的积极性和创造性，必须更加切实地保障妇女的参政权利。

第二，保障妇女参政权是实现男女平等的必然要求。妇女的参政权对于妇女的全面解放和实现男女平等具有非常重要的意义。1995 年联合国第四次世界妇女大会通过的《北京行动纲领》指出："政治决策中的平等起着促进的作用，没有这种平等，在政府决策中就极不可能真正地结合平等问题。在这方面，妇女平等参与政治生活，在提高妇女地位的整个进程中起着关键性作用。妇女平等参与决策，不仅是要求单纯的公平或民主，也可视为是使妇女利益得到考虑的一项必要条件。如果各级决策进程没有妇女的积极参与并且没有吸纳妇女的观点，就不可能实现平等、发展与和平的目标。"

第三，保障妇女参政权是维护妇女利益的必然要求。妇女作为一个群体有着特殊的利益，她们身负人类再生产的重负，在社会和家庭中担任着多重角色，这些特点使她们在发展中面临着比男性更多的困难。要在社会发展中保证妇女的同步发展，最有效的措施之一是让妇女平等参与国家的管理和决策。如果妇女不能参与决策和立法，那么，妇女的利益就会受到忽视。在社会上存在性别歧视，妇女受到不平等对待的情况下，妇女进入管理和决策机构，才能保证妇女平等发展的要求体现在法律和决策中。同时，对政治领域的参与也可以有效提高妇女的素质，增长妇女的才干，使妇女向着更高层次全面发展。

第四，保障妇女参政权是民主政治发展的要求。正如 1997 年各国议会联盟通过的《民主宣言》指出的那样："民主是建立在人人有权参与公共事务的管理的基础上的。""取得民主的前提是，男女在处理社会事务时有真正的伙伴关系，平等相处，互相扶持，取长补短。"《北京行动纲领》明确指出："实现男女平等参与决策的目标将提供一个更准确地反映社会的组成的平衡，而且是加强民主并促进其适当运作所必需的。"妇女占人口一半，民主政治建设要求妇女平等参与国家管理和决策，使政治成为真正体现全体人民意志的政治。"实现男女平等参与决策的目标将提供一个更准确地反映社会的组成的平衡，而且是加强民主并促进其适当运作所必需的。"[1] "妇女参政和在政府及立法机关中处于决策地位，有助于重新确定政治优先事项，将新的项目放到政治议程上，反映和正视女性关注的问题、价值和经验，并提出关于主流政治问题的新观点。"[2]

第五，妇女享有政治权利有利于人类社会的进步和发展。妇女身上蕴藏

---

① 《北京行动纲领》。

② 《北京行动纲领》。

着巨大的潜力和聪明才智，忽视妇女参与国家管理和决策，是对人类资源的一种浪费。解放妇女的政治权利，改善妇女的政治地位不仅是人类政治文明的进步，而且是社会文明进步不可或缺的。妇女享有政治权利极大地丰富了政治权利的内涵。妇女把健康、生育、性别平等、环境保护、儿童保护、社会福利、家庭暴力、弱势群体权利、和平问题带入政治议题。妇女是推动社会变革和进步的强大力量。这与妇女所处的特殊地位有关。妇女处在各个阶层、各种族之中，是各阶层和种族中的最底层者。这使得她们反对一切形式的歧视和压迫，更欢迎社会的改革和进步。同时，妇女平等参与政治生活，充分发挥妇女的聪明才智，可以使人类更好地应对在生存发展中面临的各种挑战，促进人类社会自身和谐以及人与自然的和谐。妇女参政在促进人类社会的文明发展中起着不可或缺的作用。

（二）关于促进我国妇女参政权实现的建议

我国在促进妇女实现政治权利方面成就巨大，但是仍然任重道远，还需要付出巨大的努力。《北京行动纲领》提出，在正视各级分享权力和决策中的男女不平等现象时，各国政府应采取积极措施确保妇女平等进入并充分参加权力结构和决策。国家的政治承诺和政策是促进妇女平等政治参与的关键因素。妇女政治权利的全面实现，需要党和政府作出强有力的承诺。

1. 进一步完善保障妇女参政权的法律

第一，修改《选举法》《妇女权益保障法》等法律，进一步明确妇女参政的具体比例指标。《选举法》第六条规定，"全国人民代表大会和地方各级人民代表大会的代表……应当有适当数量的妇女代表，并逐步提高妇女代表的比例"。《妇女权益保障法》规定："全国人民代表大会和地方各级人民代表大会的代表中，应当有适当数量的妇女代表。国家采取措施，逐步提高全国人民代表大会和地方各级人民代表大会的妇女代表的比例。""居民委员会、村民委员会成员中，妇女应当有适当的名额。""国家机关、社会团体、企业事业单位培养、选拔和任用干部，必须坚持男女平等的原则，并有适当数量的妇女担任领导成员。"这些"适当数量""适当比例""适当名额"的规定过于原则和抽象，难以操作和有效落实，建议以更明确和更具参考性的比例指标，取代女性参政的数量指标和抽象比例指标。

第二，把我国妇女参政的比例指标提高到 30%，并写入有关法律法规。从我国妇女参政发展的实际和国际妇女参政的趋势来看，确立 30% 的妇女参政指标是可行的，这也是联合国多年来所倡导的，确立 30% 比例的妇女参政指标，可以更好地推进我国妇女参政。

第三，修改公务员法和国务院 104 号文件，建立男女同龄退休制度。

第四，参照我国 1980 年加入的联合国《消除对妇女一切形式歧视公约》的"性别歧视"定义，在《妇女权益保障法》等法律中明确界定"性别歧视"的内涵。加强对法规政策的合宪性审查。

2. 完善配套的政策措施

第一，完善最低比例制度。最低比例制即配额制度，是为加速实现在政治领域的男女平等而采取的临时特别措施，规定妇女参政的最低比例目标制度。该制度为联合国所倡导，成为推进妇女参政的有效手段。我国促进妇女参政的法律和政策往往提出的是数量目标，而不是比例目标，比如，"县级以上地方政府领导班子中有 1 名以上女干部，并逐步增加"。这种数量要求可参考性不强，不能有效促进妇女参政。从国际社会的实践来看，凡是妇女参政比例较高的国家都是实行"最低比例制"的国家。西班牙于 2007 年颁布的《男女真正平等组织法》规定，各类选举候选人名单中的男女比例均不得低于 40% 和不得高于 60%。古巴 2002 年确定了后备干部中男女各占 50% 的工作方针①。其实，早在 20 世纪 30 年代，中国共产党就采用最低比例制促进妇女参政，1933 年苏区中央局就提出妇女代表必须达到 25%。当前，我们要总结经验，借鉴国外一些国家的做法，完善最低比例制：一是扩大这一制度的适用范围，加大力度促进妇女广泛参与决策和管理；二是分层级和类别制定不同的最低比例标准，尽快改善各级决策岗位性别结构不平衡的状况；三是把最低比例制度同"民主、公开、竞争、择优"原则相结合，

---

① 闵杰：《中国妇女参政尚需大力推进》，《中国新闻周刊》2012 年 4 月 18 日。

保证优秀的女性脱颖而出。

第二，完善人大选举制度。在名额分配、选区划分、候选人名单排列等方面，更具有性别平等视角，更好地保障妇女有平等的机会。

第三，将性别平等观点纳入决策的主流。在决策之前，应当分析对妇女和对男子的影响。比如，干部培养和提拔的条件，应当考虑到女干部怀孕、产假、哺乳等特殊情况会中断工作，如果在培养和提拔的年龄、任职年限和条件等方面，不考虑女干部的这些特殊情况，就会使女干部处于不利的竞争地位，不利于女干部的成长。因此，公平分配权力和决策必然要求决策部门在制定政策时进行统计上的性别分析；制定性别均衡的目标，制定具体指标和执行措施，推进越来越多的妇女进入政府和公共行政职位。

第四，改变男女社会和文化行为模式。消除基于性别而产生的偏见、习俗和一切其他做法，鼓励男女分担家务工作和养育子女的责任，促进妇女更多地参与公共生活，并采取适当措施实现这一目标，比如，落实《国家人权行动计划》提出的"设立男性职工带薪陪护分娩妻子的假期制度"。

第五，要大力发展公共托幼服务、养老家庭服务，为妇女更好地平衡工作和家庭责任创造条件。

3. 优化妇女参政的社会舆论环境

性别歧视严重妨碍着妇女参政，造成了在权利、机会和资源方面的不平等，妨碍着保障妇女法律和政策的落实，因此，需要引起党和政府高度的重视。习近平总书记指出："男女共有一个世界，消除对妇女的歧视和偏见，将使社会更加包容和更有活力。"要在全社会进一步宣传马克思主义妇女观，消除性别歧视，积极宣传性别平等观念，营造有利于妇女政治参与的社会文化环境。加强对领导干部、公职人员、教育工作者、记者等性别平等意识的培训。在全社会开展多种形式的宣传，消除传统文化中对妇女的歧视和偏见，提高对妇女价值和重要作用的认识，树立先进的性别文化，倡导男女共同承担家庭责任。建立性别/人权教育培训制度，设计人权教育方案，提高全社会的人权意识和性别平等意识。

4. 加大对全社会妇女的培训力度

推进妇女参政，妇女自身的素质能力是根本。要面向妇女大力开展宣传培训，不断提高妇女政治参与意识和能力，鼓励妇女积极参与决策和管理。在全面建成小康社会、全面开启社会主义现代化建设新征程的历史条件下，要建立健全在党委和政府领导下，由妇联组织牵头，各级妇女干部学院、党校（行政学院）、有关高等院校、职业学校参与，社会各界积极支持的全社会妇女培训机制，坚持问题导向，针对不同妇女群体的需求，有计划、大力度地开展培训，保障女干部有平等参加各类培训的机会，要进一步加大对基层女干部的培训力度，全面提高不同妇女群体的素质和能力，为推动和保障妇女参政权利奠定坚实基础。

五 结语

2015 年，习近平主席在全球妇女峰会上指出："追求男女平等的事业是伟大的。纵观历史，没有妇女解放和进步，就没有人类解放和进步。为实现男女平等的崇高理想，人类走过了不平坦、不平凡的历程。从 200 多年前世界第一份妇女权利宣言诞生，到'三八'国际劳动妇女节的设立，到联合国成立妇女地位委员会，到通过《消除对妇女一切形式歧视公约》，妇女事业发展的每一步都推动了人类文明进步。"① 尽管我国妇女参政取得了很大成就，但是实现性别平等，仍然任重道远。我们要不懈努力，改革一切有碍妇女政治参与的落后观念和体制机制，进一步创新妇女参政权保障机制，努力构建和谐包容的社会文化，不断推进男女在所有各级分享权力和决策方面的平等参与，把性别平等事业推向更高水平！

---

① 习近平：《促进妇女全面发展 共建共享美好世界——在全球妇女峰会上的演讲》，2015 年 9 月 27 日，纽约。

B . 12
失踪儿童快速救助联动机制构建的新进展

李文军[*]

摘　要：　针对现阶段诱拐儿童犯罪的现状和特点，中国政府分别从加大救助机构建设、强化综合治理、完善反拐立法等方面，大力推进诱拐卖儿童犯罪的预防惩治和被诱拐儿童的救助保护工作，初步形成了政府主导、社会参与、国际合作的多层次保护模式。传统协查通知由于存在低效和不及时问题，公安机关在充分利用现代网络技术基础上推出了儿童失踪信息紧急发布平台。然而，我国失踪儿童快速救助联动机制尚处于起步阶段，面临许多亟待解决的难题，特别是如何甄别儿童是否被诱拐，不同地区、警种之间的协作，配套措施的构建与完善，相关部门尚未制定出可行的解决方案。长此以往，我国失踪儿童快速救助联动机制可能会陷入其他国家面临的类似问题，如非家庭诱拐与家庭诱拐、有生命危险的离家出走以及走丢、受伤或其他失踪的混淆，信息发布标准缺失导致打拐系统被滥用。我国失踪儿童快速救助联动机制的完善应从以下方面入手：成立层级性协调机构促进各部门的合作，合理制定并严格执行信息发布标准，优化调整儿童失踪信息的传递方式，完

---

* 李文军，西南政法大学人权研究院讲师，主要研究方向：人权法学、刑事法学、司法制度。

善配套激励制度和培训措施。

关键词： 拐卖儿童犯罪　快速救助联动机制　儿童失踪信息紧急发布平台

拐卖人口犯罪是武器交易、毒品交易犯罪之后的世界第三大非法交易，其中拐卖儿童犯罪则是所有拐卖人口犯罪中最为严重的一种。因与现代文明伦理相悖和严重践踏人权，各国政府已经广泛关注，并制定了一系列旨在防止儿童被拐卖和救助被拐卖儿童的社会防控政策[1]。犯罪预防离不开社会力量特别是公众的积极参与，构建消减引发此类犯罪社会性因素的防控措施尤其必要[2]。例如，美国的安珀警报系统（AMBER Alert System）是以官方机构、民间力量、社会组织为一体的解救被诱拐儿童联动机制[3]。它要求执法机构在接到有关诱拐儿童报案信息后，经核实符合信息发布标准的，须尽快将警报信息通知相关部门，而其他与"全国失踪与受虐儿童中心"（National Center for Missing and Exploited Children，NCMEC）有合作关系的次级发布机构（secondary distributors），如大型零售商、无线运营商，也可以将报警信息上传到自己的信息发布平台，或者发送到经用户自愿注册并选择接收一定范围内警报信息的电子设备[4]。

针对常规协查通知存在的低效和不及时问题，近年来我国民间组织和官方机构为适应"互联网 + 反拐"的时代要求，在充分利用现代网络技术基

① 参见王锡章《拐卖儿童犯罪的现象与遏制对策——以 F 省为例的实证研究》，《中国人民公安大学学报》（社会科学版）2015 年第 5 期，第 21 页。
② 参见张远煌《犯罪学原理》，法律出版社，2008，第 471 页。
③ See Timothy Griffin, "An empirical examination of AMBER Alert 'successes'", *Journal of Criminal Justice*, 2010, Vol. 38 (5), p. 1053.
④ 参见李文军《美国安珀系统与中国打拐系统比较研究》，《青年研究》2017 年第 6 期，第 79 页。

础上相继推出了"中国儿童失踪预警平台"（China's Child Safety Emergency Response，CCSER）和"儿童失踪信息紧急发布平台"（Emergency Response Platform for Missing Children，ERPMC）。但是，我国失踪儿童快速救助联动机制，主要是公安部推出的儿童失踪信息紧急发布平台，尚处于初建阶段，相关程序机制和配套措施仍需要不断完善。

一 我国诱拐儿童犯罪应对机制的发展

我国解救被诱拐儿童的力量相当有限，主要有以下两种方式：一是公安机关根据报警信息启动的应急处理机制，如儿童失踪协查通知、儿童失踪信息紧急发布平台；二是社会公众参与下的自媒体寻亲平台，如三秦回家网、中国寻人网、中国儿童失踪预警平台、微博打拐、宝贝回家网等。

（一）传统的受案处理流程和应急机制

公安机关接到儿童失踪或被诱拐报警后的处理流程，分别对 C 市 J 区和 D 市 S 区部分派出所民警进行了访谈①。

首先，公安机关在接到报警信息后需要填写相关信息，并将初步掌握的案件信息依次层报上级分局或市局中心审查，在审核通过后向相关处警单位发布协查通知，调动所属辖区的巡警、交警等街面执勤力量负责寻找（见图 1）。这对于打破现有警种之间职责界限和常规解救办法，并通过简化手续调动警力资源实现执法过程的扁平化协作，以适应快速反应的要求具有重要作用②。

---

① 对 C 市 J 区和 D 市 S 区部分派出所民警的访谈，按照学术惯例对访问地点和受访人员进行了隐名。
② 参见李文军《美国安珀系统与中国打拐系统比较研究》，《青年研究》2017 年第 6 期，第 79 页。

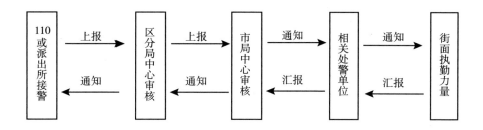

图1 协查通知发布流程

其次，采集失踪儿童或被诱拐失踪儿童直系亲属的 DNA 信息。2009 年公安部建立了全国公安机关查找被拐卖/失踪儿童信息系统，并建立了全国公安机关查找被拐卖/失踪儿童 DNA 数据库，简称全国"打拐" DNA 数据库。这个数据库的建立使得打拐工作建立在科学研判、分析的基础上，对确认被诱拐儿童身份发挥了重要作用①。接警单位在填写完《采集儿童血样信息表》和《采集儿童父母血样信息表》后，应派员随同被诱拐或失踪儿童家属到当地县级公安司法鉴定中心采集血样②。

再次，登记失踪儿童或者被诱拐儿童的相关信息，部分经初步确认的案件以涉嫌拐卖儿童罪进行立案，但仅限于不满 14 周岁的未成年儿童。最高人民检察院、最高人民法院、司法部、公安部 2010 年发布的《关于依法惩治拐卖妇女儿童犯罪的意见》第 8 条规定："具有下列情形之一，经审查，符合管辖规定的，公安机关应当立即以刑事案件立案，迅速开展侦查工作：接到拐卖妇女、儿童的报案、控告、举报的；接到儿童失踪或者已满十四周岁不满十八周岁的妇女失踪报案的；接到已满十八周岁的妇女失踪，可能被拐卖的报案的；发现流浪、乞讨的儿童可能系被拐卖的；发现有收买被拐卖妇女、儿童行为，依法应当追究刑事责任的；表明可能有拐卖妇女、儿童犯罪事实发生的其他情形的。"第 9

---

① 参见李刚《"国家寻亲平台"：是纽带，更是希望》，《人民公安报》2013 年 6 月 24 日。
② 李文军：《美国安珀系统与中国打拐系统比较研究》，《青年研究》2017 年第 6 期，第 86 页。

条规定："公安机关在工作中发现犯罪嫌疑人或者被拐卖的妇女、儿童，不论案件是否属于自己管辖，都应当首先采取紧急措施。经审查，属于自己管辖的，依法立案侦查；不属于自己管辖的，及时移送有管辖权的公安机关处理。"这改变了过去公安机关在接到儿童被诱拐或失踪报案后，在不能立即确认情况下 24 小时内不予立案调查的规定，同时要求监护人提供与被诱拐或失踪儿童相关的证据也一并被取消。2011 年 4 月，公安部举行全国深化打拐专项行动电视电话会议后，明确要求凡是在我国境内发生的拐卖儿童案件，公安机关应实行"一长三包"责任制①，由县市区公安机关主管领导或主要领导担任专案组长，并全程负责安抚被害人家庭、案件侦办、查找解救被拐卖人员等三项工作。

（二）"互联网＋反拐"时代的最新发展

公安机关根据报警信息发布协查通知的传统应急处理机制，因层报上级部门审核和批准需要花费大量时间，容易错过解救被诱拐儿童的最佳时

---

① 以河北省廊坊市公安局严格落实拐卖儿童案件"一长三包"责任制为例。2011 年 4 月 18 日 19 时许，河北省廊坊市永清县一名 4 岁女童在自家店铺门前被人抢走。案发后，河北省公安厅、廊坊市公安局高度重视，迅速按照"一长三包"责任制的要求，成立由永清县公安局局长任组长的专案组，启动快速反应机制，全力开展侦破工作。专案组通过现场调查获悉，当日 19 时许，一名男子将正在玩耍的女童劫上一辆车牌尾号为 198 的黑色轿车后逃逸。专案组旋即兵分四路：一是在县城主要干道和出入路口设卡堵截；二是迅速将案情通报相邻市县，协查布控嫌疑车辆；三是调取现场和县城出入路口的视频监控资料进行分析研判；四是通过交管系统查询尾号为 198 的所有黑色轿车信息，同时对全县汽车租赁公司展开排查。经排查获悉，4 月 16 日张鹏飞（男，19 岁，河北永清县人）曾租赁一辆车牌为冀 RUH198 的黑色吉利轿车，到期后一直未还。另 20 时许，在廊坊市霸州市 106 国道卡口，一辆车牌尾号为 198 的黑色轿车强行闯卡。经进一步核查旅店业住宿登记信息，张鹏飞曾于 17 日深夜 12 时许在霸州市一旅店登记却未投宿，也未退房。据此，专案组研判认定张鹏飞具有重大作案嫌疑。在技侦部门的配合下，专案组于 19 日 11 时许掌握了张鹏飞行踪，迅速赶赴保定市白沟市，在白沟至山东胶州的长途汽车上将犯罪嫌疑人张鹏飞、付凯（男，18 岁，河北省永清县人）、沈国林（女，28 岁，甘肃省庆阳市人）抓获，当场解救被抢女童。经审查，3 名犯罪嫌疑人通过网络聊天结识并合谋，4 月 16 日租赁了一辆轿车开始寻找目标，18 日实施犯罪后，欲将女童拐卖至山东省并向其家长勒索现金 50 万元。参见《河北廊坊公安机关落实"一长三包"责任制快速侦破一起抢劫儿童案》，2011 年 6 月 6 日，宝贝回家网，https：//bbs. baobeihuijia. com/thread - 69139 - 1 - 1. html。

机。针对此问题，我国民间组织和官方机构在充分利用现代网络技术基础上，先后分别推出了"中国儿童失踪预警平台"和"儿童失踪信息紧急发布平台"①。

2015 年 11 月，我国民间组织构建的"中国儿童失踪预警平台"正式上线运行。该平台是以民政部直接登记主管中社社会工作发展基金会为依托，由中社儿童安全科技基金全权负责开发和运作的中国儿童失踪社会应急回应系统②。据介绍，中国儿童失踪预警平台依托了 6 亿月活跃用户的超强微信网络，可以在第一时间对被诱拐儿童和失踪儿童进行紧急回应，并充分利用黄金三小时和三重保护圈预警，对被诱拐儿童和失踪儿童实施有效救助。在微信上关注"CCSER 儿童失踪预警平台"后，监护人可以第一时间完成身份认证、儿童信息录入、防丢档案建立，这可以为寻找被诱拐儿童和失踪儿童争取更多的时间③。但中国儿童失踪预警平台推出后不久即引起民众的许多质疑，如运营方的非官方性，信息发布流程的无序性，家长和儿童的隐私信息的保护等，到目前为止尚未有成功解救被诱拐儿童或失踪儿童的案例。所以，中国儿童失踪预警平台仅初步搭建起了一个供监护人寻找被诱拐儿童和失踪儿童的自媒体方式，并无任何可供参考的信息发布标准、平台运作流程和相关法律保障。

2016 年 5 月，在阿里巴巴公司的技术支持下，公安部打拐办推出了由官方机构主导的"儿童失踪信息紧急发布平台"，以适应"互联网 + 反拐"时代的最新发展，平台的"团圆"系统现已完成四期上线启动仪式，并得到了社会各界的广泛关注和支持。公安部及各省、市、县 5000 多名打拐民警，可通过儿童失踪信息紧急发布平台系统向公众发布失踪儿童信息④。同时，儿童失踪信息紧急发布平台会第一时间通过官方微博、高

---

① 参见李文军《美国安珀系统与中国打拐系统比较研究》，《青年研究》2017 年第 6 期，第 86 页。

② 参见李文军《美国安珀系统与中国打拐系统比较研究》，《青年研究》2017 年第 6 期，第 86 页。

③ 参见张晶晶《微信儿童失踪预警平台上线》，《中国社会报》2015 年 11 月 23 日，第 1 版。

④ 参见刘子阳《"互联网 +"让全民打拐成为可能》，《法制日报》2016 年 6 月 3 日，第 3 版。

德地图等移动应用，向公众发布准确的儿童失踪信息，同时推送到儿童失踪地周边的相关人群，让更多群众从官方获取准确信息，协助公安机关快速侦破拐卖案件、找回失踪儿童①。通过儿童失踪信息紧急发布平台的"团圆"系统，县级以上打拐民警可以第一时间在互联网上编辑、发布、查看自己所掌握的儿童失踪信息。不必经过之前层层的办案审批程序，仅经过县级公安机关甄别，符合信息发布要求的打拐民警可及时发布儿童失踪信息②。据介绍，在儿童失踪后的 1 小时内，微博和地图应用将推送至 100 千米半径范围内，2 小时 200 千米，3 小时 300 千米，超过 3 小时会推送至 500 千米范围内；超过 500 千米的推送，要考虑其他方式来侦查。平台系统发布的权威信息，微博网友可以转发，以增加儿童失踪信息的受众③。儿童失踪信息紧急发布平台主要用于打拐民警发布、查看案件信息，是一款全国 6000 多名打拐民警内部使用的软件，普通民众不能在互联网上下载安装使用。此平台系统一期上线接入了新浪微博、高德地图等移动应用和新媒体，经发布的信息会第一时间推送到离被诱拐儿童和儿童失踪最近的范围。

2016 年 11 月，公安部儿童失踪信息紧急发布平台"团圆"系统的二期上线启动仪式在北京举行，平台系统二期新接入了 YunOS 系统、支付宝、360 手机卫士、UC 浏览器、手机淘宝、百度、今日头条、滴滴出行、一点资讯、腾讯 QQ 等移动应用和新媒体，扩大了儿童失踪信息的传播渠道和发布范围④。2017 年 5 月，公安部儿童失踪信息紧急发布平台"团圆"系统的三期上线启动仪式在北京举行，平台系统三期新接入了腾讯新闻客户端、钱盾、易到、宝宝知道、宝宝树、OFO、中央人民广播电台国家应急广播中心等新媒体，累计已有 19 家新媒体和移动应用接入了

---

① 参见王昊魁《"互联网＋"助力全民打拐》，《光明日报》2016 年 5 月 19 日，第 5 版。
② 参见王昊魁《"互联网＋"助力全民打拐》，《光明日报》2016 年 5 月 19 日，第 5 版。
③ 参见王昊魁《"互联网＋"助力全民打拐》，《光明日报》2016 年 5 月 19 日，第 5 版。
④ 《公安部"儿童失踪信息紧急发布平台"二期上线》，2016 年 11 月 16 日，公安部网站，http：//www.mps.gov.cn/n2254098/n4904352/c5548254/content.html。

儿童失踪信息紧急发布平台①。针对新发生的儿童失踪被诱拐案和儿童失踪多年积案如何利用这一系统，公安部刑侦局打拐办副主任孟庆甜介绍，儿童失踪信息紧急发布平台"团圆"系统，2017 年新加入了"滴血寻亲"功能，打开高德地图输入"寻亲"就可搜索到最近的采血点，未及时采集血样的被诱拐儿童家长和被诱拐儿童可就近免费采血，采集的血样将加入全国打拐 DNA 数据库②。2018 年 5 月，公安部儿童失踪信息紧急发布平台"团圆"系统四期上线启动仪式在北京举行，平台四期新接入了央视影音客户端、新华社客户端、点我达、饿了么等 4 家新媒体，目前累计已有 25 家新媒体和移动应用接入平台系统，扩大了儿童失踪信息的发布方式和范围。③ 总之，儿童失踪信息紧急发布平台的进一步完善，特别是次级发布机构（secondary distributors）的增多，可有效协助执法部门发布被诱拐儿童信息和失踪儿童信息。

二 我国失踪儿童快速救助联动机制的实施效果

自 2016 年 5 月公安部儿童失踪信息紧急发布平台构建以来，平台系统的一期、二期、三期、四期先后上线运行，得到了社会各界和人民群众的广泛支持。根据表 1 的数据统计：第一，儿童失踪信息紧急发布平台上线 6 个月以来（到 2016 年 11 月），共发布失踪儿童信息 286 条，找回儿童 260 名，找回儿童的比例达到 90.91%，其中解救被拐卖儿童 18 名，寻回离家出走

---

① 《"互联网 + 打拐"让更多家庭实现团圆》，2017 年 5 月 25 日，法制网，http://www.legaldaily. com. cn/judicial/content/2017 –05/25/content_ 7180045. htm? node =80542。

② 《公安部儿童失踪信息紧急发布平台四期上线两年找回儿童 2980 名，系统四期上线》，2018 年 5 月 24 日，新京报，http://baijiahao. baidu. com/s? id =16013123140976843132&wfr =spider&for = pc。

③ 《公安部儿童失踪信息紧急发布平台四期上线两年找回儿童 2980 名，系统四期上线》，2018 年 5 月 24 日，新京报，http://baijiahao. baidu. com/s? id =16013123140976843132&wfr =spider&for = pc。

（青春叛逆期、家庭矛盾、逃避学业压力、在外游玩等原因）儿童152名、迷路走失儿童27名，不幸遇害儿童20名，其他原因（如不幸溺水、遇车祸、坠崖等）身亡儿童32名，不实报案（如家庭纠纷、监护权纠纷、恶作剧、熟人带走等）涉及儿童11名。寻回的260名儿童中被诱拐的儿童（包括不幸遇害儿童）占14.62%，而迷路走失儿童、离家出走儿童、不实报案涉及儿童、其他原因身亡儿童占85.38%①。

第二，儿童失踪信息紧急发布平台上线1年以来（到2017年5月），共发布失踪儿童信息1317条，找回儿童1274名，找回儿童的比例达到96.74%，其中解救被拐卖儿童40名，寻回离家出走儿童750名、迷路走失儿童192名，不幸遇害儿童29名，其他原因身亡儿童82名，不实报案涉及儿童114名②。寻回的1274名儿童中被诱拐的儿童仅占5.42%，而离家出走儿童、迷路走失儿童、其他原因身亡儿童、不实报案涉及儿童占89.32%。

第三，儿童失踪信息紧急发布平台上线2年以来（到2018年5月），共发布失踪儿童信息3053条，找回儿童2980名，找回儿童的比例为97.61%，其中，解救被拐卖儿童48名（见表2的典型案件），寻回离家出走儿童1705名、迷路走失儿童424名，其他原因身亡儿童140名（见表4的典型案件），不幸遇害儿童（见表5的典型案件）和不实报案涉及儿童为663名③。寻回的2980名儿童中被诱拐的儿童仅有2.58%，而迷路走失儿童、离家出走儿童、不实报案涉及儿童、其他原因身亡儿童所占比例却高达97.42%。通过警方联动与民众互助方式，失踪儿童快速救

① 《公安部"儿童失踪信息紧急发布平台"二期上线》，2016年11月16日，公安部网站，http://www.mps.gov.cn/n2254098/n4904352/c5548254/content.html。

② 《公安部儿童失踪信息紧急发布平台3.0上线》，2017年5月18日，中国青年网，http://gy.youth.cn/gywz/201705/t20170518_9798877.htm。

③ 《公安部儿童失踪信息紧急发布平台四期上线两年找回儿童2980名，系统四期上线》，2018年5月24日，新京报，http://baijiahao.baidu.com/s? id = 1601312314097684132&wfr = spider&for = pc。

助联动机制在解救被诱拐儿童和寻回失踪儿童方面发挥了重要作用，共找回儿童 2980 名，其中包括成功解救被诱拐儿童 48 名，寻回迷路儿童、离家出走儿童 2129 名。在此过程中，公安机关根据民众提供的案件线索展开调查，因而我国儿童失踪信息紧急发布平台的运行效果也体现在民众的参与方面（见表 3 的典型案件）。所以，诱拐儿童犯罪防控和寻找失踪儿童离不开民众的支持，依靠民众是打击拐卖儿童犯罪和快速寻回失踪儿童不可或缺的重要基础。

表 1 儿童失踪信息紧急发布平台运行情况

时间\项目	共发布失踪儿童信息（条）	共找回儿童（人）①	找回儿童比例（%）②	解救被拐卖儿童（人）	解救被拐卖儿童比例（%）③	离家出走儿童（人）④	离家出走儿童比例（%）⑤	迷路走失儿童（人）	不幸遇害儿童（人）	不幸遇害儿童比例（%）⑥	其他原因身亡儿童（人）⑦	不实报案儿童（人）⑧	不实报案儿童比例（%）⑨
2016/11/16	286	260	90.91	18	6.92	152	58.46	27	20	7.69	32	11	4.23
2017/05/17	1317	1274	96.74	40	3.14	750	58.87	192	29	2.28	82	114	8.95
2018/05/15	3053	2980	97.61	48	1.61	1705	57.21	424	不详	不详	140	不详	不详

注：①包括解救被拐卖儿童、离家出走儿童、迷路走失儿童、不幸遇害儿童、其他原因身亡儿童、不实报案涉及儿童；②找回儿童比例＝共找回儿童人数/共发布失踪儿童信息；③解救被拐卖儿童比例＝解救被拐卖儿童人数/共找回儿童人数；④家庭矛盾、青春叛逆期、逃避学业压力、在外玩耍等原因；⑤离家出走儿童比例＝离家出走儿童人数/共找回儿童人数；⑥不幸遇害儿童比例＝不幸遇害儿童人数/共找回儿童人数；⑦因车祸、自杀、不幸溺水等意外导致死亡的儿童；⑧因家庭纠纷、监护权纠纷、恶作剧、熟人带走等不实报案涉及的儿童；⑨不实报案儿童比例＝不实报案儿童人数/共找回儿童人数。

资料来源：《公安部"儿童失踪信息紧急发布平台"二期上线》，2016 年 11 月 16 日，新华网，http：//www.xinhuanet.com//legal/2016 – 11/16/c_ 129366531.htm；《"互联网＋打拐"让更多家庭实现团圆》，2017 年 5 月 25 日，法制网，http：//www.legaldaily.com.cn/judicial/content/2017 – 05/25/content_ 7180045.htm？ node ＝80542；《公安部儿童失踪信息紧急发布平台四期上线两年找回儿童 2980 名》，2018 年 5 月 24 日，光明网，https：//baijiahao.baidu.com/s？ id ＝1601315943624167055&wfr ＝spider&for ＝pc。

表 2　解救被拐卖失踪儿童典型案件

序号	失踪儿童/时间	相关案情
1	4 岁男童 2018/03/03	陈某某 2018 年 3 月 3 日 16 时许,在福建省福州市连江县黄岐镇海丰街电影院旁公园处被人拐走。2018 年 3 月 4 日 12 时许,该小孩已在福建省福州市连江县黄岐镇海丰街丰民路一民宅被找到。该小孩系被人拐卖,现嫌疑人已被抓获,小孩已成功解救
2	12 岁女童 2018/04/16	童某某 2018 年 4 月 16 日 7 时许在福建省南平市延平区工业路 65 号附近失踪。2018 年 4 月 19 日 15 时,经延平警方 55 小时昼夜奋战,调取近千条视频线索,辗转广东、广西两省 1300 余千米路程,后在广西警方协助下成功解救被拐的失踪女孩童某某,抓获犯罪嫌疑人韦某。目前,童某某已由延平警方护送回延平
3	1 岁女童 2018/05/12	武某某 2018 年 5 月 12 日 10 时许在天津市东丽区乐易购生活购物广场(军粮城店)附近失踪。2018 年 5 月 15 日 21 时许,失踪儿童武某某在浙江省嘉兴市已被找到并成功解救
4	3 岁女童 2018/07/06	陈某某 2018 年 7 月 6 日 16 时许在赣州市南康区南康区职业中专附近失踪。2018 年 7 月 7 日 11 时 30 分许,该失踪儿童在于都县于都街上被找到,系被嫌疑人张五月生拐骗,孩子安全,未受到不法侵害
5	6 岁男童 2018/08/02	龙某某 2018 年 8 月 2 日 10 时许在云南省昆明市官渡区宝丰农贸市场居委会旁失踪。2018 年 8 月 4 日 12 时许,经侦查民警在云南省保山市隆阳区成功解救龙某某,并抓获犯罪嫌疑人一名
6	5 岁女童 2018/08/25	谭某某 2018 年 8 月 25 日 14 时许在宣威市西河路 38 号 - 19 失踪。2018 年 8 月 26 日谭某某在曲靖市火车站被找到,孩子体表无外伤。已抓获犯罪嫌疑人范双吉,并于 2018 年 8 月 26 日 5 时押解到宣威市公安局丰华派出所
7	13 岁女孩 2018/10/15	彭某 2018 年 10 月 15 日 6 时许在眉山市仁寿县秦弯村失踪。接警后,民警立即展开调查,第一时间与孩子的家长和老师取得联系,了解孩子的体貌特征和衣着,并调取相关路段的监控进行查找。于 2018 年 10 月 21 日在江苏省东台市找到孩子,此案已移交当地警方处理
8	12 岁女童 2018/12/16	李某某 2018 年 12 月 16 日凌晨 2 时许在营山县朗池镇狮子村 6 组附近失踪。2018 年 12 月 20 日凌晨零时许,失踪人员李某某在南充市高坪区高速收费站出口被民警找到并解救回家

资料来源:《公安部儿童失踪信息紧急发布平台》,2018 年 12 月 25 日,https://weibo.com/u/5918987931? refer_ flag = 1001030101_ &is_ all = 1。

表3 民众参与寻找失踪儿童典型案件

序号	失踪儿童/时间	相关案情
1	10岁男孩 2018/05/20	韦某某2018年5月20日19时许从海南省定安县定城镇德才学校走失至今未归。2018年5月23日凌晨5点在定安县定城镇白蒙村一在建楼房的四楼上找到莫某和韦某某。两个小孩因私自从学校翻墙出去玩,后来时间太长担心被老师责骂不敢回校。经团圆平台发布信息,知情群众联系学生家长找到两小孩
2	14岁女孩 2018/06/25	李某某2018年6月25日7时10分从西北师大二附中门口走失。走失时上身穿蓝白色校服,下身穿灰色裤子,脚上穿白色球鞋,身背黑色书包,戴白金色边圆形眼镜,25日上午7时30分从安宁区委BRT公交站进去后未出来。2018年6月25日21时许,失踪女孩李某某在兰州市城关区焦家湾处被好心人发现,已送回家,出走期间未受到不法侵害
3	13岁男孩 2018/08/26	万某某2018年8月26日20时许在北京市朝阳区来广营乡立水桥味多美店旁边一卫生间走失,走失时上穿蓝横格圆领短袖,下穿蓝色过膝短裤,脚穿灰黄色凉鞋,有智力障碍。2018年8月27日18时许万某某被过路群众发现,送到昌平回龙观派出所,后被家人接回家中,走失期间未受到不法侵害
4	7岁男童 2018/09/24	韦某某2018年9月24日14时许从罗甸县龙坪镇莲花街人民银行对面出租房离家外出后下落不明,系聋哑儿童、轻微精神失常。2018年9月27日21时许,韦某某在罗甸县龙坪镇沙井加油站背后河道污水排水管道内被找到,孩子因父母不在家,跑到河沟边玩耍,不慎掉入污水排水管道内,经辖区派出所民警和家人大力寻找,以及群众提供的线索,曾经看见其在河沟里洗澡,在派出所及消防员的帮助下,发现其被卡在污水排水管道内,现已将其救出并送往罗甸县人民医院,经罗甸县人民医院各项检查,其无生命大碍
5	11岁男童 2018/10/24	卢某某2018年10月24日16时30分许从金华市河盘桥尚雅实验学校放学后出走未归。2018年10月25日20时许,在金华市妇幼保健医院附近被群众发现,报警后经民警核查确认身份,经查卢某某未受不法侵害
6	12岁男童 2018/11/20	陈某某2018年11月20日13时许在毛集影视城小区走失。其母亲2018年11月23日到毛集派出所报案。2018年11月23日17时20分许走失儿童陈某某在凤台县新集镇被群众发现,随后报警。新集派出所接警后将陈某某带回派出所,后陈某某被公安机关交给其母亲。走失原因系陈某某因考试成绩不理想怕被责备偷偷溜出家,在走失期间未遭受不法侵害

续表

序号	失踪儿童/时间	相关案情
7	14 岁女孩 2018/11/29	金某某 2018 年 11 月 28 日晚 7 点左右在龙井市龙门街孤儿院附近走失,走失时身穿黑色羽绒服。金某某已于 2018 年 11 月 29 日 20 时 50 分被好心民众找到
8	5 岁男童 2018/12/28	张某某 2018 年 12 月 28 日在××县石榴镇石榴村同吉超市门口走失。2018 年 12 月 28 日 18 时许该失踪儿童在漳浦县石榴镇石榴村加油站被找到,其因跟随父母在超市购物时走丢,后民警根据群众反映的线索在加油站附近找到该儿童

资料来源:《公安部儿童失踪信息紧急发布平台》,2018 年 12 月 25 日,https://weibo.com/u/5918987931? refer_flag = 1001030101_ &is_all = 1。

表 4　意外死亡儿童失踪典型案件

序号	失踪儿童/时间	相关案情
1	3 岁男童 2018/03/25	杨某某 2018 年 3 月 25 日下午 3 时许于肥东县长临河镇幸福家园小区南区幸福二路与官塘路交叉口小区外玩耍时走失。2018 年 3 月 26 日晚 6 时许,肥东县公安局接到群众报警称在幸福家园小区一窨井内发现一具儿童尸体。后经辨认系之前走失的杨某某。经肥东县公安局法医检验,杨某某体表无外伤,初步判定系溺水死亡
2	2 岁女童 2018/04/14	2018 年 4 月 14 日 9 时 37 分安徽省阜阳市阜南县席某贺报警称,其孙女席某某于 14 日 8 时 30 分和奶奶张某影在家,奶奶张某影到屋后喂猪时,其在院内玩耍走失,现下落不明。2018 年 4 月 15 日 11 时许,失踪儿童席某某遗体在其家附近的小水池里找到,经法医初步鉴定,孩子体表无外伤,系溺水身亡
3	9 岁男孩 2018/05/20	文某某 2018 年 5 月 20 日 14 时许在四川省攀枝花市仁和区渡江公园附近走失。民警接警后通过调取天网监控,发现文某某和另外一名小男孩一起外出,后通过找到该男孩得知文某某与该男孩于 5 月 20 日 15 时许来到西区宝鼎大桥下的江边游泳,后文某某下水后就没有出来,该男孩因害怕跑回家没有告诉任何人,民警于 5 月 21 日中午联合消防部门,在宝鼎桥下的金沙江中打捞到一具小男孩尸体,经其父母辨认确认系失踪的文某某
4	11 岁男童 2018/06/13	2018 年 6 月 13 日早上 7 点左右王某某在甘肃省临洮县洮阳镇洮之苑小区失踪。临洮县公安局民警、失踪儿童家属以及热心民众进行全力寻找后,2018 年 6 月 23 日 17 时许在甘肃省广河县祁家集镇黄家湾村村部附近的洮河内找到,并确定无名尸体为王某某,家属对其死亡原因无异议并于当日到定西进行火化

续表

序号	失踪儿童/时间	相关案情
5	2 岁女童 2018/07/29	程某某 2018 年 7 月 29 日 13 时在楚雄市树苴乡九街村委会的汪队失踪。失踪儿童程某某遗体于 2018 年 7 月 30 日下午被找到,系溺水死亡
6	4 岁男童 2018/09/11	吴某某 2018 年 9 月 11 日 19 时许在颍上县夏桥镇罗洋村东王海队自家门口玩耍时丢失,丢失时上身穿白色带哆啦 A 梦花纹短袖 T 恤衫,下身穿蓝色开裆裤。2018 年 9 月 12 日 16 时 30 分,失踪儿童吴某某在自家楼下的服装厂(颍上县夏桥镇罗洋村扶贫服装厂)的仓库丝绵堆里已被找到,经鉴定已窒息死亡
7	2 岁女童 2018/09/17	冯某某 2018 年 9 月 17 日在禄丰县广通镇八屯小学旁山上与家人捡板栗时走失,走失时穿蓝色牛仔连衣裙,白色牛仔裤,红色布鞋。派出所民警同失踪儿童家属在失踪地点附近寻找一夜未发现其踪迹。冯某某尸体于 2018 年 9 月 18 日 15 时在禄丰县广通镇八屯村委会张湾村的一个水库里被找到,系溺水死亡
8	9 岁男童 2018/10/10	向某某 2018 年 10 月 10 日 20 时许在宣汉县东乡镇金鼎苑走失,该失踪儿童系自闭症患者。走失时上穿白色外套,下穿黑色长裤,脖子上带有一个金属牌,上面有其家人联系方式。2018 年 10 月 12 日 8 时许失踪儿童向某某的遗体在宣汉县东乡镇洲河里被找到,经法医初步鉴定尸体外表无伤痕,系溺水身亡

资料来源:《公安部儿童失踪信息紧急发布平台》,2018 年 12 月 25 日,https://weibo.com/u/5918987931? refer_ flag =1001030101_ &is_ all =1。

表 5 不幸遇害儿童失踪典型案件

序号	失踪儿童/时间	相关案情
1	9 岁女童 2018/02/02	2018 年 2 月 2 日 14 时 30 分许林某某在福建省仙游县鲤南镇象林村下新 93 号走失。失踪儿童林某某于 2018 年 2 月 3 日被找到,已确认死亡
2	13 岁女孩 2018/03/30	2018 年 3 月 30 日 23 时许朱某某去海口市百汇城电玩城玩耍后电话关机失联。失联时,穿着黑色 T 恤,阿迪达斯短裤,脚穿 nike 高帮运动鞋,中等身材。经调查失踪儿童朱某某已遇害,其遗体 2018 年 3 月 31 日 22 时左右在海南省海口市琼山区环湖路八一小区内被找到,警方已抓获犯罪嫌疑人罗某
3	10 岁女童 2018/03/30	施某某 2018 年 3 月 30 日 16 时 33 分在浙江省嘉兴市海盐县通元镇通北村前浜底走失,走失时上身穿粉红色外套,外套上有白色毛绒帽子,下身穿深色裤子,背一个粉色双肩书包。公安机关启动疑似被侵害失踪人员工作机制,经调查失踪儿童施某某已遇害,发现并抓获重大嫌疑人王某(男,31 岁),根据其交代找到被害女孩遗体

续表

序号	失踪儿童/时间	相关案情
4	13岁女孩 2018/06/16	吕某某 2018 年 6 月 16 日在吉林省延边朝鲜族自治州珲春市春城路 509 号附近失踪。2018 年 6 月 26 日 13 时许在珲春市哈达门乡水田地中,发现一具被塑料袋包裹的无名女尸,经 DNA 检验鉴定为吕某某。目前此案已侦破
5	12岁女童 2018/07/03	2018 年 7 月 3 日 21 时许张某某和父亲张某新在家中看电视,21 时 30 分许张某新外出办事,2018 年 7 月 4 时 0 时,张某新回到家中,发现张某某已不在家。2018 年 7 月 6 日 15 时许,失踪女童张某某在海南省保亭县新政镇报导村水库旁被找到,已遇害身亡。犯罪嫌疑人已到案
6	1岁女童 2018/07/16	2018 年 7 月 16 日 13 时许暂住兴义市笔山路康定园对面巷道出租屋的夏某凤带着其 1 岁 11 个月孙女刘某某从兴义市笔山路康定园对面巷道出租屋外到兴义市乌沙镇至今未归。2018 年 7 月 22 日 16 时在兴义市白碗窑镇色白村一灌木丛内土堆中发现一具幼儿尸体,经检验鉴定该尸体系失踪幼儿刘某某
7	9岁女童 2018/08/19	柴某某 2018 年 8 月 19 号下午和姐姐一起出去玩,半途自己一个人回家,当天身穿红色短袖衣服,肩膀带网状,短牛仔短裤,在老河口市孟楼镇走失。2018 年 8 月 22 日 10 时许柴某某尸体在老河口市孟楼镇柴岗村 10 组水塘边被人发现,系他杀。公安机关迅速成立专案组调查走访,于 2018 年 8 月 22 日下午 18 时许,将犯罪嫌疑人柴某云抓获
8	8岁女孩 2018/08/24	2018 年 8 月 24 日 10 时 45 分刘某祥向盐津县公安局庙坝派出所报警称,其 8 岁的女儿刘某某于今早 10 时左右在盐津县庙坝镇麻柳歇凉树走失,接警后庙坝派出所民警立即发动群众共同四处找寻无果。2018 年 8 月 25 日 10 时许在刘某祥家斜对面 500 米远的山林草丛中发现失踪儿童刘某某,已死亡

资料来源:《公安部儿童失踪信息紧急发布平台》,2018 年 12 月 25 日,https://weibo.com/u/5918987931? refer_ flag = 1001030101_ &is_ all = 1。

需要注意的是,我国儿童失踪信息紧急发布平台因信息发布标准和配套措施的阙如,有可能被用于发布恶作剧(hoax)和无根据(unfounded)案件信息(见表6、表7、表8的典型案件),或没有任何威胁的家庭矛盾、监护权纠纷(被亲属带走)、离家出走案件信息(见表9、表10的典型案件)。

例如，2018 年 12 月 5 日，浙江省乐清市警方通报了男孩黄某"失联"案的进展，男孩母亲因与在外经商的丈夫有家庭矛盾纠纷，为了测试其丈夫对家人是否关心，蓄意策划制造了虚假警情。因涉嫌编造、故意传播虚假信息罪，男孩的母亲已被乐清公安局依法采取刑事强制措施。这起案件之所以引发舆论的轩然大波，在于这起虚假儿童失踪案调用了大量的社会资源，包括警方通过走访、监控等手段进行大范围的搜寻工作；各大媒体、知名人士以及热心民众借助网络转发与该案的相关信息帮助寻找。但人们在投入了各种资源后却发现，这是一起因家庭纠纷引起的虚假警情。而类似的由家庭纠纷引发的失踪儿童案不止一起。在"熟人带走"型这一种儿童失踪原因中，许多儿童失踪案是缘于妻子与丈夫吵架后带着孩子离家出走①。例如，2018 年 2 月 9 日 2 岁女童绍某某的父亲报案称，其女绍某某被其母亲杨某某从西安市未央区阿房一路沈佳寨村家中抱走失踪，两人至今未归。2018 年 2 月 14 日失踪儿童绍某某已和其母亲一起回家，孩子失踪原因系父母之间的家庭纠纷。

全国打拐民警在儿童失踪信息紧急发布平台上发布的 3053 条失踪儿童信息，多数失踪案件其实都是虚惊一场，超过一半的失踪原因是孩子因青春叛逆期、家庭矛盾纠纷、逃避学业压力、逃避家长监管等离家出走。例如，2018 年 8 月 19 日 13 岁女孩谢某的父母报警称，其女谢某于 2018 年 8 月 19 日再次离家出走失踪。随后打拐民警在儿童失踪信息紧急发布平台上发布了此案的信息。谢某在看到发布的失踪信息后怕事情闹大于 2018 年 8 月 24 日自行返回家中，但在返家后其家长故意隐瞒案件情况不报告公安机关结案，以至于打拐民警特别在平台系统中提醒谢某家长，应及时通报小孩返家情况让公安机关及时结案，而小孩屡次离家出走与家庭教育不当有很大关联，失踪信息"狼来了"喊多了，平台系统以后就难以真正发挥作用了。根据表 1 的数据统计，2016 年 11 月 16 日，解救被诱拐儿童比例为 6.92%，离家出

---

① 《三千多起儿童失踪案告诉你，乐清"走失"男孩不止一个》，2018 年 12 月 6 日，澎湃新闻，https：//view. inews. qq. com/a/20181205A1LPJX00？uid＝867562283&chlid＝news_ news _ top&from＝timeline。

走儿童比例为 58.46%，不幸遇害儿童比例为 7.69%；2017 年 5 月 17 日，解救被诱拐儿童比例为 3.14%，离家出走儿童比例为 58.87%，不幸遇害儿童比例为 2.28%；2018 年 5 月 15 日，解救被诱拐儿童比例为 1.61%，离家出走儿童比例为 57.21%，不幸遇害儿童比例不详。寻回离家出走儿童的比例大约占 60%，而真正与诱拐儿童相关的案件信息仅在 5.42% 和 14.61% 之间，且随着信息发布数量的增加不断变少。这与儿童失踪信息紧急发布平台主要用于快速解救被诱拐儿童的初衷不符。

综上可知，儿童失踪信息紧急发布平台发布的多数案件信息，事实上对儿童的人身安全并不具有任何威胁。如果将没有任何威胁的迷路走失案件和因青春期叛逆离家出走案件都认定为成功解救失踪儿童案件，则儿童失踪信息紧急发布平台最好定位为普通的失踪儿童寻回系统，而非为改变传统协查发布机制缺陷，以拯救儿童生命的诱拐儿童犯罪快速解救机制。可以认为，尽管我国失踪儿童快速救助联动机制在寻回失踪儿童和解救被诱拐儿童方面发挥了一定作用，但失踪儿童快速救助联动机制尚处于起步阶段，面临许多亟待解决的难题，特别是如何甄别儿童是否被诱拐，不同地区、警种之间的协作，配套措施的构建与完善，目前相关部门还没有制定出可行的解决方案。这在一定程度上会减损信息发布程序的科学性和发布结果的可预期性。长此以往，我国失踪儿童快速救助联动机制可能会陷入其他国家面临的类似难题，特别是非家庭诱拐与其他类型的诱拐（如家庭诱拐案件）和失踪相混淆（如走丢、受伤或其他失踪案件，有生命危险的离家出走案件）[1]，以

———————————

[1] 美国执法部门在启动安珀警报系统之前，需要根据案件不同性质对报警信息进行分类，包括：（1）家庭诱拐（Family Abduction，FA）是指父母一方、其他家庭成员、代理人，剥夺父母另一方或其他家庭成员监护权（包括探视权），将未满 18 周岁的儿童带走、扣留或者隐藏的行为；（2）非家庭诱拐（Nonfamily Abduction，NFA）是指与儿童没有血缘或姻亲关系的人，强制、非法带走未满 18 周岁儿童，或者因其他犯罪目的而将儿童诱拐走的行为；（3）走丢、受伤或其他失踪（Lost，Injured，or Otherwise Missing，LIM）是指没有足够证据证明未满 18 周岁的儿童失踪的原因，或者未满 10 周岁儿童自动失踪的情形，这些也可归入"有生命危险的失踪"（Endangered Missing）；（4）有生命危险的离家出走（Endangered Runaway，ERU）是指没有经父母或者法定监护人同意，介于 11 岁到 17 岁之间的自动失踪的儿童。参见 National Center for Missing & Exploited Children©2014 AMBER ALERT REPORT，p. 6。

及信息发布标准阙如和目标考核机制压力，导致儿童失踪信息紧急发布平台被滥用或发布不实失踪信息（如恶作剧和无根据案件，或没有任何威胁的家庭纠纷案件）。

表6　不实报案儿童失踪典型案件

序号	失踪儿童/时间	相关案情
1	4岁女童 2018/02/02	2018年2月2日谭某某的父亲谭某才报案称，谭某某在湖北省××市××区平云三路河边与父母走失。2018年2月5日9时许，谭某某在江苏省扬州市被找回。2月6日19时30分许，报案人谭某才联系民警告知孩子找回，走失原因系谭某某母亲张某燕和其母亲王某菊吵架后，张赌气带着女儿离家并关机。后王某菊怕其女婿责骂，其谎称谭某某走失，张某燕出去找孩子。后谭某才报案，民警按规定立即录入团圆系统
2	2岁女童 2018/02/09	陕西省××市××区西镇高坪村绍某某的父亲绍某锋报案称，在2018年2月9日14时左右绍某某被其母亲杨某菊从西安市未央区阿房一路沈佳寨村家中抱走失踪，两人至今未归。2月14号失踪儿童绍某某已和其母亲一起回家，孩子失踪原因系父母之间的家庭纠纷
3	4岁女童 2017/09/23	河北省××市××县公安局接到王某某家人报案称，2017年9月23日王某某被其婶子常某珠带着离家出走，至今没有音讯，怀疑王某某被拐骗。2018年3月23日王某某父亲王某龙来刑警队，称王某某系其和常某珠的亲生女儿，只是户口落在王某刚的户头上。平时王某某和王某龙、常某珠在一起生活，当时报案时系王某龙和常某珠闹矛盾，常某珠带着孩子离家出走，手机关机。王某龙为了找回常某珠才报假案说孩子被拐走。现在常某珠带着孩子已经回来了，特来销案
4	10岁男童 2018/03/26	2018年3月26日林某某的父母报案称，其子于河北省××市××县××经济技术开发区长江东路1号走失。经公安民警查找，林某某于27号上午10时在山东德州减河公园被找到，找到时正在玩耍。据了解，林某某有多次出走流浪的习惯，这次出走系个人行为，出走期间没有受到诱惑，也没有受到他人伤害
5	10岁男童 2018/04/11	江西省××市××区分局接到张某某父母报警称其子于2018年4月11日走失。经分局民警调取大量视频、走访等工作后证实，张某某弟弟对其行踪说了谎，侦查员和失踪儿童张某某父母在反复做其弟弟工作后，其弟弟承认说谎，后带着父母到失踪儿童张某某溺亡的地点，4月17日失踪儿童张某某的遗体已经被找到

续表

序号	失踪儿童/时间	相关案情
6	13 岁女孩 2018/08/19	湖北省××市××县××镇 13 岁女孩谢某的父母报警称,其女谢某于 2018 年 8 月 19 日再次离家出走失踪。谢某看见平台系统发布的信息后怕事情闹大于 8 月 24 日自行返回家中,但在返家后其家长故意隐瞒不报告公安机关结案。打拐民警特别提醒谢某家长注意,应及时通报小孩返家情况,公安机关好及时结案。小孩屡次离家出走家庭教育有很大责任,"狼来了"喊多了,平台系统以后就难以真正发挥作用了
7	年龄未知 2018/09/03	2018 年 9 月 3 日罗某在未告知父母自己行踪的情况下离家出走打工,其父母为发布儿童失踪信息迅速找人,谎报罗某年龄并称其女有智力障碍。随后罗某与家里联系称在广东打工,派出所民警已与罗某联系证实
8	10 岁男童 2018/11/30	浙江省乐清市公安局接获报警称,2018 年 11 月 30 日一男童黄某于放学回家途中失联。为找到孩子,其父悬赏 50 万元寻子,引发网友热议。5 日后,乐清市公安侦查人员确认孩子人身安全,并已找回,系虚假警情。男孩黄某母亲因与在外经商的丈夫有家庭矛盾纠纷,为了测试其丈夫对家人是否关心,蓄意策划制造了虚假警情。2018 年 12 月 5 日陈某因涉嫌编造故意传播虚假信息罪被乐清市公安局依法采取刑事强制措施

资料来源:《公安部儿童失踪信息紧急发布平台》,2018 年 12 月 25 日,https://weibo.com/u/5918987931？refer_ flag = 1001030101_ &is_ all = 1。

表 7　外出游玩儿童失踪典型案件

序号	失踪儿童/时间	相关案情
1	7 岁男童 2018/09/24	韦某某的家人报案称其于 2018 年 9 月 24 日 14 时许在贵州省××××州××县莲花路附近失踪。2018 年 9 月 27 日 21 时许,失踪儿童韦某某在罗甸县龙坪镇沙井加油站背后河道污水排水管道内被找到,孩子在河沟边玩耍时不慎掉入污水排水管道内,经辖区派出所民警和家人大力寻找及群众提供的线索,在派出所及消防员的帮助下,将其从被卡的污水排水管道内救出,后送至罗甸县人民医院,经检查,无生命大碍
2	12 岁女童 2018/11/03	刘某某的家长高某某到云南省文山市公安局卧龙派出所报称,其外孙女于 2018 年 11 月 3 日 18 时出去后一直没回家。11 月 11 日 10 时失踪女童刘某某已自己回到家中,系与朋友出去玩而离家出走

续表

序号	失踪儿童/时间	相关案情
3	13岁男孩 2018/11/09	何某某的父母报案称其子于2018年11月9日18时许在四川省××市××县何家沟村失踪。11月14日上午11时许,失踪儿童何某某在仪陇县新政镇与蓬安县鲜店乡交界的一山上被找到,该失踪儿童系与同学相约离家体会野外生活,离家期间未受到不法侵害
4	8岁男童 2018/11/17	安某某的父母报案称其子于2018年11月17日15时许在四川省××市西区金沙西苑失踪。11月18日下午14点左右,安某某自行回到家,之前系贪玩到同学家玩耍未归家
5	13岁女孩 2018/11/16	刘某某的家人报案称其于2018年11月16日12点,在云南省×××州××县莲城镇失踪。11月18日晚11,刘某某已在广南县铜鼓广场附近被家人找到,系未与家人联系和朋友在外游玩
6	13岁女孩 2018/11/17	李某的家人报案称其女于2018年11月17日17时许,在云南省××市××区子午路与文笔路交会处东北角麒麟嘉城B1层失踪。11月21日16时许云南省××市××区益宁街道失踪儿童李某自行回到家中。李某失踪期间系在云南省曲靖市麒麟区南关七村其朋友家玩,其间未受到不法侵害
7	14岁女孩 2018/11/24	吕某的家长报案称其女于2018年11月23日20时许,在吉林省×××州××县××镇步行街老太太酱汤馆对面附近失踪。11月24日9时30分走失儿童吕某已经自行回家,该人自称与他人喝醉酒,被朋友送入旅店休息,清醒后已经和父母取得联系,未受任何伤害
8	9岁女童 2018/11/29	2018年11月30日吴某某母亲到云南省××市××县公安局城关派出所报案称,其女吴某某于11月29日15时许,在其位于富民县永定街道办事处白石岩村委会老茨塘38号家中走失,至今未找到。2018年12月1日17时许,吴某某被父亲赵某云在距离儿童失踪地点约十公里的大龙潭村其大伯顾某友家找到,未受不法侵害,系其贪玩忘记告诉家人

资料来源:《公安部儿童失踪信息紧急发布平台》,2018年12月25日,https://weibo.com/u/5918987931?refer_flag=1001030101_&is_all=1。

表8 迷路走失儿童失踪典型案件

序号	失踪儿童/时间	相关案情
1	4岁男童 2018/02/05	2018年2月5日12时许四川省××市××县清溪镇儿童胡某某在××县清溪镇将军东路走失。2018年2月5日20时许,走失儿童胡某某在××县清溪镇中心校门口找回,现已安全送回家中,系贪玩走失,走失期间未受不法侵害

续表

序号	失踪儿童/时间	相关案情
2	8 岁女童 2018/04/14	侯某某 2018 年 1 月 14 日上午 10 时许在辽河第一城北区走失，走失时上身着黄色外套，下身穿蓝色牛仔裤。接到报警后，双辽市公安局刑警大队民警和辽西派出所民警立即通过各种技术手段查找侯某某下落，经过多方努力，2018 年 4 月 14 日晚 8 时 20 分许在迈河第一城北区一楼道内找到侯某某，该女童家长带孩子去超市购物，因孩子自己跑出去闲逛，走到辽河第一城北区迷路，找不到家。目前孩子已经被父母带回家里
3	7 岁女童 2018/04/29	2018 年 4 月 29 日 14 时许林某某在福建省莆田市涵江区江口镇陶青小学门口走失。2018 年 4 月 29 日 17 时派出所民警接到报警后，调取学校周边监控，民警与其家人根据监控在市场边的小巷找到迷路的女童林某某。系迷路走失，未受不法侵害
4	2 岁男童 2018/06/22	彭某某 2018 年 6 月 22 日 10 时许在高州市宝光街道程村村委会综合队程某某家门前走失。2018 年 6 月 24 日 11 时许，该失踪儿童彭某某在高州市顿梭团结农场 559 乡道西附近的山岭上被找到，孩子是独自外出玩耍迷路走失
5	7 岁男童 2018/09/03	周某 2018 年 9 月 3 日 11 时 43 分在福建省莆田市涵江区涵东街道第二实验小学门口走失。2018 年 9 月 3 日 15 时 30 分许，办案民警及其家人在涵江商业城找到失踪男孩周某，因坐错公交车而迷路
7	9 岁女童 2018/10/06	陈某某 2018 年 10 月 6 日 13 时许在肥东县禹州中央广场小区 c 区走失。走失时身穿淡粉色纱裙，左嘴角有一颗黑痣。2018 年 10 月 6 日 23 时许，陈某某在肥东县撮镇路老县医院被找到。经查系离家外出玩耍迷路，后辗转来到老县医院处
8	10 岁女童 2018/10/29	黄某 2018 年 10 月 29 日 13 时 30 分从海口市秀英区长流镇时代城小区走失，走失时上身穿蓝白色康安小学校服，红领巾，下身穿黑色运动短袖，黑色凉鞋，长发，与其一同走失的还有其同学王某。2018 年 10 月 29 日 21 时 58 分，该失踪儿童黄某在海口市英区万达广场被找到，其系与同学王某坐车迷路后联系父母找回

资料来源：《公安部儿童失踪信息紧急发布平台》，2018 年 12 月 25 日，https：//weibo. com/u/ 5918987931？refer_ flag = 1001030101_ &is_ all = 1。

表9 离家出走儿童失踪典型案件

序号	失踪儿童/时间	相关案情
1	12 岁男童 2018/09/14	明某 2018 年 9 月 14 日 17 时 30 分从江西省××市××区第七中学放学以后走失。2018 年 9 月 17 日 16 时 10 分在公安机关和家属的共同努力下，章贡区籍失踪男孩明某某安全回到家中，其间未受到不法侵害。经了解，其是与父亲赌气离家出走。真实的出走原因是，其以出走来要挟父亲帮其买一部华为手机
2	13 岁女孩 2018/10/08	2018 年 10 月 8 日 1 时 30 分许北京市××区女孩张某某从榆堡镇贤村求顺街 14 号自己家中离家出走，下落不明。2018 年 10 月 9 日 15 时许失踪儿童张某某自行回到学校上学，其称因与家长闹矛盾，离家出走去同学家了，外出期间未受不法侵害
3	11 岁男童 2018/10/20	2018 年 10 月 20 日 14 时左右云南省××市××县水塘村的但某某上山找寻自家的耕牛后未回家，当天 17 时左右其家人开始寻找，至今未找到。2018 年 10 月 21 日 17 时许但某某被高速公路巡警发现在高速公路上，后被高速公路巡警送回，该小孩系放牛把牛弄丢后不敢回家，离家出走，未受到不法侵害
4	13 岁男童 2018/10/27	董某某于 2018 年 10 月 27 日 16 时从××省××市××县焦岗湖镇新建村家中离开后联系不上，其父于 27 日 19 时 50 分到派出所报案。10 月 28 日 8 时许，董某某自行回到焦岗湖镇新建村中。经了解，董兴华因学习成绩不理想，被家长说了几句后，就离家出走躲了起来。现该儿童已安全回家，未受到不法侵害
5	9 岁男童 2018/11/05	2018 年 11 月 5 日 9 时许，贵州省××市××县 9 岁男孩蒙某某从独山县百泉镇第一小学外出后下落不明，失踪儿童家属于 11 月 5 日 21 时到公安局报案。独山县失踪男童蒙某某于 11 月 6 日 16 时 30 分在独山县公安局各警种通力查找下在百泉镇三桥安置区附近被找到。经了解，该男孩因未完成作业担心老师、家人责备离家出走。失踪期间未受到拐卖、胁迫等不法侵害
6	11 岁女童 2018/11/11	2018 年 11 月 15 日 13 时许左某某家属到长顺县广顺派出所报案称其女儿失踪。经查 2018 年 11 月 11 日贵州省××市××县 11 岁女孩左某某从长顺县广顺镇来远村家中离家后下落不明。11 月 21 日 14 时许在我局刑侦、派出所民警的共同努力下，在长顺县长寨镇营盘小区找到。经询问了解，该女孩因学习问题被家人责骂，受到打击，不愿看到家人便自行离家出走。失踪期间未受到不法侵害
7	13 岁男孩 2018/11/19	俞某某 2018 年 11 月 19 日早上 6 点半出门上学，到五洲大道赣南妇婴医院门口站台，坐公交车到赣州二中上学途中走失。11 月 19 日上午 11 时 30 分左右，在公安机关和家属的共同努力下，江西省××市××区籍失踪儿童俞某某被安全找回，其间未受到不法侵害。经调查，其系因期中考试成绩不理想被老师罚抄，闹情绪，离家出走，未去学校上学

序号	失踪儿童/时间	相关案情
8	12 岁女童 2018/11/29	王某某的父亲 2018 年 11 月 30 日到四川省××市××县公安局刑侦大队报案称,其孙女于 2018 年 11 月 29 日 20 时 10 分出校门后一直未回家。王某某因手机被摔坏不敢回家,所以离家出走。其已于 2018 年 12 月 1 日上午自行回到家中。失踪期间未受到不法侵害

资料来源:《公安部儿童失踪信息紧急发布平台》,2018 年 12 月 25 日,https://weibo.com/u/5918987931? refer_ flag = 1001030101_ &is_ all = 1。

表 10　家庭纠纷（被亲属带走）儿童失踪典型案例

序号	失踪儿童/时间	相关案情
1	4 岁男童 2018/01/05	2018 年 1 月 5 日中午 11 时许 4 岁男孩方某某从陕西省西安市灞桥区东小寨村 58 号走失,走失时上身穿橘黄色滑雪衣,袖子为深蓝色,下身穿黑色棉裤,脚穿黑色运动鞋,一只鞋有脱胶情况,右眉毛中央处有一米粒大伤疤。2018 年 1 月 13 日失踪儿童方某某已被找到,方某某系家庭纠纷被其母亲王某珍带去成都,失踪期间未受不法侵害
2	11 岁女童 2018/05/10	刘某 2018 年 5 月 10 日晚 19 时许在其家附近失踪。该儿童失踪时身穿粉红色校服,脚穿白色运动鞋。2018 年 5 月 11 日 17 时许,四川省××市××县马渡关镇失踪儿童刘某已被找回,该失踪儿童系被亲戚家接走,现已安全送回家中,走失期间未受不法侵害
3	4 岁女童 2018/07/07	李某某 2018 年 7 月 7 日 20 时 30 分左右于河北省××市××县费家庄村失踪。2018 年 7 月 8 日 15 时许,该失踪儿童李某某在行唐县其姥姥家被找到,孩子系因家庭纠纷被其姥姥抱走
4	9 岁女童 2018/07/29	2018 年 7 月 30 日 9 时许邹某某报警称,其妻子番某某及女儿赵某于 2018 年 7 月 29 日 10 时从昆明市西山区沙地村 247 号离家后至今未归。2018 年 8 月 2 日 18 时许,赵某母亲番某某带女儿赵某到派出所,称其因家庭矛盾不愿在家,故携带其女儿于 2018 年 7 月 29 日 10 时 30 分跟随微信网友乘电动车到昆明官渡区,其间未受到不法侵害
5	4 岁女童 2018/08/11	2018 年 8 月 11 日 20 时许张某明带领其孙女张某某在甘肃省泾川县回中广场玩耍时,张某某丢失,至今杳无音讯,张某某丢失前上身穿粉红色短袖,下身穿浅蓝色裤子。孩子已于 2018 年 9 月 21 日被找到,因婚姻纠纷,系其母亲藏匿

续表

序号	失踪儿童/时间	相关案情
6	2 岁女童 2018/09/28	2016 年 9 月 28 日早 7 时 55 分陕西省××市××区陈林村年仅 2 岁零 8 月的肖某某失踪。后经查明,这是一起家庭纠纷,因丈夫肖某伟好赌,妻子盛怒之下将小孩抱走,说出去玩几天,小孩未被拐走,不属于拐卖案件
7	7 岁女童 2018/12/10	2018 年 12 月 10 日 17 时 30 分许董某某在连儿湾乡大湾小学门口出走,出走时身着红色棉衣,蓝色裤子。2018 年 12 月 13 日,在临洮县公安局连儿湾派出所民警、家属及社会各界人士全力寻找过程中,在甘肃省兰州市龚家湾董某某母亲的娘家找到。进一步调查,2018 年 12 月 10 日下午,董某某母亲在连儿湾乡大湾小学门口因家庭纠纷将其接走,在外出走期间未受到不法侵害
8	3 岁女童 2018/12/19	2018 年 12 月 19 日 14 时 40 分许王某某跟着奶奶在安徽省淮南市山南新区泉山湖苏果超市附近游玩时走失。2018 年 12 月 19 日 18 时 40 分许,淮南市公安局山南新区分局刑侦大队在王某某一位亲戚家找到王某某。经核查,王某某亲戚因家庭纠纷将其带走。民警已对王某某的亲戚进行批评教育。经检查王某某未受不法侵害,现已被其家人接回

资料来源:《公安部儿童失踪信息紧急发布平台》,2018 年 12 月 25 日,https://weibo.com/u/5918987931? refer_flag = 1001030101_&is_all = 1。

三 完善失踪儿童快速救助联动机制的相关建议

失踪儿童快速救助联动机制在我国尚属新生事物,并未积累相关的有益经验,有必要借鉴他国的成熟经验进行完善,但程序机制和配套制度的构建不能脱离我国现实国情,应结合自身社会背景和相关制度进行探讨。

第一,成立常设的层级协调机构以促进各部门之间的合作。社会的快速发展为犯罪提供了崭新的时空条件,流动性、跨区域性是新时期犯罪的典型特点,它决定了犯罪信息的流动分散性和犯罪行为的时空转移性[①]。公安机

---

① 参见钱洋《侦查情报信息一体化应用机制探析》,《福建警察学院学报》2013 年第 2 期,第 24 ~ 25 页。

关开展侦查工作所需的情报信息，不能仅限于本区域或本部门之间的配合与协作，实现跨部门、跨区域共享信息资源已成为侦查案件的必然。例如，不同区域犯罪并案侦查的成功与否，侦查机关之间的协调配合和横向协作起着至关重要的作用。协作可以广泛交流信息，互通情报，增加并案的可能性；同时合作也可以减少人力、物力、财力的支出①。

然而，侦查信息资源共享机制的整合面临很多阻碍。一是我国现有的侦查管理模式是以行政级别为前提、以地域范围为基础的自上而下的垂直管理模式，使得本来应该综合利用的侦查资源被人为地割裂、分离，从而无法保证情报信息资源被有效共享②。我国公安机关是政府的重要组成部分，公安机关的组织架构与政府行政机关及社会上大多数组织一样，都采用了最典型的现代组织形式——科层制的组织结构③。科层制的组织结构旨在使组织有效率，但并不意味着只要是科层制组织就一定有效率④。这种科层制的行政管理封闭体系虽然可以在最大程度上简化自上而下的分工协作，并对组织的目标管理、计划的监督执行给予高度重视，但其固有的缺陷是忽略了横向上的分工协作和自由裁量，而过度的竞争和高能的激励也使得执法人员往往缺乏公共精神，对政策的执行造成不必要的重复审批和衔接冗余。二是根据《中国反对拐卖妇女儿童行动计划（2008—2012年）》的相关规定，我国反对拐卖妇女儿童行动工作部际联席会议制度由外交部、民政部、公安部、司法部、妇儿工委办公室、全国妇联等28个部门和单位组成，这对组织跨部门、跨地区的反拐行动协作具有较大的促进作用。但是，由于各单位和部门之间工作性质跨度大，而反拐任务分工又较为密切，缺乏常设协调机构的反拐工作可能步

---

① 参见郑海主编《刑事案件侦查》，法律出版社，2012，第18页。

② 参见李文军《美国安珀系统与中国打拐系统比较研究》，《青年研究》2017年第6期，第87页。

③ 参见张光《科层制变革与基层公安机关警务机制创新》，《中国人民公安大学学报》（社会科学版）2008年第4期，第61~62页。

④ 参见彼得·布劳、马歇尔·梅耶《现代社会中的科层制》，马戎等译，学林出版社，2001。

履艰难①。

我国儿童失踪信息紧急发布平台的整体联动和全面协作的实现，需要各部门和各区域之间，由传统的封闭性、孤立性格局，向现代的开放性、协作性格局转变，以实现对被拐卖儿童信息和失踪儿童信息采集、整合、研判、推送发布的最优化。对此，《中国反对拐卖妇女儿童行动计划（2013—2020年）》中也明确要求，"继续组织开展全国打击拐卖人口犯罪专项行动，进一步完善公安机关牵头，有关部门配合、群众广泛参与的打拐工作机制"；"各级公安机关完善打拐工作机制，由刑侦部门牵头，有关部门和警种通力协作，定期分析拐卖人口犯罪形式，研究完善打、防、控对策"。所以，应结合现阶段我国公安机关管理体制现状、拐卖儿童犯罪特点、反拐部门和组织之间的分工，有针对性地成立一个常设的层级协调机构，以促进不同地域、不同部门之间的反拐协作，从而推动我国打击拐卖儿童犯罪侦查信息资源的共享和整合。

第二，制定信息发布标准以确保案件信息的真实性。现代信息化侦查技术的应用发展，使侦查活动呈现出许多非属法律规则约束和调整的行为类型。这类行为与法律规制的行为完全不同，因而其遵循的规则不再是法律规则而是技术规则②。无论是法律规则还是技术规则，人们遵循规则化的行为方式，会极大地促进社会生活的安定性和有序性。人们在社会生活方面对稳定的诉求与在相互关系中遵守规则的倾向之间存在关联。一种源自过去的权威性渊源和规则，会以一种重复的方式运用于指导官方或私人的行为③。但对于人类的成长来说，要形成比较成熟的规则观念，不仅要能够区别规则的社会约束和规律的物质强制，而且要能够区别不同类型的行动规则④，以符

---

① 参见李文军《美国安珀系统与中国打拐系统比较研究》，《青年研究》2017 年第 6 期，第 87 页。

② 参见韩德明《信息化背景下侦查权范式的要素谱系》，《中国人民公安大学学报》（社会科学版）2016 年第 4 期，第 70 页。

③ 参见〔美〕博登海默《法理学：法律哲学与法律方法》，邓正来译，中国政法大学出版社，1998，第 239 页。

④ 参见童世骏《论"规则"》，《东方法学》2008 年第 1 期，第 12 页。

合人们对社会行为以及社会关系的规范化要求。失踪儿童信息发布标准作为一种收集证据资料、查找犯罪嫌疑人、调查其他犯罪事实的一种技术性规则，在制定和运用上需要遵循一定的客观事实和技术经验，并充分发挥科研机构、行业协会的论证作用，从而确保信息发布标准的权威性、规范性和科学性。

我国儿童失踪信息紧急发布平台的运行，主要有以下方面的问题：一是相关部门没有制定切实可行的信息发布标准，儿童失踪信息的真伪、是否被诱拐、紧迫程度完全取决于打拐民警的个人经验；二是不加区别地发布被诱拐儿童信息和失踪儿童信息，会降低民众对信息的关注度[①]；三是我国的儿童失踪信息紧急发布平台，从一开始在定位方向上就发生了偏差，进而导致并未真正建立起与官方初衷相符的被诱拐儿童快速救助联动机制；四是美国各州除了安珀警报系统之外，还构建有对儿童生命或健康，没有造成紧急危险的儿童失踪警报机制（包括失踪和离家出走）作为配套（普通的失踪儿童寻回系统），但我国目前构建的儿童失踪信息紧急发布平台并没有对此作出合理区分。

相关部门应对儿童失踪信息进行分类，并制定相应的信息发布标准，以规范执法人员筛选符合标准的报案信息。对此，可借鉴美国华盛顿州的安珀警报发布标准。根据拟定信息发布标准的要求，打拐民警有合理理由相信被诱拐儿童有受重伤或死亡危险，而报案者提供有"显著的"案件相关信息，包括案发地点、案发时间、被诱拐儿童身体特征、诱拐犯身体特征、最后露面的地点、作案交通工具信息等。在满足上述条件的情况下，可启动儿童失踪信息紧急发布平台。同时，应构建与被诱拐儿童快速解救机制相配套的有危险失踪儿童媒体警报，以帮助寻找走丢、受伤或其他失踪（LIM）以及有生命危险的离家出走（ERU）的儿童。此外，执法人员应采取确保报案信息真实性的配套措施，如电话录音或备案程序，以防止平台系统被用于发布

---

① 参见李文军《美国安珀系统与中国打拐系统比较研究》，《青年研究》2017 年第 6 期，第 88 页。

与诱拐儿童犯罪无关的迷路走失儿童信息和离家出走信息，以及避免发布恶作剧和无根据案件信息对民众造成不信任危机。

第三，优化调整信息的传递方式和渠道。人们获取、储存警报信息会受到大脑认知负荷（cognitive load）的影响，而认知的承载量会受到被处理信息外部特征和固有特征的影响，如信息的传递方式①。但不管是来自外部因素还是内部因素，认知负荷对记忆的形成占据了重要空间。因为在同一时间范围内大脑处理的信息量是有限的，随着其信息输入量的增多，对相关信息的处理就会变得愈发困难。更何况，能够接触警报信息的民众，此时很可能恰好有其急于完成的一些任务。而关联性不强的信息不仅无助于发现犯罪嫌疑人和受害人，还有可能扰乱民众对警报信息的分辨和记忆。儿童失踪信息的传递方式因受记忆认知结构的限制，打拐民警在发布失踪信息时如果没有关注到这些影响因素，往往会造成警报信息发布的失败。

心理学研究表明，警报信息的短暂曝光也会影响民众对信息的记忆，民众在接收信息时很可能被其他一些任务分散注意力，此时发布的警戒信息可能效果较差。但是，如果可以将信息发布在民众停留时间比较长的地方，如休息站的显示屏、广场的电子告示牌，警报信息发布后引起接收者注意并记住的概率就会明显增加。在一项有关安珀警报系统的研究中，参与者被要求驾车在模拟的高速路上行驶，并留意路边电子牌上发布的警报信息内容，稍后要求他们回忆那条信息所描述的有关细节。在120名参与者中仅有10名获得了预期分数，而这表明警报信息的短暂曝光对多数驾车者而言并不是十分有效②。所以，在发现犯罪嫌疑人、被害人及其他现场情况后，民众获取被诱拐儿童和失踪儿童信息的详细程度和时间长度，会影响其向公安机关报告案件线索的准确性。

---

① See Andreas Kapardis, *Psychological and Law: a Critical Introduction*, Cambridge: Cambridge University Press, 2010, pp. 30 – 34.

② See Monica K. Miller, Samantha S. Clinkinbeard, "Improving the AMBER Alert System: Psychology Research and Policy Recommendations", *Law & Psychology Review*, 2006, Vol. 30 (30), p. 6.

根据中国互联网络信息中心（CNNIC）2018 年 8 月 20 日在京发布的第 42 次《中国互联网络发展状况统计报告》，截至 2018 年 6 月，我国网民规模达 8.02 亿人，互联网普及率为 57.7%；2018 年上半年新增网民 2968 万人，较 2017 年末增长 3.8%；我国手机网民规模达 7.88 亿人，网民通过手机接入互联网的比例高达 98.3%①。然而，尽管我国的手机上网人群和网民规模相比以往有了大幅度提升，但当前儿童失踪信息和被诱拐儿童信息推送的载体仅限于新浪微博、高德地图、支付宝、滴滴出行、手机淘宝、今日头条等新媒体和移动应用，而相关信息传播载体在普通人群尤其是中老年人群中的普及应用率不高。基于此，建议从以下两方面对信息传递方式和渠道进行优化调整：一是打拐民警在发布失踪儿童信息或被诱拐儿童信息时，应充分利用传统的和新兴的信息传播载体拓宽信息的传递渠道，如手机短信、电子邮件、互联网、广播、电视、路边告示牌等；二是被诱拐儿童和犯罪嫌疑人的信息应被重点强调，而与案件关联程度较弱的信息应被严格限制，以便于发布的信息可以更好地被识别和记忆。

第四，完善配套激励制度和培训措施。责任分散效应（diffusion of responsibility）表明人们并非总是乐于助人，尽管他们有能力完成某项任务②。根据这一原则，目击者越多，受害者就越不可能得到帮助。毕竟，潜在的帮助者越多，分摊到个人身上去帮助他人的责任感就会越少；相反，帮助者越少个人感受到的责任就越大③。责任分散效应是影响我国儿童失踪信息紧急发布平台信息发布的关键因素。在此心理效应暗示的影响下，民众可能会忽视儿童失踪信息的存在。他们可能认为其他人会留意被诱拐儿童、诱拐犯或者其作案车辆；即使目击者注意到了儿童失踪信息，并确实发现了案件相关线索，他们也有可能会成为责任分散效应的"牺牲品"。因为信息推

① 第 42 次《中国互联网络发展状况统计报告》，2018 年 8 月 20 日，中国互联网络信息中心，http：//www.cnnic.net.cn/hlwfzyj/hlwxzbg/hlwtjbg/201808/t20180820_70488.htm。

② See Leonard Bickman, "Social Influence and Diffusion of Responsibility in an Emergency", *Journal of Experiment Social Psychology*, 1972, Vol. 8 (5), pp. 438－440.

③ 〔美〕巴隆、布兰斯科姆、伯恩：《社会心理学》（第 12 版），邹智敏、张玉玲等译，机械工业出版社，2011，第 245 页。

送的覆盖范围是相关传播媒介的所有使用者而非个人。由于在案发的初始很难判断被诱拐儿童被犯罪嫌疑人带走的去向，所以需发动民众及时提供有价值的案件线索帮助公安机关展开调查。对此，《中国反对拐卖人口行动计划（2013—2020年）》明确规定："动员社会力量支持和参与反拐工作。建立举报拐卖人口犯罪奖励制度，积极培育反拐志愿者队伍，借助微博等网络媒体，开辟线索来源。"同时，《中华人民共和国人民警察法》第34条也明确规定："人民警察依法执行职务，公民和组织应当给予支持和协助。公民和组织协助人民警察依法执行职务的行为受法律保护。对协助人民警察执行职务有显著成绩的，给予表彰和奖励。公民和组织因协助人民警察执行职务，造成人身伤亡或者财产损失的，应当按照国家有关规定给予抚恤或者补偿。"所以，为调动民众主动、及时提供案件信息的积极性，应在相关正式文件层面采取多种鼓励措施来提升人们的行动意愿。

突发事件①不仅是对政府应急管理能力的挑战，更是对社会整体协作、应对能力的综合考验，而社会公众对危机的防范意识、预防能力和应急能力，便成为政府危机管理质量考核的重要因素。社会中突发事件在某种意义上是不可避免的，而降低其社会危害的最根本途径是对民众开展相关培训。政府应急管理部门应组织民众进行预防教育和应急训练，让民众真正了解突发事件的特征以及现有的防范政策。具体来讲，就是要向民众提供与突发事件有关的知识，增强其应对各种突发事件的综合能力。他们可以通过培训来提高沟通能力、管理技能以及解决问题的技能。同样，也可以通过应急管理培训和教育来学习相关法律法规、危机沟通、领导能力或主持事后会议等，并期望在无线电报、突发事件信息发布系统以及预警预报系统中获取新技能②。突发事件教育培训强调自助与互助相结合，演习和训练可消除民众应

---

① 突发性事件通常又称为紧急事件、危机事件，其中紧急事件一般侧重于强调处置事件的紧迫性、时间性，而危机事件则侧重于强调事件的规模和影响程度。参见孙斌《公共安全应急管理实务》，浙江工商大学出版社，2013，第32页。

② 〔美〕托马斯·D.费伦：《应急管理操作实务》，林毓铭、陈玉梅等译，知识产权出版社，2011，第19页。

对危机的脆弱性，并提高民众应对突发事件的抗风险能力，因此培训执法人员以及其他相关人员应对突发刑事犯罪的能力，被诱拐儿童最终被安全寻回的概率可能会更高①。对此，《中国反对拐卖人口行动计划（2013—2020年）》也明确要求，"加强各级反拐工作人员教育培训和反拐工作队伍专业化建设，提高《行动计划》实施能力。将妇女儿童权益保护和反拐法律法规、政策等纳入教育培训内容，提高侦查、起诉和审判拐卖人口犯罪的能力和水平。加强边境地区公安司法人员教育培训，提高防范和打击跨国拐卖人口犯罪的意识和能力。加强从事被拐卖受害人救助工作人员教育培训，提高救助能力和水平"。所以，我国政府应将反拐教育培训和反拐工作队伍专业化建设经费列入每年的财政预算，主要用于对普通民众和打拐民警提供必要的反拐培训。当然，也可以预见仅依靠政府财政拨款可能很难维持长期的反拐培训工作，相关部门应该积极寻求社会赞助和部分收费项目多渠道筹集资金，最终形成以财政拨款为主、以社会资金为补充的经费来源模式。

---

① 参见李文军《美国安珀系统与中国打拐系统比较研究》，《青年研究》2017 年第 6 期，第 89 页。

B.13

从2013～2018年司法裁判文书看老年人赡养权益的司法保障

赵树坤　殷　源*

摘　要： 老年人赡养权益在我国属于法定权利。《老年人权益保障法》是老年人赡养权益的最重要文本并对之作出详细规定。从近年来有关赡养纠纷的裁判文书看，赡养纠纷主要在父母子女亲缘结构中发生，赡养义务人主要指向男性，存在城乡差异，赡养内容以物质诉求为主，司法过程缺少律师的介入，司法裁判中法律与道德、习惯等都发挥着作用。为进一步保障老年人赡养权益，要着力提升权利意识，完善制度，破除城乡差异，推进精神赡养体系。

关键词： 老年人　赡养权　权利意识　司法保障

一　引言

中国是世界上老年人口最多的国家，已经迈入老龄化社会。国家统计局《2017年国民经济和社会发展统计公报》指出，年末全国大陆总人口139008万人，其中60周岁及以上有24090万人，所占比重为17.3%，65周岁及以上15831万人，所占比重为11.4%。根据联合国预测，到2020

---

* 赵树坤，西南政法大学教授；殷源，西南政法大学人权法学硕士研究生。

年中国 65 周岁以上老龄人口将达到 1.67 亿人，约占全世界老龄人口 6.98 亿人的 24%。

在以联合国为首的国际社会层面，有关老年人权利保障有一系列倡导和行动。1982 年，第一届老龄问题世界大会（维也纳）批准了《国际老龄问题行动计划》。该计划对有关保障老年人的就业与收入、健康与营养、住房、教育与社会福利等方面提出行动建议。1991 年，联合国大会通过《联合国老年人原则》，确立了关于老年人地位的五个普遍性标准：自立、参与、照料、自我实现、尊严。1992 年，联合国大会召开了老年问题国际会议，通过了《老龄问题宣言》，指明了进一步执行《国际老龄问题行动计划》的方向，并宣布 1999 年为国际老年人年。2002 年第二届老龄问题世界大会要求各成员国务必在以下三个领域努力保障老年人权利：老年人与发展；关注老人健康与福利；为老人创造良好环境。

老年人权益涉及面非常广。我国政府不断采取措施应对人口老龄化问题，通过建设和完善法律体系，采取多种措施，全面保障老年人权益。关于我国老年人赡养权益的规定主要在《老年人权益保障法》中，另外《宪法》《婚姻法》《继承法》《刑法》《社会保险法》《反家庭暴力法》等法律中也有部分相关法条。《老年人权益保障法》是目前保障老年人赡养权益最全面最细致的法律文本。

该法中有关老年人被赡养权的内容，集中体现为：一是新定位了家庭养老的作用，将之前的规定"老年人养老主要依靠家庭"修改为"老年人养老以居家为基础"（第十三条）；二是在老年人患病和失能的情况下，进一步明确赡养人应负担的医疗和照料义务，保障老年人在困境中得以实现被赡养权（第十五条）；三是增加了有关精神慰藉的规定，是对现实情况中老年人日趋增长的精神赡养需要的反映（第十八条）；四是增加了有关组织对不履行赡养义务的赡养人予以督促的规定，促使赡养人积极履行赡养义务（第二十四条）。除此之外，在第二章中，还涉及老年人住房、田地等财产权益受到侵害（第十六条、第十七条）和老年人婚姻自由、财产处分受到干涉等（第二十一条、第二十二条）内容，进一步加强对老年人合法权益的保障。为保障失能失智老年人的人身财产权益，创设了老年监护制度（第二十六条）。规定了国家建立健全家庭养老支持政策（第二十七条），完善了赡养协议的相关规定（第二十条），增加了禁止对老年人实施家庭暴力的内容（第二十五条）。

总体上，老年人的赡养权益被区分为物质与精神两个层面。物质赡养就是指老年人有权获得赡养人提供的基本物质生活水准的保障。老年人在衰老后最明显的表现就在于物质上自我满足能力的退化，显现出退行性变化，这就是衰老①。由此，需要赡养人提供一定的物质支持，使得老年人能够维持当地的基本生活水准及保持自己身体的健康。包括但不限于，通过物质和金钱用以保障老年人的日常生存需求，以及生活上满足老年人对起居、饮食、睡眠、活动、安全、居住条件以及卫生条件、心理状况等诸多方面的基本要求，让老年人不致受到物质缺乏问题的困扰。

而老年人的精神赡养权益即家庭成员应当关注老年人的精神需要，经常与老年人进行思想沟通和交流，分享老年人内心情感需求，帮助老年人抵抗内心孤独和精神匮乏，提高他们的精神生活质量。精神赡养能够引导老年人保持昂扬和积极的心理状态，通过满足老年人的内心期待和需求，有效提高老年人生活的幸福指数。其发挥的功能是物质赡养本身不能替代的。精神赡养除家庭成员内部对老年人精神需要的满足外，还包括社会层面外在的精神文化建设②。老年人除与家人生活交往外，还需要在社会生活中寻求精神满足，在于老年人作为社会成员之一，在整个社会环境中依旧扮演着一定的社会角色。但是，老年人随着自身劳动能力的逐渐丧失，社会地位和自我认同感逐渐降低，为了平衡其中的落差，老年人所需的精神满足也需要社会来提供，而整个社会也应该不断提升这样的能力来实现老年人晚年幸福生活的愿望。因此，国

① 田雪原：《中国老年人口〈社会〉》，社会科学文献出版社，2007，第198页。
② 《老年人权益保障法》第三十七条、第七十一条规定了国家和社会的有关"精神赡养"的责任。

家和社会应积极采取措施来丰富老年人的精神文化生活，如完善文化娱乐设施、推广社会精神文化、完善老年人社交平台、健全社区养老机构等。

"法律的生命不在于逻辑，而在于经验。"《老年人权益保障法》中规定的老年人权利，只有通过具体的法律实践，从纸上走到生活中，才能最终实现权利本身。由此，有必要对老年人权利保障实践做更加客观的描述与把握，这是修正、完善老年人权利制度规范的前提条件。老年人的赡养权益保障的相关法律规范的具体实现情况如何？尤其是在发生赡养纠纷时，通过法律适用，老年赡养权益的保障情况如何？本文拟以司法实践中老年人司法权益纠纷案件为分析对象，尝试回答上述问题，通过分析，希望能为老年人权益法律保障水平提升提供有益的借鉴。

二 老年人赡养权益司法保障现状

（一）数据来源与总体情况分析

鉴于《老年人权益保障法》于 2013 年修订，为了更好地把握修法后老年人被赡养权的司法保护现状，本文对中国裁判文书网司法文书数据库进行高级检索，选择民事案由中以"案由：赡养纠纷（其中包括赡养费纠纷和赡养关系变更）"为条件，并在法院层级中选择"基层法院"和审判程序中选择"一审"为条件，以及在文书类型中选择"判决书"，检索时间段为 2013 年 1 月至 2018 年 11 月，检索后得出赡养纠纷裁判文书为 26266 份①，见表 1。

---

① 数据统计资料来自中国裁判文书网（http://wenshu.court.gov.cn/），为保证本文数据的有效性和准确性，结合数据库更新情况，重新进行了数据分析，最后访问日期：2018 年 11 月 1 日。

表1 2013～2018 年赡养纠纷司法文书数量统计

单位：份

年度	2013	2014	2015	2016	2017	2018
判决书	1340	6280	3871	5808	6070	2897
裁定书	833	4658	2818	4776	5670	3223
调解书	1	7	1	4	1	0

根据裁判文书网的数据来看，本文需要的裁判文书类型包括三种：判决书、裁定书、调解书。其中，选取判决书作为分析对象的原因在于：第一，判决书数量最多，整个司法程序流程最为完善，蕴含的信息最为丰富，主要对于实体权利方面作出判断；第二，裁定书主要针对程序方面的问题，作出的裁定通常是准予撤诉，对整个司法程序的演变情形、最后结果缺乏全面的描述；第三，调解书的数量太少，难以形成定量分析，可作为辅助性的个案分析。

从 2013～2018 年判决书数据来看，全国范围内赡养纠纷在各省内的分布情况如图 1。

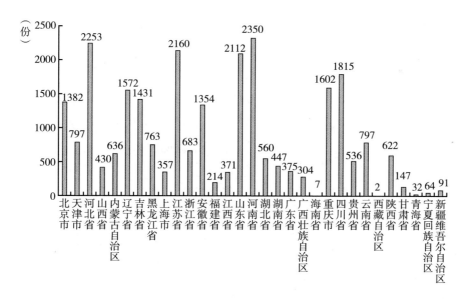

图1 2013～2018 年赡养纠纷判决书区域分布情况

赡养纠纷判决出现最多的地区是河南省，为 2350 件，其次是河北省 2253 件，最少的地区是海南和西藏自治区，分别是 7 件和 2 件。结合各个省份从 2013 年至 2018 年的判决文书数量，其总体趋势呈现一种波动上升，如图 2 所示。

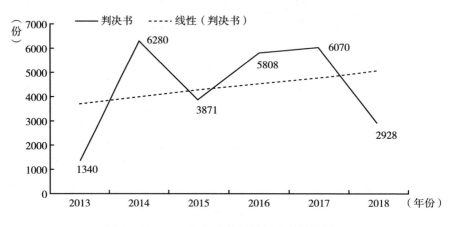

图 2　2013～2018 年赡养纠纷判决书趋势情况

（二）第二次样本文书抽取

鉴于第一次样本文书数量庞大，结合文章的体量大小，按照分层抽样法，进行第二次抽样。首先，设定样本的大小为 500 份判决书，然后将六年来所有案由是"赡养纠纷"的判决书的总份数 26297 份 = N，并按照年限分为 6 个不同的子总体（2013 = a，2014 = b，2015 = c，2016 = d，2017 = e，2018 = f），从分好的各个子总体中，按 $500 \div N = 500/N$ 的比例从各层中抽取样本，即得出每一年需要抽取的样本文书量，见表 2。

表 2　根据分层抽取法得到 500 份样本文书

年限	a	b	c	d	e	f
样本文书	1340	6280	3871	5808	6070	2928
抽取样本大小	500					
抽取比例	500÷N（26297 份）					
样本量	25	119	74	110	116	56

针对二次抽取的 500 份样本文书，围绕四个问题，即司法诉讼启动、司法过程参与、司法裁判规则、司法判决结果展开分析。通过对这些问题的呈现和分析，讨论老年人被赡养权的司法保障。

（三）老年人被赡养权司法保障的问题及分析

1. 赡养纠纷在诉讼中的具体表现

首先，从样本文书看，赡养纠纷诉讼的发起者（提起诉讼的原告）主要是老年人[1]，赡养纠纷的权利主体主要限定在父母子女这样的亲缘结构和社会关系中。总的来说，父母子女关系占比约 95%，继父母子女关系占比约 3%，养父母子女关系占比约 1%，兄弟姐妹关系占比约 1%，另外，有 1 份案例是叔侄之间约定的赡养关系出现问题而提起的诉讼（见图 3）。

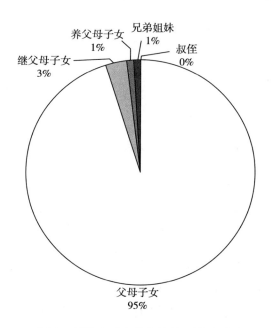

图 3　诉讼启动者的身份关系的比对

---

[1]　统计的样本文书中，只有 5 份样本文书的主体不是老年人，占 1%。

其次，农村与城镇之间的差异在赡养问题中有明显反映。独生子女的家庭赡养问题在司法实践中也有体现。农村地区老年人起诉到法院的比例为71.4%，城镇地区老年人起诉到法院的比例为28.6%。其中，独生子女家庭的赡养纠纷在样本统计中占2.2%，相较之多子女家庭的占97.8%，独生子女赡养问题在总量上目前尚少。另外，汉族家庭（98%）与少数民族家庭（2%）① 相比，少数民族家庭选择进入司法诉讼程序的比例更小（见图4）。

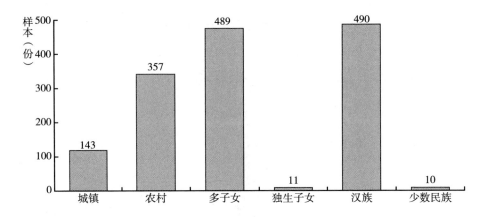

图4　城乡、民族及独生子女/多子女数据比对

最后，物质需求仍是困扰老年人晚年生活的重要方面。样本中，老年人所提起的诉求关于物质赡养的占比约96%，包括但不限于赡养费、医疗费、护理费、丧葬费等，以及要求子女照顾生活起居、要求提供适宜居住的住房、要求居住到养老院或类似机构。而精神赡养占比约4%，老年人在诉求中直接提及并且法院直接判决的占比约2%，说理中涉及精神赡养的占比约2%（见图5）。另外，判决中精神赡养的主要实现方式是定期的探视或问候。

---

① 样本中，涉及的少数民族是藏族、满族、回族、傣族、彝族、仡佬族。

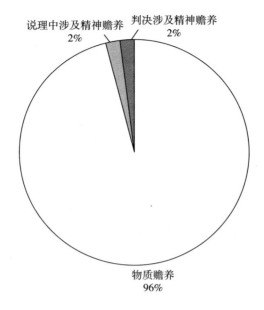

图5 物质赡养和精神赡养比对

2. 被赡养权义务主体的争议状况

通过司法途径来解决的赡养纠纷，前提是权责要明确，通过司法裁判强制赡养人积极履行义务。通常，赡养纠纷争议的焦点在于，究竟谁该负有义务？负担多少义务？这个问题，在多子女的情况下变得更为突出。样本中，被告主要是老年人的子女，其中亲生子女为470份、继子女为13份、养子女为5份，以及约定形成的赡养关系为1份（见图6）。从法律的视角看，只要形成了法定的父母和子女关系，那么子女就自然成为法定赡养人，依法应当履行赡养义务。样本中涉及的约定赡养，是关于叔侄之间的约定赡养关系，其只要符合法定要件，被赡养人就有要求被赡养的权利，以及解除赡养关系的权利。

其次，从性别视角看，男性仍旧是老年人赡养的主力，女性暂居于从属地位，统计样本中女性为主要赡养人的案例共49份（见图7）。似乎中国传统文化中的某些观念仍旧有影响力，如"嫁出去的女儿，泼出去的水"。从女性作为被告的发展动态看，整体呈现上升的趋势，这样的情况似乎表明女

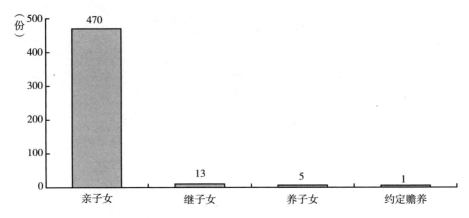

图 6　多子女情况下被告身份的样本数据

注：共 489 份样本，指存在父母与子女关系、约定赡养关系的样本份数。

性在家庭中角色的转换，不再是扮演单纯的赡养辅助人，而是真正向赡养人的主体性和功能性角色转换。

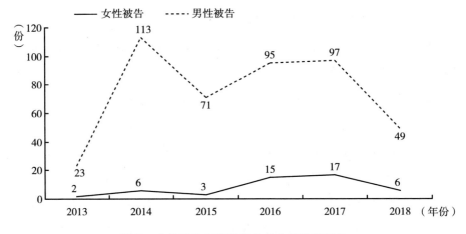

图 7　女性被告与男性被告为主的数据对比

注：共 497 份样本，另有 3 份不是适格主体的样本，故而未纳入统计。

最后，诉讼过程中缺少专业法律服务者的介入，未能形成理想中的对抗制模式。基于样本情况来看，如图 8 所示，大部分案件都是老年人亲自出庭，或者其亲属作为法定代理人或委托代理人出庭（无法律服务者占

45%），律师（自请律师占22%、援助律师占5%）或法律工作者（占28%）尚不能充分介入案件。诉讼过程中，仍缺乏专业化、职业化法律服务者提供的高效率、高质量的法律能力支持。当事人难以准确具体地表达诉求，对于法律保障的权利范围缺乏完整性认识。样本中反映的问题，也常常伴随抗辩能力不足的情形，难以有针对性地反驳对方观点和进行有效质证。

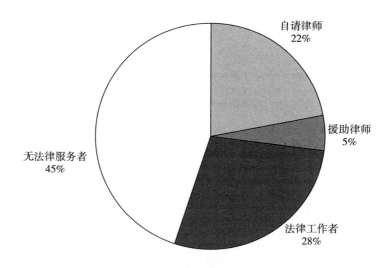

图8　有无法律服务者介入情况比较

3. 司法裁判的规则——寻找被赡养权保护的支点

（1）法律规则为主，社会习惯为辅

　　了解被赡养权的最终保护状况，最重要的载体形式就是判决书，尤其是其中的正文部分，涉及整个审判流程和判决结果信息。据样本文书反映的情况来看，法官通常会依照《民事诉讼法》《最高人民法院关于民事诉讼证据的若干规定》《老年人权益保障法》《婚姻法》等法律中的法律原则和规则进行分析说理，从而评定当事人的行为，谨慎地排除其他干扰性因素，得出令人信服的结论。同时，法官会酌定考虑当地社会习惯、风俗情况，结合当地经济发展实际情况，考虑到双方当事人各自情感的需要，在裁量限度内尽量保证判决结果能够让各方当事人认同。本文举出10份具有代表性的案例，见表3。

表3　代表性案例归纳

编号/案号	原告情况	诉求	判决结果	判决原因/说理部分
样本编号 010 永民初字 第 3469 号	无生活来源,年事已高	要求子女支付赡养费	驳回	1. 本人有退休金可满足基本生活需要; 2. 其他原因引起的家庭关系恶化,需要协调好家庭关系
样本编号 025 台天民初字 第 1362 号	原告失去居所,致使无房可住	要求实现居住权或支付赡养费	部分支持	1. 精神、物质上关心照顾好母亲; 2. 结合当地经济、居住状况及风俗习惯保障其安享晚年
样本编号 104 兴民初字 第 5998 号	肢体残疾,需照顾被告年幼孩子和智障丈夫	要求每月探望两次,并支付赡养费	完全支持	1. 原告诉求合理,所述情况属实; 2. 未到庭应诉,视为放弃诉讼权利
样本编号 173 泰开民初字 第 00438 号	欠下外债,且并没有生活来源	要求支付生活费,承担 50% 的医疗费	完全支持	1. 父亲怠于履行抚养责任,父子关系淡漠,需要加强沟通; 2. 被告不得以无收入来源免除责任
样本编号 182 丰法民初字 第 00520 号	暂予监外执行,丧失劳动能力、生活不能自理	要求支付生活费、护理费和平摊医疗费	完全支持	1. 监外执行期间,年老体弱、丧失劳动能力; 2. 子女应承担赡养责任
样本编号 230 密民初字 第 7722 号	年迈多病,缺乏生活和自理能力	要求支付生活费、医疗费	完全支持	1. 原告所述情况属实,原告自愿进入养老机构生活; 2. 中途退庭者,依法缺席审判
样本编号 235 信浉民初字 第 1407 号	原告需照顾自身,以及患有精神病的儿子	要求支付赡养费	部分支持	1. 原告诉求合理,另放弃对一个女儿的起诉; 2. 原告照顾患病儿子,生活困难
样本编号 330 辽 0211 民初 4118 号	法院冻结其账户,失去生活来源	要求支付赡养费	驳回	1. 被告现无能力履行,处于困难; 2. 原告其他子女可以提供赡养; 3. 被告表示有能力时,愿承担责任
样本编号 457 云 2331 民初 166 号	患有多种疾病,丧失劳动能力	要求支付赡养费	部分支持	1. 支持原告合理诉讼; 2. 赡养人赡养义务的分配应当符合农村风俗
样本编号 500 内 0202 民初 592 号	出狱后,年事过高,缺乏劳动能力	要求支付赡养费	部分支持	1. 基于传统美德; 2. 考虑到原告未尽到抚养义务,酌情减少赡养费

（2）逻辑判断与司法实践之间存在差异

实践中，由于具体个案的情况繁复，法律不可能考虑或排除所有影响审判的因素。司法实践和法律逻辑之间并不是严丝合缝的，法官逻辑思维考虑的因素与实际需求之间会有空隙。样本中，通常法院的认定标准也包括当地经济水平、被赡养人实际需求和赡养人经济实力等，把这些因素进行综合考量的占71%。除此之外，在赡养费计算标准上，还会基于老年人的户籍所在地来选取给付标准。样本中，以城镇户籍标准划分的占6%，以农村户籍标准划分的占23%（见图9）。

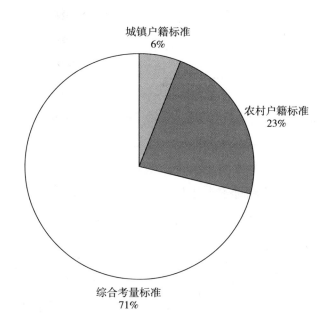

图9　城镇、农村户籍标准与综合考量标准比较

（3）法官在判决中表现的思维差异

样本中也有这种情况，即便老年人本身是农村户籍或者生活在农村，如果其具体需要和子女承受能力达到城镇水准，法官也会尽量采用更高的城镇标准。另外，法官考虑个案时，其法律判断与一般民众认识存在差异，据此作出的判决也不相同，甚至是有冲突的，如表4所示。

表 4　典型案例归纳

样本编号 172：吴江民初字第 01365 号	样本编号 374：渝 0233 民初 4396 号
法官认为，收养关系解除后，经养父母抚养的成年养子女，对缺乏劳动能力又缺乏生活来源的养父母应该给付生活费	法官认为，向原告释明法律后，尊重当地"有儿靠儿，无儿靠女"的习俗，原告自愿放弃女儿的赡养义务
样本编号 404：渝 0153 民初 2242 号	样本编号 473：津 0116 民初 60275 号
法官认为，原告虽属于农村户籍，考虑原告的实际生活状况及每月收入，采用本地城镇居民消费性支出标准	法官认为，虽然原告作为父亲未在被告未成年期间对其尽抚养义务，但现在原告年老有病，作为其子女之一的被告应对原告生活上给予照顾，精神上给予慰藉，以使原告安享晚年
样本编号 483：苏 0830 民初 562 号	样本编号 500：内 0202 民初 592 号
法官认为，父母抚养子女与子女赡养父母的权利义务是对等的，父母未曾抚养过子女，子女成年后也不必然承担赡养责任	法官认为，即便父母未曾履行抚养义务，子女也应当履行赡养义务，但可酌情减少

4. 司法判决的结果——实践是检验"被赡养权保障"的标准

（1）当事人合法诉求得到司法机关支持

司法判决的结果是每位当事人最重视的一环，也是司法救济途径是否起到作用的重要检测标准。不管是原告，还是被告，他们主要关注自身的诉求或抗辩能否得到法院的支持。从样本看，法官通常作出的判决都是对于原告诉求的部分支持，占比约 75%，而完全支持占比约 21%，被驳回的诉求占比约 4%（见图 10）。法院对于赡养纠纷案件通常所持的态度是支持处于弱势情况的老年人的合理诉求，除非少部分超越法定范围或严重违反道德伦理。

（2）精神赡养很少在判决中直接出现

从样本判决来看，法院还是以支持物质赡养需要①为主，精神赡养出现频次并不太高。精神赡养需求，难以用量化标准来表述，且各个家庭内部的情感联结并不宜用司法力量过多干预。样本中，涉及精神赡养的文

---

① 法官通常会支持物质方面的需要，包括：一是基本赡养费；二是生病治疗费；三是不能自理老人的护理费；四是老年人住房费；五是必要精神消费支出；六是必要保险金费。

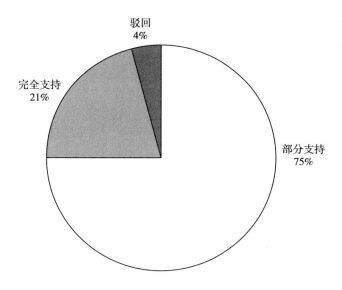

图10 法官对于诉求的支持程度

书共 20 份，法院直接在判决中裁判的 12 份，在说理中涉及的 8 份（如图 11）。总的来看，精神赡养在实践中，不管是从当事人诉求，还是从法院判决来看，都还未能成为赡养纠纷的主要问题。而且，法院在判决中通常以"每年或每月探望多少次"的执行方式来实践精神赡养的"常回家看看"。

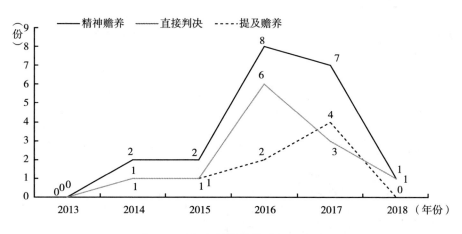

图11 六年来精神赡养的数据统计

（3）原告诉求越界有被驳回的风险

从样本情况来看，原告的诉求存在被驳回的可能，即便原告属于老年人的情形也如此。赡养纠纷总体而言，原告所面临的被驳风险很小，只要原告所提诉求属于法定范围之内，通常都会得到司法救济。但是，老年人所提及的诉求若是超越法律规定的范围，或不符合现实情况，或严重违背道德等，其很可能承担判决被驳的风险。归纳部分原告属于老年人的案例，如表 5 所示。

表 5 典型案例归纳

样本编号 010：永民初字第 3469 号	样本编号 219：闸民一（民）初字第 5224 号
法官认为，本案原告有固定退休金收入，能够维持基本生活，因此，诉求不符合法律规定	法官认为，老年人短期又要求增加赡养费于法无据，而其儿女已履行先前判决的赡养义务
样本编号 220：黔 0381 民初 1074 号	样本编号 221：朝民初字第 62497 号
法官认为，赡养费已有调解书解决，而其他诉求于法无据	法官认为，已有的赡养费和生活补助足以维持生活，原告在短期内再次起诉要求增加赡养费数额，于法依据
样本编号 272：皖 0881 民初 1363 号	样本编号 330：辽 0211 民初 4118 号
法官认为，本案已通过法院调解并按调解协议履行了赡养义务，且原告有部分收入来源，其他子女也在履行赡养义务，原告生活有保障，故不予支持	法官认为，虽被告负有赡养原告的义务，但其现无履行能力，故本院对原告的诉讼请求，不予支持，被告也表示在有能力时，愿意承担责任
样本编号 361：黑 0903 民初 210 号	样本编号 432：鲁 0683 民初 128 号
法官认为，二原告该请求属于重复请求，根据一事不再理原则，本院不予支持	法官认为，原告与二被告未形成继父子关系，没有法定的抚养义务，另案中，已判决二被告各自给予原告以经济补偿，故其诉讼请求，本院不予支持
样本编号 447：皖 0503 民初 5209 号	样本编号 463：黔 0302 民初 2636 号
法官认为，周某与陈某有存款且每月有收入，该部分钱款可以满足两人的日常生活支出及护理、就医所需，本院不予支持其诉求	法官认为，原告日常生活所需均由二被告承担，原告所述与庭审查明事实不符，其以无劳动能力和生活困难为由，但未提供证据予以证明，故不支持
样本编号 483：苏 0830 民初 562 号	样本编号 488：辽 1282 民初 494 号
法官认为，原告严重违反了婚姻法中父母有抚养子女义务的规定和传统家庭美德以及社会主义核心价值观，其尚有一定的劳动能力以及经济收入，且被告坚决不愿意对原告履行赡养义务，故不予支持	法官认为，原告与被告父亲再婚时并未对被告形成抚养关系，原告育有一女，对原告有赡养义务

三 提高老年人被赡养权保障水平的对策建议

（一）坚持法律与道德两手抓，进一步提高赡养双方的权利与责任意识

在目前以居家养老为主的模式下，老年人赡养权益保障既要依靠法律保障，也离不开社会主义核心价值观的大力推进。坚持法律与道德两手抓，提高老年人的权利意识与赡养人的道德责任意识，必不可少。

首先，健全赡养权司法保障机制，营造良好的法治环境。国家从整体层面保障社会形成良好的法治环境，任何个人或组织都必须在法律规定范围之内活动，任何侵犯合法权利的行为都应受到法律的不利评价。老年人的赡养权益受到侵害时，能够得到司法权力的救济，保证老年人养老问题得到解决，促进社会秩序和家庭环境的安定。而且，随着社会经济水平的发展和养老形势的严峻，要推动制度建设与经济发展相适应，通过完善赡养权益相关法律保障机制，拓宽救济渠道，保障老年人赡养权益的实现。

其次，加强法制和道德宣传，形成尊法、守法与敬老、爱老的社会氛围。发挥司法诉讼中典型案例的指引和教育作用，开展赡养法律宣传教育，大力宣传尊老、爱老、敬老的传统思想和美德，教育引导各级组织和全体公民牢固树立法律意识和尊老思想道德，自觉按照法律和道德要求规范自己的行为。尤其应借助基层社会组织的力量，引导居民自觉遵守《老年人权益保障法》《婚姻法》等有关老年人权利保障的要求，多多开展尊老、敬老活动，让当地居民积极参与，引领和谐健康的道德风尚。

最后，增强老年人的维权观念，提高子女的责任感。尽量减少各种侵犯老年人权利的情况的发生，旨在保障老年人能够安享晚年。普法宣传不仅仅是让公民了解，更要让他们知道如何运用法律武器保障自己的合法权利，尤其是老年人应当敢于运用法律手段捍卫自己的赡养权。一方面，能够增强老

年人依法维权的信心和能力，另一方面也能促使其子女积极履行赡养义务，避免由一些家庭琐事导致对簿公堂的情况发生。

（二）继续完善法律援助制度，保障老年人在赡养纠纷中获得高质量法律服务

法律援助作为一项公民基本权利，能够为经济困难或其他因素影响而无力聘请律师等专业法律服务者的公民提供免费的法律支持。老年人被赡养权的司法保障，必然离不开完善的法律援助制度。法律工作者、援助律师等较为专业的法律服务者越多地介入赡养纠纷案件，有益于提高老年人赡养权的司法保障水平，加强当事人对于司法程序权威性和公正性的理解和尊重。从样本文书的分析情况来看，老年人自己聘请律师的案件所占比重小，而通过法律援助提供的援助律师或法律工作者的案件比重也不高。总体而言，老年人所需的专业化的法律服务远超于实践中法律援助组织所能提供的服务。所以，我们应当加强基层法律援助组织建设，进一步健全法律援助制度。第一，拓宽法律援助的专业实施主体，除了律师、公证员和基层法律工作者外，可以在具备条件的地方高校或法学研究机构建立法律援助机构，吸收有能力有意愿提供法律援助的教师、学生；第二，提高政府资金输入比重，通过政府主导、社会分担进而加强财政方面的支持，建立更加完善的援助律师机制，鼓励和吸引更多具备专业能力的人才加入法律援助机构；第三，在律师行业内，鼓励自我奉献，并让律所要求律师每一年必须完成一定数量的援助任务；第四，加强对基层法律工作者的能力培训，法律工作者才是应对老年人赡养纠纷的主力，提高他们的业务水平，才能更有效率地促进纠纷解决。

（三）破除城乡差异樊篱，着力提升乡村老年人赡养权益保障水平

城乡之间的差异制约了老年人赡养权益之保障，抚平司法领域的城乡二元鸿沟非常必要。从制度层面上看，应当逐步改变现有的差异化法律规定，

将人为的城乡隔离逐步排除，对所有的公民一视同仁，不因其户籍而在医疗和社会保险等制度上做区别对待。随着社会经济水平的逐步提高和地区间发展程度差异的缩小，城乡之间的差距已经不能成为赡养水平差异合理的缘由，在保障形式公平和实质公平的选择之间，应逐步倾向于二者之间协同共进，在形式公平的基础上，破除制度阻碍来保证个体正义的实现。

首先，破除户籍壁垒带来的差异。就赡养问题来看，城乡居民应当在赡养标准选择方面确定一个相同或类似的标准，不能因为一方是城镇户籍或另一方是农村户籍而区别对待。在城市化的过程中，存在许多户籍上是农村，但事实上生活在城市的农民工，他们的生活水平和标准倘若用农村水平来衡量，显然是不合理的。

其次，推动城乡居民医疗一体化建设。我国医疗保障制度主要分为城镇职工医疗、城镇居民医疗、新型农村合作医疗体系，应当整合医疗资源向城乡居民平等倾斜，保障老年人得到更好更全面的医疗卫生服务。结合我国《关于深化医药卫生体制改革的意见》，应当逐步推动城乡基本医疗一体化进程，以期缓解城乡之间差异化对待的现状。不论是农村地区还是城镇地区的老年人，都能享受到同等水平的医疗保障服务。

最后，推动城乡居民基本养老保险制度建设。合并新型农村社会养老保险和城镇居民社会养老保险，促使城乡居民都能享受养老保险待遇，真正实现"老有所养，老有所依"。逐步扩大该制度的覆盖面，提升社会养老能力，完善相关政策，使得养老保险水平与社会经济发展水平相适应。鼓励城乡居民积极参保，充分发挥社会保险对保障人民基本生活、调节社会收入分配、促进城乡经济社会协调发展的重要作用。

（四）坚持物质赡养和精神赡养并重，推进健全精神赡养体系

虽然单就裁判文书网的数据来看，目前赡养权益纠纷主要集中于物质赡养，物质赡养需求仍旧是主流，但实际上，精神赡养需求总体来看已经显现出上升趋势。尽管精神赡养已被纳入《老年人权益保障法》的具体规定中，但其在实践中通常还是被束之高阁。为了防患于未然，今后，家庭、政府和

社会应该着力在老年人晚年生活的精神赡养上有所作为，这对于良善社会和美好生活而言，具有重要的意义。

首先，个人是社会最小的组成因子，应当扮演好自身的角色，承担好社会责任。就老年人来说，作为被赡养权主体应当在法定限度内使用自己的权利，而不应当滥用权利，或超越实际情况提出不合理的要求。作为子女来说，应当积极承担好赡养义务，这不仅是法律的要求，更是中华民族数千年来传承下来的美德，背离这些要求会受到法律的惩罚和社会的谴责。虽然现代法治的思维与传统社会伦理并非完全同步，但是不能将两者对立起来，放弃优秀的尊老爱老传统。当然，从人文主义视角，每个人都要经历由生到死的过程，每个人在年老时，都应当得到善的对待。

其次，家庭养老是赡养权实现的主要方式，家庭是实现老年人精神赡养权的主要场所。法律规定的赡养人是承担赡养责任的主体，赡养人应当依照社会经济发展水平提供适宜的能满足老年人生活需要的物质条件，除此之外，精神赡养更加注重"情感和亲情的联结"而不是单纯权利义务的逻辑，法院在司法判决精神赡养时，应把握好情感道德与法律规范之间的尺度。不要一味规避精神赡养判决，若当事人明确提出精神赡养，应当在把握好整个案情的基础上，敢于用法律力量介入，在合理性上，尽量保证判决公正适当。鉴于当前精神赡养执行方式匮乏的情况，司法机关应当积极探索更好的、更全面的执行方式，保障老年人能真正地实现精神赡养权。

最后，国家应当承担好再分配责任，完善基本养老机制、设施等建设，推动精神赡养的基本外在保障实现。2016 年公布的"十三五"规划纲要中"以居家为基础，社区为依托，机构为补充的多层次养老服务体系"，坚持养老不仅仅依靠家庭，国家也承担相应责任。国家的责任在于营造良好的社会氛围，建立健全基本养老保障机制和设施，促使老年人得以在适宜的社会环境中安享晚年。国家要充分发挥在总体层面的决策和引领作用，调动一定的社会资源倾斜到养老保障上面，建立健全社区养老基本条件，完善养老机构体系，给予老年人充分的赡养选择。

B.14
"合理便利"：残疾人参加高考 和高等教育权保障

刘逸君　韩　青　张万洪*

摘　要： 2014 年之前，中国残疾人参加高考和接受高等教育面临较大障碍。2014 年，中国残疾人高考合理便利实现了"零的突破"。2015 年到 2018 年，残疾人高考合理便利在制度层面上有了明确规定，并在实践层面上得到了贯彻落实。为进一步保障残疾人参加高考及接受高等教育的权利，需要完善合理便利申请遭拒情况下的救济制度，在制定残疾人高考合理便利相关规定时深刻理解合理便利的要求，公开残疾人高考合理便利相关数据，考试主管部门发挥主观能动性，以及高等学校不以其残疾为由拒绝招收符合录取标准的残疾考生。

关键词： 残疾人　高考　合理便利

根据《中华人民共和国残疾人保障法》第 21 条的规定，"国家保障残疾人享有平等接受教育的权利"[1]。中国已批准的联合国《残疾人权利公约》对"合理便利"进行了定义，"'合理便利'是指根据具体需要，在不造成

---

* 刘逸君，武汉东湖公益服务中心研究人员；韩青，武汉东湖公益服务中心特邀研究人员；张万洪，武汉大学法学院教授，人权研究院执行院长。

[1] 《中华人民共和国残疾人保障法》，中国人大网，http：//www.npc.gov.cn/npc/xinwen/2018－11/05/content_ 2065632.htm，2018 年 11 月 5 日。

过度或不当负担的情况下，进行必要和适当的修改和调整，以确保残疾人在与其他人平等的基础上享有或行使一切人权和基本自由"①。为残疾考生参加普通高考提供合理便利，有利于畅通残疾人平等接受高等教育的渠道，确保残疾人在与其他人平等的基础上享有接受高等教育的权利。

一 "零的突破"

2014 年之前，中国残疾人参加高考和接受高等教育面临较大障碍。以盲人群体参加高考和接受高等教育的情况为例，2014 年之前，盲人如果想接受高等教育只能走单考单招的途径（由招收盲人的大学单独命题，单独组织考试和单独录取），全国范围的接收单位极少，而且仅设置了针灸推拿专业和音乐专业，针灸推拿专业和音乐专业的就读人数约为 15：1②。虽有盲人参加普通高考的个案，但并未被放在高考合理便利的视角下被解读。例如，2005 年，三名北京市的"低视力"盲生通过大字试卷参加了普通高考③。在这些个案中，盲人参加高考所获得的服务一般被认为是"助残"措施，在当时基本没有获得媒体报道，也很难被社会公众尤其是其他盲人所知晓。

同时，也缺乏残疾人高考合理便利的制度性规定。2008 年全国人民代表大会常务委员会修订通过的《残疾人保障法》第 54 条规定，"国家举办的各类升学考试、职业资格考试和任职考试，有盲人参加的，应当为盲人提供盲文试卷、电子试卷或者由专门的工作人员予以协助"④。2012 年国务院

---

① 《残疾人权利公约》，https：//www.un.org/chinese/disabilities/default.asp？ id＝963，2006 年 12 月 13 日。

② 韩青：《从赋权到充权：盲人参加普通高考如何实现"零的突破"》，张万洪主编《残障权利研究》（第三卷第二期），社会科学文献出版社，2017，第 49 页。

③ 张瑞：《盲人高考生》，南方周末，http：//www.infzm.com/content/100465，2014 年 5 月 9 日。

④ 《中华人民共和国残疾人保障法》，中国人大网，http：//www.npc.gov.cn/npc/xinwen/2018 －11/05/content＿2065632.htm，2018 年 11 月 5 日。

发布施行的《无障碍环境建设条例》第 20 条规定，"国家举办的升学考试、职业资格考试和任职考试，有视力残疾人参加的，应当为视力残疾人提供盲文试卷、电子试卷，或者由工作人员予以协助"①。上述文件在残疾人高考合理便利方面的局限性在于：第一，上述文件涉及为盲人参加国家升学考试提供盲文试卷、电子试卷，或者由工作人员予以协助，可以视为某种程度上的合理便利，但并未对高考合理便利进行明确规定；第二，上述文件对"便利"的理解比较刻板；第三，上述文件涵盖的残疾类别比较单一，没有包含视力残疾以外的残疾类别；第四，上述文件的相关条款未明确拒绝提供电子试卷，拒绝提供盲文试卷或者拒绝安排工作人员予以协助的法律后果。

2014 年，残疾人高考合理便利实现了"零的突破"。

2014 年初，教育部下发《关于做好 2014 年普通高校招生工作的通知》，其中明确要求"各级考试机构要为残疾人平等报名参加考试提供便利。有盲人参加考试时，为盲人考生提供盲文试卷、电子试卷或者由专门的工作人员予以协助"②。该通知虽然是对相关法律条文的重申，但考虑到河南盲人李金生于 2013 年 12 月报名参加 2014 年高考并引发舆论关注的情况，其无疑具有鲜明的现实性和针对性。

2014 年 4 月，为了感谢教育部决定为 2014 年参加普通高考的视力残疾考生提供盲文或电子试卷，一批高三视力残疾人学生家长代表给教育部送去了锦旗和感谢信。其中，锦旗上写有"盲人高考无障碍，教育平等现通途"的字样，感谢信则是由 102 名残疾人士和志愿者联合署名。教育部的工作人员收下了大家的锦旗和感谢信，并表示教育部会做好对包括视力残疾考生在内的残疾群体教育方面的服务工作③。

2014 年 6 月，河南盲人考生李金生使用盲文试卷参加了普通高考，甘

---

① 《无障碍环境建设条例》，中国政府网，http：//www.gov.cn/flfg/2012－07/10/content_ 2179947. htm，2012 年 7 月 10 日。

② 《关于做好 2014 年普通高校招生工作的通知》，http：//www.moe.gov.cn/srcsite/A15/moe_ 776/s3258/201506/t20150619_ 190780. html，2014 年 2 月 10 日。

③ 庄庆鸿：《视力残疾考生参加普通高考元年百名残疾人致信感谢教育部》，《中国青年报》2014 年 4 月 9 日。

肃盲人考生张耀东和另一名来自上海的盲人考生使用放大字体的试卷参加了普通高考。李金生所用的高考盲文试卷是教育部委托中国盲人协会、中国盲文出版社组织盲文专家，编出的自 1977 年恢复高考以来的第一份高考盲文试卷①，李金生因此成为全国首个在普通高考中使用盲文试卷答题的人。6 月 25 日，李金生写了一封 3000 多字的感谢信，并将感谢信向教育部和教育部考试中心寄送，用以表达对教育部门开放盲人高考的感谢②。张耀东则在高考中取得优异成绩，最终被湖北中医药大学录取，成为高考合理便利"破冰"后全国首个通过高考被普通高校录取的盲人。

2014 年，教育部门首次用盲文试卷为盲人安排高考，实现了高考合理便利上的"破冰"。因此观察家们认为 2014 年是视力残疾考生无障碍参加普通高考元年。

二　新进展

2015 年到 2018 年，中国政府采取切实举措，有力促进残疾人高考合理便利在制度层面上的明确规定和实践层面上的贯彻落实。残疾人参加高考及接受高等教育的权利的保障取得了较大进展。

2015 年 2 月，教育部下发《关于做好 2015 年普通高校招生工作的通知》，在"做好招生服务和宣传工作"一项中提到，"为考生提供更加人性化的考试服务，为残疾人考生等特殊群体平等报名参加考试提供便利，营造温馨考试环境"③。对比《关于做好 2014 年普通高校招生工作的通知》直接援引残疾法规的条文，2015 年的这一通知明显更为"人性化"和"温馨化"。

① 高伟强：《2014，盲人高考的破冰之旅》，中国残疾人网，http：//www. chinadp. net. cn/datasearch _ /journal/zc/2014 - 08/11 - 13536. html，2014 年 8 月 11 日。
② 李钊：《河南盲人考生高考总成绩 58 分给教育部写感谢信》，《大河报》2014 年 6 月 26 日。
③ 《关于做好 2015 年普通高校招生工作的通知》，教育部网，http：//old. moe. gov. cn//publicfiles/ business/htmlfiles/moe/s3258/201502/184104. html，2015 年 4 月 21 日。

2015 年 4 月，教育部和中国残疾人联合会联合印发《残疾人参加普通高等学校招生全国统一考试管理规定（暂行）》（以下简称《暂行规定》）。《暂行规定》第二条要求，"各级招生考试机构应遵循高考基本原则，为残疾人参加高考提供平等机会和合理便利"。第五条列举了提供必要条件和合理便利的形式。《暂行规定》不仅要求为视力残疾人提供现行盲文试卷、大字号试卷等合理便利，也要求为其他类型的残疾人提供合理便利，例如，允许听力残疾考生携带助听器、人工耳蜗等助听辅听设备，允许行动不便的残疾考生使用轮椅、拐杖等①。

《暂行规定》第七条规定了申请合理便利的一般程序。《暂行规定》下发的同时附上了三份文件，分别是《残疾人参加普通高等学校招生全国统一考试考务操作要点》《残疾人报考 XXXX 年普通高等学校招生全国统一考试合理便利申请表（样表）》和《_____省（区、市）_____年普通高等学校招生全国统一考试残疾考生申请合理便利结果告知书（样表）》。这些文件有助于规范合理便利的申请程序和结果告知程序。此外，《暂行规定》还规定了盲文试卷的制作方式，招生考试机构的专项技能培训工作，适用于残疾考生特点的专项预案等。

《暂行规定》的意义在于：第一，这是第一次在国家层面规定为残疾考生平等参加普通高考提供合理便利；第二，普通高考对各类残疾考生提供合理便利的保障，通过《暂行规定》得以具体化和制度化；第三，通过《暂行规定》，"合理便利"的概念第一次明确出现在中国的规范性法律文件中；第四，《暂行规定》第十八条规定，"残疾人参加其他国家教育考试需要提供合理便利的，可参照本规定执行"，这使得该文件中有关合理便利的规定能够普遍适用到其他国家教育考试中。

根据教育部提供的数据，2015 年参加高考的盲人考生共有 8 人，分别来自全国 6 个不同的省（区、市）。这 8 名考生中，被普通高校录取的有 7

---

① 《残疾人参加普通高等学校招生全国统一考试管理规定（暂行）》，教育部网，http：//old. moe.gov.cn//publicfiles/business/htmlfiles/moe/B21_xxgk/201505/xxgk_187141.html，2015 年 4 月 21 日。

人，包括6名本科和1名专科，还有1人因为未达线而落榜。被普通高校录取的7人中，有1名艺术类考生被录取到中央音乐学院，有1名则被录取到天津音乐学院①。2015年的高考中，考试机构不仅为盲人考生继续提供了盲文试卷、延长考试时间等合理便利，也为其他类型的残疾考生提供了相应的合理便利。

2016年2月26日，教育部在《关于做好2016年全国普通高校招生录取工作的通知》中指出，各地"要按照《教育部中国残疾人联合会关于印发〈残疾人参加普通高等学校招生全国统一考试管理规定（暂行）〉的通知》（教考试〔2015〕2号）的要求，周到细致地做好残疾人平等参加高考的服务工作。要切实增强服务意识，加强对治安、出行、食宿、卫生等方面的综合保障，营造温馨考试环境"②。

2016年3月9日，教育部进一步发布《关于做好2016年普通高校招生工作的通知》，其中要求"各级考试机构要按照《残疾人参加普通高等学校招生全国统一考试管理规定（暂行）》要求，为残疾人平等报名参加考试提供合理便利"③。

2016年，部分省市也根据各自的实际情况，作出了相关的规定。例如，山东省于2016年3月颁布了《山东省残疾人参加普通高等学校招生全国统一考试申请合理便利实施办法（暂行）》，辽宁阜新也作出了相关规定，即残疾考生可于2016年3月1日至10日提出申请，招生考试机构在保证考试安全和考场秩序的前提下，根据残疾考生的残疾情况和需要以及实际情况，可以提供13种必要条件和合理便利中的一种或几种④。

---

① 《2015年全国共8名盲人考生参加高考仅1人落榜》，中国教育和科研计算机网，http：//www.edu.cn/zhong_guo_jiao_yu/te_shu/te_shu_news/201508/t20150826_1307713.shtml，2015年9月1日。

② 《关于做好2016年全国普通高校招生录取工作的通知》，教育部网，http：//www.moe.edu.cn/srcsite/A15/moe_776/s3258/201603/t20160307_232202.html，2016年2月26日。

③ 《关于做好2016年普通高校招生工作的通知》，教育部网，http：//www.moe.edu.cn/srcsite/A15/moe_776/s3258/201603/t20160307_232202.html，2016年2月26日。

④ 梅运彬、王珊珊：《残疾人高考的合理便利原则研究》，《残疾人研究》2017年第3期。

2016 年，全国盲人高考生数量继续增加，估计约有 10 人①。

2017 年，《残疾人教育条例》修订通过。《残疾人教育条例》第 52 条规定，"残疾人参加国家教育考试，需要提供必要支持条件和合理便利的，可以提出申请。教育考试机构、学校应当按照国家有关规定予以提供"②。虽然"合理便利"还未被纳入具有法律地位的《残疾人保障法》和《教育法》，但是将"合理便利"的概念第一次正式纳入行政法规，这对于保障残疾人接受高等教育的权利具有重要意义。

2017 年高考前夕，教育部和中国残疾人联合会在《暂行规定》的基础上进一步修改完善，发布并实施《残疾人参加普通高等学校招生全国统一考试管理规定》（2017），对参加普通高考的残疾考生提供合理便利作出了专门规定。该文件第五条提到的合理便利包括：为视力残疾考生提供现行盲文试卷、大字号试卷（含大字号答题卡）或普通试卷；为听力残疾考生免除外语听力考试；允许视力残疾考生携带答题所需的盲文笔、盲文手写板、盲文作图工具、橡胶垫、无存储功能的盲文打字机、无存储功能的电子助视器、盲杖、台灯、光学放大镜等辅助器具或设备；允许听力残疾考生携带助听器、人工耳蜗等助听辅听设备；允许行动不便的残疾考生使用轮椅、助行器等，有特殊需要的残疾考生可以自带特殊桌椅参加考试；适当延长考试时间：使用盲文试卷的视力残疾考生的考试时间，在该科目规定考试总时长的基础上延长 50%；使用大字号试卷或普通试卷的视力残疾考生、因脑瘫或其他疾病引起的上肢无法正常书写或无上肢考生等书写特别困难考生的考试时间，在该科目规定考试总时长的基础上延长 30%；等等③。

---

① 龚雪：《2016 湖北高考：首位盲人考生参考》，搜狐网，http：//www. sohu. com/a/81910 840_ 171385，2016 年 6 月 8 日。

② 《残疾人教育条例》，中国政府网，http：//www. gov. cn/zhengce/content/2017 - 02/23/ content_ 5170264. htm，2017 年 2 月 23 日。

③ 《教育部　中国残联关于印发〈残疾人参加普通高等学校招生全国统一考试管理规定〉的通知》，教育部网，http：//www. moe. gov. cn/srcsite/A15/moe_ 776/s3258/201704/t20170428_ 303388. html，2017 年 4 月 7 日。

2017 年，共有 5626 名残疾考生申请了高考合理便利。① 其中，全国共有 564 名视力残疾考生申请高考合理便利，来自陕西、安徽、山东、西藏等省区的 7 名全盲考生使用盲文试卷参加了普通高考，其他有光感的低视力考生则使用专为他们准备的大字版本的试卷参加了普通高考②。

中国残联教就部副主任李东梅表示，2015 年以来，每年都有越来越多的残疾考生申请合理便利措施参加普通高考，并达到录取分数线被录取。2015 年到 2017 年三年间，通过普通高考被普通高校录取的残疾考生人数为 2.89 万名，其中 2015 年残疾考生的人数为 8508 名，2016 年残疾考生的人数为 9592 名，2017 年残疾考生的人数为 10818 名③。

2018 年 3 月，教育部发布《关于做好 2018 年普通高校招生工作的通知》，其中要求，"按照《教育部　中国残联关于印发〈残疾人参加普通高等学校招生全国统一考试管理规定〉的通知》（教学〔2017〕4 号），为残疾人平等参加高考提供合理便利，并提前向社会公布"④。

2018 年，全国各地积极为参加高考的残疾考生提供合理便利。查询相关新闻报道内容可知，部分省份在 2018 年高考中获得合理便利的残疾考生人数如下：广东省获得合理便利的残疾考生人数为 131 名⑤，河北省为 124 名，山东省为 160 名，安徽省为 162 名，湖南省为 111 名⑥。

截至 2018 年底，全国多个省市出台了关于残疾考生在高考中申请合理便利方法的文件，相关文件可见表 1。

① 高伟强：《5626 名残疾考生申请高考合理便利》，央视网，http：//news. cctv. com/2017/06/06/ARTIBgOTnvOUPSXbLqrXysrh170606. shtml，2017 年 6 月 6 日。
② 《今年全国高考 7 名盲人考生用盲文试卷　试卷无图形》，央视网，https：//news. china. com/domestic/945/20170607/30666551_ all. html，2017 年 6 月 7 日。
③ 《残疾人高等教育：近三年全国共有 2.89 万名残疾学生通过高考被普通高校录取》，央视网，http：//www. sohu. com/a/252529033_ 428290，2018 年 9 月 7 日。
④ 《关于做好 2018 年普通高校招生工作的通知》，教育部网，http：//www. moe. edu. cn/srcsite/A15/moe_ 776/s3258/201803/t20180320_ 330717. html，2018 年 3 月 1 日。
⑤ 《广东：考试院负责人给 75.8 万高考生的温馨提示》，教育部网，http：//www. moe. gov. cn/jyb_ zwfw/zwfw_ gdfw/gdfw_ gds/201806/t20180607_ 338610. html，2018 年 6 月 6 日。
⑥ 《2018 年为残疾考生提供便利的各地高考》，中国残疾人网，http：//www. chinadp. net. cn/news_ /picnews/2018 - 06/11 - 18402. html，2018 年 6 月 11 日。

表1   全国部分地区关于残疾考生申请高考合理便利的文件

发布时间	地区	文件名称
2015/11/19	广东省	《关于做好 2016 年普通高考残疾考生报名考试工作的通知》
2016/2/2	河北省	《河北省为残疾考生参加高考提供合理便利实施细则(暂行)》
2016/3/23	福建省	《关于做好 2016 年普通高考残疾考生合理便利申请工作的通知》
2016/3/24	山东省	《山东省残疾人参加普通高等学校招生全国统一考试申请合理便利实施办法(暂行)》
2016/11/7	辽宁省	《辽宁省残疾考生申请在 2017 年普通高考中获得合理便利条件的有关办法和说明》
2016/12/19	四川省	《四川省 2017 年普通高等学校招生考试享受各种政策照顾的考生资格及残疾考生申请提供合理便利的审查办法》
2017/2/24	湖南省	《湖南省教育考试院关于做好残疾人参加 2017 年高考申请合理便利有关事项的通知》
2017/10/26	新疆维吾尔自治区	《新疆维吾尔自治区 2018 年普通高校招生报名工作规定的通知》
2017/12/4	江苏省	《省教育考试院关于做好 2018 年普通高校招生体检工作的通知》
2018/3/2	甘肃省	《关于做好 2018 年甘肃省普通高等学校招生体检工作的通知》
2018/3/15	福建省	《福建省教育考试院关于做好 2018 年普通高考残疾考生合理便利申请工作的通知》
2018/4/10	安徽省	《安徽省残疾人参加普通高校招生考试申请合理便利实施细则》
2018/10/10	浙江省	《浙江省教育厅办公室关于优化外省籍进城务工人员随迁子女和残疾考生在我省参加普通高校招生考试报名办法的通知》

资料来源：根据各地教育厅、教育考试院、残联网站整理。

综上所述，2014 年残疾人高考合理便利实现"零的突破"以来，2015 年到 2018 年，越来越多的残疾学生能够进入普通高校接受高等教育。高考合理便利率先向盲人考生提供，随后逐渐惠及所有在读的残疾考生，并且残疾人高考合理便利成功地转变成一种制度性的常态。教育部门由高考合理便利引发出的"服务意识"面向所有高考考生，取得了飞跃式的进步。

三　问题与建议

残疾人高考合理便利已经得到国家的法规认可和教育部门的制度性支持。旨在保障残疾人高考合理便利及高等教育权的系列举措，虽然取得了巨大成绩，但也存在一些不尽如人意的地方，需要加以改进。

第一，在残疾考生合理便利申请遭拒的情况下，缺乏有效的救济制度。不是所有残疾考生的所有合理便利申请都可以得到批准。例如，根据四川省教育考试院和四川省残联的统计，2016 年，四川省有 72 名残疾考生提出合理便利的申请共 128 项，其中 121 项合理便利申请经专家审查，获得最终批准①。在未被批准的情况中，拒绝提供合理便利的理由是否充分，外界还无法作出评判。

在合理便利申请过程中，如果残疾考生的合理便利申请没有得到批准，该残疾考生应该如何寻求相应救济？根据《残疾人参加普通高等学校招生全国统一考试管理规定》第八条，如果残疾考生对《普通高等学校招生全国统一考试残疾考生申请结果告知书》内容有异议，可按《普通高等学校招生全国统一考试残疾考生申请结果告知书》规定的受理时限，向省级教育行政部门提出书面复核申请。省级教育行政部门的复核意见应按相关程序及时送达残疾考生②。但仅凭这一规定，还是无法保障残疾考生在申请合理便利遭拒情况下获得有效救济。针对这个情况，有关部门今后应当完善在残疾考生合理便利申请遭拒情况下的救济制度。

第二，残疾人高考合理便利的相关规定对合理便利存在刻板化理解。《残疾人参加普通高等学校招生全国统一考试管理规定》中罗列的十多项合

---

① 张峥：《四川：已批准 72 名残疾考生 121 项便利申请》，人民网，http：//sc. people. com. cn/n2/
2016/0605/c345167 – 28457322. html，2016 年 6 月 5 日。
② 《教育部　中国残联关于印发〈残疾人参加普通高等学校招生全国统一考试管理规定〉的通知》，
教育部网，http：//www. moe. gov. cn/srcsite/A15/moe_ 776/s3258/201704/t20170428_ 303388. html，
2017 年 4 月 7 日。

理便利，主要是根据残疾群体的类型来划分的。这虽较以往有显著的进步，但还是未能体现出合理便利的真正要求。

合理便利的一个特征是"个体化"。这意味着如果要判断是否构成合理便利，应该综合考虑所有相关因素，根据比例原则对具体的个案情况作出分析①。例如，在视力残疾群体中，存在有区别的个体情况：对于一些会盲文的视力残疾考生而言，提供盲文试卷可能对其构成合理便利；对于一些低视力的考生而言，提供大字号试卷可能对其构成合理便利；而对于一些不会盲文的全盲考生而言，他们可能需要的是电子试卷，而非盲文试卷或大字号试卷。如果将合理便利的内容根据视力残疾群体来进行分类提供，可能会认为视力残疾考生需要的要么是盲文试卷要么是大字号试卷，而忽视了一些需要电子试卷的视力残疾考生的个体化要求。

实际上，2014年全盲考生李金生向教育部提出的是希望能通过电子试卷参加高考的申请，但是当时由于在技术上制作电子试卷还存在一定局限，所以教育部表示给李金生提供的是盲文试卷，以后等技术成熟了，会为盲人考生参加普通高考提供电子试卷②。但全国普通高考至今还未给残疾考生提供过电子试卷。而电子试卷作为对于一些视力残疾者重要的合理便利的方式，已经出现在了高等教育自学考试和公务员考试中。

因此，建议在制定残疾人高考合理便利的相关规定时，能够进一步理解合理便利的内涵，努力针对每一个残疾人的具体情况，为其提供最为合适的合理便利。

第三，残疾人高考合理便利的相关数据不够透明。笔者在搜索残疾人高考合理便利相关数据时发现，我国每年的残疾考生人数，申请合理便利的残疾考生人数，残疾考生申请合理便利的具体项目，残疾考生申请合理便利获得批准的比例等，这些数据都还没有完全公开。

因此，建议做好残疾人高考合理便利相关数据的统计工作，定期、全面

---

① 曲相霏：《〈残疾人权利公约〉的"合理便利"理念在我国教育领域的运用》，《人权》2017年第3期。
② 李钊：《河南盲人考生高考总成绩58分给教育部写感谢信》，《大河报》2014年6月26日。

地向社会公众公开这些数据。这是人权进步的体现，可以让社会公众更为充分地了解我国残疾人高考合理便利的进展情况，也可以让未来将要报名参加普通高考的残疾考生有更充足的信心。

第四，教育部门态度未能充分发挥主观能动性。合理便利具有协商性，一般要求义务主体尽积极义务①。而在高考结束之后，考试主管部门未能主动就合理便利的提供情况向残疾考生征求意见和建议，以完善未来考试中合理便利的提供。

另外，在残疾人高考合理便利得到确认之后，其他的考试在合理便利方面仍存在差距，一些教育系统内部的考试如英语四六级考试、教师职业资格考试等，往往需要残疾考生费尽周折才能申请到合理便利。

因此，建议教育部门在高考和其他教育考试中进一步发挥主观能动性，落实考试合理便利。

第五，一些符合录取标准的残疾考生因残疾而被高等学校拒绝招收。2017 年修订通过的《残疾人教育条例》第 34 条规定，"普通高级中等学校、高等学校、继续教育机构应当招收符合国家规定的录取标准的残疾考生入学，不得因其残疾而拒绝招收"②。2017 年 7 月，教育部等七部门印发的《第二期特殊教育提升计划（2017—2020 年）》要求，"普通高等学校积极招收符合录取标准的残疾考生，进行必要的无障碍环境改造，给予残疾学生学业、生活上的支持和帮助。修订普通高等学校招生体检指导意见"③。

但是实践中，有部分残疾考生在参加普通高考并达到录取分数线后，仍然被报考学校拒绝录取。例如，2016 年，河南考生宋奕辰，虽在高考中取得 610 分的优秀成绩，但因视力残疾被报考学校根据《普通高校招生体检

---

① 曲相霏：《〈残疾人权利公约〉的"合理便利"理念在我国教育领域的运用》，《人权》2017 年第 3 期。
② 《残疾人教育条例》，中国政府网，http：//www.gov.cn/zhengce/content/2017－02/23/content_5170264.htm，2017 年 2 月 23 日。
③ 《第二期特殊教育提升计划（2017—2020 年）》，特殊教育信息网，http：//www.tejiao.net/news/zhengce/2018－04－13/8493.html，2018 年 4 月 13 日。

工作指导意见》以体检结果不符合专业要求为由退档①。

因此，不仅要在高考过程中保障残疾考生的权利，还要在高考结束后高校的录取环节确保达到录取分数线的残疾考生能够真正进入报考学校就读，实现其接受高等教育的权利。

"合理便利"是《残疾人权利公约》中的核心概念。为参加普通高考的残疾考生提供合理便利，是保障残疾人平等接受高等教育的权利的关键所在。2014年至今，残疾人高考合理便利获得的法规性认可和制度性支撑，充分保障了残疾人接受高等教育的权利，尤其是改变了之前盲人群体参加普通高考受阻的状况。未来，中国有望进一步完善残疾人高考合理便利制度，保障残疾人平等接受高等教育的权利。

---

① 盛梦露：《河南一高分考生因视力残疾遭退档 学校称"符合国家政策"》，财新网，http://china.caixin.com/2016-07-19/100968218.html，2016年7月19日。

·（五）人权立法和国际合作·

B.15
2018年国家人权立法分析报告[*]

班文战^{**}

摘　要： 2018年，全国人大、全国人大常委会和国务院分别采取了一系列立法措施。现行宪法得到了部分修改，十几部新的法律和行政法规获得通过，几十部现行法律和行政法规被修订、修改或废止。以宪法为核心的中国特色社会主义法治体系继续得到完善，人权的立法保障进一步加强。

关键词： 人权　立法　宪法　法律　法规

2018年是贯彻中国共产党十九大精神的开局之年，也是第十三届全国人大及其常委会开始履职的第一年。按照中共中央关于全面推进依法治国和全面深化改革的要求，全国人大及其常委会发挥在立法工作中的主导作用，与国务院分别开展了一系列立法活动，对人权的尊重和保障产生了比较广泛和重要的影响。

一　全国人大立法工作对人权的影响

2018年3月11日和20日，第十三届全国人大第一次会议先后通过

---

* 本文是中国人权研究会资助的2014年度"人权的立法保障研究"课题项目的阶段性成果。

** 班文战，法学硕士，中国政法大学人权研究院教授、副院长，人权法学专业硕士研究生导师，主要研究方向：国际人权法、人权国内保障和人权教育。

《中华人民共和国宪法修正案》和《中华人民共和国监察法》，对人权的尊重和保障产生了重大影响。

（一）修改宪法对人权的影响

我国现行宪法自 1982 年 12 月 4 日公布实施以来，先后于 1988 年、1993 年、1999 年和 2004 年经过 4 次修改，为改革开放和社会主义现代化建设提供了根本性的法治保障。为适应新时代坚持和发展中国特色社会主义的形势、任务和要求，根据中共中央的建议，全国人大常委会法制工作委员会拟订了《中华人民共和国宪法修正案（草案）》，并提交第十三届全国人大第一次会议审议①。2018 年 3 月 11 日，第十三届全国人大第一次会议第三次全体会议以 2958 票赞成、2 票反对、3 票弃权的结果，通过《中华人民共和国宪法修正案》，对现行宪法做了第五次修改。

修改后的宪法在序言部分确立了"科学发展观"和"习近平新时代中国特色社会主义思想"在国家政治和社会生活中的指导地位，确认了"健全社会主义法治"的新的依法治国理念，明确了"新发展理念"在国家经济发展中的重要指导作用，充实了推动"社会文明、生态文明"与物质文明、政治文明和精神文明协调发展的中国特色社会主义事业的总体布局，规定了建设"和谐美丽的社会主义现代化强国，实现中华民族伟大复兴"的中国特色社会主义的总任务，肯定了改革的历程和成就，把爱国统一战线的范围扩大至"致力于中华民族伟大复兴的爱国者"，强调加强"和谐的"社会主义民族关系，丰富了"坚持和平发展道路，坚持互利共赢开放战略"和"推动构建人类命运共同体"的和平外交政策②。在总纲部分，修改后的宪法确认"中国共产党领导是中国特色社会主义最本质的特征"，强调国家

---

① 关于本次宪法修改的背景、原则和过程，参见王晨《关于〈中华人民共和国宪法修正案（草案）〉的说明》，2018 年 3 月 5 日；《第十三届全国人民代表大会第一次会议主席团关于〈中华人民共和国宪法修正案（草案）〉审议情况的报告》，2018 年 3 月 8 日；《第十三届全国人民代表大会第一次会议主席团关于〈中华人民共和国宪法修正案（草案修改稿）〉审议情况的报告》，2018 年 3 月 10 日。

② 参见 2018 年《中华人民共和国宪法修正案》第 32 ~ 35 条。

维护和发展各民族的"和谐"关系,明确国家倡导社会主义核心价值观,补充了国家监察机关由人大产生并对它负责、受它监督的地位,增加了国家工作人员就职时的宪法宣誓制度①。在国家机构部分,修改后的宪法增加了全国和地方人大及其常委会关于国家和地方监察委员会成员的选举、罢免、任免及对监察委员会工作的监督的职权,取消了国务院和县级以上地方各级政府领导和管理监察工作的职权,禁止全国和地方各级人大常委会的组成人员担任监察机关的职务,还用一节专门规定了国家和地方各级监察委员会的性质、地位、人员组成、任期任届、组织、职权、领导体制和工作机制②。除此之外,修改后的宪法还在国家机构部分把"法律委员会"更名为"宪法和法律委员会",取消了关于国家主席和副主席连续任职期限的规定,增加了国务院领导和管理生态文明建设的职权以及设区的市制定地方性法规的职权③。本次修宪充分体现了中共中央对全面推进依法治国(特别是依宪治国)的高度重视和集中统一领导,为新时代坚持和发展中国特色社会主义事业(包括人权事业)奠定了新的宪法基础。

(二)制定《中华人民共和国监察法》对人权的影响

国家和社会公共权力(简称"公权力")的行使与国家和社会的公共事务、公共秩序和公共利益具有重大而紧密的联系,对人权的尊重、保障和实现也有直接和广泛的影响。中华人民共和国成立以来,先后在几部宪法中确立了由人民(群众)对一切国家机关和工作人员进行监督的原则,规定了各级各类国家机关、城乡基层群众性自治组织、选举单位、选民和公民个人与监督有关的职权、义务或权利。在此基础上,全国人大及其常委会和国务院通过大量法律和行政法规,建立了由国家机关(包括人大常委会、法院、检察院、公安机关及其督察机构、政府监察机关、政府审计机关、行政复议机关)、选举单位、选民、新闻媒体、公民、法人、社会组织和其他组织对

---

① 参见《中华人民共和国宪法修正案》第 36~40 条。
② 参见《中华人民共和国宪法修正案》第 41~44 条、第 46 条和第 48~52 条。
③ 参见《中华人民共和国宪法修正案》第 40 条和第 45~47 条。

国家机关、国有的金融机构和企事业单位、基层群众性自治组织、法律法规授权的具有管理公共事务职能的组织以及这些机关、单位和组织的工作人员进行监督的一系列法律制度。除此之外，中国共产党通过党章党规建立了对党的领导机关和党员领导干部（特别是主要领导干部）进行监督的党内监督制度，中国人民政治协商会议也在其章程中确定了对国家机关及其工作人员的工作进行协商式监督的民主监督制度。这些制度在监督公职人员依法行使公权力、管理公共事务、维持公共秩序、维护公共利益、促进国家和社会发展以及尊重和保障人权等方面发挥了十分重要的作用，但也存在规定重叠、职能交叉、力量分散、权责不明、运行不畅等方面的问题，相关党内监督和民主监督制度还缺乏明确的法律基础。

为深化国家监察体制改革，健全监督体系，整合监督机制，拓宽监督途径，扩大监督范围，增强监督合力，提高监督效能，确保反腐败工作的深入开展，推进国家治理体系和治理能力现代化，全国人大常委会有关部门按照中共中央的要求和部署，在认真总结试点工作经验、广泛征求意见和反复审议修改的基础上形成了《中华人民共和国监察法（草案）》，并提交第十三届全国人大第一次会议审议①。2018 年 3 月 20 日，《中华人民共和国监察法》（以下简称《监察法》）获得通过并生效②。该法对国家监察机关的性质、地位、工作原则、组成、产生、职责、监察范围、管辖、监察权限、监察程序、反腐败国际合作、对监察机关和监察人员的监督以及有关机关和个人的法律责任问题分别作出了规定。

与现有的其他监督制度相比，《监察法》确立的国家监察制度主要有以下六个方面的创新和发展：一是整合现有监督制度，构建了集中统一的国家

---

① 关于制定监察法的意义以及监察法草案的起草和审议经过，参见李建国《关于〈中华人民共和国监察法（草案）〉的说明》，2018 年 3 月 13 日；《第十三届全国人民代表大会宪法和法律委员会关于〈中华人民共和国监察法（草案）〉审议结果的报告》，2018 年 3 月 15 日；《第十三届全国人民代表大会宪法和法律委员会关于〈中华人民共和国监察法（草案修改稿）〉修改意见的报告》，2018 年 3 月 17 日。

② 根据《监察法》第 69 条的规定，1997 年通过并于 2010 年修改的《中华人民共和国行政监察法》同时废止。

监察体制①；二是建立了专门行使国家监察职能的国家监察机关体系②；三是扩大了监察对象的范围，实现了对所有行使公权力的公职人员和其他相关人员执行职务行为的全面覆盖③；四是确定了监察机关的全程监察职责，规定了具体的监察权限和程序④；五是强调了对监察机关和监察人员的监督，规定了多种监督途径⑤；六是突出了国家监察的反腐败作用，专门规定了国家监察委员会统筹协调或组织协调反腐败国际合作的职责⑥。

---

① 参见《监察法》第 2 条。

② 根据《监察法》第 3 ~ 4 条、第 7 ~ 10 条、第 12 ~ 13 条、第 24 条第 3 款、第 29 ~ 30 条、第 34 ~ 35 条、第 46 ~ 48 条和第 53 条的规定，国家和地方各级监察委员会作为行使国家监察职能的专责机关，由本级人大产生，对本级人大及其常委会负责并受其监督；监察机关依法独立行使监察权，在办理职务违法犯罪案件时与审判机关、检察机关和执法部门互相配合和制约；监察机关可向本级中国共产党机关、国家机关、法律法规授权或者委托管理公共事务的组织和单位以及所管辖的行政区域、国有企业等派驻或者派出监察机构或监察专员，并授权其行使部分监察职权。

③ 《监察法》第 15 条把国家监察机关监督的人员分为六类：第一类是中国共产党机关、人大及其常务委员会机关、政府、监察委员会、法院、检察院、政治协商会议各级委员会机关、民主党派机关和工商业联合会机关的公务员，以及参照《公务员法》管理的人员；第二类是法律、法规授权或者受国家机关依法委托管理公共事务的组织中从事公务的人员；第三类是国有企业管理人员；第四类是公办的教育、科研、文化、医疗卫生、体育等单位中从事管理的人员；第五类是基层群众性自治组织中从事管理的人员；第六类是其他依法履行公职的人员。该法第 11 条把国家监察机关监督的有关人员的行为分为两类，一类是依法履职、秉公用权、廉洁从政从业以及道德操守情况，另一类是涉嫌贪污贿赂、滥用职权、玩忽职守、权力寻租、利益输送、徇私舞弊以及浪费国家资财等职务违法和职务犯罪。另见该法第 1 条和第 3 条的一般性规定。

④ 《监察法》第 11 条规定了监察机关三个方面的职责：一是监督，即对公职人员开展廉政教育，对其依法履职、秉公用权、廉洁从政从业以及道德操守情况进行监督检查；二是调查，即对涉嫌贪污贿赂、滥用职权、玩忽职守、权力寻租、利益输送、徇私舞弊以及浪费国家资财等职务违法和职务犯罪进行调查；三是处置，包括对违法的公职人员依法作出政务处分决定，对履行职责不力、失职失责的领导人员进行问责，对涉嫌职务犯罪的调查结果移送检察院依法审查、提起公诉，向监察对象所在单位提出监察建议。监察机关履行职责的具体职权和程序分别规定于《监察法》第 18 ~ 34 条和第 35 ~ 49 条。

⑤ 根据《监察法》第 53 ~ 61 条和第 65 条的规定，监察机关须接受人大及其常委会的监督、监察机关内部专门机构的监督以及民主监督、社会监督和舆论监督，监察人员还应对其犯罪行为承担刑事责任。

⑥ 参见《监察法》第 1 条、第 3 条、第 6 条和第 50 ~ 52 条。

《监察法》的制定对人权的尊重和保障具有十分重要的影响。一方面，通过监督公职人员和其他相关人员依法履职、秉公用权、廉洁从政从业，可以减少、防止、制止和惩治利用公权力侵犯人权的行为，促进有关人员认真履行尊重和保障人权的义务和职责。另一方面，监察机关的监察职权与被调查人的人身自由权、人格尊严权、公正审判权、免受酷刑权、人道待遇权、隐私权、财产权、迁徙自由权、出境权、工作权等权利密切相关①。为防止监察机关及其工作人员侵犯监察对象和其他有关个人的合法权益，《监察法》除了规定监察权的限度和程序、对监察机关和监察人员的监督途径以及监察机关及其工作人员违法犯罪的责任，还确定了适用法律平等和保护当事人合法权益的监察工作原则②，规定了监察机关及其工作人员对监察对象的个人隐私、财产、身体、物品、住所、文件、人格尊严、饮食、休息、安全、出境所负有的义务③，还规定了监察机关处理决定的复审和复核程序④。与其他监督制度相比，《监察法》中的一些规定更有助于对监督对象的人权的尊重和保障，但也有一些规定还有待充实和加强⑤。

---

① 根据《监察法》第18~30条的规定，监察机关行使监督和调查职权，有权了解情况、收集或调取证据、谈话、要求说明情况或作出陈述、讯问（被调查人）、询问（证人）、留置、查询和冻结财产、搜查（身体、物品、住所或其他场所）、调取、查封或扣押（财物、文件和电子数据等信息）、勘验检查和鉴定等措施，还可以决定采取技术调查、通缉和限制出境等措施。另据该法第11条和第45~46条的规定，监察机关行使处置职权，有权对有关人员进行谈话提醒、批评教育、责令检查或予以诫勉，作出政务处分，决定问责或提出问责建议，移送人民检察院依法审查并提起公诉，没收或追缴违法所得的财物或者责令退赔。

② 参见《监察法》第5条。

③ 参见《监察法》第18条第2款、第23~25条、第40条第2款和第44条第2款。

④ 参见《监察法》第49条。

⑤ 例如，《监察法》第41条第2款规定了调查人员讯问、搜查、查封、扣押全过程中的强制性的录音录像义务，比《刑事诉讼法》第123条第1款关于侦查人员讯问一般犯罪嫌疑人的任择性的录音录像要求更为严格。再如，《监察法》关于留置的规定弥补了党内监督制度中"双规"措施缺乏法律依据的不足，其关于留置的条件、场所、程序、时间、刑期折抵以及被留置人的权利保障的规定则比已被废止的行政监察制度中的"两指"措施的相关规定更为充分。不过，《监察法》规定了通知被留置人员的单位和家属的比较宽泛的例外条件，且没有规定讯问和留置情形下的律师介入问题，也没有规定监察对象提起诉讼的权利，这会在一定程度上对监察对象的人权的尊重和保障产生不利的影响。

二　全国人大常委会立法工作对人权的影响

2018 年，全国人大常委会通过了 8 部法律①，修订了 3 部法律②，作出了 11 项关于法律修改的决定③和 9 项关于法律问题的决定④，审议了 7 部法律草案⑤和 4 部法律修正案草案⑥。其中，《人民陪审员法》，《土壤污染防治法》、《国际刑事司法协助法》和《英雄烈士保护法》的通过，《法院组织法》、《检察院组织法》和《公务员法》的修订以及《刑事诉讼法》和《农村土地承包法》的修改对人权都有直接和重要的影响。

---

① 即《人民陪审员法》《英雄烈士保护法》《土壤污染防治法》《电子商务法》《国际刑事司法协助法》《消防救援衔条例》《耕地占用税法》《车辆购置税法》。
② 即《法院组织法》《检察院组织法》《公务员法》。
③ 即《关于修改〈中华人民共和国国境卫生检疫法〉等六部法律的决定》《关于修改〈中华人民共和国个人所得税法〉的决定》《关于修改〈中华人民共和国刑事诉讼法〉的决定》《关于修改〈中华人民共和国公司法〉的决定》《关于修改〈中华人民共和国野生动物保护法〉等十五部法律的决定》《关于修改〈中华人民共和国农村土地承包法〉的决定》《关于修改〈中华人民共和国村民委员会组织法〉〈中华人民共和国城市居民委员会组织法〉的决定》《关于修改〈中华人民共和国电力法〉等四部法律的决定》《关于修改〈中华人民共和国社会保险法〉的决定》《关于修改〈中华人民共和国产品质量法〉等五部法律的决定》《关于修改〈中华人民共和国劳动法〉等七部法律的决定》。这些决定共对 44 部法律的若干条款做了修改。
④ 即《关于实行宪法宣誓制度的决定》《关于延长授权国务院在实施股票发行注册制改革中调整适用〈中华人民共和国证券法〉有关规定期限的决定》《关于设立第十三届全国人民代表大会专门委员会的决定》《关于国务院机构改革涉及法律规定的行政机关职责调整问题的决定》《关于设立上海金融法院的决定》《关于全国人民代表大会宪法和法律委员会职责问题的决定》《关于中国海警局行使海上维权执法职权的决定》《关于专利等知识产权案件诉讼程序若干问题的决定》《关于延长授权国务院在北京市大兴区等三十三个试点县（市、区）行政区域暂时调整实施有关法律规定期限的决定》。
⑤ 即《民法典各分编（草案）》《民法典合同编（草案）》《民法典侵权责任编（草案）》《基本医疗卫生与健康促进法（草案）》《外商投资法（草案）》《疫苗管理法（草案）》《资源税法（草案）》。
⑥ 即《药品管理法（修正草案）》《专利法修正案（草案）》《土地管理法修正案（草案）》《城市房地产管理法修正案（草案）》。

（一）通过《人民陪审员法》对人权的影响

人民陪审员制度是我国审判制度的重要组成部分，担任陪审员则是公民参与审判活动、行使民主权利的重要途径。中华人民共和国成立之后，特别是改革开放以来，根据法院组织法、诉讼法和全国人大常委会的决定建立了人民陪审员制度[①]。该制度在促进公民参与审判活动、推进司法民主、促进司法公正、提高司法公信等方面发挥了重要作用，但在陪审员的产生、职责、活动、管理和履职保障等方面都有待完善。

为贯彻落实中共十八届三中、四中全会关于完善人民陪审员制度的精神，拓宽公民参与审判的渠道，充分发挥人民陪审员的参审作用，进一步促进司法公正、提升司法公信，第十三届全国人大常委会第二次会议于2018年4月27日通过《中华人民共和国人民陪审员法》，对现行的人民陪审员制度做了较大程度的充实和改进[②]。与被废止的《关于完善人民陪审员制度的决定》以及现行有效的法院组织法和刑事、行政、民事诉讼法的相关规定相比，《人民陪审员法》明确了公民担任人民陪审员的权利和义务[③]，调

[①] 参见1954年《法院组织法》第8~9条和第35~37条；1979年《法院组织法》第9~10条和第38~39条（1983年和1986年修正第10条和第38~39条；2006年修正第9条和第37~38条）；1979年《刑事诉讼法》第9条和第105~107条（1996年修正第13条和第147~149条；2012年修正第13条和第178~180条）；1989年《行政诉讼法》第46条（2014年和2017年修正第68条）；1991年《民事诉讼法》第40条（2012年和2017年修正第39条）；2004年《全国人民代表大会常务委员会关于完善人民陪审员制度的决定》。

[②] 关于人民陪审员法草案起草的意义、原则和审议情况，参见周强《对〈中华人民共和国人民陪审员法（草案）〉的说明》，2017年12月22日；周光权《全国人民代表大会宪法和法律委员会关于〈中华人民共和国人民陪审员法（草案）〉审议结果的报告》，2018年4月25日；《全国人民代表大会宪法和法律委员会关于〈中华人民共和国人民陪审员法（草案二次审议稿）〉审议结果的报告》，2018年4月27日。按照《人民陪审员》第32条的规定，该法于公布之日起施行，全国人大常委会2004年通过的《全国人民代表大会常务委员会关于完善人民陪审员制度的决定》同时废止。

[③] 参见《人民陪审员法》第2条。

整并细化了公民担任人民陪审员的条件和办法①，扩大了人民陪审员参加审判的范围②，充实了人民陪审员参加审判的权利③，加强了对人民陪审员履行职责的保护和保障④，强化了对人民陪审员的考核和惩戒⑤，不仅更有助于实现公民对审判活动的知情权、参与权和监督权，保障人民陪审员独立参与审判活动的权利以及人身、住所、人格、尊严、名誉、财产等方面的权利，而且会对诉讼当事人的公正审判权和其他相关权利产生重要的影响。

（二）通过《土壤污染防治法》对人权的影响

土壤是生态系统和自然环境的基本要素，也是人类生存与发展不可或缺的物质基础和宝贵资源，土壤污染及其防治与公众健康和农产品的质量安全密切相关。改革开放以来，我国宪法确定了国家保护与改善生活环境和生态环境、防治污染和其他公害的任务和职责⑥，1989 年通过和 2014 年修订的《环境保护法》也均把"土地"列为环境的自然因素之一，并原则性地规定了国家和政府加强土壤保护、防治土壤污染的责任⑦。不过，与大气、水和海洋等其他自然环境因素的保护和污染防治相比，土壤的保护和污染防治问题并没有得到国家和社会及时、充分的重视，以致在这一领域长期缺乏具体而明确的法律标准、制度、措施和责任，并出现了比较严重的总体性的土壤

---

① 参见《人民陪审员法》第 5~7 条和第 9~11 条；《全国人民代表大会常务委员会关于完善人民陪审员制度的决定》第 4~6 条和第 8 条。

② 参见《人民陪审员法》第 15~17 条；《全国人民代表大会常务委员会关于完善人民陪审员制度的决定》第 2 条。

③ 参见《人民陪审员法》第 3 条第 1 款和第 21~23 条；《全国人民代表大会常务委员会关于完善人民陪审员制度的决定》第 11 条。

④ 参见《人民陪审员法》第 4 条、第 20 条和第 28~31 条；《全国人民代表大会常务委员会关于完善人民陪审员制度的决定》第 10 条、第 16 条和第 18 条。

⑤ 参见《人民陪审员法》第 25 条和第 27 条；《全国人民代表大会常务委员会关于完善人民陪审员制度的决定》第 17 条。

⑥ 参见 1982 年《宪法》第 26 条第 1 款。

⑦ 参见 1989 年《环境保护法》第 2 条和第 20 条；2014 年《环境保护法》第 2 条、第 32~33 条和第 49~50 条。

污染问题。

为落实中共中央关于加强生态文明建设、着力解决重点环境问题、强化土壤污染管控和修复的精神，全国人大环境与资源保护委员会组织起草了《中华人民共和国土壤污染防治法（草案）》。该草案经全国人大常委会四次审议，于 2018 年 8 月 31 日由第十三届全国人大常委会第五次会议通过①。新通过的《土壤污染防治法》对土壤污染防治的原则、义务、职责、规划、标准、普查、监测、土壤污染的预防、未污染土壤的保护、土壤风险的管控和修复、土壤污染防治工作的保障和监督以及与土壤污染防治相关的法律责任问题做了系统规定。根据该法的规定，国家、政府、政府有关部门、土壤污染责任人、土地使用权人、农业投入品的生产者、销售者和使用者、农村集体经济组织及其成员、农民专业合作社及其他农业生产经营主体、企事业单位和其他生产经营者以及其他组织和个人均有保护土壤和防治土壤污染的义务或职责，公民、法人和其他组织均有权了解、参与和监督土壤污染防治的工作，任何组织和个人均有权向主管或监管部门报告或举报污染土壤的行为，新闻媒体也有权对违反土壤污染防治法律法规的行为进行舆论监督，这对加强土壤保护、减少和防治土壤污染、保障农产品质量安全和个人健康都具有十分积极的意义和影响。

（三）通过《国际刑事司法协助法》对人权的影响

国家在刑事案件的调查、侦查、起诉、审判和执行等活动中相互提供司法协助是国际刑事司法合作的重要组成部分，也是有效惩治犯罪、保护受害人合法权益、维护国家利益和社会秩序的重要途径。改革开放以来，我国先

① 关于土壤污染防治法草案起草的背景、意义和审议情况，参见罗清泉《关于〈中华人民共和国土壤污染防治法（草案）〉的说明》，2017 年 6 月 22 日；谢经荣《全国人民代表大会法律委员会关于〈中华人民共和国土壤污染防治法（草案）〉修改情况的汇报》，2017 年 12 月 22 日；胡可明《全国人民代表大会宪法和法律委员会关于〈中华人民共和国土壤污染防治法（草案）〉审议结果的报告》，2018 年 8 月 27 日；《全国人民代表大会宪法和法律委员会关于〈中华人民共和国土壤污染防治法（草案三次审议稿）〉修改意见的报告》，2018 年 8 月 31 日。

后批准或加入了十多项含有国际刑事司法协助条款的国际公约①，并与几十个国家签署了关于刑事司法协助（包括移管被判刑人）的双边协定，承担了原则性或具体性的刑事司法协助义务。相比之下，我国国内法对刑事司法协助问题只有个别原则性的规定②，显然不能满足我国履行相关国际义务、有效开展国际刑事司法协助的实际需求。

为贯彻落实中共中央关于深化司法领域国际合作、完善我国司法协助体制和推进反腐败国家立法的精神，为我国有效履行国际刑事司法协助义务、开展国际刑事司法协助提供国内法律基础和制度保障，司法部牵头起草了《中华人民共和国国际刑事司法协助法（草案）》。该草案经全国人大常委会三次审议，于 2018 年 10 月 26 日由第十三届全国人大常委会第六次会议通过③。新通过的《国际刑事司法协助法》明确了我国与外国开展刑事司法协助的基本原则、联系机关、主管机关、办案机关、经费保障和费用负担，规定了我国与外国相互请求送达文书、调查取证、安排证人或鉴定人作证或者协助调

---

① 关于相关国际公约的有关规定，参见 1970 年《关于制止非法劫持航空器的公约》第 10 条；1971 年《制止危害民用航空安全的非法行为的公约》第 11 条；1973 年《关于防止和惩处侵害应受国际保护人员包括外交代表的罪行的公约》第 10 条；1979 年《反对劫持人质国际公约》第 11 条；1984 年《禁止酷刑公约》第 3 条；1988 年《制止危及海上航行安全非法行为公约》第 12 条；1988 年《联合国禁止非法贩运麻醉药品和精神药物公约》第 7 ~ 9条；1997 年《制止恐怖主义爆炸的国际公约》第 10 ~ 13 条；1999 年《制止向恐怖主义提供资助的国际公约》第 12 ~ 16 条；2000 年《联合国打击跨国有组织犯罪公约》第 7 条第 4款、第 13 ~ 14 条、第 17 ~ 21 条和第 27 条；2000 年《儿童权利公约关于买卖儿童、儿童卖淫和儿童色情制品问题的任择议定书》第 10 条第 1 款；2001 年《打击恐怖主义、分裂主义和极端主义上海公约》第 2 条和第 6 ~ 10 条；2003 年《联合国反腐败公约》第 43 条第 1款和第 45 ~ 59 条；2004 年《亚洲地区反海盗及武装劫船合作协定》第 13 条；2009 年《上海合作组织反恐怖主义公约》第 6 条和第 11 ~ 30 条；2017 年《上海合作组织反极端主义公约》第 11 ~ 28 条。

② 参见 1979 年《刑事诉讼法》（1996 年和 2012 年修正）第 17 条；2015 年《反恐怖主义法》第 70 条和第 72 条；2018 年《监察法》第 50 ~ 52 条。

③ 关于刑事司法协助法草案起草的意义、过程和审议情况，参见傅莹《关于〈中华人民共和国国际刑事司法协助法（草案）〉的说明》，2017 年 12 月 22 日；《全国人民代表大会宪法和法律委员会关于〈中华人民共和国国际刑事司法协助法（草案）〉审议结果的报告》，2018 年 10 月 22 日；《全国人民代表大会宪法和法律委员会关于〈中华人民共和国国际刑事司法协助法（草案二次审议稿）〉修改意见的报告》，2018 年 10 月 26 日。

查、查封、扣押或冻结涉案财物、没收或返还违法所得及其他涉案财物、移管被判刑人以及其他协助活动的程序性的和实质性的要求，对有效惩治在中国和外国的有关犯罪、保障受害人权利具有重要意义。除此之外，该法还对中外刑事司法协助中的当事人、利害关系人和其他相关人员合法权益的保护问题做了具体规定①。

（四）全国人大常委会其他立法工作对人权的影响

除通过上述 3 部新的法律外，全国人大常委会 2018 年的其他一些立法工作与人权也有比较密切的联系。

其一，4 月 27 日通过的《英雄烈士保护法》专门规定维护英烈合法权益，开展英烈事迹和精神的研究、宣传和教育，实行英烈抚恤优待制度，禁止歪曲、丑化、亵渎、否定英烈事迹和精神②，对英烈的姓名、肖像、名誉和荣誉权以及一般个人的受教育权和表达自由权都有一定程度的影响。

其二，4 月 26 日修订的《法院组织法》增加了法院审判行政案件和其他案件、保障无罪的人不受刑事追究、解决行政纠纷、监督行政机关依法行使职权、维护国家安全和社会秩序、维护社会公平正义以及维护国家法制统一、尊严和权威等任务和职能③，确定了禁止歧视、保护个人和组织的诉讼权利和其他合法权益、尊重和保障人权、司法公开以及接受人大及其常委会和人民群众监督的法院工作原则④，调整和充实了法院的设置、职权、审判组织和人员组成⑤，

---

① 参见《国际刑事司法协助法》第 1 条、第 17 条第 2 款、第 21 条、第 23 条、第 33 条、第 38 条、第 40 条第 1 款第 4 项、第 43 条第 1 第 4 项、第 46 条、第 48 条第 1 款第 5 项、第 50 条、第 51 条第 1 款第 2 项、第 56 条和第 64 条。

② 参见《英雄烈士保护法》第 3 条第 2 款和第 15 ~ 29 条。

③ 该法同时取消了法院保卫无产阶级专政制度和教育公民的任务。参见 2018 年《法院组织法》第 2 条和 1979 年《法院组织法》（2006 年修正）第 3 条。

④ 参见 2018 年《法院组织法》第 5 ~ 7 条、第 9 条第 2 款和第 11 条。

⑤ 参见 2018 年《法院组织法》第 3 条、第 14 ~ 16 条、第 18 条、第 21 条、第 23 条、第 25 条、第 27 ~ 42 条和 45 ~ 51 条；1979 年《法院组织法》（2006 年修正）第 9 ~ 10 条、第 18 条、第 20 ~ 21 条、第 23 ~ 24 条、第 26 ~ 27 条、第 30 ~ 33 条、第 36 条和第 39 ~ 40 条。

规定了司法责任、人员分类管理和法官员额等制度①，加强了对法院行使职权的保障②，取消了原《法院组织法》关于诉讼语言、辩护、两审终审、上诉、抗诉、再审、要求检察院补充侦查或纠正违法情况、回避等诉讼程序的规定以及关于陪审员的选任、权利和补助的规定③，有助于促进个人的公正审判权和其他诉讼权利的实现，对相关实体性权利的尊重和保障也有积极影响。

其三，4月26日修订的《检察院组织法》与同日修订的《法院组织法》相似，调整了检察院的任务和职能④，确定了禁止歧视、尊重和保障人权、司法公开以及接受人大及其常委会监督的原则⑤，调整和充实了检察院的设置、职权、审判组织和人员组成⑥，规定了司法责任、检察官办案责任、人员分类管理和检察官员额等制度⑦，加强了对法院行使职权的保障⑧，取消了关于保障公民控告权和检察院行使职权的程序规定⑨，同样有助于促进个人的公正审判权、其他诉讼权利和相关实体性权利的尊重、保障和实现。

其四，12月29日修订的《公务员法》明确了公务员作为干部队伍重要组成部分、社会主义事业中坚力量和人民公仆的地位和性质⑩，确立了科学发展观和习近平新时代中国特色社会主义思想的新的指导思想⑪，调整和充实了公务员的条件、义务和纪律，突出了政治标准、政治素质、心理素质、家庭美德在公务员的任用、录用、考核、培训等方面的作用，强调了对公务

---

① 参见2018年《法院组织法》第8条和第45～46条。

② 参见2018年《法院组织法》第52～58条。

③ 参见1979年《法院组织法》（2006年修正）第6～8条、第11条、第13～15条和第37～38条。

④ 参见2018年《检察院组织法》第2条和1979年《检察院组织法》（1986年修正）第4条。

⑤ 参见2018年《检察院组织法》第5～7条。

⑥ 参见2018年《检察院组织法》第3条、第14～17条、第19～36条和第40～46条；1979年《检察院组织法》（1986年修正）第2～3条、第7条、第20条、第24条和第27～28条。

⑦ 参见2018年《检察院组织法》第8条、第34条和第40～41条。

⑧ 参见2018年《检察院组织法》第47～52条。

⑨ 参见1979年《检察院组织法》（1986年修正）第6条和第11～19条。

⑩ 参见2018年《公务员法》第2条和2005年《公务员法》（2017年修正）第2条。

⑪ 参见2018年《公务员法》第4条和2005年《公务员法》（2017年修正）第4条。

员拥护和自觉遵守中国共产党领导、拥护社会主义制度、践行社会主义核心价值观的要求①，增加了关于公务员任职宣誓和职级的规定②，修改或细化了关于公务员的考核、任职、奖励、处分、交流、回避、福利、辞职条件、退休待遇、争议仲裁和法律责任等方面的若干规定③，强化了对公务员的监督（含监察）和纪律要求④，不仅直接关涉公民和公务员的工作权，对公务员行使职权涉及的有关个人和组织的权利也会产生间接影响。

其五，10 月 26 日修改的《刑事诉讼法》新建了速裁程序和缺席审判程序⑤，完善了认罪认罚从宽处理制度⑥，明确了判定是否具有逮捕所需的可能发生社会危险性的考虑因素以及侦查的含义⑦，取消了检察院对贪污贿赂案件的立案侦查权、对重大贪污贿赂案件的技术侦查权、对重大贿赂犯罪案件犯罪嫌疑人监视居住场所的决定权，以及公安机关对特别重大贿赂犯罪案件犯罪嫌疑人在侦查期间会见辩护律师的许可权⑧，调整了基层法院、中级法院、最高法院审判第一审案件的合议庭组成人员⑨，增加了关于禁止被开除公职和被吊销律师或公证员执业证书的人担任辩护人、法律援助机构设置值班律师、检察院对监察机关移送起诉案件的审查处理、向犯罪嫌疑人或被告人告知诉讼权利、重新计算死刑缓期执行期间、延期缴纳罚金以及由中国海警局对海上发

---

① 参见 2018 年《公务员法》第 7 条、第 13 ~ 14 条、第 26 条、第 35 条、第 59 条和第 67 条；2005 年《公务员法》（2017 年修正）第 11 ~ 12 条、第 24 条、第 33 条、第 53 条和第 61 条。

② 分别参见 2018 年《公务员法》第 9 条以及该法第 17 条、第 19 条第 1 款、第 21 条第 1 款、第 22 条、第 39 条、第 42 条、第 49 ~ 50 条、第 64 条第 1 款和第 69 条第 2 款。

③ 参见 2018 年《公务员法》第 36 条、第 40 条第 1 款、第 55 ~ 56 条、第 61 条、第 69 ~ 70 条、第 72 条、第 74 ~ 75 条、第 82 ~ 83 条、第 86 条第 1 款第 4 项、第 94 ~ 96 条、第 98 ~ 99 条和第 105 ~ 109 条；2005 年《公务员法》（2017 年修正）第 34 条、第 38 条第 1 款、第 52 条、第 55 条、第 63 ~ 64 条、第 66 条、第 68 ~ 69 条、第 76 ~ 77 条、第 81 条第 1 款第 4 项、第 89 ~ 91 条、第 93 ~ 94 条、第 100 ~ 102 条和第 104 条。

④ 参见 2018 年《公务员法》第 57 ~ 59 条。

⑤ 参见《关于修改〈中华人民共和国刑事诉讼法〉的决定》第 22 项和第 25 项。

⑥ 参见《关于修改〈中华人民共和国刑事诉讼法〉的决定》第 1 项、第 7 项、第 9 项、第 11 项、第 13 ~ 16 项、第 18 项和第 20 ~ 21 项。

⑦ 参见《关于修改〈中华人民共和国刑事诉讼法〉的决定》第 7 ~ 8 项。

⑧ 参见《关于修改〈中华人民共和国刑事诉讼法〉的决定》第 2 项、第 5 ~ 6 项和第 10 项。

⑨ 参见《关于修改〈中华人民共和国刑事诉讼法〉的决定》第 19 项。

生的刑事案件行使侦查权等项规定①，对犯罪嫌疑人和被告人的人身自由权、公正审判权以及其他相关诉讼权利和实体权利都有直接和重要的影响。

其六，12 月 29 日修改的《土地承包法》明确规定国家保护土地经营权人的合法权益和进城农户的土地承包经营权②，确认承包方有权依法互换和转让其土地承包经营权，充实了关于土地承包经营权的保护、互换和转让的相关规定③，允许承包方流转其承包地的土地经营权，新增了关于土地经营权人的权利、义务以及土地经营权的取得、流转和保护的规定④，加强了对农户内家庭成员平等享有承包土地各项权益的保障⑤，调整了关于政府主管部门、承包方利用土地的义务、承包期限和土地承包权确认机构的规定⑥，有助于加强对土地经营权人、承包方以及农户内女性家庭成员与土地承包和经营有关的各项权益的保障。

除此之外，第十三届全国人大会常委会第三次会议 2018 年 6 月 22 日通过《关于全国人民代表大会宪法和法律委员会职责问题的决定》，对新成立的宪法和法律委员会赋予了增加推动宪法实施、开展宪法解释、推进合宪性审查、加强宪法监督、配合宪法宣传的工作职责，对于落实宪法关于尊重和保障人权的规定也有一定的影响。

三　国务院立法工作对人权的影响

2018 年，国务院先后通过 4 部条例⑦，修订 3 部条例⑧，修改 1 部条

---

① 参见《关于修改〈中华人民共和国刑事诉讼法〉的决定》第 3 ~ 4 项、第 9 项、第 12 ~ 14 项、第 20 项、第 23 ~ 24 项和第 26 项。

② 参见《关于修改〈中华人民共和国农村土地承包法〉的决定》第 3 项和第 12 项第 1 段。

③ 参见《关于修改〈中华人民共和国农村土地承包法〉的决定》第 7 项、第 12 ~ 18 项、第 38 项和第 40 ~ 41 项。

④ 参见《关于修改〈中华人民共和国农村土地承包法〉的决定》第 2 项、第 20 ~ 33 项、第 35 ~ 38 项和第 40 ~ 44 项。

⑤ 参见《关于修改〈中华人民共和国农村土地承包法〉的决定》第 6 项和第 10 项第 2 段。

⑥ 参见《关于修改〈中华人民共和国农村土地承包法〉的决定》第 5 项和第 8 ~ 10 项。

⑦ 即《快递暂行条例》《人力资源市场暂行条例》《医疗纠纷预防和处理条例》《行政区划管理条例》。

⑧ 即《奥林匹克标志保护条例》《专利代理条例》《个人所得税法实施条例》。

例①，作出 2 项关于修改或废除部分行政法规的决定②，提请全国人大常委会审议 6 部法律草案、8 部法律修正案草案、3 项综合性的法律修正案草案和 1 项决定草案③。其中，国务院第 198 次会议于 2 月 7 日通过的《快递暂行条例》把"保护快递用户合法权益"作为一项立法目的，规定了保护快件和用户信息的若干措施，还附带规定了县级以上政府和经营快递业务的企业保障或保护快递从业人员合法权益的一般责任④；国务院第 7 次常务会议于 5 月 2 日通过的《人力资源市场暂行条例》把"促进就业创业"作为立法目的之一，禁止用人单位在其发布或提供的招聘信息中含有民族、种族、性别、宗教信仰等方面的歧视性内容，禁止人力资源服务机构泄露或违法使用其在业务活动中收集的个人信息，禁止经营性人力资源服务机构在提供人力资源服务外包时与用人单位串通侵害个人的合法权益，要求用人单位与需要建立劳动关系的自主招用人员订立劳动合同并办理社会保险等相关手续⑤；国务院第 13 次常务会议于 6 月 20 日通过的《医疗纠纷预防和处理条例》把"保护医患双方的合法权益"作为一项重要的立法目的，规定了医务人员和患者在诊疗活动和纠纷处理过程中的若干权利以及有关各方的相应

---

① 即《全国经济普查条例》。

② 即《国务院关于修改和废止部分行政法规的决定》和《国务院关于修改部分行政法规的决定》。根据这两项决定，国务院废止了 5 部行政法规（1982 年《劳动教养试行办法》、1994 年《种畜禽管理条例》、1988 年《私营企业暂行条例》、2000 年《水污染防治法实施细则》和 2008 年《地质勘查资质管理条例》），并修改了 28 部行政法规的部分条款。

③ 国务院提请审议的四类法律草案分别是：（1）《耕地占用税法》《车辆购置税法》《资源税法》《外商投资法》《疫苗管理法》《综合性消防救援队伍消防救援衔条例》的草案；（2）《村民委员会组织法》《城市居民委员会组织法》《土地管理法》《城市房地产管理法》《药品管理法》《个人所得税法》《专利法》《公司法》的修正案草案；（3）《〈中华人民共和国产品质量法〉等 17 部法律的修正案（草案）》《〈中华人民共和国野生动物保护法〉等 15 部法律的修正案（草案）》《〈中华人民共和国森林法〉等 7 部法律的修正案（草案）》；（4）《关于再次延长授权国务院在北京市大兴区等三十三个试点县（市、区）行政区域暂时调整实施有关法律规定期限的决定（草案）》。

④ 关于对快递用户合法权益的保护，参见《快递暂行条例》第 1 条、第 4 条第 2 款、第 19 条第 3 款、第 27 条、第 34 条第 2 款、第 36 条第 1 款第 3 项、第 42 条和第 44 条第 1 款第 3 ~ 4 项；关于对快递从业人员合法权益的保障或保护，参见该条例第 10 条第 3 款和第 20 条第 1 款。

⑤ 参见《人力资源市场暂行条例》第 24 条、第 29 ~ 30 条和第 43 条。

义务和责任①。除此之外，国务院于 3 月 19 日决定废止其 1982 年 1 月 21 日转发的公安部制定的《劳动教养试行办法》，继全国人大常委会 2013 年废除劳动教养制度后首次废止了自己认可的一部限制人身自由权和其他相关权利的法律文件。

国务院 2018 年的立法工作对于人权的尊重和保障有一定的促进作用。不过，与全国人大及其常委会的立法工作相比，国务院的立法工作更侧重于深化机构改革、优化行政管理和促进经济发展等目的。以上述直接关涉人权的 4 部条例的通过或废止为例，《快递暂行条例》强调的是促进快递业健康发展、保障快递安全和加强对快递业的监督管理，《人力资源市场暂行条例》突出的是规范人力资源市场活动以及促进人力资源的合理流动和优化配置，《医疗纠纷预防和处理条例》注重的是维护医疗秩序和保障医疗安全②，《劳动教养试行办法》的废止则体现了明显的滞后性③。在今后的立法工作中，国务院还需要在人权的尊重和保障方面发挥更加积极的作用。

---

① 参见《医疗纠纷预防和处理条例》第 1 条、第 16 条、第 29 条第 1 款、第 30 条第 2 款、第 42 条第 1 款、第 50 条和第 53 条。

② 参见这三部条例关于立法目的的第 1 条和其他相关条款的规定。

③ 目前，1980 年《国务院关于将强制劳动和收容审查两项措施统一于劳动教养的通知》和国务院 1993 年发布、2011 年修正的《卖淫嫖娼人员收容教育办法》仍然有效，国务院亟须尽快予以废止。

B.16
2018年中国的国际人权合作与交流

罗艳华 *

摘　要：　2018年中国在国际人权合作与交流方面进展显著。在国际人权领域，中国的主要着力点是倡导合作共赢和推动消除贫困方面的国际合作，已成功地把合作共赢的理念写入联合国人权理事会的决议，使其成为国际人权话语。对于常规性的多边和双边人权合作与交流，中国仍然积极参与并发挥建设性的作用，在多边和双边合作与交流中都取得了重要进展，并顺利通过了第三次普遍定期审议。中国的人权组织也在国际人权交流中进行了形式多样、内容丰富的活动，发挥了重要作用。

关键词：　人权　国际合作　国际交流

2018年中国在国际人权合作与交流方面进展显著。在国际人权领域，中国的主要着力点是倡导合作共赢和推动消除贫困方面的国际合作，常规的多边和双边人权合作在有条不紊地进行，人权社会组织在国际人权交流中表现活跃。

* 罗艳华，法学博士，北京大学国际关系学院教授、博士生导师，主要研究方向：人权与国际关系、国际关系史、非传统安全问题。

一 2018年中国在国际人权领域开展的主要工作

（一）中国在国际人权领域倡导合作共赢

2018 年 3 月 11 日，《中华人民共和国宪法修正案》在第十三届全国人民代表大会第一次会议上被高票表决通过。此次修宪在序言部分增加了三方面内容，分别是"坚持和平发展道路"、"坚持互利共赢开放战略"和"推动构建人类命运共同体"。这是 1982 年宪法公布施行后首次对宪法中关于外交政策方面的内容进行充实和完善①。

在国际人权领域，中国主张以合作共赢的方式推动国际人权事业发展，呼吁国际社会齐心协力，共同构建人类命运共同体和以相互尊重、公平正义、合作共赢为核心的新型国际关系，建立公平、公正、开放、包容的全球人权治理体系。为此，中国提出了四点主张，分别是：（1）以发展促人权；（2）以安全促人权；（3）以合作促人权；（4）以公平促人权②。

为了促进人权领域的合作共赢，中国在联合国人权理事会发起提出了"在人权领域促进合作共赢"的决议草案。对此中方代表指出：中方和共提国在人权理事会提出 L.36 决议草案，主旨是确认合作共赢对促进和保护人权的重要作用，重申人权理事会应根据普遍、公正、客观、非选择性、建设性对话与合作原则开展工作。决议草案呼吁各方在人权领域促进合作共赢，加强技术援助和能力建设，共同构建相互尊重、公平正义、合作共赢的新型国际关系，构建人类命运共同体③。

---

① 王毅：《坚定不移走和平发展道路 推动构建人类命运共同体》，《人民日报》2018 年 3 月 14 日，第 15 版。

② 《坚持合作共赢 共促人权发展——俞建华大使在人权理事会第 37 次会议高级别会议一般性辩论中的发言》，2018 年 3 月 1 日，中华人民共和国常驻联合国日内瓦办事处和瑞士其他国际组织代表团网站，http：//www. china - un. ch/chn/dbtyw/rqrd_ 1/hfs_ 1/t1538414. htm。

③ 《俞建华大使在人权理事会第 37 次会议对"在人权领域促进合作共赢"决议草案（A/HRC/37/L. 36）的介绍性发言》，2018 年 3 月 29 日，http：//www. china - un. ch/chn/dbtyw/rqrd_ 1/hfs_ 1/t1546561. htm。

3月23日，中国提出的"在人权领域促进合作共赢"的决议在联合国人权理事会第37届会议获得通过。决议呼吁世界各国共同构建相互尊重、公平正义、合作共赢的新型国际关系和人类命运共同体，加强人权领域的对话与合作，实现合作共赢①。

（二）中国大力推动国际社会合作，携手消除贫困

围绕国际社会合作消除贫困这一主题，中国在2018年举办和参与了一系列重要活动予以推动，主要包括以下方面。

5月23日，中国在北京参与主办了"2018中国扶贫国际论坛"，论坛的主题是"共享推动合作 携手消除贫困"。论坛由中国互联网新闻中心、中国国际扶贫中心、世界银行、联合国粮农组织、国际农业发展基金、联合国世界粮食计划署、亚洲开发银行等7家机构联合主办。中国国务院扶贫开发领导小组办公室、国务院新闻办公室对外新闻局、中国外文局和来自世界银行、联合国粮农组织、国际农业发展基金、联合国世界粮食计划署、亚洲开发银行等9个国际机构、28个国家的近200名中外嘉宾出席了论坛。与会嘉宾对于以共享精神推动减贫和发展领域的合作问题进行了深入研讨，呼吁推动"共建没有贫困、共同发展的人类命运共同体"②。

6月6日，"减贫和粮食权的保障"展览在罗马联合国粮农组织总部开幕，这是中国首次在联合国粮农组织理事会期间举办以人权为主题的展览。该展览由中国国务院新闻办公室、农业农村部和联合国粮农组织共同主办，中央广播电视总台和中国常驻联合国粮农机构代表处共同承办。来自100多个国家和国际组织的代表约300人参加了开幕式并参观了展览③。

---

① 《促进人权领域的互利合作》，联合国网站，https：//documents－dds－ny.un.org/doc/UNDOC/LTD/G18/066/66/PDF/G1806666.pdf？OpenElement；英文版网址：https：//documents－dds－ny.un.org/doc/UNDOC/LTD/G18/066/67/PDF/G1806667.pdf？OpenElement。

② 《2018中国扶贫国际论坛》，中国发展门户网站，http：//f.china.com.cn/node_8004359.htm。

③ 《"减贫和粮食权的保障"展览在联合国粮农组织总部开幕》，中国政府网，http：//www.gov.cn/xinwen/2018－06/07/content_5296764.htm。

7月3日，中国与非洲国家在联合国人权理事会第38次会议期间共同举办了主题为"发展和减贫对促进和保护人权的贡献"的国际研讨会。20余位非洲国家大使、50多个国家的高级外交官以及有关国际组织代表、中外人权领域专家学者、非政府组织代表和新闻媒体记者百余人出席了研讨会。中国常驻联合国日内瓦办事处和瑞士其他国际组织代表俞建华在研讨会上做了主旨发言①。

9月13日，在联合国人权理事会第39届会议期间，中国与南非共同举办的"消除贫困与实现所有人权，包括发展权"会议在日内瓦万国宫召开。中国常驻联合国日内瓦办事处和瑞士其他国际组织代表俞建华大使、南非常驻代表迪赛科大使到会致辞，巴基斯坦常驻代表阿米尔大使、古巴常驻代表奎塔斯大使、南方中心执行主任卡洛斯、复旦大学王小林教授担任发言嘉宾，俄罗斯、德国、日本、瑞典、新加坡、尼日利亚、阿尔及利亚、委内瑞拉、阿根廷等30余国和欧盟外交官以及有关国际组织代表、中外学者、非政府组织代表和媒体记者80余人参加了会议②。

9月14日，在日内瓦举行的联合国人权理事会第39次会议上，中国常驻联合国日内瓦办事处和瑞士其他国际组织代表俞建华代表近140个国家发表了题为"携手合作消除贫困，共同推进国际人权事业发展"的联合声明③。中国代表不结盟运动、俄罗斯、南苏丹和中国发言指出：贫困是人类面临的共同挑战，严重妨碍人权充分实现和享有。消除一切形式的贫困是各国人民追求幸福生活的基本权利，也是促进和保护人权

---

① 《中国与非洲国家分享发展和减贫经验》，人民网，http://world.people.com.cn/n1/2018/0705/c1002-30126588.html。

② 《中国与南非合办的"消除贫困与实现所有人权，包括发展权"会议在日内瓦举行》，2018年9月14日，中华人民共和国常驻联合国日内瓦办事处和瑞士其他国际组织代表团网站，http://www.china-un.ch/chn/dbtyw/rqrd_1/hractivities_1/t1595287.htm。

③ 《中国代表近140国发表关于携手合作消除贫困，共同推进国际人权事业发展的联合声明》，中华人民共和国常驻联合国日内瓦办事处和瑞士其他国际组织代表团网站，https://www.mfa.gov.cn/ce/cegv/chn/dbtzyhd/t1595298.htm。

的重要途径①。各国有必要在以下方面共同努力消除贫困，为更好促进和保护人权创造条件。（1）大力推动可持续发展。各方应将消除贫困作为2030年可持续发展议程的首要目标，将减贫作为发展经济的重要内容，实现持续、包容和公平的经济增长，尊重各国根据本国国情自主选择减贫和可持续发展道路的权利。（2）制定科学减贫战略。（3）坚持以人民为中心。（4）加强减贫国际合作。建立以合作共赢为核心的新型国际减贫伙伴关系，推进南北合作，加强南南合作②。

11月1日至2日，"改革开放与中国扶贫国际论坛"在北京举行，该论坛由中共中央宣传部、财政部、国务院扶贫办、世界银行共同主办。本次论坛的主题是"国际减贫合作：构建人类命运共同体"。来自联合国、世界银行、国际货币基金组织、亚洲基础设施投资银行、金砖国家新开发银行等11个国际组织和51个国家的智库学者、政界人士、企业领袖以及其他各方代表400余人参加了论坛。会议的议题包括改革开放40年来中国取得的减贫成就、中国推动减贫脱贫中国理念转化为国际共识、减贫国际合作推动构建人类命运共同体等，与会嘉宾围绕这些议题进行了深入探讨③。中国国家主席习近平专门为论坛发来了贺信，指出"中国愿同各方一道，为推进世界减贫事业发展、实现联合国2030年可持续发展议程确定的减贫目标作出努力"④。

12月20日，在中国积极倡议和大力推动下，"77国集团和中国"提交的《消除农村贫困，落实2030年可持续发展议程》决议草案在第73届联

① 《携手合作消除贫困，共同推进国际人权事业发展》，2018年9月14日，中华人民共和国常驻联合国日内瓦办事处和瑞士其他国际组织代表团网站，http：//www.china-un.ch/chn/dbtyw/rqrd_1/hfs_1/t1595841.htm。
② 《携手合作消除贫困，共同推进国际人权事业发展》，2018年9月14日，中华人民共和国常驻联合国日内瓦办事处和瑞士其他国际组织代表团网站，http：//www.china-un.ch/chn/dbtyw/rqrd_1/hfs_1/t1595841.htm。
③ 《改革开放与中国扶贫国际论坛在京隆重举行》，中国扶贫开发协会网站，http：//www.zgfpkf.org.cn/article/724.html。
④ 《习近平向改革开放与中国扶贫国际论坛致贺信》，新华网，http：//www.xinhuanet.com/politics/2018-11/01/c_1123649367.htm。

合国大会上获得通过。这是联合国大会历史上首次就消除农村贫困问题通过决议。这份决议内容包括构建消除农村贫困问题基本政策框架，从基础设施建设、包容性金融、消除数字鸿沟、增加就业、推进高质量教育、加强社会保障体系建设等方面加大减贫力度，采取精准措施消除一切贫困，制定农村发展战略，加强国际合作，以合作共赢的精神，努力帮助发展中国家农村地区的经济和社会发展，构建人类命运共同体。决议还要求联合国秘书长向第 74 届联合国大会提交报告，在第 74 届联大议程中加入"消除农村贫困"议题①。

二　多边人权交流与合作

（一）中国与联合国人权理事会的合作

2018 年是中国作为联合国人权理事会成员国第四个任期的第二年。中国继续与联合国人权理事会保持着良好的合作关系。作为人权理事会的成员国，中国一如既往地认真履行自己的职责，积极参加人权理事会的相关会议和普遍定期审议工作。中国专家刘昕生担任了联合国人权理事会咨询委员会委员的职务，任期至 2019 年②。

除了认真履行自己作为人权理事会成员国的应尽职责，中国也在人权理事会积极发声，明确表达自己的立场和主张。2018 年 7 月 2 日，在联合国人权理事会第 38 次会议上，中国常驻联合国日内瓦办事处和瑞士其他国际组织代表俞建华代表近 140 个国家发表了题为"坚持以人民为中心，促进和保护人权"的联合声明③。

---

① 《联合国大会首次就消除农村贫困问题通过决议》，中国扶贫在线网站，http：//f. china. com. cn/
2018 - 12/21/content_ 74299499. htm。
② OHCHR | About the Advisory Committee，联合国网站，http：//www. ohchr. org/EN/HRBodies/
HRC/AdvisoryCommittee/Pages/AboutAC. aspx。
③ 《中国代表近 140 国发表关于坚持以人民为中心，促进和保护人权的联合声明》，中华人民共和国
常驻联合国日内瓦办事处和瑞士其他国际组织代表团网站，https：//www. fmprc. gov. cn/ce/cegv/
chn/dbtyw/rqrd_ 1/hractivities_ 1/t1575835. htm。

接受联合国人权理事会的第三次普遍定期审议是 2018 年中国进行国际人权合作的一件大事。为此，中国进行了充分的准备。此次为中国的审议担任报告员（"三国小组"）的三个国家代表为匈牙利、肯尼亚和沙特阿拉伯。在审议前，各国通过书面的形式就人权问题向中国提出了一系列希望其解答的问题，来自中国国家司法改革办公室、最高人民法院、人社部、教育部、国家卫生健康委员会、国家信访局、生态环境部和住建部的代表分别就死刑、司法体制改革、教育、卫生、健康、环境等问题作出了回应①。

2018 年 11 月 12 日，中国如期接受了联合国人权理事会的第三次普遍定期审议。中国外交部副部长乐玉成率领中国政府代表团与会。参加审议的还有最高人民法院、统战部、公安部、司法部、国务院新闻办公室等有关单位和新疆维吾尔自治区、西藏自治区和香港特别行政区、澳门特别行政区派出的代表。乐玉成做了题为"走中国特色人权发展道路，谱写中国人权事业新篇章"的主旨发言，指出："中国政府高度重视促进和保护人权，始终积极参与人权领域国际合作。中方本着负责任的态度，对此次审议进行了认真准备。我们成立了近 30 家单位组成的跨部门工作组，共同撰写《国家人权报告》，征询近 40 家非政府组织和学术机构意见，并通过网络广泛征求公众意见。这次又组成由 20 多家单位和港澳特区政府代表参与的代表团现场参加审议。我们抱着合作的愿望而来，愿展现开放、包容、坦诚、合作态度，实事求是介绍中国人权事业进展，同各方进行互动对话，听取有益建议。同时，对话也应遵循平等、相互尊重原则，体现负责任、建设性精神，以利于相互借鉴，促进合作。"② 他从如下八个方面介绍了中国人权事业的发展情况：（1）建立完备的人权保障体系；（2）成为人权事业快速进步的国家；（3）实现最快速度的大规模减贫；（4）健全人民当家作主制度体系；（5）不

① 《因循普遍定期审查机制　联合国人权理事会查看中国人权状况》，联合国网站，https：//news. un. org/zh/story/2018/11/1022202。
② 《走中国特色人权发展道路　谱写中国人权事业新篇章——中国代表团团长、外交部副部长乐玉成在我国参加人权理事会第三轮国别人权审议时的发言》，2018 年 11 月 12 日，中华人民共和国常驻联合国日内瓦办事处和瑞士其他国际组织代表团网站，http：//www. china – un. ch/chn/dbtyw/rqrd_ 1/hfs_ 1/t1614436. htm。

断提高和加强人权的司法保障水平；（6）依法保障公民言论和宗教信仰自由；（7）全面促进和保护特定群体权利；（8）广泛开展国际人权交流合作①。

在互动对话期间，150个代表团就中国的人权问题做了发言。普遍定期审议工作组在11月9日所提交的汇总报告中概括了这些国家向中国提出的建议。

在150个报名发言的国家代表中有120多名代表明确对中国表示了肯定或支持。审议结束后，数十个国家代表在现场向中方表示祝贺和敬意。中国参加第三轮国别人权审议的报告在11月9日获得联合国人权理事会一致通过。中国代表在报告获得通过时发言指出："120多个国家积极评价中国人权事业取得的成就和进展，我们对此深感骄傲，深受鼓舞。""中国代表团感谢绝大多数国家代表作出的积极评价和给予中国的理解支持。我们欢迎许多国家提出的有益和建设性建议。我们高度重视审议报告中的有关建议，将进行认真、负责和深入研究，并在明年人权理事会核准报告时提交反馈意见。对于因误解而产生的疑问，中国代表团已尽可能地作了澄清，将继续同相关国家保持沟通，增信释疑，增进彼此理解。同时，中方认为，国别人权审议应切实遵循非选择性、非对抗性、非政治性原则。我们敦促有关国家客观看待中国的发展进步，尊重中国人民自主选择的政治制度和发展道路。中方坚决反对、绝不接受以人权为借口干涉中国内政，损害中国主权和领土完整。"②

（二）中国与国际人权条约机构的合作

1. 参加《残疾人权利公约》第十一次缔约国大会

《残疾人权利公约》第十一次缔约国大会于2018年6月12日至14日在联合国总部举行。中国残联副理事长贾勇率中国代表团出席了此次缔约国会议，并

---

① 《走中国特色人权发展道路　谱写中国人权事业新篇章——中国代表团团长、外交部副部长乐玉成在我国参加人权理事会第三轮国别人权审议时的发言》，2018年11月12日，中华人民共和国常驻联合国日内瓦办事处和瑞士其他国际组织代表团网站，http：//www.china－un.ch/chn/dbtyw/rqrd_1/hfs_1/t1614436.htm。

② 《中国代表团副团长、外交部部长助理张军在联合国人权理事会通过中国国别人权审议报告时的发言》，2018年11月13日，中华人民共和国常驻联合国日内瓦办事处和瑞士其他国际组织代表团网站，http：//www.china－un.ch/chn/dbtyw/rqrd_1/hfs_1/t1614439.htm。

在一般性辩论、专题讨论圆桌会议和改进残疾人数据统计主题边会上做了发言。

6月12日，中国常驻联合国代表马朝旭在《残疾人权利公约》第十一次缔约国大会的残疾数据主题边会上发言指出，在全球化时代，各方必须秉承共商共建共享理念，加强国际和区域合作，共同推动全球残疾人事业发展①。贾勇在一般性辩论发言中指出，中国全面履行《残疾人权利公约》，在残疾人立法、政策与规划制定和落实、推进残疾人小康进程、残疾人实名制数据库建设以及开展残疾人领域国际合作等方面取得了显著成效。他呼吁缔约国政府和社会各界加强合作，采取切实措施，结合2030年可持续发展议程的落实推动涉残疾人目标的实现。贾勇还在"政治参与和在法律面前获得平等承认"圆桌会议上做了主旨发言，介绍了中国在保障残疾人权利方面所取得的进展②。

2. 接受联合国消除种族歧视委员会对中国履约报告的审议

8月10日，中国履行《消除一切形式种族歧视国际公约》第14～17期报告在日内瓦接受了联合国消除种族歧视委员会的审议。中国代表团团长、常驻联合国日内瓦办事处和瑞士其他国际组织代表俞建华向消除种族歧视委员会介绍了中国的民族工作和少数民族权利保护的情况。消除种族歧视委员会的结论性意见指出："3. 委员会欢迎缔约国为进一步保护人权和落实《公约》，在修订本国的立法、政策、方案和行政措施方面所做的努力，包括：（a）第二和第三个国家人权行动计划（2011－2015年，2016－2020年）；（b）扶持人口较少民族发展规划（2011－2015年）；（c）2013年废止了劳动教养法；（d）农村扶贫开发纲要（2011－2020年）。4. 委员会还欢迎缔约国在总体上以及在八个多民族聚居省份和地区大幅度减少贫困方面取得了显着成就。"③ 结论性意见中也提出了关注的问题和建议，主要包括种族歧视的

---

① 《常驻联合国代表马朝旭大使在残疾数据主题边会的致辞》，中国外交部网站，https：//www. fmprc. gov. cn/ce/ceun/chn/zgylhg/shhrq/llcjrwt/t1568399. htm。

② 《贾勇出席联合国〈残疾人权利公约〉第十一次缔约国大会》，中国残疾人联合会网站，http：//www. cdpf. org. cn/yw/201806/t20180615_ 629967. shtml。

③ 消除种族歧视委员会：《关于中国（包括中国香港和中国澳门）第十四至第十七次合并定期报告的结论性意见》，联合国网站，https：//tbinternet. ohchr. org/_ layouts/treatybodyexternal/Download. aspx？symbolno = CERD% 2fC% 2fCHN% 2fCO% 2f14 － 17&Lang = en。

定义和入罪、国家人权机构、关于种族歧视的行政和民事申诉、种族仇恨言论
和仇恨犯罪、发展和减贫、未得到承认的族裔群体、教育、安置和征地、卫生、
民间社会、户籍制度、恐怖主义和分裂主义定义、难民和寻求庇护者等方面①。

3. 鼓励并推荐中国专家到国际人权条约机构任职

2018 年，李燕端大使成功当选消除种族歧视委员会副主席，张红虹成
功当选禁止酷刑委员会委员（见表1）。

表1　2018 年中国专家在国际人权条约机构的任职情况

姓名	任职的联合国人权条约机构	担任职务	本届任期到期时间	现任职是否连任
陈士球	经济、社会和文化权利委员会	委员	2020. 12. 31	是
李燕端（女）	消除种族歧视委员会	副主席	2020	否
宋文艳（女）	消除对妇女歧视委员会	委员	2020. 12. 31	否
张红虹（女）	禁止酷刑委员会	委员	2021	否
尤亮	残疾人权利委员会	委员	2018. 12. 31	否

资料来源：根据联合国相关机构的材料整理而成，参见 Membership of the Committee on Economic,
Social and Cultural Rights, http://www.ohchr.org/EN/HRBodies/CESCR/Pages/Membership. aspx；
Membership of the Committee on the Elimination of Racial Discrimination, http://www.ohchr.org/EN/
HRBodies/CERD/Pages/Membership. aspx；Membership of the Committee on the Elimination of
Discrimination against Women, http://www.ohchr.org/EN/HRBodies/CEDAW/Pages/Membership. aspx；
Membership of the Committee against Torture, http://www.ohchr.org/EN/HRBodies/CAT/Pages/
Membership. aspx；Committee on the Rights of Persons with Disabilities, http://www.ohchr.org/ch/
HRBodies/CRPD/Pages/Membership. aspx。

三　双边人权对话与交流

2018 年，中国共进行了 7 次双边人权对话与磋商及双边会议，其中
与西方发达国家进行了 5 次，与巴基斯坦和俄罗斯各进行了一次人权
磋商。

---

① 消除种族歧视委员会：《关于中国（包括中国香港和中国澳门）第十四至第十七次合并定期
报告的结论性意见》，联合国网站，https://tbinternet. ohchr. org/_ layouts/treatybodyexternal/
Download. aspx? symbolno = CERD%2fC%2fCHN%2fCO%2f14 – 17&Lang = en。

（一）中国与巴基斯坦举行第4次人权磋商

2018 年 5 月 10 日，中国与巴基斯坦在伊斯兰堡举行了第 4 次人权磋商。中国外交部人权事务特别代表刘华与巴基斯坦外交部联合国司司长卡里尔·哈什米共同主持了此次磋商。中巴双方就国际人权形势、国际人权合作及双边人权技术合作等问题交换了意见。磋商期间，中方代表团还走访了巴基斯坦人权部，同巴人权部常秘阿迦就人权保障实践进行了交流①。

（二）中国与瑞士举行第11次人权对话

2018 年 6 月 11 日至 12 日，中国和瑞士在北京举行了第 11 次人权对话。中国外交部人权事务特别代表刘华与瑞士外交部人权特使奈格利共同主持了此次对话。双方负责外交、司法、民族、妇女、残疾人等事务的官员参加了对话。对话期间，中瑞双方介绍了各自在促进和保护人权方面的新进展，并就国际人权合作、刑罚和司法体系、少数民族权利、妇女权利及残疾人权利等问题交换了意见。瑞士代表团在对话期间还走访了 12385 残疾人服务热线、五彩鹿儿童行为矫正中心及中华女子学院②。

（三）中国与荷兰举行第11次人权对话

2018 年 6 月 20 日至 21 日，中国与荷兰在海牙举行了第 11 次人权对话。中国外交部人权事务特别代表、国际司副司长刘华与荷兰外交部人权事务大使范巴尔共同主持了此次对话，两国负责外交、司法、公安、民族、宗教等事务的官员参加了对话。对话中，双方介绍了各自在促进和保护人权方面取得的新进展，并就国际人权合作、保障妇女和残疾人权利、非政府组织在促进和保护人权中的作用等问题交换了看法。

① 《中国巴基斯坦举行第 4 次人权磋商》，中国外交部网站，https：//www. fmprc. gov. cn/web/wjdt＿ 674879/sjxw＿ 674887/t1558577. shtml。
② 《中国瑞士举行第 11 次人权对话》，中国外交部网站，https：//www. fmprc. gov. cn/web/wjdt＿ 674879/sjxw＿ 674887/t1568430. shtml。

对话结束后，中方代表团走访了阿姆斯特丹反家庭暴力中心、妇女解放研究中心等机构①。

（四）中欧举行第36次人权对话

2018年7月9日，中欧在北京举行了第36次人权对话。中国外交部国际司司长李军华和欧盟驻华大使史伟出席了对话开幕式。中国外交部人权事务特别代表刘华和欧盟对外行动署亚太总司副司长帕姆帕罗尼共同主持了此次对话。参加对话的有中国最高人民法院、中央统战部、全国人大常委会法制工作委员会、国家民族事务委员会、公安部、司法部、国家宗教事务局和欧盟对外行动署、欧盟基本权利机构等部门派出的代表。对话中，双方就各自人权领域的新进展、国际人权合作、妇女权利与残疾人权利、工商业与人权等问题交换了意见。中方在对话中介绍了近五年来中国在人权领域所取得的巨大进展，要求欧方全面客观地看待中国的人权发展成就，在平等和相互尊重基础上与中方开展人权交流。中方还向欧方提出了欧洲难移民保护、性别歧视等方面的问题，希望欧方予以改进。对话后，欧方代表团还在北京拜会了相关部门负责人，并走访了宗教场所②。

（五）中俄举行第11次多边人权事务磋商

2018年8月31日，中国与俄罗斯在北京举行了第11次多边人权事务磋商。中国外交部人权事务特别代表刘华和俄罗斯外交部人道主义合作与人权局局长阿里吴迪诺夫共同主持了磋商。其间双方就国际人权形势及多边人权合作等问题交换了意见③。

---

① 《中国荷兰举行第11次人权对话》，中国外交部网站，https：//www.fmprc.gov.cn/web/wjdt_ 674879/sjxw_ 674887/t1570938. shtml。

② 《中欧举行第36次人权对话》，中国外交部网站，https：//www.fmprc.gov.cn/web/wjdt_ 674879/sjxw_ 674887/t1575761. shtml。

③ 《中俄举行第11次多边人权事务磋商》，中国外交部网站，https：//www.fmprc.gov.cn/web/wjdt_ 674879/sjxw_ 674887/t1590791. shtml。

（六）中德举行第15次人权对话

2018 年 12 月 6 日至 8 日，中德在西藏拉萨市举行了第 15 次人权对话。中国外交部国际司司长李军华和德国联邦政府人权事务专员科夫勒共同主持了对话。中国最高人民法院、中央统战部、公安部、司法部、西藏自治区和德国外交部、驻华使馆等部门的代表参加了对话。对话中，双方讨论的问题包括对中德人权对话的评估、人权观与人权领域新进展、国际人权合作等议题。德方代表团还在拉萨走访了宗教场所、农民家庭和双语学校，在北京走访了未成年犯管教所。中方在对话中全面阐述了中国的人权理念、举措和成就，要求德方客观地看待中国人权事业的进步，尊重中国人民自主选择的人权发展道路，在平等和相互尊重基础上同中方化解人权分歧①。

（七）中国与比利时共同举办关于保护儿童权利问题的边会

2018 年 6 月 19 日，中国与比利时在日内瓦举行的人权理事会第 38 次会议期间共同举办了关于保护儿童权利问题的边会。中国常驻联合国日内瓦办事处和瑞士其他国际组织代表团公使蒋端、比利时常驻日内瓦代表穆勒和多个国家的外交官员、非政府组织代表及专家学者与会。边会围绕《儿童权利公约》的执行情况、其所面临的主要挑战以及如何收集相关数据等问题展开了热烈讨论。中方代表在会上介绍了中国在促进和保护儿童权利方面的政策主张与成功经验，呼吁各国政府更加重视儿童权利保护和相关数据的收集工作，搭建更多有效的国际合作平台②。

---

① 《中德举行第十五次人权对话》，中国外交部网站，https：//www. mfa. gov. cn/web/wjbxw_
673019/t1620534. shtml？from = timeline。
② 《中国与比利时共同举办关于保护儿童权利的会议》，中华人民共和国常驻联合国日内瓦办事处和瑞士其他国际组织代表团网站，https：//www. mfa. gov. cn/ce/cegv/chn/dbtzyhd/t157
1011. htm。

四　人权社会组织的对外交流

2018 年中国的人权社会组织开展了形式多样、内容丰富的国际人权交流活动。

（一）参加联合国人权理事会的相关会议并举办主题边会

2018 年 3 月 7 日，在联合国人权理事会第 37 次会议期间中国人权研究会在日内瓦万国宫举办了"西藏文化的保护与发展"边会，深入介绍了西藏在保护和发展传统文化方面所做的努力和取得的成就①。

3 月 9 日，中国人权研究会的代表在联合国人权理事会第 37 次会议有关所有人权的一般性辩论上发言，向与会的各国政府、有关国际组织和非政府组织代表介绍了藏语文的使用、保护和发展情况②。

6 月 25 日，中国人权研究会在联合国人权理事会第 38 次会议期间在日内瓦万国宫举办了"新疆人权事业的发展与进步"主题边会，全面介绍了新疆在扶贫、教育、文化、反恐、医疗等方面所采取的措施和取得的成就。来自各国政府、国际组织和非政府组织的代表及专家学者、媒体记者等 60 余人参加了会议③。

9 月 11 日，在联合国人权理事会第 39 次会议期间，中国人权研究会在联合国日内瓦总部所在地万国宫举办了"中国改革开放与人权发展"主题边会，介绍了改革开放 40 年来中国在人权发展方面所取得的成就。来自中国人民大学、复旦大学、武汉大学、南开大学的 5 位中国人权研究会专家以生动的事例和翔实的数字，从经济社会发展、减贫、生态环保等方面向与会

---

① 《"西藏文化保护与发展"边会在日内瓦举办》，中国新闻网，http：//www. chinanews. com/gj/2018/03－08/8462430. shtml。
② 《中国学者在联合国介绍藏语文发展情况》，人民网，http：//world. people. com. cn/n1/2018/0312/c1002－29861194. html。
③ 《"新疆人权事业的发展与进步"主题边会在联合国日内瓦总部举行》，《人民日报》2018年 6 月 27 日，第 9 版。

者介绍了中国的成就和经验。中国人权研究会代表还在联合国人权理事会第39次会议一般性辩论中进行了大会发言①。

10月29日，中国人权研究会和中国常驻日内瓦联合国代表团联合举办了"中国人权保障的实践"主题边会。六位中国专家在边会上分别结合自己的研究成果介绍了中国在人权保障领域所进行的探索和所取得的成就。各国常驻日内瓦外交官和有关国际组织官员约50人参加了此次边会。此次边会前，中国人权研究会专家还与欧盟以及荷兰、丹麦、爱尔兰、埃及等10多个国家常驻日内瓦的外交官进行了座谈交流②。

11月5日，在联合国人权理事会国别人权审议工作组第31次会议期间，中国相关社会组织在日内瓦万国宫共同举办了"中国少数民族发展与人权进步"和"改革开放40年中国社会组织的发展与人权事业进步"等主题边会，系统介绍了中国的民族政策及少数民族地区经济社会的发展情况和中国社会组织的发展情况。各国常驻日内瓦外交官、有关国际组织官员、中外民间组织代表等出席了边会③。

（二）主办和参加国际研讨会

1. 参加"妇女发展与社会救助"中欧专家交流会

5月8日，主题为"妇女发展与社会救助"的中欧专家对话交流会在北京举行。来自北京市妇女对外交流协会、中国-欧盟社会保障改革项目及科研院所的专家和学者就"妇女发展与社会救助"议题进行了深入的对话与交流④。

---

① 《中国人权研究会专家在日内瓦介绍中国人权发展成就》，新华网，http://www.xinhuanet.com/world/2018-09/12/c_1123415451.htm。
② 《"中国人权保障的实践"主题边会在日内瓦举行》，《光明日报》2018年11月1日，第12版。
③ 《中国社会发展与人权事业进步主题边会及展览在日内瓦举行》，《人民日报》（海外版）2018年11月7日，第3版。
④ 《"妇女发展与社会救助"中欧专家对话交流会在京举行》，《中国妇女报》2018年5月8日。

2. 主办"2018·中欧人权研讨会"

6 月 28 日，由中国人权研究会和国际人权研究院共同主办的"2018·中欧人权研讨会"在位于比利时布鲁日的欧洲学院举行。本次研讨会由中国西南政法大学人权研究院、法国语言与文化交流协会承办，法国斯特拉斯堡大学、比利时荷语布鲁塞尔自由大学以及欧洲政治和战略交流研究所协办。本次研讨会的主题为"文明多样性与人权保障"。来自中欧人权领域的 60 多位专家学者围绕这一主题，针对多元世界中的人权理论与实践、东西方人权观念的差异、文明多样性下的人权交流与对话、寻求多元文明的人权共识、文明多样性与《世界人权宣言》等内容进行了深入的探讨①。

3. 主办"2018·北京人权论坛"

9 月 18 日至 19 日，由中国人权研究会、中国人权发展基金会联合主办的"2018·北京人权论坛"在北京举行。本届论坛以"消除贫困：共建一个没有贫困、共同发展的人类命运共同体"为主题，并设置了 4 个分论坛，主题分别是：消除贫困与生存权发展权的实现；中国的扶贫理念、成就、经验的人权意义；减贫的国际合作与人权保障；构建人类命运共同体与人权保障。来自近 50 个国家、地区和国际组织的官员、专家学者、知名人士等 200 余人出席了本届论坛。与会专家学者通过大会发言、分论坛讨论等多种方式围绕论坛主题进行了深入研讨。会议还组织与会嘉宾参观考察了位于北京市怀柔区西北部的北沟村，详细了解该村近年来脱贫减贫的成就和经验②。

4. 参加亚洲人权论坛

11 月 22 日至 23 日，中国人权研究会的代表出席了在乌兹别克斯坦撒马尔罕举行的亚洲人权论坛。该论坛由乌兹别克斯坦主办，来自约 40 个国

---

① 《2018·中欧人权研讨会》，中国人权网，http：//www. humanrights. cn/html/zt2018/04/6/2018/0712/37795. html。

② 《2018·北京人权论坛》，国务院新闻办公室网站，http：//www. scio. gov. cn/ztk/dtzt/37868/38958/index. htm。

际组织、20 多个国家的人权组织代表就改进保护人权机制和加强人权领域国际合作展开了讨论，并通过了《撒马尔罕宣言》。

5. 主办第八届中美司法与人权研讨会

12 月 3 日至 5 日，由中国人权发展基金会和美中关系全国委员会共同主办的第八届中美司法与人权研讨会在北京举行。来自中美两国的 50 余名专家学者参加了本届研讨会，就以审判为中心的刑事诉讼制度与美国诉辩交易、政府监察与透明度建设、移民及反恐方面的人权保障问题、特定群体权利保障等议题进行了深入研讨。12 月 5 日，美方代表还访问了最高人民法院，参观了北京互联网法院[①]。

（三）出访交流

2018 年中国的人权社会组织对多个国家进行了访问交流。其中，中国人权研究会代表团访问了 5 个国家，中国人权发展基金会代表团访问了 3 个国家。

1. 中国人权研究会代表团访问西班牙、意大利和奥地利

6 月 5 日至 13 日，中国人权研究会会长向巴平措率领中国人权研究会代表团分别访问了西班牙、意大利和奥地利，进行了内容广泛的交流活动。

6 月 5 日至 7 日访问西班牙期间，向巴平措一行在马德里会见了西班牙外交部人权办公室主任阿德拉·迪亚斯、西班牙前议员协会主席胡安·艾伦等，并与西班牙知华讲堂共同举办了"以发展促人权"主题报告会[②]。6 月 8 日至 11 日，访问意大利期间会见了意大利国际事务研究院主席费罗奇、意籍华人刚坚活佛、意中友协主席马里奥·博塞利，并接受了中外记者采访。代表团向意方介绍了中国人权研究会在人权理论研究、教育培训以及国际合作等方面开展的工作，并特别介绍了近几年举办"北京人权论

---

① 《第八届中美司法与人权研讨会在北京举行》，中国人权发展基金会网站，http：//rqjjh. china. cn/txt/2018–12/12/content_ 40610683. htm。

② 《中国人权研究会代表团访问西班牙》，中国人权网，http：//www. humanrights. cn/html/2018/2_0608/37015. html。

坛"、"南南人权论坛"和应邀出席联合国人权理事会会议及举办边会的情况。代表团还就意方提出的有关中国减贫、环境保护等具体问题做了回应①。6月11日至13日，访问奥地利期间会见了奥监察院人民监察官、国际监察院秘书长克罗伊特，奥国民议会人权委员会主席希拉克，奥外交部人权司司长窦雅克，与奥方就中国人权事业发展及国际交流合作等问题交换了意见②。

2. 中国人权发展基金会代表团访问希腊、立陶宛和拉脱维亚

6月13日至21日，全国政协原副主席、中国人权发展基金会理事长黄孟复率中国人权发展基金会代表团分别访问了希腊、立陶宛和拉脱维亚。

6月13日至16日访问希腊期间，中国人权发展基金会代表团会见了希腊议会第一副议长库拉基斯，平等、青年和人权委员会主席斯塔穆里，外交和防务委员会主席杜兹纳斯等希议会负责人，与希腊司法、透明和人权部人权事务秘书长吉亚纳卡基举行了会谈，和希腊监察专员坡塔基斯等希相关机构负责人进行了交流③。16日至18日访问立陶宛期间，代表团在维尔纽斯会见了立陶宛议会副议长基尔基拉斯，与立议会立中友好小组主席格拉维茨卡斯等议员举行了会谈，访问了立实业家联合会，和米科拉斯·罗梅瑞斯大学的专家学者、我在立机构及华侨华人代表分别进行了座谈，就促进中立人权等领域交流合作深入交流④。6月19日至21日访问拉脱维亚期间，代表团在里加与拉脱维亚宪法法院院长齐梅尔勒举行了会谈，会见拉议会拉中友好小组主席波塔普金斯等议员，和里加法律研究院的专家学者座谈，就中拉两国的人权发展状况及共同关切

---

① 《中国人权研究会代表团访问意大利》，中国人权网，http：//www.humanrights.cn/html/2018/tp_0611/1630.html。

② 《中国人权研究会代表团访问奥地利》，中国人权网，http：//www.humanrights.cn/html/2018/6_0615/37185.html。

③ 《中国人权发展基金会代表团访问希腊》，中国人权网，http：//www.humanrights.cn/html/2018/2_0619/37221.html。

④ 《中国人权发展基金会代表团访问立陶宛》，中国人权网，http：//www.humanrights.cn/html/2018/2_0620/37241.html。

的国际人权问题深入交流①。

3. 中国人权研究会代表团访问英国和希腊

6月30日至7月6日，中国人权研究会副会长、西南政法大学校长付子堂率领中国人权研究会代表团访问了英国和希腊。6月30日至7月3日，代表团访问英国期间与英国外交部亚太司副司长兼东亚局局长彭亚轩等官员，英国皇家国际事务研究所亚太项目负责人尚帕·帕特尔，英国议会上院议员戴维逊勋爵、加尼尔勋爵等进行了座谈，并出席了英中协会举办的圆桌会，与英国政府官员、智库和研究机构的代表、资深律师等进行了深入交流②。7月5日至6日，代表团访问希腊期间考察了希腊欧洲公法组织、希腊国际经济关系研究所、希腊新媒体兼智库"宏观之城"、希腊国家人权委员会等机构，并与相关机构负责人、律师、法官、教授、研究人员、资深记者等进行了深入交流③。

五 中国进行国际人权合作与交流面临的问题与对策建议

如上所述，2018年中国开展国际人权合作与交流取得了明显的进展。通过国际人权合作与交流，中国的主张和理念得到了越来越多的理解和认同，但形势的严峻性依然存在。形势的严峻主要源于中国面临的如下问题所构成的挑战。

1. 美国等西方国家对中国人权状况的批评

2018年4月20日美国国务院发布了《2017年国别人权报告》，将俄罗斯、中国、朝鲜、伊朗称为"严重侵害人权、道义上应受谴责"的国家，

---

① 《中国人权发展基金会代表团访问拉脱维亚》，中国人权网，http：//www.humanrights.cn/html/2018/2_ 0622/37326.html。

② 《中国人权研究会代表团访问英国》，中国人权网，http：//www.humanrights.cn/html/2018/6_ 0704/37617.html。

③ 《中国人权研究会代表团访问希腊》，中国人权网，http：//www.humanrights.cn/html/2018/6_ 0707/37675.html。

是"不稳定力量"①。此外美国发布的《2017 年人口贩运报告》也对中国提出了批评②。美国驻华大使在 2018 年国际人权日发表的声明指出:"中国对待人权的方式直接影响着我们整个双边关系。"③

2. 一些国际人权非政府组织对中国的误解和偏见

一些国际人权非政府组织对中国的误解和偏见是根深蒂固的。2018 年 4 月,"人权观察"发布报告称中国政府和私人企业的招聘广告有性别歧视,中国女性的就业情况在恶化。10 月 24 日,"人权观察"呼吁"结束非法向中国遣送犯罪嫌疑人",批评肯尼亚政府向中国遣返涉嫌电信诈骗的 45 名台湾人。"人权观察"这种是非不分、完全漠视中国大陆受害者权益、漠视国际法的属地管辖原则的做法主要源于其对中国的偏见。

3. 中国学者"走出去"的频次规模不能充分满足国际人权交往的需要

在人权领域,中国的专业化、国际化人才不足,需要大力培养。与此相应,中国人权专家学者到国外开展人权交流的频次和规模还不能充分满足国际人权交往的需要。

针对中国在国际人权合作与交流中面临的如上问题,我们需要做具体分析,不能一概而论。之所以会出现如上问题,主要是因为如下几种情况:(1) 一些国家和非政府组织对中国的情况不甚了解;(2) 一些国家和非政府组织对中国存有偏见、对中国的问题偏听偏信;(3) 相关国家和组织有自己的利益考虑;(4) 敌视中国的势力故意而为之。对于一些西方国家与非政府组织的偏见和对中国的歪曲与抹黑,中国应该区别对待。对于其中属于对方不了解情况的方面,中国应该做一些耐心的说明、解释工作;对于对方恶意的歪曲和抹黑,中国应该进行坚决的斗争,做到有理、有力、有节,

---

① "Country Reports on Human Rights Practices for 2017",美国国务院网站,https://www. state. gov/j/drl/rls/hrrpt/humanrightsreport/index. htm#wrapper。

② "Trafficking in Persons Report 2018",美国国务院网站,https://www. state. gov/j/tip/rls/ tiprpt/2018/index. htm。

③ 《美国大使在 2018 年国际人权日的声明》,美国驻华大使馆和领事馆网站,https://china. usembassy - china. org. cn/zh/u - s - ambassador - statement - on - international - human - rights - day - 2018 - zh/。

要有充分可靠的事实和法理依据作为支撑。

中国一直是国际人权事业健康发展的倡导者、践行者和推动者。要继续秉持平等互信、包容互鉴、合作共赢精神，全方位推进与各国的人权交流合作，扩大彼此利益交汇点和人权话语共同点。中国社会组织和人权专家学者要充分发挥专业优势，进一步加大对外交流交往力度，向国际社会讲好人权故事。

B.17
2018年"改革开放与中国人权发展"
研究述评

殷浩哲*

摘　要：　2018 年对"改革开放与中国人权发展"的学术研究在数量、范式、内容、方法等诸方面都超越既往，在内容上可以概括为三个方面：一是对40 年来中国人权发展史的研究，二是对改革开放以来中国各人权领域发展的研究，三是对中国人权发展道路和规律的研究。未来还需要进一步深入探讨中国人权发展的动力机制，从世界的角度看待中国人权事业发展，加强前瞻性研究。

关键词：　改革开放　中国人权发展　人权

2018 年是中国改革开放 40 周年。改革开放不仅推动了中国的经济、政治、文化、社会和生态文明建设的快速发展，而且极大地推动了中国人权事业的发展。改革开放 40 年来，"尊重和保障人权"先后载入中国共产党的全国代表大会报告、国家宪法、中国共产党党章以及国家发展战略规划，成为中国共产党和中国政府治国理政的一条重要原则，推动中国成功走出了一条符合本国国情的人权发展道路①。

---

* 殷浩哲，法学博士，南开大学周恩来政府管理学院博士后研究人员。

① 国务院新闻办公室：《改革开放 40 年中国人权事业的发展进步》白皮书，2018 年 12 月 12 日发表。

学术界对改革开放与中国人权事业发展之间关系的研究，自20世纪90年代开始出现，并逐步展开。1992年下半年，时任中国政法大学校长的陈光中发表《加强人权保障是改革开放的需要》一文，提出"尊重人权、保障人权是社会主义民主的重要标志，也是改革开放的紧迫需要"①。此后，研究者们从不同角度研究了改革开放与各项人权之间的关系，以及改革开放与人权意识、政策、人权法治保障、人权教育、人权国际交往之间的关系等。

2018年7月18日，结合纪念改革开放40周年，中国人权研究会和中共湖北省委宣传部在武汉共同主办了"改革开放与中国人权事业的发展进步"研讨会。来自各国家人权教育与培训基地、人权研究机构的专家学者和相关实务部门代表100余人，围绕"改革开放与中国人权发展道路""改革开放与中国人权理论创新""改革开放与中国人权实践成就""改革开放与世界人权事业发展"等议题进行了深入热烈的探讨②。人权研究学者也纷纷撰文分析和阐述改革开放与中国人权事业发展的关系，使关于此专题的学术讨论形成了一个热潮。本文以"改革开放与中国人权事业的发展进步"研讨会的会议论文和发言为基础，结合2018年发表的有关此专题的学术论文，对2018年改革开放与中国人权事业发展之间关系的研究状况进行综述，从三个角度展开：一是对改革开放40年来中国人权思想发展史的研究，二是对改革开放以来中国各领域人权保障状况的研究，三是对改革开放以来中国人权发展道路与规律的研究。

一　对改革开放40年来中国人权思想发展史的研究

对改革开放40年来中国人权思想发展史的研究主要从两个视角展开。

---

① 陈光中：《加强人权保障是改革开放的需要》，《中国法学》1992年第4期。
② 《"改革开放与中国人权事业的发展进步"研讨会在武汉举行》，2018年7月18日，国务院新闻办公室网站，http://www.scio.gov.cn/ztk/dtzt/37868/38725/38726/Document/1634090/1634090.htm。

一是对历年重要文件表述、人权学术论著等进行梳理和文本研究。常健以中国共产党历次全国代表大会和中央委员会全会通过的报告、公报、决定等对其概括的推进人权法治保障主要的三个方面分别进行了论证①。汪习根等以中国知网期刊检索为工具，以"人权"为关键词检索篇名，通过对主要学术论文的梳理，将 40 年来人权理论研究分为解禁（1980 年到 1989 年）、发展（1990 年到 1999 年）、突破（2000 年到 2012 年）和创新（党的十八大以来）四个阶段，认为中国在吸收借鉴西方人权理论合理成分的基础上，立足中国国情，以马克思主义为指导，实现了对人权理论的创造性转化，构建了新时代中国特色社会主义人权理论②。

二是结合政治背景和重大历史性事件进行阶段研究。汪习根等以 1978 年"邓小平提出要发扬社会主义民主，健全社会主义法制"、1982 年"中国颁布了新的宪法"、1991 年江泽民会见意大利外长时的论述和中国发布第一部人权白皮书、2004 年宪法修正案规定"国家尊重和保障人权"、党的十八大和十九大等会议的召开等重要事件为节点，将改革开放 40 年来中国人权发展历史大致划分为概念转化、理论证成、原则固化、制度构建、系统创新这五个阶段，并在每个阶段中均列举了相应的历史事实③。陈佑武认为，改革开放后中国人权法治保障主要经历了三个历史阶段，这三个阶段是根据人权保障与法治建设关系的变化来划分的，分别是法治建设与人权保障的磨合阶段、结合阶段和融合阶段，对应的时段则分别是 1978 年改革开放初期到1991 年《中国的人权状况》白皮书发表，1991 年《中国的人权状况》发表后至 2012 年党的十八大之前，党的十八大至今④。罗艳华认为，20 世纪 70 年代末，中国决定参与国际人权合作是改革开放、解放思想的成果，改革

---

① 常健：《中国法治建设四十年与人权保障的法治化》，《人权》2018 年第 2 期。

② 汪习根、武西锋：《中国人权理论研究 40 年：回顾与反思》，"改革开放与中国人权事业的发展进步"研讨会（武汉，2018 年 7 月）论文集，第 307～336 页。

③ 汪习根、崔杨：《改革开放四十年中国人权的演进规律与理论特色》，《理论月刊》2018 年第 12 期。

④ 陈佑武：《改革开放以来法治与人权关系的历史发展》，"改革开放与中国人权事业的发展进步"研讨会（武汉，2018 年 7 月）论文集，第 9～16 页。

开放以来中国参与国际人权合作的进程可大致分为 1978~1991 年、1991~2003 年、2004~2012 年、2013 年至今这四个阶段,其中,1980 年成立研究国际人权活动问题的多部委协作组、1991 年发表第一部人权白皮书、2004 年"人权入宪"和 2013 年提出"人类命运共同体"理念等,是具有里程碑意义的重大事件。

亦有学者将两种视角予以综合,先以事件作为分段标志,再进行文本分析。付子堂等关注了平等问题,将研究视野拓展到党的十一届三中全会召开之前,以 1978 年 12 月 6 日李步云在《人民日报》发表《坚持公民在法律上一律平等》一文为研究起点,以党的十一届三中全会、十二大、十五大、十八大等为标志,将人权理论中"平等问题"的发展轨迹划分为"改革开放之初法学大讨论中的'法律面前人人平等问题'""社会主义市场经济理念与法律平等理论的丰富""平等理念贯穿于法治和社会治理各方面"等阶段,在每一阶段中,通过对党和政府文件、学者观点的文本分析,展示了"公民平等"与"人民平等"、"立法应否平等"、市场经济呼唤立法平等、平等与效率关系、法律平等问题研究走向等问题的研究成果和进展,认为改革开放以来,对平等问题的理论研究经历了从深受阶级话语影响的思想争鸣,到阶级话语不断淡去的抽象理论研究,再到技术化、具体化的实践转向①。刘志强关注了改革开放以来中国人权观念的变迁问题,以重大历史事件作为主要划分依据,以官方表态、国内立法进展等作为佐证和支撑,并辅以人权学术研究成果文章举要,将 40 年来人权观念演进轨迹归纳为人权观念与我国人权观的兴起、人权学说与我国人权观的争鸣、人权规范与我国人权观的成形、人权实践与我国人权观的完善四个阶段,认为我国人权观发展中的一个突出特点是由官方主导,且折射出我国人权事业不断发展的轨迹,呈现出从宏观到具体的转变②。

---

① 付子堂、汤博为:《改革开放以来人权理论研究中"平等问题"的变与常》,《人权》2018 年第 4 期。
② 刘志强:《改革开放与我国人权观的变迁》,《人权》2018 年第 4 期。

二 对改革开放以来中国人权各领域发展的研究

2018 年学者们对改革开放以来中国人权各领域发展的研究，主要涉及以下六个方面。

第一，对改革开放以来生存权和发展权保障情况的研究。关于生存权在人权中的地位，有研究者认为，独特且体现中国国情的生存权理念是中国对人类人权事业的重要创新和贡献，它的权利起点、指向和进路与西方传统生存权理念并不相同，不能完全套用社会权或经济、社会、文化权利来理解，可将其权利内容界定为"基于人的尊严的最低标准"，权利主体也可以相应地区分为显性主体和隐性主体①。李步云等重点研究了习近平新时代中国特色社会主义思想中的生存权，认为生存权是人之为人的自然权利，是一切权利的基础和来源，物质生活的提高是生存权的实质内涵，健康权利和教育权利的充分保障是实现生存权的关键，精准扶贫攻坚行动是当代中国保障生存权的实践。在对发展权的研究方面，李步云等区分了发展和发展权，认为只有具有自我意识和支配能力的人成为发展主体的时候，发展才具有了权利属性，成为一种人权；发展权既是一项个人人权，又是一项集体人权②。有研究者从国际法学科的角度阐述了发展权的产生与发展过程，从实践角度梳理了改革开放以来中国积极推动与落实发展权的具体行动，认为中国在国际层面为进一步推广发展权，加强南南合作做出了重要贡献；在国内层面不断探索符合本国国情的发展路径，切实保障了人民发展权的实现③。减贫是实现生存权和发展权的重要途径。在对减贫的研究方面，朱力宇注意到中国将制定和实施的国民经济和社会发展规划作为解决贫困问题的重要方式，认为之

---

① 魏晓旭：《生存权的中国表达》，"改革开放与中国人权事业的发展进步"研讨会（武汉，2018 年 7 月）论文集，第 355～372 页。

② 李步云、韩德强：《充分保障和实现生存权与发展权——习近平新时代的人权理论和伟大实践》，"改革开放与中国人权事业的发展进步"研讨会（武汉，2018 年 7 月）论文集，第 100～111 页。

③ 武文扬：《国际法下的发展权：中国的推动与落实》，"改革开放与中国人权事业的发展进步"研讨会（武汉，2018 年 7 月）论文集，第 373～378 页。

所以采取这种方式，是以一系列制度性因素为背景，其中最重要的是中国共产党的领导，并进一步指出国民经济和社会发展规划与立法规划的关系，即前者为后者项目的选择提供基本方向和依据，后者为前者的落实提供法律保障①。

第二，对改革开放以来经济、社会和文化权利保障的研究。研究者特别关注改革开放以来健康权、就业权、社会保障权、环境权等权利保障方面的发展。来自国家卫生健康委员会的米锋从实务部门的视角对中国特色全民健康覆盖进行了阐释，认为改革开放 40 年来，特别是党的十八大以来，中国将全民健康覆盖放在优先发展的战略地位，建立优质高效的医疗卫生服务体系，提高医疗卫生服务的可负担性，较好地平衡了政府与市场、效率与公平的关系，在实现全民健康覆盖方面迅猛发展，用较少的投入取得了较高的健康绩效，基本医疗卫生服务可及性更加均衡，人民健康水平大幅提高，多项主要健康指标已优于中高收入国家平均水平，卫生健康事业取得历史性成就②。围绕改革开放以来对就业权的保障，研究者分别考察了国家推动、就业观念变化、社会组织角色等方面，发表了各自的看法。人力资源和社会保障部的董晨阳认为，中国实施就业优先战略和更加积极的就业政策，坚持"劳动者自主就业、市场调节就业、政府促进就业和鼓励创业"的方针，就业规模持续扩大，就业增长与经济发展实现良性互动；另外，中国还修订了劳动合同法，规范劳动用工，切实维护劳动者合法权益③。有研究者关注了改革开放 40 年来中国人才和就业理念的发展过程，认为中国的就业理念大致经历了发展集体经济和个体经济促进就业、合理开发利用人力资源促进下岗工人再就业、改革社会体制促进就业、大众创业万众创新等几个阶段，并

① 朱力宇：《论我国的立法规划与精准扶贫》，"改革开放与中国人权事业的发展进步"研讨会（武汉，2018 年 7 月）论文集，第 507~513 页。
② 米锋：《中国特色社会主义下的全民健康覆盖》，"改革开放与中国人权事业的发展进步"研讨会（武汉，2018 年 7 月）论文集，第 266~268 页。
③ 董晨阳：《共享发展：让人民有更多获得感——改革开放与中国人社事业成就》，"改革开放与中国人权事业的发展进步"研讨会（武汉，2018 年 7 月）论文集，第 17~18 页。

指出发展主义人权观是就业权实现的理论基础①。刘红春注意到社会组织在平等就业权保障中的"补白"作用，认为改革开放大背景下就业体制的转型和各类社会组织的蓬勃发展，让社会组织获得了在平等就业领域弥补政府保障失灵的空间，社会组织已经在通过司法救济、政策法律倡导、行动研究、信息传播等方式协助促进乙肝病毒携带者、艾滋病患者、女性等群体和领域的平等就业，扮演了援助者、倡导者、研究者与传播者的角色②。

第三，对改革开放以来公民权利和政治权利保障发展的研究。姬亚平关注了行政决策程序中的公众参与权，他认为，改革开放以来，中国的经济、政治和文化体制发生了令人瞩目的变化，导致国家与社会、政府与公民的二元化，社会正经历主体一体化到多元化的结构变迁，市民社会愈发成长壮大，同时，纷繁复杂的利益群体已经形成，不同的利益群体诉求表达空前旺盛，社会分层的多元化促使行政权的行使社会化、多元化，直接推动了政府在决策过程中的公众参与③。

第四，对改革开放以来特定群体的权利保障发展的研究。关于少数民族发展权保障，唐勇等认为，改革开放以来这方面的保障和实践成就主要体现在法律保障体系基本建成和经济、政治、社会和文化发展权逐步落实这两个方面④。全国妇联的钱叶卫关注了反家庭暴力立法与实施的进展，并从妇联发挥作用的角度进行了阐述⑤。关于儿童权利保障的进展，有研究者认为，改革开放以来，我国已形成以宪法为指导，以未成年人保护法为核心，以民

---

① 李慧敏:《改革开放 40 年中国人才就业权理念的发展及其实现》，"改革开放与中国人权事业的发展进步"研讨会（武汉，2018 年 7 月）论文集，第 112~123 页。
② 刘红春:《改革开放与平等就业权保障的发展进步——以社会组织协助促进为例》，"改革开放与中国人权事业的发展进步"研讨会（武汉，2018 年 7 月）论文集，第 179~189 页。
③ 姬亚平:《行政决策程序中的公众参与权研究》，"改革开放与中国人权事业的发展进步"研讨会（武汉，2018 年 7 月）论文集，第 83~93 页。
④ 唐勇、林芳臣:《改革开放以来少数民族发展权实践的成就与展望》，"改革开放与中国人权事业的发展进步"研讨会（武汉，2018 年 7 月）论文集，第 287~292 页。
⑤ 钱叶卫:《中国人权发展之路——反家庭暴力立法与实施的进展简述》，"改革开放与中国人权事业的发展进步"研讨会（武汉，2018 年 7 月）论文集，第 275~277 页。

法、刑法等其他法律法规及规章制度为辅助的儿童发展权保护体系①。还有研究者关注了改革开放以来流动人口权利保障的发展，认为改革开放后我国相继出台了一系列旨在对流动人口权益进行特殊保障的法律规范，流动人口权利的法治保障取得不小进展，但仍存在一些有待完善之处②。在改革开放以来残疾人权利保障发展方面，中国残联的姚迪列举了发展国内残疾人事业和推进残疾人事务国际合作等方面的主要内容，认为中国8500万残疾人的人权保障事业取得了显著进步。刘璞对新中国成立以来我国残疾人受教育保障制度变迁进行了分阶段讨论，并进而认为，现今我国残疾人义务教育普及水平明显提高，财政投入大幅增长，办学条件得到改善，教师队伍建设也取得了一定成效，但教育法律制度尚待进一步完善。朱继萍等关注了残疾人无障碍设施建设的发展，认为我国无障碍建设的发展经历了从理念的提出、试点推广到全面深入的发展历程，现已基本完成城市基础性的无障碍环境建设，应继续推进无障碍理念深入全面的实现，完善无障碍环境建设的法治化水平，使无障碍物质环境建设与无障碍理念相协调，全面保障残疾人权益③。

第五，对改革开放以来人权法治保障的研究。常健通过历史研究和文本分析发现，改革开放40年来，推进人权的法治保障突出表现在三个方面：一是明确法治建设对保障人权的重要作用，二是不断强化法治四个环节对人权的全面和切实保障，三是将人权法治体系逐步与国际接轨④。

第六，对改革开放以来中国参与国际人权治理进程的研究。毛俊响研究了改革开放与中国参与国际人权治理的关系，认为改革开放是中国参与国际人权治理的重要驱动力，表现在破除思想禁锢、确立身份认同、提供实践支

① 宋丁博男：《论我国儿童发展权的立法保障》，"改革开放与中国人权事业的发展进步"研讨会（武汉，2018年7月）论文集，第278～286页。
② 刘远：《改革开放以来中国流动人口权利保障的立法现状与特征》，"改革开放与中国人权事业的发展进步"研讨会（武汉，2018年7月）论文集，第209～218页。
③ 朱继萍、王文玉：《我国残疾人无障碍环境建设及其法治化保障》，"改革开放与中国人权事业的发展进步"研讨会（武汉，2018年7月）论文集，第494～506页。
④ 常健：《中国法治建设四十年与人权保障的法治化》，《人权》2018年第2期。

撑、提升话语地位这四个方面，具体地，改革开放扫除了长期存在的对于国际人权治理的思想障碍，为中国参与国际人权治理破除思想禁锢；改革开放后，中国加快融入国际社会，确立身份认同；改革开放以来国内人权保障事业取得历史性进展，为中国参与国际人权治理提供了强大的实践支撑；改革开放以来，中国形成了中国特色人权话语，在国际人权治理中的话语地位不断提升①。而关于中国在国际人权治理中的角色问题，毛俊响认为，中国本着规则导向、价值本位的基本原则，作为一种规范性力量在国际人权治理中起着行为示范、规则发展和理念引导的作用②。

三　对改革开放以来中国人权发展道路与规律的研究

中国人权事业在 40 年改革开放进程中持续推进，有其内在的发展逻辑。常健指出，改革开放为中国人权事业提供了内生动力，经济体制改革和对外开放是直接的动力源，他认为经济体制改革推动人权保障内容进入社会规范体系，市场经济的权利救济诉求推动人权规范形式走向法治化，对外开放推动国内人权事业与国际扩大交往③。黎尔平重点考察了经济发展与人权保障的关系，认为改革开放以来中国经济获得高速发展，为人权保障提供了坚实物质基础，同时，人权保障在一定程度上弥补了市场经济缺陷，促进公平发展，并与经济发展相互促进，二者相得益彰④。

汪习根认为，可以从五个层面对 40 年来中国人权发展的规律进行归纳：（1）范式转化：从集体人权至上转向个体与集体人权的通约，最终回归个

---

① 毛俊响：《改革开放促进中国参与国际人权治理》，《人民日报》2018 年 8 月 2 日，第 15 版。

② 毛俊响：《中国是国际人权治理的规范性力量》，《人民日报》2018 年 12 月 14 日，第 11 版。

③ 常健：《改革开放为中国人权事业发展提供内生动力》，《人民日报》2018 年 8 月 12 日，第 5 版。

④ 黎尔平：《改革开放进程中经济发展与人权保障的良性互动》，《光明日报》2018 年 8 月 4 日，第 3 版。

体人权；（2）逻辑优化：在社会主要矛盾转变的新发现中探知人权建设的新起点和新愿景；（3）形态融化：以物质性人权为主转向经济社会权利与文化政治人身权利相互融合；（4）话语深化：从西方话语刻板印象到中西对话再到中国人权话语创新；（5）保障强化：从"权利"概念到"人权"理念再到人权的规范化、精细化，形成人权的法治与政策、规划、行动计划共存的立体型保障体系①。

在对改革开放以来中国走出的人权发展道路方面，学者们有较为一致的见解。李云龙将中国人权发展道路的特点表述为：在发展经济的基础上首先保障生存权和发展权、协调推进经济社会文化权利和公民政治权利、在保持社会和谐稳定的基础上扩大个人自由和公民参与、通过顶层设计自上而下推动人权发展、以持续渐进方式实现人权快速发展、在人权全面发展的基础上实行重点突破、在维护国家主权前提下开展国际人权合作，并认为中国人权发展极大地提升了世界整体人权发展水平，开辟了发展中国家依靠本国资源和力量发展人权的新道路，中国人权发展经验对许多发展中国家有启发和借鉴意义②。柳华文主要从中国共产党和中国政府领导下以发展促人权的理念和模式、全面推进法治与人权事业特别是用宪法法律和政策保障来改善人权、中国积极参与国际人权治理这三个方面进行了回顾和考察③。汪习根则对中国人权道路进行了理论描述，即在普遍性与特殊性的二元互动中构建中国特色人权发展道路、把保障人权作为党和政府治国理政的基本方略、以生存权和发展权为首要的基本人权、坚持人民主体地位和以人民为中心、在整体建构主义路径下保护每一个人的权利、共商共建共享人类命运共同体的人权④。

---

① 汪习根、崔杨：《改革开放四十年中国人权的演进规律与理论特色》，《理论月刊》2018年第12期。

② 李云龙：《中国人权发展道路的特点及世界意义》，《人民日报》2018年8月12日，第5版。

③ 柳华文：《改革开放40年与中国人权发展道路》，《世界经济与政治》2018年第9期。

④ 汪习根、崔杨：《改革开放四十年中国人权的演进规律与理论特色》，《理论月刊》2018年第12期。

四　研究取得的成绩和存在的问题

如上所述，2018 年，中国研究者对改革开放与中国人权发展的专题研究在构建研究框架、拓宽研究路径、阐释文本含义、梳理历史变迁、细化领域研究等方面取得较大进展，人权议题不断受到学界重视。据不完全统计，仅《人民日报》、《光明日报》、《人权》、《世界经济与政治》及各类学报等重要报刊登载的与改革开放和中国人权有关的主题文章即达 20 余篇，中国人权研究会也在武汉大学举办了"改革开放与中国人权事业的发展进步"理论研讨会并汇编了会议论文集，收录论文 50 余篇。"改革开放与中国人权发展"的研究在 2018 年人权研究成果中所占比例大幅增加，无疑已成为 2018 年中国人文社科学者的重要选题，也是这一年人权研究的主要切入点之一。对该问题的讨论一方面丰富了整个人权理论建构的内容，填补了以往被忽视或研究不足的部分，深化了对改革开放这一重要历史进程的理解，为理解当下一些人权议题提供了新的思考角度；另一方面，也加深了人权议题在其他学科中的研究程度，如李步云、常健、罗艳华、黎尔平、刘志强等人基于其各自专业背景进行的多维度研究，拓展了法学、政治学、国际关系、经济学、历史学特别是思想史的人权研究疆域，促使学界重新思考人权问题在本学科的位置及对中国乃至世界发展走向的影响。

对改革开放与中国人权发展的专题研究在取得这些积极思想成果的同时，也存在一些不足。一是人权发展的动力机制还需要进一步探明。正如费正清在 1990 年初所著《中国简史》一书中所说的那样——中国现代化的发展不是一个冲击反应的结果，而是自身内在的基因变革和发展冲动的结果，因此，中国的现代化道路具有自身的内在性和动力源。这个论断同样适用于改革开放以来中国人权的发展。而中国人权发展的内在性和动力源是什么，现有绝大多数文献仅笼统归结为改革开放，并未去做更有建设性的探讨。我们也可以看到常健等学者从市场经济体制等方面做了初步解释，但显然还有待进一步挖掘。二是既有研究未能将 40 年来中国人权事业发展放在广阔的世界环境中加以考察。有学者注意到"对外开放"与人权发展的关系,也有相当部分的研究关注了中国与世界的关系,着墨较多地集中在中国自身发展对世界人权事业的贡献(突出的如减贫领域)、中国有力推动世界人权事业发展(如维和、援外)、中国积极参与全球人权治理(如参与规则制定、提出中国方案)这三个方面。但以上视角都是以中国作为出发点向外瞭望,而并未真正从世界的角度看待中国人权事业发展,既没有分析外部环境的积极作用,也没有去分析消极影响,更没有从互动的角度、以建构的视角和理论去研究发展的过程。这种研究方式是单方面的,而非复合的多重的,因而得出的论断也是基于单一逻辑的,缺乏立体的搭建。三是对现状的反思和对可能面临挑战的预判有待加强。很多研究成果是大篇幅的成就展示、政策举措加简单分析,但"改革开放与中国人权发展"这一重大课题显然不应止于此。改革开放对中国人权事业发展有很大的正面推动作用,但毋庸置疑,过去40年的风雨历程并非一路坦途、十全十美,还有一些不足需要反思和总结。另外,改革开放进程的不断深化,也将给人权事业发展提出新的问题,甚至二者有时并不是完全一致的关系。学术的生命既在于阐释,也在于批判和前瞻。树立底线思维,增强风险把握能力,全方位地看问题,这既是理论为实践提供解决方案的需要,也是人权研究者应有的治学态度。

对改革开放与中国人权发展之间关系的研究热潮是当下国内人权研究蓬勃开展的一个缩影。从未来发展方向看,研究内容和研究进路都需要进行更新和丰富。研究内容上,一方面应以更开阔的视野去涉足更富于时代性的议题,如国家安全(反恐和去极端化)与人权发展的关系、中国人权与世界人权的互相建构等问题;另一方面应加深既有研究,在继续关注实践的同时着力进行规律探究,将经验上升为理论,提炼出新的具有统摄力的概念和制度性话语。研究进路上,可深入进行案例研究,在文本分析之外,纳入田野调查、统计分析等政治学、社会学的一些研究方法,增强科学性,同时应更加注重问题反思和较长时期的战略研究,能够对现实产生富于建设性的推动作用。正如习近平总书记在 2018 年 12 月 10 日致信纪念《世界人权宣言》

发表 70 周年座谈会时所强调的——我国人权研究工作者要与时俱进、守正创新，为丰富人类文明多样性、推进世界人权事业发展作出更大贡献。改革开放是中国人权研究得以持续开展的肥沃土壤和理论之源，活跃、深入而又富有创见的中国人权研究也必将为改革开放和国家发展提供丰厚的思想支持和价值滋养。

B.18
纪念《世界人权宣言》70周年研究综述

郝亚明*

摘　要：《世界人权宣言》是世界上第一个普遍性的、综合性的人权文件，对当代国际秩序的建立和发展产生了重要的影响。2018 年是《世界人权宣言》发表 70 周年，中国人权研究会和中国人权发展基金会隆重举行了座谈会，南开大学和中国人民大学也分别主办了学术研讨会。学界从《世界人权宣言》与中国人权道路探索、《世界人权宣言》的制定过程及历史贡献、《世界人权宣言》在当代的现实意义、《世界人权宣言》中的中国要素与中国贡献、《世界人权宣言》与人类命运共同体、《世界人权宣言》与特定权利保障等角度展开了积极且深入的探讨。

关键词：　世界人权宣言　人权研究　人权发展

　　1948 年 12 月 10 日，联合国大会通过了世界上第一个普遍性的、综合性的人权文件《世界人权宣言》，详细阐明了《联合国宪章》中尊重和促进人权的规定，为整个国际人权法的发展奠定了基础。2018 年正值宣言通过 70 周年，中国人权研究会和中国人权发展基金会 12 月 10 日在北京举行了纪念《世界人权宣言》发表 70 周年座谈会。中共中央总书记、国家主席习

---

* 郝亚明，南开大学周恩来政府管理学院教授、人权研究中心研究员，主要研究方向：民族政治学、少数民族权利保障。

近平发来贺信，强调《世界人权宣言》是人类文明发展史上具有重大意义的文献，对世界人权事业发展产生了深刻影响。中国人民愿同各国人民一道，秉持和平、发展、公平、正义、民主、自由的人类共同价值，维护人的尊严和权利，推动形成更加公正、合理、包容的全球人权治理，共同构建人类命运共同体，开创世界美好未来①。

中国学界也在《世界人权宣言》发表70周年之际积极开展宣传研究工作，其中有两次重要的学术会议引发了广泛的关注。10月11日，南开大学人权研究中心主办"《世界人权宣言》的起草过程与后世影响——纪念《世界人权宣言》70周年"国际研讨会，来自国内外人权领域的30余位专家学者参加了此次会议。12月9日，中国人民大学人权研究中心主办的"人权共识与当代法治：纪念《世界人权宣言》通过70周年"研讨会，来自全国有关高校、科研机构的专家学者约40人参加研讨。此外，《现代法学》杂志专门开辟了《世界人权宣言》颁布70周年纪念专栏，组织学者就这一主题进行了深入的探讨。本文尝试选择若干论述角度，对上述三次研究会以及2018年国内期刊发表的相关研究文章进行如下综述。

一 《世界人权宣言》与中国人权道路探索

习近平总书记在致纪念《世界人权宣言》发表70周年座谈会的贺信中深刻阐述了中国共产党的人权观及中国的人权发展道路。习近平指出，人民幸福生活是最大的人权。中国共产党从诞生那一天起，就把为人民谋幸福、为人类谋发展作为奋斗目标。中国发展成就归结到一点，就是亿万中国人民生活日益改善。中国坚持把人权的普遍性原则和当代实际相结合，走符合国情的人权发展道路，奉行以人民为中心的人权理念，把生存权、发展权作为首要的基本人权，协调增进全体人民的经济、政治、社会、文化、环境权

---

① 《人民幸福生活是最大的人权》，《人民日报》2018年12月11日，第4版。

利，努力维护社会公平正义，促进人的全面发展①。这封贺信集中体现了"中国特色人权发展道路及其所包含的中国特色人权观，是习近平新时代中国特色社会主义思想的重要组成部分，是我们推进中国人权事业发展的行动指南"②。围绕习近平总书记贺信的精神，中共中央政治局委员、中宣部部长黄坤明，十二届全国人大常委会副委员长、中国人权研究会会长向巴平措，十一届全国政协副主席、中国人权发展基金会理事长黄孟复分别发表讲话，对《世界人权宣言》与中国人权发展道路问题进行了集中阐述。

黄坤明在座谈会上的讲话一方面呈现了中国在人权事业上的一系列成就，另一方面也总结了中国人权道路的成功经验。《世界人权宣言》问世的70年，与新中国近70年的历史基本相当。他指出，这70年来，中国在尊重和保障人权上取得了举世公认的巨大成就：保障了最广大人民的生存权发展权、实现了人民当家作主和社会平等、建立了符合国情的人权法治化保障、推进了世界人权事业的发展、构建了一套比较完整的中国人权话语体系。总结过去近70年中国人权事业发展取得的成功经验，可以得出这样几个结论：第一，必须坚持中国共产党的领导；第二，必须坚持以人民为中心；第三，必须坚持把人权的普遍性原则与本国实际相结合；第四，必须坚持把生存权发展权作为首要的基本人权；第五，必须坚持推进各项人权全面协调发展③。

向巴平措在座谈会上的讲话中强调了宣言的历史与现实意义，并将宣言与中国的人权道路和人权主张结合在一起进行了阐述。他指出，首先，纪念宣言要将和平作为充分享有人权的基础。中国坚持以和平促发展、以发展促人权，始终是世界和平的建设者、全球发展的贡献者、国际秩序的维护者。其次，纪念宣言要把维护人的尊严作为人权保障的价值追求。党中央坚持以

---

① 《习近平：坚持走符合国情的人权发展道路　促进人的全面发展》，新华社，2018年12月10日，http：//www.xinhuanet.com//politics/leaders/2018－12/10/c_ 1123831503.htm。

② 李君如：《新时代中国共产党人权思想的集中体现》，《人民日报》2019年1月29日。

③ 《黄坤明在纪念〈世界人权宣言〉发表70周年座谈会上的讲话》，国务院新闻办公室网站，2018年12月10日，http：//www.scio.gov.cn/tt/hkm/Document/1643232/1643232.htm。

人民为中心的发展思想，切实维护人民根本利益，持续推进人权保障，不断满足人民日益增长的美好生活需求，确保中国人民活得有尊严，共享经济社会发展成果。再次，纪念宣言就是要确保各项权利相互联系不可分割。中国将人权的普遍性原则和本国国情相结合，以实现人的全面发展为目标，协调推进经济、政治、文化、社会、环境权利，持续改善民生、扩大民主参与、保护生态环境，开创了一条综合保障各项权利的可持续性发展道路。最后，纪念宣言就是要促进权利与义务相统一。每个人在充分行使权利的同时，要依法履行对他人、社会和国家的义务与责任，不能逾越法律所划定的权利边界①。

黄孟复在座谈会上的讲话中指出，中国始终是《世界人权宣言》理念的坚定倡导者和积极实践者，始终把尊重和保障人权作为治国理政的重要原则。改革开放 40 年来，中国始终坚持马克思主义的人权观，在继承中华优秀传统文化和总结历史经验的基础上，创造性地将人权的普遍性与中国基本国情相结合，把全体人民的生存权和发展权置于首位，大力发展社会经济，推进民主政治建设，完善法律制度体系，着力改善民生，维护社会公正，推动全体人民的政治、经济、社会、文化、环境权利协调发展，走出了一条中国特色人权发展道路，为丰富世界人权理论和人权实践作出了重要贡献。以习近平同志为核心的党中央，面对中国仍是世界最大发展中国家的基本国情，着眼于发展不平衡不充分等突出问题尚未解决的客观现实，坚持走中国特色社会主义人权发展道路，提出和实施了一系列治国理政的新理念新思想新战略，不断推动中国经济社会协调发展，积极参与全球人权治理，推动构建人类命运共同体，以发展成就积极履行对《世界人权宣言》的庄严承诺。

二 《世界人权宣言》的制定过程及历史贡献

在《世界人权宣言》发布 70 周年之际，学者们回溯到宣言的制定过程

---

① 《向巴平措在纪念〈世界人权宣言〉发表 70 周年座谈会上的讲话》，中国人权网，2018 年 12 月 11 日，http：//www. humanrights. cn/html/2018/2_ 1211/40928. html。

之中，在彼时的历史背景和世界格局之下去审视、剖析宣言的历史贡献。既有学者从整体性、源头性去关注宣言的制定过程，也有学者从概念或人物的角度关注这一问题，同时也有学者积极强调了拉丁美洲在宣言制定过程中的作用和贡献。

原中央党校副校长、中国人权研究会副会长李君如教授在题为《从〈世界人权宣言〉的源头看生存权和发展权》的主旨发言中，指出需要注意《世界人权宣言》是在联合国经济和社会理事会领导下的人权委员会起草的这一基本事实。因此从《世界人权宣言》的源头来考察，联合国最初就是从经济和社会发展的角度来考虑人权问题的。中华文明对《世界人权宣言》的主要贡献，就是强调要重视对人的生存权发展权的尊重和保障。从《世界人权宣言》制定过程的实际情况看，人们对人权的认识总是要受到各个人的宗教信仰、政治制度、经济状况等多重因素制约的。只有将人权的知识秩序与人权的自身逻辑结合起来，才能更好地建构科学的人权理论体系并推进中国人权事业的发展①。

上海社会科学院刘杰研究员在《〈世界人权宣言〉的产生过程及其意义》的文章中，对《世界人权宣言》制定的背景、历程、影响、局限等问题进行了具体而详细的探讨。《世界人权宣言》是二战结束初期世界性人权保障思潮推动下的产物，其制定工作充满着各种观念、利益和权力间的矛盾、分歧和斗争。尽管《世界人权宣言》基本上体现的还是西方的人权观念，但该宣言作为国际社会首次对人权所作的全面阐述，具有历史的进步意义，对国际人权法体系的奠立、对联合国等国际组织的人权立场、对战后各国宪法的制定与修改、对国际人权治理实践等都产生了深远的影响。与此同时我们应该看到，《世界人权宣言》在法律上的约束力是十分有限的。只有继续奉行《世界人权宣言》的精神和宗旨，完整地理解宣言在保障人权方面的基本原则和方向，抛弃偏见和相互指责，才能在宣言精神指导下达成共

---

① 参见南开大学"《世界人权宣言》的起草过程与后世影响——纪念《世界人权宣言》70周年"国际研讨会论文集。

识，在保障国际人权方面真正取得进步①。

中国社会科学院人权研究中心名誉主任刘海年研究员在题为《从〈世界人权宣言〉到构建人类命运共同体》的发言中指出，《世界人权宣言》是人权事业发展的里程碑。《世界人权宣言》全面发展了《联合国宪章》从全人类角度考虑关于人权保障的规定，肯定了人权概念本来意义上的主体；《世界人权宣言》以平等、非歧视原则既肯定公民政治权利，也肯定了经济社会文化权利；《世界人权宣言》是多元文化汇集的结果；《世界人权宣言》是国际人权法律体系形成的基础文献②。

南开大学常健教授在题为《〈世界人权宣言〉对人权概念的中性化及其历史意义》的发言中，围绕人权概念的中性化过程进行探讨③。他认为，人权概念是17、18世纪一些西方国家在若干宣言和法律文件中提出的，带有鲜明的西方文化色彩。在1947～1948年《世界人权宣言》的起草过程中，人权概念经历多元文化的洗礼和中性化。在这一过程中，人权从上帝赋予的权利变为与生俱来的权利，从有产者的权利变为所有人的权利，从男人的权利变为所有性别的权利，从白人的权利变为所有种族的权利，从西方人的权利变为所有人的权利。经过中性化过程的《世界人权宣言》成为人权概念的"母体"，在此基础上孕育和繁衍出更加丰富的人权理念。在《世界人权宣言》的基础上，人权概念不断发展，进一步包容了民族和人民的自决自主权利，经济、社会和文化权利等"积极权利"，对各类弱势群体权利的特殊保护，以及人民和人类的集体权利。《世界人权宣言》是人权由地域性概念转变为全球性概念的重要分水岭和里程碑，人权概念在宣言起草过程中所经历的"中性化"洗礼，使其能够脱去地域性文化的束缚和局限，成为所有人普遍接受的价值共识。

---

① 参见南开大学"《世界人权宣言》的起草过程与后世影响——纪念《世界人权宣言》70周年"国际研讨会论文集。
② 参见南开大学"《世界人权宣言》的起草过程与后世影响——纪念《世界人权宣言》70周年"国际研讨会论文集。
③ 参见南开大学"《世界人权宣言》的起草过程与后世影响——纪念《世界人权宣言》70周年"国际研讨会论文集。

北京理工大学齐延平教授提出了"人的尊严"是《世界人权宣言》基础规范的观点。他指出，人的尊严和价值代表了人类思想的现代深度和高度，其在人权体系和宪法规范体系中的核心功能是预设效力、提供基础性价值原理以及反思批判。人的尊严不可侵犯原则不仅是宪法基本权利规范体系之出发点，同时构成宪法限权规范及宪法整体制度体系的基础性价值原理，进而构成一国整体法律规范体系的基础性价值原理。人的尊严的全面提升，在外在方面有赖于制度的佑护，在内在方面则有赖于人们在不断反思中形成基于自身自由意志的自主自治①。

中国人民公安大学化国宇博士在《勒内·卡森对〈世界人权宣言〉的贡献》一文中指出，通过查阅联合国文档并参照相关研究，发现法国代表勒内·卡森是起草过程的关键角色之一，对宣言的起草和最终通过起到了举足轻重的作用②。其具体贡献表现为：提议将三人起草小组扩充为八国代表组成的起草委员会；起草了《世界人权宣言》的草案初稿；将法国启蒙思想中的人权理念引入《世界人权宣言》；建议以"世界"取代"国际"，坚持人权宣言的"世界性"。

南开大学周恩来政府管理学院王翠文副教授在题为《拉丁美洲的人权规范与传播》的发言中认为，拉丁美洲通过自身在人权方面的丰富实践和经验，在推动人权规范在世界范围的确立和传播上扮演着领导者的角色，在人权议题上拉美超越了外围国家的地位，拉美地区的人权理论极大地丰富了世界人权的内涵，拉美人权保护的实践极大地推动了世界人权事业的发展③。拉丁美洲是最早确立人权规范的地区之一，拉丁美洲的人权保护意识、人权规范以及人权实践进程是全球人权保护事业的重要组成部分。

中国社会科学院拉丁美洲研究所助理研究员韩晗博士在题为《拉美人

---

① 齐延平：《"人的尊严"是〈世界人权宣言〉的基础规范》，《现代法学》2018 年第 5 期。
② 参见中国人民大学"人权共识与当代法治：纪念《世界人权宣言》通过 70 周年"研讨会论文集。
③ 参见南开大学"《世界人权宣言》的起草过程与后世影响——纪念《世界人权宣言》70 周年"国际研讨会论文集。

权理论的发展及其对〈世界人权宣言〉的影响》的发言中指出,拉美地区
为全球性人权保护制度的建立提供了三方面的重要帮助①。其一,该地区虽
为发展中国家集中地区,却早于发达国家建立了区域人权组织,并较早在区
域内、国家间形成了对人权保护理念的共识;其二,在《世界人权宣言》的
起草过程中,拉美国家代表提供了大量先见性与经验性草稿、议案和提议,
对《世界人权宣言》的成稿提供了地区经验;其三,从《世界人权宣言》内
容来看,拉美国家法学界对其中经济、社会、文化权利内容的贡献,完善了
当代世界人权体系的保护内容与基本框架。《世界人权宣言》的订立过程与宣
言法定内容,包含了拉美国家人民对人权概念的理解与制度构建方面的努力。

三 《世界人权宣言》中的中国要素与中国贡献

在国内学界纪念《世界人权宣言》70 周年的相关研究中,一个引人关
注的亮点是对中国要素与中国贡献的归纳和强调。这方面的研究主要集中在
两个点上,一方面是关注宣言起草委员会副主席张彭春先生在《世界人权
宣言》制定过程中的具体作用,另一方面则是关注中国传统文化如"仁"
"礼"等理念在宣言中的具体应用。

中国社会科学院人权研究中心名誉主任刘海年研究员在题为《从〈世
界人权宣言〉到构建人类命运共同体》的发言中指出,张彭春先生对《世
界人权宣言》的起草工作,不仅以其丰富的学识和对以儒学为中心的中华
传统文化的热爱,将其中的精华融入《世界人权宣言》之中,还以谦和的
态度尊重西方文化和伊斯兰文化,促进《世界人权宣言》实现了多元文化
的汇集。他的风范,赢得了与其共事的其他国家代表的赞誉②。

原中央党校副校长、中国人权研究会副会长李君如教授在题为《从

---

① 参见南开大学"《世界人权宣言》的起草过程与后世影响——纪念《世界人权宣言》70 周
年"国际研讨会论文集。
② 参见南开大学"《世界人权宣言》的起草过程与后世影响——纪念《世界人权宣言》70 周
年"国际研讨会论文集。

〈世界人权宣言〉的源头看生存权和发展权》的主旨发言中，分析了张彭春先生及中华文化在《世界人权宣言》起草过程中的贡献。李君如教授通过文献梳理认为张彭春能够被选为人权委员会的副主席，首先是因为他在经济和社会理事会的杰出表现为大家所认同。特别是他在联合国经济和社会理事会的三个发言，给大家留下了深刻的印象。张彭春先生的发言深刻体现了中国人的人权观，他通过引用儒家经典《礼记·礼运》中的人权思想，说明联合国经济和社会理事会要关心每一个人，使大家都能够过上幸福安康的生活，同时也说明了人权最重要的应该是人的生存权和发展权，以及由此规定的经济、社会和文化的权利①。

中国政法大学孙平华教授在题为《论张彭春与国际人权体系的建构》的发言中，通过对联合国相关文件及对张彭春先生研究文献的系统收集、整理、分析，系统翔实地论证了在国际人权体系的建构过程中，中国代表张彭春先生参与了《世界人权宣言》的起草并做出了卓越贡献这一观点②。在《世界人权宣言》的起草过程中，张彭春将体现中国传统文化中的儒家思想"仁"、"礼"和"道"等引入协商过程，并将体现"仁"这一儒家思想的核心价值观融入作为整个《世界人权宣言》思想基础的第一条之中，从而使宣言包含了非西方传统的哲学思想，使宣言所宣示的各项权利具有更为宽泛的道德基础，从而也使《世界人权宣言》增强了其普遍性的特征。张彭春作为中国的杰出代表，在起草《世界人权宣言》的过程中发挥了主导作用，并提出了在全世界解决人权保护的方案，为构建世界人权保护体系做出了卓越贡献，成为名副其实的国际人权体系建构的主要设计师。

西南政法大学亓同惠副教授在《〈世界人权宣言〉里的中国元素——张彭春其人、其事、其功》一文中提出，《世界人权宣言》起草委员会副主席张彭春，以儒家的知识和智慧，为成功起草《世界人权宣言》做出了杰出

---

① 参见南开大学"《世界人权宣言》的起草过程与后世影响——纪念《世界人权宣言》70 周年"国际研讨会论文集。

② 参见南开大学"《世界人权宣言》的起草过程与后世影响——纪念《世界人权宣言》70 周年"国际研讨会论文集。

的贡献。从人权委员会第一次全体会议召开，至《世界人权宣言》在第三届联大表决通过，张彭春全程参与了整个订立过程。在此过程中，他努力将儒家的"仁爱""善政""大同"理念融入宣言之中，使得《世界人权宣言》既具有源自古希腊传统的西方底色，也呈现出以儒家精神为精髓的中国贡献①。

中国人民大学朱力宇教授指出，以张彭春为核心的中国代表团对《世界人权宣言》做出了历史性的卓越贡献，其中最重要的是在《世界人权宣言》第 1 条中列入了关于"良心"的表述，体现了中国儒家"仁"的思想。在构建人类命运共同体成为国际社会共识的世界背景下，加强不同文明交流互鉴、促进各国人权交流合作，可以并且已经成为全球人权文化融通与包容的重要思想基础，而中华文明则是其中重要的中国元素。有必要通过不断挖掘各国和各民族的人权思想并加以整合，对普遍的人权文化做出符合本国国情的解释。同时，还应当积极推进跨文明的整合，在国际人权领域达成符合各自文化背景的共识，并通过思想的沟通、交流和包容获得彼此之间的理解②。

中国社会科学院国际法研究所赵建文研究员在《〈世界人权宣言〉与中国传统文化：尊严、自由与责任》一文中指出，尊严是《世界人权宣言》的基础性概念，在国际人权体系中具有理论支柱的地位③。中华文化具有重视人格尊严与价值的优秀传统，《世界人权宣言》中关于尊严的规定可以在中华传统文化中找到历史渊源。人格尊严在中华传统文化中具有崇高的价值地位，源远流长的中华礼文化具有尊重人格尊严的重要内涵。通过"礼"实现"仁"是维护人格尊严的基本途径。"礼"具有尊重、尊敬他人的要素，具有尊重、维护和实现人格尊严的实际作用。

---

① 亓同惠：《〈世界人权宣言〉里的中国元素——张彭春其人、其事、其功》，《读书》2018年第 1 期。
② 朱力宇：《〈世界人权宣言〉是多元文化融通的范本》，《现代法学》2018 年第 5 期。
③ 参见中国人民大学"人权共识与当代法治：纪念《世界人权宣言》通过 70 周年"研讨会论文集。

天津工业大学黄爱教副教授在题为《〈世界人权宣言〉与儒家伦理"精神"》一文中指出，当前《世界人权宣言》所揭示的价值正遭受攻击，所达成的人权价值共识正遭受全球性的分裂①。究其根源在于《世界人权宣言》所宣称的人权的形上本性——"理性"被无限放大而忽视了"精神"。历史和哲学显示，《世界人权宣言》蕴含着儒家伦理"精神"，此时，这种潜在的因子在世界历史进程中逐渐浮现出来，成为弥合人权价值全球性分裂的力量。儒家伦理"精神"之于《世界人权宣言》的意义在于：在"精神"视角里，它的整体性观点，弥合个体权利与集体权利；它的关系性观点，注重人权的实现，超越"人权悖论"；并由价值共识走向共同行动，进而在评判世界人权进展中，不仅仅停留在价值共识，更为重要的在于共同行动。

中国人民公安大学法学院讲师化国宇博士在题为《人权普遍性的仁学基础：从〈世界人权宣言〉第一条出发》的发言中提出，《世界人权宣言》中第一条关于"良心"的表述的哲学根底并非欧洲传统中的良心哲学，而是中国儒家传统中"仁"的观念②。"仁"可以理解为熟人伦理和主体间的移情，将"仁"视为人性基础，弥补了理性在人权普遍性论证上的不足。以"仁"为基础的人权具有了内在超越的道德维度，将为缓和人权的普遍冲突、从个人解放的人权走向人类解放提供可能。"仁"在逻辑上弥补了"理性"作为人权来源基础论证的不足，丰富了战后的国际人权理论。"仁"在《世界人权宣言》中的写入为人权普遍性提供了有力的论证，也赋予了人权造就更好的人性的职责。

四 《世界人权宣言》与特定权利保障

《世界人权宣言》作为世界上第一个综合性的人权文件，奠定了当今整

---

① 参见南开大学"《世界人权宣言》的起草过程与后世影响——纪念《世界人权宣言》70周年"国际研讨会论文集。

② 参见南开大学"《世界人权宣言》的起草过程与后世影响——纪念《世界人权宣言》70周年"国际研讨会论文集。

个国际人权法的基础，必然也会对特定权利保障产生指引性作用。一些国内学者对宣言与健康权、财产权、生存权、发展权、少数人权利保障及法律体系完善等问题进行了探讨。

中国人民大学法学院叶传星教授在题为《关于制定"人权保障基本法"的一点思考》一文中提出，完善中国特色社会主义法律体系，也应当进一步完善人权立法体系①。人权保障基本法是我国人权立法体系的骨干性立法，是从总体上确认我国人权保障的经验、推动人权保障制度和政策法律化的基本法，是巩固人权法治保障中国模式的重要举措，是链接宪法基本权利体系与各个专项权益保障法的节点。通过人权保障基本法的立法，可以进一步完善国民基本权利体系、明确人权保障的国家责任、推动建立中国特色的国家人权机构、推动提升全社会的人权意识。

中央财经大学任国征教授在《人权共识视野下的健康权立法探讨》一文中指出，综观世界各国的立法实践，公民健康权利与义务大致呈现出单独式、专章或专节、分散式三种立法模式②。在立法内容上各国更为侧重确立和保护公民健康权利，对公民健康义务的规定则相对粗疏简略。2018年是"健康"定义提出70周年，也是《世界人权宣言》发表70周年，我国应当系统整理现有医疗卫生立法及其他相关法律文件，将公民健康权利和义务协调规定在未来的民法典和"基本医疗卫生与健康促进法"之中，同时借鉴国外先进经验，增设部分权利与义务，并为儿童等特殊群体提供特别保护。

南开大学周恩来政府管理学院陈·巴特尔教授在题为《〈世界人权宣言〉启示下我国少数民族人权的法律政策保障》的发言中指出，《世界人权宣言》的通过对我国人权事业的开展以及人权观念的形成起到了重要作用，也对我国少数民族权利的平等保障和特殊保障产生了重要的影响。

---

① 参见中国人民大学"人权共识与当代法治：纪念《世界人权宣言》通过70周年"研讨会论文集。
② 参见中国人民大学"人权共识与当代法治：纪念《世界人权宣言》通过70周年"研讨会论文集。

《世界人权宣言》重在对人权内涵和内容的规定，贵在对人权精神的倡导。中华人民共和国成立 70 年来，我国少数民族人权事业从几乎一片空白发展到当今法律政策渐成体系，《世界人权宣言》起到了十分重要的影响和作用①。

天津大学法学院薛杨博士在题为《生存权与发展权：从精准扶贫精准脱贫方略看中国对世界人权事业的贡献》的发言中指出，贫困问题不仅仅是经济问题，也是人权问题。中国作为发展中国家，始终将生存权和发展权视为首要人权，将彻底消除贫困作为重大的人权行动。中国政府实施的精准扶贫精准脱贫方略，指导中国精准脱贫事业取得了巨大成就，保障了处于贫困状态的群众生存和发展的权利，大大推动了中国人权事业的进步。中国政府致力于贫困人口脱贫事业，不仅是对中国人权事业的贡献，也是对《世界人权宣言》的积极践行②。

临沂大学法学院罗亚海在《财产权命运共同体：普遍财产权初论——基于〈世界人权宣言〉的精神内涵》一文中提出，财产权是人权的重要组成部分，甚至被看作人权的核心要素③。《世界人权宣言》让人权的保护具有了跨国别（地区）、跨意识形态而协同一致的可能。财产权作为人权的重要组成部分，也具有了跨国别（地区）、意识形态的可能性。基于科学技术等的发展改变了财产权制度立法背景，财产权保护具有了维护普遍人类利益的需要与可能。

五 《世界人权宣言》在当代的现实意义

《世界人权宣言》不仅具有重要的历史意义，在当代世界同样具有极为

---

① 参见南开大学"《世界人权宣言》的起草过程与后世影响——纪念《世界人权宣言》70周年"国际研讨会论文集。
② 参见南开大学"《世界人权宣言》的起草过程与后世影响——纪念《世界人权宣言》70周年"国际研讨会论文集。
③ 参见南开大学"《世界人权宣言》的起草过程与后世影响——纪念《世界人权宣言》70周年"国际研讨会论文集。

重要的现实意义。国内学者从当代国际秩序的构建、全球人权治理的推进、国际软法体系的发展、当代风险社会的应对等层面出发，对《世界人权宣言》在当代的现实意义进行了深入探讨。

中共中央党校国际战略研究院李云龙教授在《〈世界人权宣言〉与当代国际秩序的构建》的发言中提出，作为依据《联合国宪章》产生的国际文件，《世界人权宣言》对当代国际秩序的建立和发展都有重要影响①。《世界人权宣言》既是国际人权法体系的源头，也是国际人权治理的起点。宣言推动了国际人权秩序的建立，而国际人权治理则大大提升了当代国际秩序的文明水平。第二次世界大战以后建立的国际秩序在相当大程度上实现了《世界人权宣言》宣布的目标：新的世界大战得以避免，人权价值深深嵌入国际结构之中，基本自由得到更好保护，各国人民生活水平普遍改善，社会全面进步。

北京大学罗艳华教授认为，《世界人权宣言》是具有里程碑意义的国际文件。它弥补了《联合国宪章》的不足，为《联合国宪章》的人权条款提供了权威的解释，为所有国家和人民提出了努力实现的共同标准，为联合国各成员国和全世界人民提供了行为道德规范，还成为国际人权立法和很多国家宪法的重要依据和国际习惯法的重要组成部分。全球人权治理的基本要素由全球治理的五个要素即全球治理的价值、规制、主体、对象、效果在国际人权领域的相应内容所构成，具有特定的含义。通过分析《世界人权宣言》对这些基本要素的影响，可以看出《世界人权宣言》对于全球人权治理的基本要素产生了根本性的影响，是全球人权治理的重要基石②。

吉林大学何志鹏教授提出，《世界人权宣言》是在国际社会对于人权形成了初步的关注和重视的背景下，在法律规范层次上出现的一个开创性的探索。其探索虽然在一定程度上也体现在法律的内容上，但更主要体现在其采

---

① 参见南开大学"《世界人权宣言》的起草过程与后世影响——纪念《世界人权宣言》70 周年"国际研讨会论文集。
② 罗艳华：《〈世界人权宣言〉：全球人权治理的重要基石》，《中国国际战略评论 2018（上）》，世界知识出版社，2018。

用的形式上，也就是采取不具有约束力的宣言性规范来凝聚全球共识，为日后条约类法律规范的形成和发展奠定了基础。在《世界人权宣言》之后，不仅在人权领域掀起了构建和适用"初级软法"和"次级软法"的风潮，而且在经济、环境、武装冲突等领域大量出现了这种不具有强制约束力的规则。软法的出现，不仅符合国际治理的潮流，而且其具有弹性的运作方式引领了全球法律发展的新方向①。

中南大学人权研究中心执行主任毛俊响教授在题为《〈世界人权宣言〉第 29 条及其时代价值》的发言中指出，第 29 条中强调了个人对社会所负的义务、个人权利受到他人权利和公共利益的限制、个人权利不能违背联合国的宗旨和原则等②。这些条款体现出相互成就而非单向索取、自我约束而非过度主张、和谐和平而非冲突对抗的意蕴，其思想基础来源有东方文化传统、大陆国家宪法文件、美洲国家人权观等。第 29 条的存在是对自由主义话语的纠偏、对集体主义话语的修正、对权利和义务平衡话语的强调。第 29 条所倡导的个体与社会的关系价值，与人类命运共同体价值存在诸多共通之处。

西南政法大学孟庆涛副教授认为，人权是现代性的产物，可以在现代性的视角下得到重新阐释。从这个角度来看，人权是人类应对外在不确定性的一种机制，而《世界人权宣言》就是人类对现代性危险所造成的后果的一种经验性反思。当前，人类正在经历向风险社会的转型，而风险社会的基本特征是不确定性。随着整体性地加速进入风险社会，人类所面临的不确定性压力正在增大。在此背景下，面向风险社会的人权，就可以看作是人类为应对风险所建构出来的防范风险的体系性机制。为有效缓解风险社会所带来的不确定性压力，人类需要坚守《世界人权宣言》的共识，应对风险社会的挑战③。

---

① 何志鹏：《作为软法的〈世界人权宣言〉的规范理性》，《现代法学》2018 年第 5 期。
② 参见南开大学"《世界人权宣言》的起草过程与后世影响——纪念《世界人权宣言》70 周年"国际研讨会论文集。
③ 孟庆涛：《重读〈世界人权宣言〉》，《现代法学》2018 年第 5 期。

四川大学博士研究生李帆在《〈世界人权宣言〉精神指引全球化时代人权事业的新发展》一文中指出，《世界人权宣言》为国际社会的人权共识提供了精神指南；《世界人权宣言》精神促进了各国社会治理中的人权事业；《世界人权宣言》精神指引全球化时代人权事业的新发展。其基本人权内涵是通过建立公正合理的国际人权治理体系以推动国际人权事业健康发展，"主权平等"、"和平安全"、"共同发展"、"包容互鉴"以及"民主民生"是全球范围内促进和保护人权的关键，也是在21世纪如何发扬《世界人权宣言》精神的重要实践指南①。

六　《世界人权宣言》与人类命运共同体

在人类命运共同体理念下推进全球人权治理，是世界人权事业发展的唯一出路，这也与《世界人权宣言》的基本理念和原则相契合。习近平总书记提出构建人类命运共同体，为世界人权事业勾画出了新蓝图。中国学者围绕这一主题展开了深入的研究。

中国社会科学院人权研究中心名誉主任刘海年研究员在题为《从〈世界人权宣言〉到构建人类命运共同体》的报告中指出，当前的国际人权事业遭遇了前所未有的挑战，面临难以为继的局面。习近平关于构建人类命运共同体，是在《联合国宪章》和《世界人权宣言》发布数十年后，经几代人努力打造的世界和平与安全和人权法律体系基础上，立足中国放眼世界，立足现实谋划未来，促进中华民族之复兴，为整个人类之幸福提出的新方案。构建人类命运共同体理念，是习近平以马克思主义为指导，遵循历史发展规律，对《联合国宪章》《世界人权宣言》维护和平、安全和保障人权精神的发展，是进入新时代人类发展的新愿景②。

---

① 参见南开大学"《世界人权宣言》的起草过程与后世影响——纪念《世界人权宣言》70周年"国际研讨会论文集。
② 参见南开大学"《世界人权宣言》的起草过程与后世影响——纪念《世界人权宣言》70周年"国际研讨会论文集。

中央党校王立峰教授在《世界人权的困境与人类命运共同体建构》一文中指出，当前世界人权在"何种人权?""谁之义务?""如何保障?"三个问题上面临困境与分歧。中国提出的人类命运共同体方案需要就世界人权所面临的道德和政治困境作出回应。作者认为，人类命运共同体强调人权的普遍性，以推进世界人权为使命；强调人权的开放性，认为人权保障没有最好，只有更好；强调人权的包容性，主张人权普遍性与特殊性的结合；强调人权的可行性，认为人类命运共同体不仅是价值共同体，也是利益共同体。面对世界人权发展困境，在道德建构上，人类命运共同体方案确立生存权和发展权优先的基本人权清单，设定基于公正、政治合法性和能力的义务承担原则；在政治建构上，人类命运共同体方案强调民族国家的意义，建构基于国内合法性与国际合法性的负责任国家，主张发挥区域人权保障机制的作用[①]。

中共中央党校国际战略研究院李云龙教授在题为《〈世界人权宣言〉与当代国际秩序的构建》的发言中指出，当代国际秩序也面临诸多挑战，例如政治稳定、经济发展、人口流动、文化冲突等。为了应对新的挑战，必须进一步完善现行国际秩序。习近平提出的构建人类命运共同体理念指明了国际秩序升级发展的方向。人类命运共同体就是新版国际秩序。人类命运共同体理念包括"持久和平、普遍安全、共同繁荣、开放包容、清洁美丽"五大支柱。这同《世界人权宣言》的目标和价值高度契合[②]。

广州大学人权研究院副院长陈佑武教授在题为《人类命运共同体理念对〈世界人权宣言〉的传承、超越与发展》的发言中指出，人类命运共同体理念的提出，丰富和完善了《世界人权宣言》的时代内涵，传承了《世界人权宣言》所承载的人民的最高愿望、努力实现的共同标准与尊严平等的价值理念，超越了《世界人权宣言》的政治诉求、社会偏见与历史局限，

---

① 参见中国人民大学"人权共识与当代法治：纪念《世界人权宣言》通过70周年"研讨会论文集。

② 参见南开大学"《世界人权宣言》的起草过程与后世影响——纪念《世界人权宣言》70周年"国际研讨会论文集。

发展了《世界人权宣言》的基本人权观念、人权法治保障内涵及全球人权治理思路。在人类命运共同体理念指引下，《世界人权宣言》精神在全球的传播与普及迎来新的历史契机，《世界人权宣言》在全球人权治理中的地位与作用更加突出。正是基于人类命运共同体理念对《世界人权宣言》的传承、超越与发展，中国积极推动构建人类命运共同体，促进世界人权事业的和平发展[①]。

七　简要总结

为纪念《世界人权宣言》发布 70 周年，国内相关研究机构和学者以座谈会、学术会议、学术文章发表等多种形式，围绕《世界人权宣言》与中国人权道路探索、《世界人权宣言》的制定过程及历史贡献、《世界人权宣言》中的中国要素与中国贡献、《世界人权宣言》与特定权利保障、《世界人权宣言》在当代的现实意义、《世界人权宣言》与人类命运共同体等相关主题展开了深入系统的探讨。

在《世界人权宣言》与中国人权道路探索方面，中国坚持把人权的普遍性原则和当代实际相结合，走符合国情的人权发展道路，奉行以人民为中心的人权理念，把生存权、发展权作为首要的基本人权，促进人的全面发展。在《世界人权宣言》的制定过程及历史贡献方面，学者们对宣言制定的背景、历程、影响、局限等问题进行了回顾和分析，强调了包括拉丁美洲在内的第三世界国家在此过程中的历史贡献。在《世界人权宣言》中的中国要素与中国贡献方面，集中关注了中国传统文化理念对宣言的影响及张彭春先生在宣言制定过程中所扮演的关键角色。在《世界人权宣言》与特定权利保障方面，学者们关注了宣言的精神或原则对具体特定人权保障的影响和互动。在《世界人权宣言》在当代的现实意义方面，学者们从当代国际

---

① 参见南开大学"《世界人权宣言》的起草过程与后世影响——纪念《世界人权宣言》70 周年"国际研讨会论文集。

秩序的构建、全球人权治理的推进、国际软法体系的发展、当代风险社会的应对等层面出发，达成了《世界人权宣言》在当代依然具有重大现实意义的共识。在《世界人权宣言》与人类命运共同体方面，学者们认为当前全球人权治理面临极为严峻的挑战，人类命运共同体的提出具有极为重要的意义，这一理念是世界人权事业发展的唯一出路。

B.19
"2018·全国人权教育与研究"研讨会综述

陈 超[*]

摘　要： 人权教育、培训与研究对于培育全社会的人权意识、形成普遍尊重人权的文化氛围具有重要的作用。"2018·全国人权教育与研究研讨会"回顾总结了中国人权教育实践的经验和进展，认为中国人权教育正在呈现从单学科教育到多学科教育、从校园教育到校外教育、从高层次教育到全纳式教育、从国内教育到国际合作教育的扩展。与此同时，人权教育正日益与人权学科建设、人权研究培训、人权宣传普及、人权国际交流、人权理论和实践相结合。未来中国的人权教育需要进一步加强理论建构，促进干部人权培训脱敏，开展对企业家的人权培训，推进人权研究的国际交流合作。

关键词： 人权教育　人权研究　人权培训

2018 年是中国实施第三期《国家人权行动计划（2016—2020 年）》的中期之年。2018 年 11 月 15 日，"2018·全国人权教育与研究" 研讨会在陕西西安举行。这是中国人权研究会首次举办以人权教育为主题的研讨会，总结中国人权教育实践的经验，展望中国人权教育发展的未来。与会专家认

---

* 陈超，南开大学人权研究中心研究人员，南开大学周恩来政府管理学院副教授，主要研究方向：人权政治、行政理论。

为，根据《国家人权行动计划》对人权教育的总体要求，在中宣部和教育部的领导和推动下，依托国家人权教育和培训基地与各人权研究中心，人权教育正在呈现四个方面的扩展和五个方面的结合，展现出生机勃勃的繁荣景象。

一 人权教育实践呈现四个方面的扩展

经过前两期《国家人权行动计划》的持续实施，中国的人权事业取得显著成效，人权教育的内容和形式也发生了明显的转变。与会专家学者们从四个方面对中国人权教育正在出现的发展进行了总结。

（一）从单学科教育到多学科教育的扩展

与会专家学者表示，人权教育正在跳出法学的学科界限，寻求多学科和跨学科合作教育机制。要发挥多学科合作的带动效应、协同效应和规模效应，推动人权教育从单一的法学学科教育转变为多学科、跨学科和交叉学科教育，弥补单一学科背景下的发展困境。山东大学法学院院长周长军认为："人权学科主要依托法学学科，但不能仅仅局限于法学学科。……要以人权的问题为导向，融合历史的、政治的、社会的、经济的、生态文明的、国际外交的视角，使之整合到一起，突破法学的视野局限，切实使人权学科变为具有实质交叉的学科。"①

为了推动多学科合作教育，广州大学人权研究院连续13年开设全校通识选修课程"人权与法"，向全校不同专业学生普及和推广人权和法律知识，扩大了影响，吸引了部分同学对人权教育的关注。西南政法大学人权研究院从2015年春季开始，为本科生一年级新生开设通识课程"人权概论"，每年近3000人选修；在全校开设了"历史中的人权"等3门通识选修课，将人权与历史结合起来，拓宽了人权教育的学科边界。2018年，中国人民大学人权研究中心开设了商业与人权法律硕士专业，尝试打通商学和人权法

---

① 根据山东大学在"2018·全国人权教育与研究"研讨会上的发言。

的学科边界，实现多学科和跨学科融合①。

复旦大学整合了法学、国际关系、公共管理、环境科学、历史、哲学等多学科力量，积极推进人权课程建设和人权学科建设，在过去四年里，不仅继续开设原有的人权课程，而且给本科生、研究生新开设人权课程共 6 门，激活了 1 门被搁置的人权课程；参与医学院课程设计，在医学伦理课程中增加人权内容；在 2016 年成功申报面向全校学生和社会开放的暑期课程"社会性别与中国妇女权利保护前沿问题研究"之后，2018 年又成功申报开设"国际残障人权利法专题研究"。2018 年，复旦大学法学院增设了硕博连读的人权方向，从 2019 年开始招生，提升了人权教育的学科高度。目前，复旦大学人权教育学科已经被列入一流学科建设序列②。

（二）从校园教育到社会教育的扩展

与会专家学者在汇报交流中充分肯定了人权教育的社会性，正在从校园教育走向社会教育。只有推动人权教育的社会化和普及化，才能实现人权教育的最终目的。中国政法大学人权研究院很早就提出：人权并非纸面上的权利，而是关系人格尊严的活生生的权利。人权教育不仅要面向人权法专业的研究生，还要面对社会大众，以高校理论研究资源为依托，充分发挥教育优势，推动人权思想在全社会的普及③。中国政法大学人权研究院常务副院长张伟教授提出，未来"将根据国家高端智库培育和双一流学科建设的要求，努力提升社会服务水平，以多种形式促进人权相关政策、法律、知识和技能在全社会的传播和普及"④。

复旦大学人权研究中心利用复旦大学法学院的培训项目，积极推动人权教育的社会化发展，先后在云南楚雄的公安干部、黑龙江省的人大立法干

---

① 根据广州大学和西南政法大学在"2018·全国人权教育与研究"研讨会上的发言。
② 根据复旦大学在"2018·全国人权教育与研究"研讨会上的发言。
③ 中国政法大学人权研究院：《人权教育与培训》，http://rqyjy.cupl.edu.cn/jypx.htm。
④ 根据中国政法大学人权研究院常务副院长张伟在"2018·全国人权教育与研究"研讨会上的发言。

部、国有企业管理人员培训班中嵌入人权课程。鼓励基地人员在可能的情况下在给培训班的授课内容中嵌入人权的理念和内容。基地还组织队伍参加上海市总工会组织的农民工法律援助和普法活动,以嵌入的模式普及基本的人权知识。基地人员还深入中学,为中学师生普及人权知识①。

中央党校人权研究中心依托党校的培训优势,在各级领导干部中开展人权教育和培训。人权课程被列为中央党校领导干部学员培训轮训必修课。人权课程和人权教育覆盖了中青年领导干部班、省部级班、地厅班、民族班、师资班等。2005年开始,人权课进入全国党校系统骨干教师培训班。通过不断地扩大人权教育和培训对象,推动了人权教育的社会化和普及化②。

武汉大学人权研究院长期重视人权教育和培训的推广工作,通过在党政机关、高等学府、企事业单位开展人权相关的讲座培训,宣传我国法治建设和人权保障方面的成就和经验,取得了良好的社会反响③。

(三)从高层次教育到全纳式教育的扩展

人权教育最初主要集中在高层次研究生教育,包括硕士和博士两个层次。近年来,人权学科研究生规模不断扩大。根据山东大学人权研究中心的统计,2018年该中心目前在读硕士总人数为181人,毕业硕士人数为44人;2018年在读博士总人数为44人,毕业博士人数为3人。截至2018年底,中国政法大学人权研究中心共招收硕士研究生105人,博士研究生36人。西南政法大学从2016年开始招收人权法学研究生,首批研究生2017年秋季入学,其中博士研究生6人,硕士研究生10人,博士后研究人员3人。2018年,该中心招收博士研究生9人,硕士研究生10人(报考78人,报录比8:1),博士留学生3人,博士后研究人员3人。复旦大学法学院2018

---

① 根据复旦大学人权研究中心常务副主任陆志安在"2018·全国人权教育与研究"研讨会上的发言。
② 根据中央党校人权研究中心主任张晓玲在"2018·全国人权教育与研究"研讨会上的发言。
③ 根据武汉大学人权研究院执行院长汪习根在"2018·全国人权教育与研究"研讨会上的发言。

年决定设置硕博连读的人权方向，从 2019 年开始招生①。

人权教育作为事关每个公民的权利和自由的教育，不可能仅仅停留在高层次的研究生教育，而必须覆盖到每一个公民个体，让每一个公民都被纳入人权教育中，全纳式的人权教育思想正在形成。在全纳式教育思想的指导下，党政干部、中小学生、农民工等各种群体都被纳入人权教育范围。山东大学法学院院长周长军建议，要真正把人权意识普及到中小学教育当中，让我们的孩子从小就能够培养起有中国特色的人权观②。

南开大学人权研究中心按照对象的不同，将人权教育与培训分为四类，分别为大学生人权教育、中学生人权教育、小学生人权教育、公务员人权培训，并分组进行了探索性推进。在中小学教育方面，南开大学人权研究中心依托南开系列学校开展中小学人权教育，编写了系列教材和读本，形成了稳定的中小学人权教育基地；在公务员人权培训方面，组织撰写了《公务员人权培训学员读本》和《公务员人权培训教师读本》，撰写过程中特别吸收了党校（行政学院）老师参与讨论。目前正在承担中宣部公务员人权培训教材的写作任务③。

中国政法大学则开设了专门针对高校教师的系列人权培训，截至 2018年，"中国高校教师人权法教学研讨会"已经举办了七次，参会师资多达200 余人；"国际人道法暑期教师高级研究项目"已经开展了五年，培训总人次高达 270 人；"平等与反歧视高校教师培训研讨会"已经连续举办七届，全国 210 余位教师参加了培训；"全国大学师资人权知识培训班"和"全国外宣干部人权外宣工作研讨班"举办两次，两个培训班已经累计招收学员近 200 名④。

西南政法大学人权研究院长期积极开展公务员人权知识的培训和宣讲。

---

① 相关山东大学、中国政法大学、复旦大学各自在"2018·全国人权教育与研究"研讨会上的发言。
② 根据山东大学法学院院长周长军在"2018·全国人权教育与研究"研讨会上的发言。
③ 根据南开大学人权研究中心主任常健在"2018·全国人权教育与研究"研讨会上的发言。
④ 根据中国政法大学人权研究院常务副院长张伟在"2018·全国人权教育与研究"研讨会上的发言。

2015 年以来，已面向四川凉山州检察院、广东揭阳政法委等十余家单位开展"人权与法治"培训近 40 期，受训干部 3000 余人。受中宣部、公安部、最高人民法院、中国国际广播电台等邀请宣讲人权知识 10 余次，接受培训者 1000 余人。受高校、国有企业等邀请，宣讲人权法治知识 100 余场，接受培训者近万①。

（四）从国内教育到国际合作教育的扩展

近年来，有关人权教育的国际交流合作发展很快。2018 年，中国政法大学人权研究院与爱尔兰国立大学人权中心和拉脱维亚里加法律研究院签署了合作协议，开展硕士及博士合作项目，互相派遣访问学者和学生开展交流学习。截至 2018 年底，中国政法大学人权研究院共计有 18 名研究生赴海外攻读学位、联合培养，以及参加国际组织实习。2018 年，中国政法大学人权研究院还计划在现有的人权暑期班的基础上，邀请"一带一路"沿线国家大学师资来华接受人权知识培训和交流②。

广州大学人权研究院从 2016 年 10 月起与意大利帕多瓦大学人权中心合作，通过"人权、社会和多层次治理"博士项目联合培养博士研究生。研究院计划继续巩固和加强与帕多瓦大学的博士生培养联合项目，启动与该校的人权方向硕士生联合培养项目，提高人才培养的国际合作水平与层次，并实行人权法"引智项目"常态化，聘请国际一流专家来研究院交流讲学③。

复旦大学已经与北欧挪威人权研究中心、英国利兹大学残障跨学科研究中心、爱尔兰的残障权利法律与政策中心、美国哈佛大学法学院人权研究项目、残障事业研究项目、美国康涅狄格大学人权中心建立了合作的关系，并且与外国教授合作开设 FIST 课程，合作举办学术研讨会等。中心还邀请外国专家到基地开前沿讲座，鼓励基地人员参加国际学术会议、积极向国际学

---

① 根据西南政法大学校长付子堂在"2018·全国人权教育与研究"研讨会上的发言。
② 根据中国政法大学人权研究院常务副院长张伟在"2018·全国人权教育与研究"研讨会上的发言。
③ 根据广州大学副校长张其学在"2018·全国人权教育与研究"研讨会上的发言。

术会议提交会议论文，到外国机构做讲座，组织学生参加曼德拉世界人权模拟法庭比赛①。

山东大学人权研究中心与荷兰人权研究院签署了全面合作协议，内容包括共建科研平台、教师互派、研究生联合培养以及暑期人权项目。与法国图卢兹大学联合研究团队获得中法政府间最高级别的科研项目"蔡元培项目"以及由法国政府资助的"徐光启项目"，开展了基因科技与人权方向的博士研究生联合培养、教师互派以及共同举办学术会议等多方面的合作。与澳大利亚阿德莱德大学签订合作协议，双方开展包括互派研究人员与研究生等多方面的交流与合作②。

二 人权教育日益注重五个结合

与会专家认为，中国人权教育在实践中日益重视与人权学科建设、人权研究和培训、人权宣传普及、人权国际交流合作、人权理论和实践相结合。

（一）人权教育与人权学科建设相结合

与会专家学者普遍认为，人权教育必须与学科建设相结合。人权教育的根基在于学科建设，没有强大的学科基础和学科支撑，人权教育就难以开展起来。中国社会科学院人权研究中心执行主任柳华文教授建议，"学科建设，特别是重点学科、优势学科、新兴学科建设，都积极考虑纳入人权研究"③。广州大学副校长张其学提出，要将人权法学科作为特色学科，加大加强建设力度。要将人权法学列为法学专业的必修课程，进一步加强人权法学师资队伍建设，加强在政策扶持上的支持④。山东大学法学院院长周长军

---

① 根据复旦大学人权研究中心常务副主任陆志安在"2018·全国人权教育与研究"研讨会上的发言。
② 根据山东大学法学院院长周长军在"2018·全国人权教育与研究"研讨会上的发言。
③ 根据中国社会科学院人权研究中心执行主任柳华文在"2018·全国人权教育与研究"研讨会上的发言。
④ 根据广州大学副校长张其学在"2018·全国人权教育与研究"研讨会上的发言。

提出，"人权研究中心的发展要与学科建设高度联系在一起。人权学科主要依托法学学科，但不能仅仅局限于法学学科。……突破法学的视野局限，切实使人权学科变为具有实质交叉的学科"①。

（二）人权教育与人权研究和培训相结合

与会专家学者普遍认识到，人权教育必须与研究和培训相结合。人权教育是以人权知识的传播和人才的培养为目的，人权研究是以人权知识的生产和创造为目的，人权培训则可以扩大人权教育的范围和影响，三者之间是不可分割的。光有人权教育而没有人权研究，人权学科就会失去知识源泉；光有人权研究而没有人权教育和人权培训，人权学科就会失去存在价值。因此，人权教育必须与人权研究和人权培训结合起来。复旦大学人权研究中心常务副主任陆志安介绍了复旦大学的具体做法，即"确立了以人权研究为中心，以教育、培训和交流合作为抓手，将科研、教育和培训、交流与合作统筹安排，融合打通，相互支撑的工作思路；建立了集体合作、个人能动的基本工作机制；形成了项目研究、（小型）学术研讨会、学术沙龙、讲座、课程教育、人权培训、对外合作、国际交流、学生人权论坛、组织模拟法庭比赛等多种形式科研活动模式"②。

（三）人权教育与人权宣传普及相结合

人权教育不完全等同于普通的学科教育，它既具有普通学科教育的知识性、学理性、逻辑性和教育性，又具有政策学科的政策性、宣传性、引领性和方向性。人的权利、尊严和自由是平等的，但是世界各国人民所享有的人权并不都是相同的。各个国家都会根据自己的国情采取相应的人权政策。中国人权研究会会长向巴平措在讲话中强调，人权教育和研究必须与人权宣传相结合③。人权

---

① 根据山东大学法学院院长周长军在"2018·全国人权教育与研究"研讨会上的发言。
② 根据复旦大学人权研究中心常务副主任陆志安在"2018·全国人权教育与研究"研讨会上的发言。
③ 陈慧娟：《推动人权研究 促进人权发展——"2018·全国人权教育与研究"研讨会综述》，http：//news. cnr. cn/native/gd/20181117/t20181117_ 524418289. shtml。

教育不单单是学科教育，从某种程度上讲，它也是一种政策教育、国情教育和宣传教育，人权教育必须同宣传、普及结合起来。既要钻研和传播人权学科领域的高深知识，又要向全体公民宣传、推广和普及人权知识，并在这个过程中体现一定的国家意志。随着国家和政府的日益重视，人权教育开始有组织地发展起来。但在人权教育的发展过程中存在一些偏差，普遍存在四多四少现象，即宣传教育较多，学科教育较少；政策推广较多，学理研究较少；高校研究较多，社会了解较少；课堂教学较多，课外学习较少。为了大力推动我国人权教育，加强国际人权对话，解决四多四少现象，国家先后建立了8个国家人权研究基地，以这些基地为骨干，形成自上而下和自下而上相结合的人权教育网络，取得明显成效。

（四）人权教育与人权国际交流合作相结合

人权教育既是一个国家的国内政策和行动计划，又是一项世界动议和国际行动，积极开展人权教育的国际对话和传播，能够有效促进人权教育的健康发展。与会专家学者纷纷介绍了各自的经验和具体做法。

南开大学人权研究中心与丹麦人权研究所、荷兰人权研究所等建立了长期稳定的合作关系；中国人民大学人权研究中心与欧洲人权法院、联合国人权高专办、联合国犯罪与毒品办公室、联合国开发计划署、联合国难民署、挪威人权中心、牛津大学法学院、哈佛大学法学院、耶鲁大学法学院等建立了密集的交往关系。

武汉大学人权研究院积极开展国际对话和合作，积极传播中国声音，尤其在2018年，该研究院的国际交往非常活跃。2018年9月，该院派出教师参加了联合国人权理事会第39届会议和同期举办的中国减贫与人权保障边会，向世界介绍中国人权保障尤其是推动新疆发展和人权事业进步所取得的成就和成功经验。2018年10月18～20日，派出专家赴奥地利访问讲学，并在"中国策略国际研讨会"上发表题为《改革开放40年来中国人权事业的进步》的主题报告。2018年10月24～28日，赴韩国首尔参加世界科学院和学者协会人权网络举办的"科学与发展权研讨会"，发表"消除贫困和减少不平等"的大会主题报告，重点介绍中国减贫与人权保障的经验，并与人权网络主席、诺贝尔奖得主、世界国际法协会前主席以及各国科学院院士开展了深度的学术交流①。

中央党校和加拿大举办了 5 次人权学术研讨会，研讨会主题分别是"人权教育""人权与多元文化""人权法的实施"等；同瑞典罗尔·瓦伦堡人权和人道法研究所共同举办了人权学术研讨会，主题是"国家人权行动计划"。通过这些人权学术交流，宣传介绍了我国的人权成就，加强了双方在人权学术领域的沟通和理解②。

中国社会科学院人权研究中心积极参加和推动人权领域的智库外交和公共外交。比如，主办了中国同欧盟、加拿大、澳大利亚和美国等西方国家的多边或双边的人权对话 30 余次。特别是联合国等多边人权审议工作以及中美、中欧、中英、中澳、中德等双边人权对话工作中多次承担中央交办任务，在促进国际人权交流与合作，增加东西方司法部门、法律界、学术界和社会公众间的沟通与理解方面发挥了重要作用③。

（五）人权教育与人权理论和实践相结合

人权教育需要理论和实践相结合。与会专家学者交流了各自在这方面的经验。譬如，复旦大学组织实施了学生人权论坛、模拟法庭比赛，参加纳尔逊·曼德拉世界人权模拟法庭比赛，设立人权实践观察点，与法院、检察院合作在司法实践过程中观察人权实践等实践模式④。南开大学在中小学建立人权教育实践基地，将中小学老师吸纳进课题组，共同探讨和推进中学人权教育问题，并对中学老师进行了人权知识培训，探索出一条将人权教育理论

---

① 根据武汉大学人权研究院执行院长汪习根在"2018·全国人权教育与研究"研讨会上的发言。
② 根据中央党校人权研究中心主任张晓玲在"2018·全国人权教育与研究"研讨会上的发言。
③ 根据中国社会科学院人权研究中心执行主任柳华文在"2018·全国人权教育与研究"研讨会上的发言。
④ 根据复旦大学人权研究中心常务副主任陆志安在"2018·全国人权教育与研究"研讨会上的发言。

和实践结合的有效模式①。中国政法大学则充分利用地缘和资源优势，以国内外人权实践中的重大热点问题和前沿问题为主攻方向，确立符合实际和国家战略需要的选题，鼓励专兼职研究人员持续产出高水平人权研究成果，从而探索出一条从实践上升到理论的人权教育和研究模式②。

三　人权教育需要进一步解决的问题

经过近十年的发展，中国的人权教育整体上有了很大的提升，人权教育体系已经初步建立，人权教育内容和教材的编撰工作顺利实施，国际交流有序开展，五个结合初步实现。但中国的人权教育仍面临一些困难和挑战，需要在今后的发展中加以克服和完善。与会专家学者纷纷提出了未来的计划、规划和设想。

（一）要将理论建构放在首位

与会专家学者意识到，人权教育作为一门后发性的学科，其理论根源在过去主要是法学理论尤其是人权法理论，但是，随着学科知识体系的日益复杂化，跨学科和多学科合作成为学科发展的重要途径，人权教育要形成一门相对独立的综合性学科，要提升学科地位和影响力，就必须注重理论建构。广州大学副校长张其学提出，要"加强中国特色社会主义人权理论、弱势群体与特殊群体权利保障、人权法治保障等领域研究工作，并围绕这些方向多出成果"，"积极提升人权法学在我校法学专业建设中的地位，将人权法学列为法学专业的必修课程，进一步加强人权法学师资队伍建设，加强在政策扶持上的支持"③。中国人民大学人权研究中心主任韩大元提出："我们将更加注重将十九大的人权新理念新思想与马克思主义的人权基本原理相贯

---

① 根据南开大学人权研究中心主任常健在"2018·全国人权教育与研究"研讨会上的发言。
② 根据中国政法大学人权研究院常务副院长张伟在"2018·全国人权教育与研究"研讨会上的发言。
③ 根据广州大学副校长张其学在"2018·全国人权教育与研究"研讨会上的发言。

通，更注重从我国实际出发、遵循社会发展的内在逻辑来认识人权问题，着重展开新时代人权理论体系的研究。"① 山东大学法学院院长周长军认为，要继续加强人权理论研究工作、加强人权学科的建设、实现多学科的交叉融合。在新时代的背景下，还要找到新的理论突破点，在社会主要矛盾发生变化的情况下，寻求建立新的人权话语体系。人权理论的研究归根到底还是为人权话语体系的建设服务的，所以人权理论的研究一定要以建设高端智库为目标，服务于人权的外宣工作，要善于设置引领性的话题，在国际领域争夺制高点②。西南政法大学校长付子堂提出，要"继续致力于马克思主义人权理论中国化、人权与法治、人权与舆情、中国人权话语权争取等问题的研究"③。

（二）推动干部人权培训"脱敏"

目前，一些党员干部由于对"国家尊重和保障人权"的宪法原则和相关法律政策没有充分理解，在开展人权培训方面仍然畏首畏尾，将其视为"敏感"话题，这需要通过更广泛深入的人权教育培训予以纠正，实现"脱敏"。复旦大学人权研究中心常务副主任陆志安指出，现实中人们对"人权"一词还很敏感，一般采用嵌入式的人权培训模式④。西北政法大学人权研究中心薛莹、钱锦宇等对西北地区高校人权法教育的实证调查发现，"我国西北地区高等院校大部分学生对于人权，只是意识中有个粗略的概念，仅知道一些最基本的人权内容，但整体上人权理念薄弱，对人权法的学习积极性不高"⑤。如何推动公众尤其是党员干部脱敏，是人权教育今后的一个努

---

① 根据中国人民大学人权研究中心主任韩大元在"2018·全国人权教育与研究"研讨会上的发言。
② 根据山东大学法学院院长周长军在"2018·全国人权教育与研究"研讨会上的发言。
③ 根据西南政法大学校长付子堂在"2018·全国人权教育与研究"研讨会上的发言。
④ 根据复旦大学人权研究中心常务副主任陆志安在"2018·全国人权教育与研究"研讨会上的发言。
⑤ 薛莹、钱锦宇：《我国西北地区高校人权法教育的实证调查与对策研究：一个初步的框架》，"2018·全国人权教育与研究"研讨会论文集。

力方向。要让广大党员干部认识到人权教育的目的、价值和意义，掌握相关的人权知识，支持和推动人权教育的发展。

（三）开展针对企业家的人权培训

目前，在各人权教育研究机构的努力下，我国的人权教育和培训已经在高校、中小学、党政机关等普遍地开展起来，但是在公司、工厂等企业组织和经济组织中开展得却不充分。尤其在一些私有制企业，企业家的人权观念还普遍比较淡薄，为了企业盈利和节约成本，不尊重员工权益甚至损害员工权益的事件时有发生，不签订劳动合同、违反用工标准、经常性加班却没有相应的补偿、拖欠员工工资、体罚员工、工作环境恶劣、因工致伤致残却没有相应的赔偿等，在一些中小企业不同程度地存在，极大地损害了员工的权利和尊严。广州大学副校长张其学提出，"在人权教育方面，将持续推进全校的人权通识课程建设，继续开展针对政府机关、司法机关、企业、特殊群体进行的人权教育培训"①。今后的人权教育，要在继续深化和巩固已有成果的基础上，加强和政府就业部门、劳动仲裁部门、民政部门的合作，开辟和开展企业家人权教育和培训，包括企业主、高层管理人员、中层管理人员和基层管理人员的培训，增强企业家及其管理层的人权意识，尊重人的权利和尊严，依法依规经营，切实保障员工的合法权利和尊严。

（四）推进人权研究的国际交流合作

在当今世界，战乱、难民、贫困、疾病、社会不公仍然威胁着人类社会，国际人权事业面临严峻的挑战。与会专家学者认为，人权研究、教育和培训是全球人权治理的重要组成部分，中国应积极推进人权研究的国际交流合作，为更广泛和深入地开展人权教育和培训开拓国际视野。中国人民大学人权研究中心韩大元提出，"要以与有关国家的机构举办联合研讨会等形式，就反恐与人权、宗教与人权、反贫困与人权、国家人权机制等议题展开

---

① 根据广州大学副校长张其学在"2018·全国人权教育与研究"研讨会上的发言。

专题对话交流";要"联合亚洲有影响力的人权研究机构,适时创办民间的'亚洲人权论坛'";"我们初步规划,利用亚洲人权论坛这一平台,研讨亚洲人权机制的可行模式等问题,凝聚亚洲人权共识,促进亚洲的和平与发展"①。中央党校人权研究中心主任张晓玲在发言中介绍道:"近年来,中央党校人权中心接待了美国政府人权代表团、欧盟人权代表团、越南人权代表团等多次国外人权官员和专家的来访座谈,宣传介绍我国人权观和人权成就,针锋相对地开展斗争,消除一些人的偏见和误解,取得了好的效果。"张晓玲提出,要"在中国人权研究会的指导下,进一步加强同国内外人权学术机构的交流合作,为进一步推进新时代中国人权理论建设,提升中国人权话语权做出贡献"②。中国社会科学院人权研究中心执行主任柳华文在发言中指出,人权研究和宣传、智库建设与国际交流与合作的工作意义重大,事关我国整体宣传工作、软实力和话语权建设。因此,应坚持推进"走出去"战略③。

通过这次研讨会的总结可以看到,中国的人权教育取得了一系列成绩,正呈现出四个方面的扩展和五个方面的结合。但是仍然需要继续努力,加强人权理论建构,推动干部人权培训脱敏,扩大人权教育的范围,开展人权研究的国际交流合作,促使在全社会形成尊重和保障人权的文化氛围。

---

① 根据中国人民大学人权研究中心主任韩大元在"2018·全国人权教育与研究"研讨会上的发言。
② 根据中央党校人权研究中心主任张晓玲在"2018·全国人权教育与研究"研讨会上的发言。
③ 根据中国社会科学院人权研究中心执行主任柳华文在"2018·全国人权教育与研究"研讨会上的发言。

调研报告和个案研究

Research Reports and Case Studies

B.20

乡村小规模学校和乡镇寄宿制学校
学生受教育权保障

——平凉模式调查

钟 慧 杨恩泰*

摘 要： 2018 年，我国明确"乡村小规模学校"和"乡镇寄宿制学校"是农村义务教育的重要组成部分，提出进一步统筹布局规划、改善办学条件、强化师资建设、加强经费保障、提高办学水平等措施。平凉市结合当地实际，积极探索和建设乡村小规模学校和乡镇寄宿制学校，为切实保障农村学生的受教育权提供了有益经验。但是仍面临新的挑战，需要从健全教育制度体系、合理规划学校建设、完善师资

---

* 钟慧，法学博士，西北民族大学讲师，主要研究方向：宪法、人权法；杨恩泰，四川大学法学院宪法与行政法学研究生，主要研究方向：宪法、人权法。

队伍建设、优化经费管理制度等方面，进一步保障农村学生的受教育权。

关键词： 乡村小规模学校　乡镇寄宿制学校　受教育权　法律保障

"乡村小规模学校"和"乡镇寄宿制学校"是农村义务教育的重要组成部分。"乡村小规模学校"，是指不足 100 人的村小学和教学点①。办好"乡村小规模学校"和"乡镇寄宿制学校"，是我国实施乡村振兴战略、推进城乡基本公共服务均等化、打赢教育脱贫攻坚战的基本要求。为此，2018 年国务院出台《关于全面加强乡村小规模学校和乡镇寄宿制学校建设的指导意见》，提出到 2020 年基本补齐"乡村小规模学校"和"乡镇寄宿制学校"这两大农村义务教育短板，为乡村学生提供公平而有质量的教育，以推动城乡义务教育一体化发展，切实保障广大农村学生受教育的权利，振兴乡村教育。在本文中，笔者将根据对平凉等地的调研，由点到面地展现乡村小规模学校和乡镇寄宿制学校建设对农村学生受教育权保障事业的促进。

一　基本情况、调研背景和方法

（一）基本情况

我国《宪法》明确规定公民享有受教育的权利②，《教育法》和《义务教育法》进一步明确规定公民享有依法接受义务教育的权利，国家实行九

---

① 国务院办公厅：《国务院办公厅关于全面加强乡村小规模学校和乡镇寄宿制学校建设的指导意见》，2018 年 5 月 2 日，中国政府网，http：//www. gov. cn/zhengce/content/2018 – 05/02/content＿ 5287465. htm。

② 《宪法》第 46 条第 1 款。

年义务教育制度①。加强乡村小规模学校和乡镇寄宿制学校建设，不仅是为乡村学生提供公平而有质量的教育，也是为实现乡村振兴战略提供强有力的人力资源储备。乡村小规模学校和乡镇寄宿制学校是我国教育体系底部攻坚的重点，是农村义务教育的重要组成部分。这两类学校在保障农村困境儿童受教育权、实现城乡义务教育均衡发展方面发挥了十分重要的作用。截至2017年底，全国有农村小规模学校10.7万所，占农村小学和教学点总数的44.4%，在校生有384.7万人，占农村小学生总数的5.8%。农村小学寄宿生有934.6万人，占农村小学生总数的14.1%②。

（二）调研背景和方式

20世纪90年代以来，学龄人口的逐年下降以及我国城镇化的不断提高，农村中小学生减少。2001年，《国务院关于基础教育改革与发展的决定》（国发〔2001〕21号）指出应因地制宜调整农村义务教育学校布局，提出农村小学和教学点可以适当合并，可举办寄宿制学校，开启了农村中小学校的"撤点并校"。全国小学数量从1998年的60.96万所减少至2017年的16.7万所，共计减少了44.26万所，撤了近73%的教学点及完小③。"撤点并校"在整合农村教育资源的同时，也带来了上学难、辍学率回升、教育资源浪费以及入学安全隐患等问题，既不利于充分实现农村中小学生的受教育权利，也不利于提高义务教育普及水平和推进城乡教育一体化进程。

有鉴于此，本调查组于2018年1月起，先后多次赶赴甘肃省平凉市崆峒区、泾川县、崇信县、华亭县下辖小学，静宁县城川乡吴庙小学、灵台县的什字中心小学、姚家沟小学、青岗铺小学等共计20多个乡镇的中小学，

---

① 《教育法》第9条，《义务教育法》第2条。
② 教育部：《全面加强两类学校建设 推动城乡义务教育一体化发展 教育部有关负责人就〈国务院办公厅关于全面加强乡村小规模学校和乡镇寄宿制学校建设的指导意见〉答记者问》，2018年5月2日，教育部官网，http：//www.moe.gov.cn/jyb_ xwfb/s271/201805/t20180502_ 334807.html。
③ 数据来自中华人民共和国教育部网站历年教育发展统计公报，http：//www.moe.gov.cn/jyb_ sjzl/sjzl_ fztjgb/。

采用人类学田野点参与观察、定居点深度访谈等参与式方法，定期与当地教育部门、学校教师、学校学生、学生家长以及长期参与乡村教育建设的社会组织等进行调查和交流，并对调研资料进行梳理、归类和后期整理。在此基础上，调查组还充分结合从当地相关部门获取的资料来了解乡村小规模学校和乡镇寄宿制学校的具体情况和采取的具体举措，分析在保障乡村小规模学校和乡镇寄宿制学校学生受教育权方面所取得的各方面进展以及存在的现实问题。本文重点对甘肃平凉市下辖多所乡村小规模学校和乡镇寄宿制学校的发展模式进行分析和研究。

二 平凉模式的进展情况

近年来，中央和各地通过统筹布局规划、改善办学条件、强化师资建设、加强经费保障、提高办学水平等措施，不断加强乡村小规模学校和乡镇寄宿制学校建设，使乡村学生的平等受教育权得到进一步保障，平凉等地出现了城区学校学生向农村回流的趋势。

（一）完善政策措施

1. 加强城乡义务教育一体化的宏观指导

近年来，国家采取一系列重大政策措施，不断加强农村义务教育，乡村小规模学校和乡镇寄宿制学校办学条件得到明显改善，进一步保障了广大农村学生公平接受教育的权利。2012 年《国务院关于深入推进义务教育均衡发展的意见》（国发〔2012〕48 号）指出，要着力提升农村学校的办学水平，促进城乡义务教育均衡发展，妥善解决农村寄宿制学校管理服务人员配置问题。2015 年中共中央、国务院颁布《中共中央—国务院关于打赢脱贫攻坚战的决定》，提出"两不愁三保障"，包括到 2020 年，稳定实现农村义务教育有保障，合理布局贫困地区农村中小学校，加强乡镇寄宿制学校建设，提高义务教育巩固率以加强教育脱贫。2016 年，国务院印发了《关于统筹推进县域内城乡义务教育一体化改革发展的若干意见》（国发〔2016〕

40 号），指出要努力办好农村教育，尤其要办好必要的乡村小规模学校，解决因撤并学校造成的入学难。指出要科学推进学校标准化建设，通过政府购买服务等方式，为乡镇寄宿制学校提供工勤和教学辅助服务。同时，2016年教育部还印发了《教育部办公厅关于做好消除大班额专项规划有关工作的通知》（教基一厅〔2016〕4 号），要求各省以县为单位要求制定消除大班额专项规划。按照这个文件的要求，各省都制定了相关的规划，进一步推动了"城镇大班额"问题的解决。2017 年成为近 10 年来大班额下降幅度最大的一年，全国 56 人以上大班额有 36.8 万个，比 2016 年减少了 18.3%①。2017 年国务院办公厅印发了《国务院办公厅关于进一步加强控辍保学提高义务教育巩固水平的通知》（国办发〔2017〕72 号），要求各地加强农村义务教育学校布局规划，规范乡镇寄宿制学校建设，通过保留或设置教学点的方式，保障学生就近上学的需要。党的十九大报告中也指出，要进一步推动城乡义务教育一体化发展，高度重视农村义务教育，明确合理规划城乡义务教育学校布局建设、提高乡村教育质量、稳定乡村生源等在农村学生受教育权保障中的重要性。

2. 国务院发布行政措施明确农村教育新地位

2018 年国务院出台《关于全面加强乡村小规模学校和乡镇寄宿制学校建设的指导意见》（以下简称《指导意见》），明确了今后一个时期全面加强乡村小规模学校和乡镇寄宿制学校建设的指导思想、基本原则、主要目标和具体措施，为加强乡村小规模学校和乡镇寄宿制学校建设作出重要部署。第一，明确阶段性目标：到 2020 年，基本补齐两类学校短板，为乡村学生提供公平而有质量的教育。第二，提出基本原则：统筹布局规划，系统全面部署；优先发展农村义务教育，实施底部攻坚；按需建设解决实际需求，精准施策。第三，制定相应措施：通过完善政策措施、统筹布局规划、改善办学

① 教育部：《全面加强两类学校建设　推动城乡义务教育一体化发展　教育部有关负责人就〈国务院办公厅关于全面加强乡村小规模学校和乡镇寄宿制学校建设的指导意见〉答记者问》，2018 年 5 月 2 日，教育部官网，http：//www.moe.gov.cn/jyb_ xwfb/s271/201805/t20 180502_ 334807.html。

条件、强化师资建设、强化经费保障、提高办学水平等，补齐农村教育短板，服务农村最困难群体，逐步形成乡村学生受教育权利保障新格局。2018年，部分省（直辖市）政府也相继发布乡村小规模学校和乡镇寄宿制学校建设的配套性文件①。

3. 不断完善建设乡村小规模学校和乡镇寄宿制学校的政策

平凉市人民政府从 2009 年开始探索发展乡村小规模学校，2012 年编制了《农村义务教育学校布局调整专项规划（2012—2020 年）》，2013 年出台了《关于扶持办好农村小规模学校的意见》②，2018 年 3 月出台了《平凉市推进农村中学寄宿制建设及管理工作方案》③，并于 2018 年 11 月 5 日至 7 日，组织平凉市 134 所农村寄宿制学校的宿舍管理员或生活指导教师进行学习、考察、交流和讨论。政策的不断完善，为进一步保障农村学生的受教育权提供了制度支持。

（二）统筹布局规划

统筹布局规划，保障就近入学。科学合理布局学校是解决农村学生上学远上学难问题的关键，也是对学校进行投入建设的基础。《指导意见》强调，学校布局既要有利于为农村学生提供公平、有质量的教育，又要尊重未成年人身心发展规律，方便儿童就近入学。要求各地准确把握布局要求，科学制定布局规划目标。妥善处理学校撤并问题，并大体分为两种情况设置学

---

① 例如，2018 年 6 月 13 日重庆市人民政府发布《重庆市人民政府办公厅关于贯彻落实全面加强乡村小规模学校和乡镇寄宿制学校建设指导意见的通知》（渝府办发〔2018〕83 号）；2018 年 8 月 6 日安徽省人民政府办公厅发布《安徽省人民政府办公厅关于全面加强乡村小规模学校和乡镇寄宿制学校建设的通知》（皖政办秘〔2018〕188 号）；2018 年 10 月 25 日天津市人民政府办公厅发布《天津市人民政府办公厅印发〈关于加强乡村小规模学校和乡镇寄宿制学校建设实施意见〉的通知》（津政办函〔2018〕83 号）。

② 教育部：《甘肃平凉市：提质增效　扶持弱小　城乡一体》，2017 年 2 月 20 日，教育部官网，http：//www. moe. gov. cn/jyb_ xwfb/moe_ 2082/zl_ 2017n/2017_ zl08/201702/t20170220_ 296745. html。

③ 平凉市教育局：《我市启动教育精准扶贫国家级示范区先行先试工作》，2018 年 3 月 7 日，平凉市政府网，http：//www. pingliang. gov. cn/xwzx/plyw/201803/t20180307_ 302461. html。

校。在人口较为集中、交通便利的村合理设置完全小学和寄宿制学校；在生源较少、地处偏远的地方，坚持底线思维，保障学生就近入学需要。

平凉市统筹布局合理规划，避免了盲目撤点并校。2012 年平凉市编制《农村义务教育学校布局调整专项规划（2012—2020 年）》，建立提前告知、听证和审批备案三项制度，防止农村中小学盲目撤并学校。从 2001 年至今，平凉市下辖的 1457 个行政村的农村学校仅减少了 42 所①，且其中大部分是由乡村学生自然减员所致。例如平凉某乡因为没有适龄学生，于 2018 年撤掉 2 所乡村小规模学校。截至 2017 年底，平凉市的乡村小规模学校（不含教学点）共计 533 所，教学班 2819 个，在校学生 25391 人，平均班额 9 人②。2013 年，平凉市出台了《关于扶持办好农村小规模学校的意见》，加强农村小规模学校建设和管理，并发布《关于农村小班化教育课程改革实施意见》，在对崇信县、华亭县、泾川县开展"小班化"教学试点进行调研、论证、总结的基础上，吸取有益经验，全面发展乡村小规模学校，使乡村小规模学校由"小而弱""小而差"向"小而强""小而优"转变，并由此形成了学生从省外、市县中心城区向农村学校回流的趋势。

（三）改善办学条件

《指导意见》要求各省合理确定"乡村小规模学校"和"乡镇寄宿制学校"基本办学标准，按照"缺什么、补什么"的原则，加快推进标准化建设，力争 2019 年秋季开学前，各地"乡村小规模学校"和"乡镇寄宿制学校"的办学条件达到本省份确定的基本办学标准。同时还强调，加强通往两类学校的道路建设，完善交通管理和安全设施，确保学生上下学安全。各省份要因地制宜，合理制定义务教育阶段办学条件基本标准。同时，各省份

---

① 教育部：《甘肃平凉市：提质增效 扶持弱小 城乡一体》，2017 年 2 月 20 日，教育部官网，http：//www.moe.gov.cn/jyb_ xwfb/moe_ 2082/zl_ 2017n/2017_ zl08/201702/t201702 20_ 296745.html。
② 平凉市教育局：《2017 年全市教育事业年报统计分析》，2018 年 1 月 3 日，平凉市政府网，http：//jyj.pingliang.gov.cn/zwgk/wxzl/jytj/201801/t20180103_ 263320.html。

对校舍建筑和办学规模都做了详尽的规定，这对乡村小规模学校和乡镇寄宿制学校的基础建设也起到了指导作用。

平凉市以城市规划为依托，细致划分了中心城区以外学校和中心城区学校的办学标准。办学标准涉及校园规划建设、条件配备、办学经费、队伍建设、学校管理、教育教学和办学水平等多个方面。针对乡村小规模学校和乡镇寄宿制学校这样的义务教育薄弱学校，平凉市县财政设立年度教育专项资金，优先安排教育支出，为改善办学条件夯实基础。例如，平凉市秦家庙小学是一所典型的乡村小规模学校，近年来除了积极探索提高教学质量外，还在教室中增添除语文、数学、英语教辅材料以外的图书，增加了学生们喜欢的益智玩具和活动器材，为拓展学生的知识面、提升学生的学习兴趣，开展素质教育提供了有效的帮助。

（四）强化师资建设

办好乡村教育，教师是关键。《指导意见》要求各省制定两类学校教师编制具体核定标准和实施办法，对小规模学校，按照生师比与班师比相结合的方式核定编制；乡镇寄宿制学校，应根据教学、管理实际需要，适当增加编制。要求核定绩效工资总量时向两类学校适当倾斜，落实乡村教师各项津补贴政策。继续加大艰苦边远地区乡村教师周转宿舍建设力度。加强"一专多能"乡村教师培养，加强乡村教师培训，发挥县级教研机构作用，整体提升乡村教师素质。

第一，核定教师编制。要按照生师比与班师比的方式，立足不同班额和办学规模的情况核定教师编制。第二，开展资源共享试点。乡村小规模学校的教师人数有限，很多教师都身兼数职，以保证学生上好语文、数学、英语等课程，而音乐、美术、体育、科学等课程，老师们既没有时间准备，也缺乏相关的教学能力。为此，平凉市从挂靠的中心学校、规模较大的学校中委派音体美专业的教师，或者返聘退休教师，通过以学区为单位开展的联校走教活动，解决了乡村小规模学校音体美课程开设中的师资紧缺问题。第三，定期开展师资培训。平凉市通过定期开展教师培训、经验交流等方式，提高

了乡村教师的整体教学水平。例如 2017 年 12 月 25 日在甘肃省平凉市华亭县召开了平凉三色堇农村小规模学校联盟第一届年会，为平凉市乡村小规模学校的师资培训和交流提供了新的平台。

（五）加强经费保障

近年来，国家不断增加对农村义务教育的经费投入，从 2007 年到 2017年 11 年间，对农村普通小学教育生均一般公共预算教育事业费支出费用增长了 7684.29 元，涨幅 468.68%，对农村普通初中教育生均一般公共预算教育事业费支出费用增长了 11013.8 元，涨幅 552.63%①。乡村小规模学校和乡镇寄宿制学校的公用经费按照《教育法》和《义务教育法》关于教育经费的规定，采取主要由县财政承担，中央财政继续给予支持的保障方式，100 人以下的小规模学校的公用经费，不足 100 人按 100 人拨付。部分小规模学校开设了独立账户，部分和中心校或其他学校共用一个账户，主要用来购买教学设施设备和水电费等学校日常支出。

平凉市优先保障中小学校教育经费，市县财政专门设立年度教育专项资金，在“十二五”期间共计筹措资金 35.99 亿元，实施各类建设项目 1825个，宽带网络和“班班通”覆盖率分别达到 93.3% 和 72.7%；对光纤接入有困难的教学点，采用电子白板公用教室，实现优质资源共享②。

（六）提高办学水平

一是平凉市积极探索两类学校的发展模式，充分发挥两类学校独特优势，完善育人模式，提高育人水平。平凉市农村小规模学校实行小班化教育经历了探究阶段、试点阶段和推广阶段，逐步提高了乡村小规模学校的办学水平，并形成了稳步推进的小班化办学模式。从 2009 年崇信县围绕农村小

---

① 参见 2007 年至 2017 年《全国教育经费执行情况统计公告》。
② 教育部：《甘肃平凉市：提质增效 扶持弱小 城乡一体》，2017 年 2 月 20 日，教育部官网，http：//www. moe. gov. cn/jyb_ xwfb/moe_ 2082/zl_ 2017n/2017_ zl08/201702/t20170220_ 296745. html。

学"班小、人均空间大，人少、人均资源多"的特征开始进行小班化探索开始，平凉市各县先后就"同动同静"复式教学模式，学区内音、体、美、英语等专业教师联校走教制度等进行探索。经过近 5 年时间的探索，平凉市出台了《关于扶持办好农村小规模学校的意见》，并在本市开展广泛试点，有效解决了小规模学校存在的学校课程开设不完整、教学质量低的痼疾，并在 2015 年召开会议，总结了政府扶持办好乡村小规模学校的经验，为促进乡村小规模学校由"小而弱""小而差"向"小而强""小而优"转变提供了有益的经验。

二是推进"乡村小规模学校"和"乡镇寄宿制学校"的"互联网 +"教育发展。平凉市通过"全面改薄"项目，基本实现了全市城乡学校宽带网络校校通和优质资源班班通，通过"互联网 + 教育"的模式对教研、课程、课堂、教师发展体系进行重构，实现了学校教育水平的极大提升，还有一部分学校依托"中国支教 2.0 项目"实现了远程教学。

三是特色化办学改革。平凉市乡村小规模学校把小班教育分为四个部分：一是魅力教室，把活动设施、娱乐设施甚至生活设施全部引入教室，使教室的功能一分为二；二是活力课堂，老师在教室里来回走动，和学生打成一片，让课堂变成了师生、生生积极互动的讨论型课堂；三是个性课间，每天给学生两个丰富多彩的大课间，安排多种游戏活动；四是轻松课外，加入乡土课程，加强学校和农村社区的融合。例如，泾川县窑店镇坳心小学开展种植园，静宁县吴庙小学组织学生调查当地民俗风情和历史人物，寻根乡土；灵台县朝那镇街子小学，将剪纸、泥塑等民间艺术引进校园；崆峒区柳湖镇八里小学，把书法教育融入学校文化；青岗铺小学以"352"小班化教学模式为基础，进一步推动了课程改革的深入。

四是优化管理方法。以优化寄宿生生活补助费管理为例，平凉市灵台县某小学 2018 年全校共有学生约 1500 人，实际寄宿学生 400 余人，实际领取寄宿生生活补助费的共 264 人。寄宿生多为留守儿童，同时也多是精准扶贫户或贫困户。例如该校三年级某班留守儿童数量较多，共有 48 人，其中 32 人为寄宿生，且都是精准扶贫户或贫困户家庭学生，实际领取补助为每生每

学期 500 元。以前补助费直接发给学生家长，而大部分寄宿学生多由爷爷奶奶照顾，家中往往有多个孙子女，时常发生补助费刚开学就被家长挪用的情况。为此，学校进一步优化了生活补助费的管理，在每学期开始时，把生活补助费打进学生的实名制农业银行卡中作为午餐费，学生上学期间每天中午都可以在学校食堂刷卡吃饭，有效地保证了学生的营养午餐，使生活补助费的使用更加合理。

三 面临的新挑战

（一）制度保障体系亟待完善

第一，乡村小规模学校和乡镇寄宿学校制度措施亟待完善。2001 年，《国务院关于基础教育改革与发展的决定》（国发〔2001〕21 号）开启"撤点并校"，2012 年《国务院关于深入推进义务教育均衡发展的意见》（国发〔2012〕48 号）提出要提升农村学校办学水平、均衡配置办学资源。随着城镇化进程带来的乡村中小学生源骤减，乡村小规模学校日渐增多。为此，制度措施的制定实施从"村村有小学"到"撤点并校"、"寄宿制学校建设"、办好"小规模学校"，关于均衡配置城乡教育资源的政策措施处于不断调整中，滞后于城镇化进程中农村教育发展变化的实际需要。

第二，乡村教育制度体系不完善。办好这两类学校，解决乡村教育问题，是实施乡村振兴战略的基本要求。乡村教育制度保障是一项系统工程，不仅需要国家制度的顶层设计，还需要具体的配套制度，尤其面对我国乡村资源差异较大的实际情况，需要因地制宜的制度建设。例如，通过健全师资培养制度、经费保障制度、区域合作制度、教学质量评价制度等，满足乡村振兴战略下两类学校建设对制度的需求。第三，两类学校建设立法的公众参与度低，在制定这两类学校建设的规范性文件、制度措施时，未能及时、充分地向社会各界征求意见，导致制度措施的可操作性、针对性、实效性等存在一定问题。

（二）部分规划布局脱离实际需要

第一，两类学校教育规模不平衡。截至 2016 年底，我国农村地区（含镇区和乡村）中小学寄宿生人数已经达到 2608 万人，占农村地区在校生总数的 27.5%。其中，农村小学寄宿生总数达 942.5 万人，寄宿率为 14.2%，农村初中寄宿生总数达 1665.7 万人，寄宿率达 58.6%[①]。截至 2017 年底，全国有农村小规模学校在校生占农村小学生总数的 5.8%。农村小学寄宿生占农村小学生总数的 14.1%[②]，寄宿生约为小规模学校学生人数的 2.4 倍。

第二，政府更倾向于建设乡镇寄宿制学校。《指导意见》中强调了对乡村小规模学校和乡镇寄宿制学校要同时加强建设。但是，这项制度在具体落实中会存在在当地政府主导下，侧重于加强哪类学校建设的选择倾向问题。在学生家长看来，一方面寄希望于教育资源更集中的寄宿制学校能提供更优质的教育服务以及有更高的升学率，例如，灵台县某镇共有在读小学生约 1800 人，中心小学共有学生 1400 人，乡村小规模学校的学生一共约 400 人。另一方面又承受着远距离入学带来的上下学交通不便、长期亲子疏离等问题的困扰。以某乡九年一贯制小学为例，寄宿学生面临较为突出的交通安全隐患和交通成本问题。普通寄宿制学校一般一周放假一次，周末学生回家。但是该乡当地山高路险、交通不便的地理环境，给学生回家和入学带来诸多不便。尤其是偏远校点某村的学生，回家一次一般需要两小时车程，且路途艰险，时长会发生路面坍塌的情况。学校往往为了学生安全，采取一个月放一次假的做法。而且，学生回家一次车费约 20 元，以一个

---

① 教育部：《教育部对十二届全国人大五次会议第 3638 号建议的答复》，2017 年 9 月 28 日，教育部官网，http://www.moe.edu.cn/jyb_ xxgk/xxgk_ jyta/jyta_ jijiaosi/201801/t20180109 _ 324186. html。

② 教育部：《全面加强两类学校建设 推动城乡义务教育一体化发展 教育部有关负责人就〈国务院办公厅关于全面加强乡村小规模学校和乡镇寄宿制学校建设的指导意见〉答记者问》，2018 年 5 月 2 日，教育部官网，http://www.moe.gov.cn/jyb_ xwfb/s271/201805/t20 180502_ 334807. html。

家庭最少有两个学生计算，学生每周放假回家的话，交通费也会成为家庭的巨大负担。

第三，教学目标设置同质化。2016 年以来，国务院印发的《关于统筹推进县域内城乡义务教育一体化改革发展的若干意见》、《教育部办公厅关于做好消除大班额专项规划有关工作的通知》和 2017 年的《国务院办公厅关于进一步加强控辍保学提高义务教育巩固水平的通知》都提出要完善两类学校的标准化建设。2018 年的《指导意见》也要求各省份合理确定并加快推进两类学校的标准化建设。由于这两类学校的建设目的是保障广大农村学生公平接受教育的权利，因此，教学目标的设置和学校的标准化建设都应该着眼于两类学校的发展和建设，致力于乡村振兴战略的落实，而不仅仅是对全国及各省份已有的义务教育学校建设标准的适当调整。

（三）师资保障机制尚不健全

主要体现在教师流动制度建设不完善。第一，未构建起科学的乡村教师流动制度。学校属于事业编制，人员流动性不强，目前通过师资项目、扩大乡村教师编制等方式未能有效发挥留住优质师资的作用，也不利于乡村教师的师资队伍长期建设。第二，缺乏基本配套制度。在乡镇寄宿制学校中，宿管、食堂、安保等工勤服务人员及卫生人员多由在编教师兼职或聘请临时人员兼任，缺乏用人标准，存在资格认定模糊、配套经费短缺等问题。在调研的县乡，存在师资缺乏、教师工作量大的普遍现象。例如，调研中某乡村小规模学校共有 40 多名学生，6 个年级，9 个老师。由于教师数量有限，很多教师都要承担多门课程的教学任务，在各个年级和各个科目中"连轴转"，造成较大的身心压力。部分教师甚至每周课量达 40 节以上，课程量几乎达到城镇教师的两倍及以上。加上近年来县教育行政部门重视义务教育学校教师的培训，基本每个学期都派一定数量的教师脱岗培训，参加外地培训的时间成本和人力成本给学校师资带来很大压力。

（四）经费保障制度亟待优化

第一，中央和地方保障义务教育经费的职责待优化。中央财政收入在全国财政收入中的占比与中央财政教育支出占全国公共财政教育支出的比例不协调。2017 年，全国一般公共预算收入 172567 亿元，其中中央一般公共预算收入 81119 亿元，占比 47%[1]。而教育部、国家统计局、财政部发布的《关于 2017 年全国教育经费执行情况统计公告》显示，2017 年，全国一般公共预算教育经费为 29919.78 亿元，其中中央财政教育经费 4663.16 亿元，占比 15.6%[2]。第二，相当部分县级财政保障这两类学校建设压力较大。我国的义务教育管理"以县为主"，主要由县财政承担。各地财政收入差异较大，在一些财政紧张的县，教师工资占财政支付的比例较大，虽然有中央财政转移支付等补入，但地方财力薄弱一直是建设这两类学校的压力之一。

四　思考与建议

（一）健全教育制度体系

第一，地方政府应当进一步加强《指导意见》的相关配套制度建设，在基于对当地乡村小规模学校和乡镇寄宿制学校开展调研的基础上，制定符合当地实际的配套政策。第二，贯彻落实教育决策程序机制，提高教育决策的科学性、针对性。第三，加强公众参与。由于我国各地的农村教育情况差异较大，各地应结合相关政策及现实情况，对政策制度制定实施后的实际效果开展调研和评估，结合调研结果对政策进行调整和优化。

---

① 国库司：《2017 年财政收支情况》，2018 年 1 月 25 日，财政部官网，http://gks.mof.gov.cn/zhengfuxinxi/tongjishuju/201801/t20180125_2800116.html。

② 教育部：《教育部　国家统计局　财政部关于 2017 年全国教育经费执行情况统计公告》，2018 年 10 月 12 日，教育部官网，http://www.moe.edu.cn/srcsite/A05/s3040/201810/t20181012_351301.html。

（二）合理规划学校建设

一是统筹这两类学校的规划布局，在完善乡镇寄宿制学校建设的同时更多地关注乡村小规模学校的发展和建设。乡镇寄宿制学校作为农村教育的重要形式，在集中师资力量、校舍硬件建设等教育资源方面具有明显优势，但也存在很多问题。乡村小规模学校由于学生人数较少，课堂内外师生间的交流更多，虽然大多学生都是留守儿童，但是学生的心理健康状况较大班额学校的学生要好，几乎没有发生校园欺凌现象。相较于普通学校和小规模学校，调研发现部分寄宿制学校存在校园欺凌现象，部分学校学生存在睡眠情况较差、营养状况较差、滥用电子产品和网络的现象较严重等问题，这在短期内都不易解决。

二是总结成熟经验推进乡村小规模学校模式化发展。发挥两类学校先进典型的示范作用，加强校与校间的自主交流。例如，可以借鉴甘肃省平凉市崇信县乡村小规模学校建设模式。崇信县从 2009 年开始，围绕农村小学"班小、人均空间大，人少、人均资源多"的特征，进行"小班化"教学的研究探索，2014 年出台了《关于扶持办好农村小规模学校的意见》，并在全市确定 15 个扶持小规模办学试点学区、108 所小规模学校进行试点，2015 年平凉市 915 所农村小学全面实施小班化教育改革[①]。又如，可以参考利州区结成联盟共同发展模式。2014 年四川省广元市利州区 14 所学生数在 200 人以下的农村微型学校成立"利州区微型学校发展联盟"，制定《微型学校发展联盟章程》，集中了人才优势、政策优势、经费优势等资源优势，还争取到一些企业、社会组织的社会资源[②]。

三是以乡村振兴为导向保障广大农村学生实现公平受教育权。并以此为目标制订这两类学校的办学计划，制定办学标准，而不以服务于较大学校的现代教育标准作为这两类学校的最终发展目标。同时，鉴于我国乡村资源禀

---

① 根据相关调研材料和访谈内容整理。
② 鲍海兵：《破解农村微型学校发展"密码"》，2017 年 3 月 15 日，中国教育新闻网，http：//www.jyb.cn/zgjsb/201703/t20170315_ 592337. html。

赋差异较大，这两类学校的建设尚处于探索期，因此制定的教育标准也不易过细，以免扩大撤并的学校数量。

（三）完善师资队伍建设

加强乡村教育政策的科学性，根据师资流动的特点，加强乡村教师的流动性，构建合理的教师流动制度，以解决这两类校师资力量薄弱的问题。同时，规范这两类学校教师编制的核定标准和实施办法，根据学校的学科建设需要以及寄宿制学校的管理需要制定人员编制。同时，针对寄宿制学校在学生安全、管理、生活等方面的实际需要，适当增加专职人员编制。其次，进一步规范和完善乡村教师的培训机制，制订有序、有效的培训计划，在不影响学校正常教学的情况下，开展乡村教师能力培养。

（四）优化经费管理制度

随着这两类学校建设的不断推进，很多地方出现城镇生源向农村回流的情况，这对教师人数、教育经费、学校建设等提出了更高要求，尤其是财政能力有限的县市，将面临经费保障的压力。为此，建议通过修改《教育法》和《义务教育法》中关于教育经费保障制度的条款，实行设区的市、省级和中央财政共同保障制度，以长效机制保障这两类学校建设的有序进行。

B.21
《反家庭暴力法》实施状况研究[*]

——以浙江省为例

李 娟^{**}

摘　要： 　家庭暴力是一个世界性人权问题，家庭暴力的广泛存在是对人权的严重侵犯。2016 年开始施行的《中华人民共和国反家庭暴力法》是我国在建设法治国家、尊重和保障人权之路上迈出的重要一步，是中国将人权保障贯穿于科学立法、严格执法、公正司法、全民守法诸环节的重要体现之一。其强调国家和政府责任，为受害的家庭成员提供各种救助措施，体现了对家暴受害者权利保障的重视。法律的生命和意义在于实施。自该法施行以来，浙江省在其宣传普及，配套制度的贯彻落实，反家暴联动机制和救助机制的完善，反家暴在线服务平台和高水平专业维权团队的设立等方面积极采取措施并卓有成效。

关键词： 　反家庭暴力法　家庭暴力　人身安全

申请人陈某某、泮某某系夫妻，与被申请人陈某伟（二申请人之子）

---

* 本文为西南政法大学校级项目（HRC2015 - JS09）成果，受"国家人权教育与培训基地西南政法大学人权研究院 2015 年度人权专项课题研究项目"资助。

** 李娟，法学博士，西南政法大学人权研究院讲师，法社会学与法人类学研究中心研究员，主要研究方向：法理学、法社会学与法人类学、人权法学。

共同居住。陈某伟因家庭琐事，多次打骂二申请人。2015 年 3 月 18 日晚，陈某伟殴打陈某某致其头面部及全身多处软组织挫伤。2016 年 5 月 15 日上午，陈某伟因琐事击打陈某某头部，泮某某上前劝阻时倒地，此事致陈某某左肩胛骨挫伤，泮某某右侧肋骨骨折。2016 年 7 月 7 日，陈某某、泮某某向浙江省仙居县人民法院申请人身安全保护令，要求禁止陈某伟实施家庭暴力并责令陈某伟搬出居所。浙江省仙居县人民法院经审查认为，陈某某、泮某某的申请符合反家庭暴力法规定的发出人身安全保护令的条件，故裁定如下：禁止陈某伟对陈某某、泮某某实施家庭暴力。裁定送达后，陈某伟没有申请复议①。

这是最高人民法院于 2017 年公布的实施《中华人民共和国反家庭暴力法》十大典型案例之一。本案是浙江省一起老年人申请人身安全保护令的案件。被申请人陈某伟多次殴打其父母，有病历卡、诊断书及陈某伟自认等证据证明。为维护老年人人身安全和合法权益，法院作出禁止陈某伟对其父母实施家庭暴力的裁定，发出了旨在保护申请人的人身安全保护令。并且法院在向当地村委会、派出所送达裁定书过程中，进行了相关法律宣传，得到村委会和派出所的支持和配合。当地媒体对该案件办理情况进行报道，推动了群众对人身安全保护令的认知和接受②。

《中华人民共和国反家庭暴力法》（以下简称《反家暴法》）于 2016 年 3 月 1 日正式实施。就在《反家暴法》实施当天，北京、湖南、福建、江苏、浙江、山东等地分别开出了各自省份的首张人身安全保护令。此后 10 天内，四川、天津、河南、海南、陕西、上海等地也先后签发了首张 "保护令"。浙江基层法院 2016 年共发出 110 多件人身安全保护令，比过去 7 年的总和还要多。在《反家暴法》实施过程中，浙江省 "和合"

---

① 胡永平：《最高法公布实施反家庭暴力法十大典型案例（陈某某、泮某某申请人身安全保护令案）》，中国网，2017 年 3 月 8 日，http：//www.china.com.cn/legal/2017 – 03/08/content_40428360_ 2.htm。

② 胡永平：《最高法公布实施反家庭暴力法十大典型案例（陈某某、泮某某申请人身安全保护令案）》，中国网，2017 年 3 月 8 日，http：//www.china.com.cn/legal/2017 – 03/08/content_40428360_ 2.htm。

家事调解工作室、"e家和"在线反家暴服务平台的设立等一系列举措堪称全国典型。

一 浙江省《反家暴法》的实施措施与成效

（一）加大对《反家暴法》的宣传普及力度

2018年时值《反家暴法》实施两周年之际，浙江省妇联发布了《〈反家暴〉宣传教育工作的调查评估报告》。这是省妇联首次采用第三方评估的形式，对反家暴工作进行的综合调查评估。报告显示，受访者对"家庭暴力"概念的了解率达到86.38%，对《反家暴法》的了解率为58.68%。在近六成知晓《反家暴法》的受访者中，有81.51%的受访者表示，身边出现家暴现象会进行劝阻或报警。有67.67%的受访者表示，假如自身遭受家暴后会选择报警。同时，对家庭暴力受害人可以申请法律援助的知晓率高达90.29%。这一组组数据反映出，全省反家暴法宣传教育工作已取得一定成效①。

《反家暴法》2018年经过近一年的进一步宣传普及之后，至12月，课题组调研问卷显示，公民对于家庭暴力的违法性已经具有较高的认知度，调查中有超过98%的人已经意识到家庭暴力是违法行为（见图1），对《反家暴法》的了解率上升至62.55%（见图2），由此可以看出，一年来《反家暴法》的宣传普及卓有成效②。产生这样的效果，是与浙江省关于《反家暴法》的广泛宣传离不开的。调研数据显示，民众了解《反家暴法》的途径主要是新闻媒体报道和社区宣传教育（见表1）。

---

① 《"六个浙江"美好蓝图下的巾帼华章》，《浙江日报》2018年7月26日，第12版，http://zjrb.zjol.com.cn/html/2018-07/26/content_3153729.htm? div=-1。
② 为更好了解浙江省《反家暴法》实施情况，课题组利用网络平台对502名浙江省受访者进行了问卷调查。

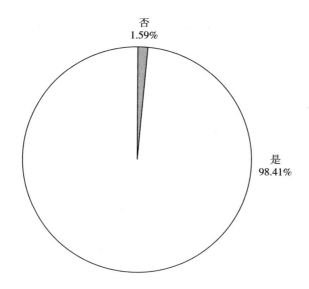

图1 民众对家庭暴力是否违法的认知情况

资料来源:"反家暴法实施现状研究"数据库。

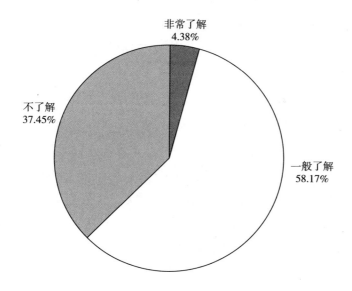

图2 民众对《反家暴法》的了解情况

资料来源:"反家暴法实施现状研究"数据库。

表1　您了解《反家庭暴力法》的途径是什么？［多选题］

选项	小计(人)	比例(%)
社区宣传教育	145	46.18
新闻媒体报道	259	82.48
亲朋好友告知	43	13.69
其他	44	14.01
本题有效填写人数	314	

资料来源："反家暴法实施现状研究"数据库。

为了更好地宣传反家庭暴力法律知识，预防和制止家庭暴力，浙江省各级妇联组织采取行动，走进社区、深入家庭，大力普及反家暴知识。首先，各级妇联举行形式多样的《反家暴法》宣传活动。2018年，温州市妇联开展了以"建设法治温州巾帼在行动"为主题的"三八"维权周活动，以及面向广大机关干部的"反对家庭暴力创建平安家庭"主题宣传活动，进一步深化妇女法制宣传和维权服务。据统计，维权周期间，全市共组织普法宣传活动1061场，悬挂标语、横幅1278条，发放宣传资料51.1万份，服务妇女45.1万人次；举办培训班、普法讲座257期，参与妇女2.4万人[①]。宁波市则开展了"公益＋女性"主题式公益集市平台大力宣传反家暴知识，同时举行"平安家庭"知识系列讲座、平安家庭知识竞赛等活动，切实做好平安家庭建设工作。为保障妇女儿童合法权益，扩大反对家庭暴力法律宣传力度，北仑区妇联和街道基层妇联共同举办"拒绝家庭暴力，构建和谐家园"反家暴宣传活动10余场[②]。其次，充分利用新媒体作为《反家暴法》及其相关知识进行宣传的重要阵地。除了发放宣传材料，开展普法讲座和知识问答，进行生动的以案说法等宣传模式，在充分利用报

[①] 《温州市妇联2018年"三八"维权周活动综述》，浙江女性，2018年5月17日，http://zjnx.zjol.com.cn/ch118/system/2018/05/17/030895389.shtml。

[②] 《宁波市各级妇联组织大力普及反家暴知识》，浙江女性，2018年11月17日，http://zjnx.zjol.com.cn/ch118/system/2018/11/27/031296986.shtml。

纸、杂志、电视等传统媒体的基础上，新媒体以其受众广、互动好、效能强的优势成为《反家暴法》的重要传播渠道。湖州市开展"指尖维权"，利用官方网站、微信、微博这三个新媒体阵地，推送普法教育、维权咨询等内容，有效扩大维权宣传面。此外，德清县妇联还依托微信公众号开辟了"平安家庭幸福之源"创建知识有奖竞答专栏，参与人数达 4000 余人次，进一步提升了广大群众的平安家庭创建意识①。龙泉市则积极推进"网络化"建设。建立纵向到村的妇联微信群，简便快捷地把《反家暴法》、妇女儿童保护法等法律法规及绿色、和谐、健康的家庭理念送到夫妻"手上"。与移动公司合作，建立集团彩云，把全市所有乡、村妇联执委纳入其中，建成 3000 多人的大队伍，并通过移动公司及时发布反家暴知识。同时还通过移动信息向全市 23 万户民众传播反家暴知识，成效良好②。另根据浙江省妇联官网"浙江女性"的内容统计，浙江省妇联有着数量庞大的诸如微信、微博等新媒体信息发布平台，这也为《反家暴法》的宣传和普及提供了更为广泛的途径（见表 2）。

表 2　浙江省妇联官网"浙江女性"媒体矩阵

单位：个

微信矩阵	数量	微博矩阵	数量	网站矩阵	数量	纸媒矩阵	数量
省级妇联	8	省级妇联	3	省级妇联	5	《浙江妇运》	1
市级妇联	11	市级妇联	7	市级妇联	11	《省妇女干部学校》	1
县级妇联	90	县级妇联	45	县级妇联	43	《省妇女研究会》	1

资料来源：浙江省妇女联合会官网"浙江女性"（http：//www. zjswomen. org. cn/ch118/）。

---

① 《德清县妇联"六大关键词"实施巾帼维权月活动》，浙江女性，2018 年 5 月 17 日，http：//zjnx. zjol. com. cn/ch118/system/2018/05/17/030895909. shtml。
② 《推进家庭"三化"建设　探索反家暴多方合力》，浙江女性，2018 年 11 月 8 日，http：//zjnx. zjol. com. cn/ch118/system/2018/11/08/031253566. shtml。

（二）认真贯彻落实《反家暴法》及相关法律法规

早在 2011 年，浙江在全国率先出台了《浙江省预防和制止家庭暴力条例》。《反家暴法》实施后，为了更好地贯彻落实《反家暴法》，浙江省已经形成了比较完善的法律法规机制。首先，为有效预防和制止家庭暴力，切实保护家庭暴力受害人合法权益，促进家庭和谐和社会稳定，根据《反家暴法》的规定，结合浙江省实际，建立家庭暴力告诫制度，省公安厅、省高级人民法院、省民政厅、省妇女联合会四部门于 2017 年共同制定了《浙江省家庭暴力告诫制度实施办法》（浙公通字〔2017〕3 号），本省 7 个市和 30 多个县（市、区）也出台了家庭暴力告诫制度①，为公安机关督促加害人改正工作作出行政指导意见。其次，2017 年浙江省妇联配合省人大在全国率先开展反家庭暴力法律法规执法情况检查，这也是《反家暴法》实施以来全国首个开展国家反家暴法执法检查的省份，有力促进了反家庭暴力法律法规的进一步实施。省妇联还联合省法院、省综治办等六部门出台《关于深入推进我省婚姻家庭纠纷预防化解工作的指导意见》，并配合省法院等部门建立浙江家事审判方式和工作机制改革联席会议制度。与此同时，省市县三级均成立了预防和制止家庭暴力委员会。再次，结合其他配套政策条例对《反家暴法》予以贯彻落实。目前，除了《浙江省预防和制止家庭暴力条例》《浙江省家庭暴力告诫制度实施办法》之外，浙江省《反家暴法》相关的配套制度还包括 2007 年修订的《浙江省实施〈中华人民共和国妇女权益保障法〉办法》，2010 年施行的《浙江省未成年人保障条例》，以及 2009 年施行的《浙江省实施〈中华人民共和国老年人权益保障法〉办法》。针对家暴受害人多为妇女的现实情况，浙江又制定出台《关于加强妇女法律援助工作的意见》，为受家暴妇女提供法律援助。同时，进一步细化实施法律法规的配套制度，如家庭暴力案件立案标准、人身安全保护令实施意见等，提高反家暴工作实效；在提高执法、

---

① 《"六个浙江"美好蓝图下的巾帼华章》，《浙江日报》2018 年 7 月 26 日，第 12 版，http://zjrb.zjol.com.cn/html/2018－07/26/content_ 3153729. htm? div =－1。

司法能力上，省公安、法院和检察院针对家庭暴力案件受害人举证难问题，探索完善举证责任分配与转移规则，适当放宽举证要求等。

（三）积极完善反家暴联动机制，推进家事审判改革

自《反家暴法》实施以来，为了杜绝家庭暴力，更好地实施《反家暴法》，浙江省各市区在完善反家暴合作机制，推进家事审判改革以及建立反家庭暴力的整体防治网络方面，均做出了不少创新探索，且成效显著。自《反家暴法》实施两年以来，浙江省全省各级婚调组织共调解婚姻家庭纠纷6万多件，全省公安系统共发出家暴告诫书近7000件，各级法院共发出人身安全保护令360余份①。

第一，积极促进家事纠纷诉前调解与解决。2018年，乐清市人民法院通过诉前调解化解各类家事纠纷482件，开展家事调查192件，家事回访118件；共发出离婚证明书502份；为未成年子女建档192份；组织社工参与家事案件178件，385人次；开展庭前一课等各类教育40余场②。温岭市完善排查调解机制。一是不断完善妇女维权网络的建设。进一步加强与派出所、司法、民政等科室的协调配合，完善家庭暴力"110"救助站、妇女维权所（点）等妇女维权网络的建设，积极维护受害妇女儿童的合法权益。二是组织村妇代会主任和志愿者以及网格员定期主动深入家庭排查矛盾纠纷情况。对摸排出的"问题家庭"登记造册，及时调处，定期回访。对有重大隐患的"问题家庭"，指定专人跟踪调解，做到排查在先，苗头问题早消化；教育在先，重点对象早转化；调解在先，矛盾纠纷早处理，把因婚姻家庭矛盾引发的案件发案率压降到最低限度③。2018年1~12月数据统计显示，温岭市110家庭暴力救助中心共处理家庭暴力警情1038起，发放家暴

① 数据来源：浙江省法院公开网（http：//www. zjsfgkw. cn），浙江省公安厅（http：//www. zjsgat. gov. cn）。
② 《乐清市人身保护令"绿色通道"开通啦》，浙江女性，2018年11月27日，http：//zjnx. zjol. com. cn/ch118/system/2018/11/27/031296964. shtml。
③ 《天台石梁：深化平安家庭创建工作》，浙江女性，2018年1月19日，http：//zjnx. zjol. com. cn/ch118/system/2018/01/19/030652177. shtml。

告诫书 242 份①。绍兴市越城区妇联与区法院联合建立婚姻家庭纠纷联合排查调解制度和化解预警信息网络，合力探索婚姻家庭纠纷诉前调解机制。选派专业婚姻家庭调解工作人员入驻法院婚姻家庭调解室，联动推进诉前调解工作，大力化解婚姻家庭纠纷。

第二，建立反家庭暴力的整体防治网络，促进家庭纠纷妥善解决。在探索建立反家庭暴力的整体防治网络上，宁波市法院系统与公安、民政、妇联等部门建立常态化的协作机制，发挥人身安全保护令保护家庭成员免受家庭暴力的积极作用，保障人身安全保护令的有效执行②。温州乐清市妇联联合市人民法院举行了家事纠纷调解站和反家暴维权联络站，在市妇女儿童维权中心、柳市镇、虹桥镇和大荆镇四处成立站点，开通人身安全保护令"绿色通道"，完善便民诉讼网络。家事纠纷调解站和反家暴维权联络站的设立能够实现对人身安全保护令案件快速立案、快速审结、快速执行，推进国家公权力介入防治家庭暴力，有效保护涉家暴案件当事人的人身安全。温岭市为实现平安家庭治理大联动，有效解决家庭纠纷，首先，在台州率先实行"1＋3"平安家庭微治理新模式，即"一阵地"（"和合"家事调解工作室）、"三机制"（家事纠纷诉调对接工作机制、流动人口异常家庭预警机制、社会治理巾帼志愿者联盟机制）。其次，建立家事纠纷诉调对接工作机制，提升部门"协调力"。充分发挥人民法院、司法局、妇女联合会在处理家事纠纷中的职能优势，建立健全诉讼与非诉讼相衔接的矛盾纠纷解决机制，制定家事审判合议庭建设总体计划。再次，建立"一站式"家事纠纷解决服务平台，设立家事纠纷调解指导委员会，健全诉调衔接长效工作机制，加强联系合作。并从当地基层女干部、村居社区工作人员中选任热心公益、经验丰富、具备相关法律知识和心理学知识的人员组成专业化的家事调解员队伍，参与家事纠纷的诉前调解和诉中调解，

---

① 《反对家庭暴力 共筑美丽温岭》，浙江女性，2019 年 1 月 24 日，http：//zjnx. zjol. com. cn/ch118/system/2019/01/24/031421724. shtml。

② 《拒绝家庭暴力，宁波一直在努力》，浙江女性，2018 年 3 月 29 日，http：//zjnews. zjol. com. cn/zjnews/nbnews/201803/t20180329_ 6908206. shtml。

引导调解成功的进入司法审查及效力确认。以温岭市箬横法院为试点开展工作，近三年共培养专业家事调解员 13 名，办理婚姻家事纠纷案件77件①。湖州长兴县于 2018 年 3 月建立了《家暴警情处置和家庭纠纷化解联合工作机制》，组建了由女民警、接警员、街道和村（居）社区妇联干部共 64 人组成的联动工作网格，形成警民互动、齐抓共管的良好局面。机制中明确了村（社区）妇联主席要结合村（居）社区工作，及时摸排掌握辖区内家暴、家庭纠纷等情况，梳理红黄绿三级家庭，并对不同的等级家庭采取不同的措施。至 2018 年 7 月底，共化解家庭纠纷 67 起；接报家暴警情 16 起，发放家暴告诫书 16 份，其中调解 8 起。其他妇女儿童维权方面（如侵犯隐私、猥亵）警情 7 起，其中调解 1 起，立案 6 起，刑拘 1人，行政拘留 5 人。在妇女儿童维权和压降家暴类家庭纠纷类警情方面取得共赢②。

第三，推进家事审判改革，完善家事审判组织模式。乐清市妇联与市人民法院加强沟通合作，联合成立了家事审判合议庭推进家事审判改革，联合成立"爱家学堂"，组建以法官、律师等专业人员为核心的讲师队伍 20 多人，推出"以案说法"大讲堂进农村、进社区等活动，邀请妇联干部担任人民陪审员，对典型案件进行庭审旁听，加大保护妇女儿童的合法权益工作力度，提高妇女群众尊法、学法、守法、用法的自觉性，依法维护自身的合法权益③。在完善审判组织上，宁波目前有两种模式，一是成立家事审判合议庭专门审理家事案件，二是成立专门具有独立编制的家事审判庭。在审理案件事实争议较大且矛盾对立、涉及道德伦理和风俗习惯以及其他社会关注度高的家事案件时，尝试建立"2＋N"陪

---

① 《温岭市妇联积极构建"1＋3"平安家庭微治理新模式》，浙江女性，2018 年 9 月 18 日，http：//www. zjswomen. org. cn/ch118/system/2018/09/18/031149847. shtml。

② 《长兴县妇联召开家暴警情处置和家庭纠纷化解联动工作推进会》，浙江女性，2018 年 9 月 14 日，http：//zjnx. zjol. com. cn/ch118/system/2018/09/14/031144630. shtml。

③ 《乐清市人身保护令"绿色通道"开通啦》，浙江女性，2018 年 11 月 27 日，http：//zjnx. zjol. com. cn/ch118/system/2018/11/27/031296964. shtml。

审制度，赋予人民陪审员事实认定权①。自《反家暴法》正式实施两年多来，宁波市法院共发出人身安全保护令 61 份，数量大幅上升，法律对家庭暴力的震慑作用初显。以海曙法院为例，2016 年该院共受理离婚案件 629 件，其中明确以家庭暴力为诉由的案件有 13 件；2017 年，在全部受理的 751 件离婚案件中，以家庭暴力为主要诉由的有 19 件。而在《反家暴法》实施之前，该院每年受理的离婚案件中明确以家庭暴力为诉由的，通常不超过 2 件。2016 年 7 月至 2018 年 1 月，宁波市法院共发出人身安全保护令 35 份②。温州市洞头区则是从三个方面促进家事审判完善。一是成立家事纠纷调解委员会。由法院牵头，联合区司法、区妇联成立家事纠纷调解委员会，明确家事纠纷调解工作细则，规范调解程序，同时由法官、妇联人民陪审员等成员组成家事审判合议庭。二是建立家事调查员团队。成立以街道村居干部、妇联、教育工作者为主的家事调查员队伍，并邀请基层干部和群众志愿群体参与诉前引导、诉中委托调解工作，力争将纠纷解决在基层。三是组建家事案件心理干预团队。设立专门的心理辅导室，引入心理辅导机制，不定期进驻法院开展心理辅导。四是创新判后延伸服务。建立跟踪家访、心理咨询辅导、家暴干预等机制。2018 年以来，该区共受理家事案件 100 件，结案 92 件。其中受理离婚案件 77 件，调解结案 27 件，撤诉结案 38 件，出具人身保护令 2 起，专业心理咨询 1 件③。

（四）建立反家暴庇护站，健全救助机制

自《反家暴法》实施两年来，浙江省各县（市、区）全部建立家暴庇护所，庇护受家暴妇女 160 余人。其中，2016 年全省共有 70 家救助管理站

① 《拒绝家庭暴力，宁波一直在努力》，浙江女性，2018 年 3 月 29 日，http：//zjnews. zjol. com. cn/zjnews/nbnews/201803/t20180329_ 6908206. shtml。
② 《家暴不是家务事，是违法行为！》，《宁波日报》2017 年 12 月 6 日，第 A3 版。
③ 《洞头区多措并举强化服务　推进家事纠纷审判工作》，浙江女性，2018 年 8 月 15 日，http：//zjnx. zjol. com. cn/ch118/system/2018/08/15/031077842. shtml。

设立了反家庭暴力庇护场所，共为 32 名家庭暴力受害人提供临时庇护，以及法律咨询、医疗救治、心理疏导等。2016 年，嘉兴市公安机关共接报家庭纠纷警情 2386 起，发出家暴告诫书 176 份。各地还积极探索在基层公安派出所、社区警务室建立"家暴举报站"等，各级民政部门依托救助管理站，建立了家庭暴力庇护所，并实现了救助庇护全覆盖。宁波市在深入推进反家庭暴力工作中，市县两级已建立预防和制止家庭暴力庇护所。自 2016 年 3 月 1 日《反家暴法》实施至 2018 年 1 月，宁波市公安部门共接到家暴报警 5193 起，其中 57 起已刑事立案，共发出家暴告诫书 169 份；市妇联系统共调处家暴类信访 596 件。目前，宁波市县两级都已建立了预防和制止家庭暴力庇护所。宁波市将坚持以预防、保护、惩戒为着力点，健全救助机制，进一步提升反家暴有效保护力①。湖州市吴兴区在建立区家庭暴力庇护所的同时，在各个街道社区等有条件的"妇女之家"探索成立家暴庇护站，24 小时为遭受家庭暴力后暂时无法回家的受害人免费提供食宿、安全、心理疏导等基本救助庇护服务②。

（五）优先建立反家暴在线服务平台

2018 年 7 月 6 日，杭州市妇联推出了全国首个反家暴在线服务平台"e 家和"，这是杭州市妇联在"互联网 + 反家暴"工作上的又一次创新。截至 2018 年 12 月 31 日，杭州市反家暴服务平台（https：//fanjiabao.net）已完成 5247 例家庭暴力案例。

该平台目前分为 PC 端和手机端，具有"一键报警""伤情鉴定""庇护所""人身安全保护令"等四个主要在线功能，专项服务包括"申请心理咨询"（在线心理咨询疏导）、申请庇护所（快速申请安全保护）、申请伤情鉴定、申请人身安全保护令（法院 48 小时受理），并且设有申请人本

---

① 《宁波市县两级已建立预防和制止家庭暴力庇护所》，浙江在线，2017 年 12 月 6 日，http：//zjnews.zjol.com.cn/zjnews/nbnews/201712/t20171206_5966592.shtml。

② 《抓好阵地建设 夯实维权基础》，浙江女性，2018 年 5 月 18 日，http：//zjnx.zjol.com.cn/ch118/system/2018/05/18/030898301.shtml。

人和申请人他人两个选项。服务资源包括 1193 名法律服务咨询师，8 家单位的 77 名心理服务咨询师①，2258 名调解员，104 个法院，以及杭州市 8 个庇护站②。"e 家和"致力于打造零家暴在线家园，在线提供安全、快捷、温暖的反家暴帮助，平台可向正在遭受家庭暴力的受害者提供心理疏导、法律咨询、在线救助、证据保存等全方位、一站式的公益性服务。该平台打破了传统的受害者求助的理念，改变了传统救助家庭暴力受害者的路径，将互联网思维和高科技手段与反家暴工作有机结合，为目前反家暴工作中普遍存在的取证难、认定难问题提供了一种解决的可能，让家暴通过更高效、便捷、科学、规范的路径得以"留痕"和"跟踪"，也让家暴受害人得到更加专业、实用、有效的帮助和支持。与"e 家和"在线服务平台同时推出的还有女性在线学习平台——"e 起学"微学院。通过杭州市妇联微信公众号"西子女性"二级子目录"微学院"即可使用。微学院整合了大量的普法宣传教育资源，其中设有"法律法规""案例指导""普法宣传""调解课程""课程直播""知识竞赛"等内容，每一位妇女干部、志愿者、调解员、社会工作者以及一般民众都能利用碎片时间，在线免费学习法律、调解、社会工作等各类相关知识，能更好地提升妇联工作者的专业素养和服务水平③。

（六）设立高水平专业维权团队

《反家暴法》实施之后，为了进一步促进《反家暴法》的实施，维护家庭中妇女儿童权益，浙江省新成立了 3 个专业维权团队，即金石榴女律师维

---

① 8 家单位包括：浙江省心理健康促进会，浙江省联合应用心理科学研究院，杭州市江干区雅歌婚姻家庭咨询中心，建德市心安驿站心理健康服务中心，杭州市西湖区紫薇花女性婚姻家庭服务中心，杭州市上城区合一心理咨询中心，富阳心理咨询工作室，萧山区霞飞婚姻家事服务中心。

② 8 个庇护站包括：杭州市反家庭暴力庇护站、萧山区预防和制止家庭暴力救助中心、余杭区反家暴庇护中心、杭州市富阳区反家庭暴力庇护中心、杭州市临安区反家庭暴力庇护中心、桐庐县反家庭暴力庇护所、淳安县预防和制止家庭暴力庇护所、建德市妇女（家暴）庇护所。

③ 《重磅！全国首个反家暴在线服务平台来了！》，杭州网，2018 年 7 月 5 日，https：//appm. hangzhou. com. cn/articleapp. php? id = 243897。

权站宁波总站、湖州市菰城娘家人服务中心、台州金琴云巾帼维权工作室。加上之前成立的杭州合欢心理咨询服务中心、浙江省婚姻家庭咨询师协会等 8 个高水平专业维权团队，目前，浙江省境内至少存在 11 个高水平专业性的维权团队（见表3）。

表3 专业维权团队名称及构成

单位：人

团队名称	人员构成	人数
金石榴女律师维权站宁波总站	优秀女律师	184
湖州市菰城娘家人服务中心	女律师、心理咨询师、婚姻家庭咨询师、家庭教育专家、社会工作者、妇女儿童工作者	不详
台州金琴云巾帼维权工作室	女律师	15
杭州合欢心理咨询服务中心	特聘知名律师、心理咨询师、社会工作师	不详
浙江省婚姻家庭咨询师协会	心理咨询师、婚姻家庭咨询师、资深社工师以及专业从事婚姻家庭咨询工作的学者、专家、工作者及相关团体	140
温州市巾帼维权志愿者律师团队	律师	119
嘉兴市女律师宣讲团	女律师	11
绍兴市妇儿维权专业联盟服务队	律师，二级心理咨询师，医生、教育工作者，有志愿服务工作经验的青年人以及有调解工作经验的热心大姐	多于20人
兰溪市婚姻家庭辅导中心	思想素质高、业务能力强、服务意识浓、有群众工作经验的妇联、综治、组织部、教育、乡镇机关、社区等部门的退休干部	14
衢州市妇联"馨聆家园"心理疏导室志愿者团队	法律、心理、婚姻家庭、医院等领域的专家型志愿者	50
舟山市普陀区美丽心灵工作室维权服务团队	心理咨询师、社会工作者、律师	10 余名

资料来源：浙江省妇女联合会官网"浙江女性"（http://www.zjswomen.org.cn/ch118/）。

二 浙江省《反家暴法》实施过程中存在的问题

（一）《反家暴法》及其保护理念普及问题

虽然大多数民众对于家庭暴力行为已经有了基本认知，并有相当比例的人对《反家暴法》有所了解，但是，认知和了解并不代表会付诸行动。其实，《反家暴法》实施中最大的障碍莫过于"羞于启齿"。受古代思想文化的影响，"家丑不可外扬"的传统观念仍根植于人们心中，公众大多不愿意把诸如家庭暴力之类的家事说给外人听。浙江省调研数据显示，目前仍有非常高比例的人认为"当代社会还存在'家丑不可外扬'的观念"，甚至有68.73%的民众认为该观念普遍存在（见图3）。造成该问题的原因，一方面是《反家暴法》的保护理念宣传不充分，大多数民众只知《反家暴法》的存在，但是未必知道为什么要制定《反家暴法》，对《反家暴法》的保护理念、制定背景以及立法目的等了解并不充分；另一方面，缺乏《反家暴法》结合式宣传，极少结合《反家暴法》进行家庭伦理道德的教育和宣传。

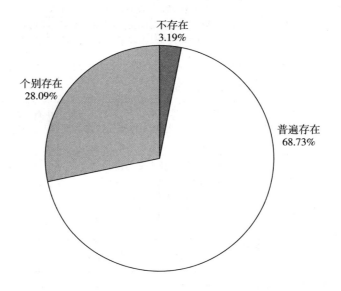

图3 民众对"当代社会还存在'家丑不可外扬'的观念"的认知情况

资料来源："反家暴法实施现状研究"数据库。

（二）《反家暴法》实施调整范围问题

浙江省的调研情况反映出，《反家暴法》实施中有一定比例的家庭暴力行为发生在离异配偶之间，多为部分男性与其妻子离异后，为使其继续留在身边而以暴力相胁迫行为。甚至有研究指出，高达 50% 的男性会在其妻子或女友提出分手或实际分手后，继续以暴力手段迫使后者留在自己身边或对后者实施报复[①]。而《反家暴法》对"家庭成员"是否必须为"近亲属"并没有明确规定，该类案件情况又不符合第 37 条"共同生活"的条件，因此离异配偶之间所发生的暴力行为往往被置于《反家暴法》的调整范围之外，这样非常不利于刚刚处于离异状态的妇女权利保护。另浙江省法院公开网有关《反家暴法》实施情况显示，大多数判决和裁决都是关于妇女权益的保护[②]，并且诸多保护举措都是直接针对受家暴的妇女群体，其他家暴易受害群体诸如儿童、老年人的相关案件极为少见。这样很容易忽视对于未直接遭受家庭暴力的家庭成员的保护。浙江省法院公开网上显示，2017 年 3 月 1 日至 2018 年 3 月 1 日公开的 14 份人身保护令中，4 份显示家庭暴力发生行为中涉及直接或未直接遭受家庭暴力的子女[③]。"旁观者亦是受害者"，但由于其间接受害而往往无法得到有效保护。假如在婚姻家庭关系中，父亲经常当着幼小孩子的面对母亲实施家庭暴力，这对其子女的身心健康危害很大，不利于其子女健康成长。因此，在这一方面亦须提高警惕并采取相关措施。

（三）社会组织参与问题

就所有在册登记和备案的女性社会组织而言，服务于反家庭暴力方面的公益慈善性的偏少，还不能满足当前日益增长的公共服务和公共管理的需要。从温岭市 17 家注册的女性社会组织来看，2018 年承接项目的团队，仅

---

① 谢丽斯·克拉马雷、戴尔·斯彭德：《国际妇女百科全书》（上），国际妇女百科全书课题组译，高等教育出版社，2007，第 220 页。

② 浙江省法院公开网（http：//www.zjsfgkw.cn）信息显示，2017 年 3 月 1 日至 2018 年 3 月 1 日公开的 14 份人身保护令接收人全部是受到家暴的妇女。

③ 浙江省法院公开网（http：//www.zjsfgkw.cn）信息显示，2017 年 3 月 1 日至 2018 年 3 月 1 日公开的 14 份人身保护令中，其中 3 份涉及未直接遭受家庭暴力的子女，1 份涉及直接遭受家庭暴力的子女。

4 家目前承接了政府项目,占 23.5%①。各级人民政府对社会组织发展的支持力度也不足,关注反家暴的社会组织数量稀少,支持力度不均衡,仅仅分布在北京、广东、云南、陕西、湖南等省份,民间机构缺乏来自政府的政策支持。从经费筹集来看,社会组织普遍存在经费来源社会化不够问题。比如温岭市 17 家注册女性社会组织中,82.4% 的组织无经营实体,其开展活动经费来源以政府拨款、社会捐款、政府购买服务、服务性收入、企业赞助为主,政府部门对项目的支持和公益创投一般都没有利润,并不能给组织的发展积累经费保障②。社会组织在反家暴工作中的专业性和能力有待加强,很多地方开展的心理健康咨询、家庭关系指导缺乏性别平等视角和家庭暴力预防的内容。

三　浙江省实施《反家暴法》的改进建议

(一)加强《反家暴法》及其实施理念的宣传普及

浙江省调研数据显示,绝大多数人认为应对居民进行有关《反家暴法》的宣传普及(见图4),此种宣传普及不仅包括对《反家暴法》这部法律进行宣传普及,使广大民众既知道《反家暴法》的存在,比如开展专题式宣传,了解《反家暴法》的相关内容,尤其是其实施途径和程序规定,从而能够使广大民众在实际中运用该法保护自己;与此同时,更要加强对《反家暴法》保护理念、立法目的的宣传,通过互联网以及自媒体的广泛使用宣传新时代的家庭文明理念,开展结合式宣传,进行家庭伦理道德教育,使公众树立正确的权利观和家庭观。

---

① 《以温岭为例浅谈女性社会组织参与社会微治理的现状、困境及对策》,浙江女性,2018 年 9 月 29 日,http://www.zjswomen.org.cn/ch118/system/2018/09/29/031175350.shtml。
② 《以温岭为例浅谈女性社会组织参与社会微治理的现状、困境及对策》,浙江女性,2018 年 9 月 29 日,http://www.zjswomen.org.cn/ch118/system/2018/09/29/031175350.shtml。

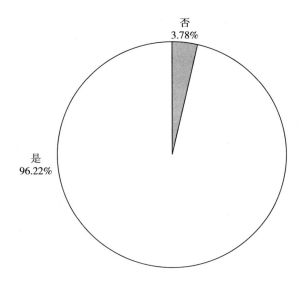

图4　民众对是否应对居民进行有关《反家庭暴力法》的宣传普及的认知情况

资料来源："反家暴法实施现状研究"数据库。

（二）拓宽《反家暴法》的实施调整范围

对于《反家暴法》的实施调整范围问题，可以借鉴我国香港地区《家庭及同居关系暴力条例》对于"家庭成员"的扩大解释，"将原本限于配偶和异性同居者扩大到包括（前）同居关系、前婚姻关系与传统家庭关系中的暴力现象作相同对待"①。如果一方在经济、精神或情感上依赖于或不能摆脱另一方，则表明双方存在一种控制与被控制的关系，仍然应当属于《反家暴法》所调整的范围，这样有助于处于离异状态或恋爱但非同居状态的妇女权益得到保障。此外，应加强对儿童和老年人等易受侵害家庭成员的关注，对这部分群体的权利保障有所倾斜。最后，妇联及相关部门应加强对直接或未直接遭受家庭暴力的群体的保护，尤其是直接或未直接遭受家庭暴

① 罗杰：《香港〈家庭及同居关系暴力条例〉述评》，《安庆师范学院学报》（社会科学版）2011年第1期，第93～98页。

力的子女的关心和呵护，应与学校等相关部门及时建立心理咨询、心理疏导等相关保障机制。

（三）鼓励促进社会组织参与反家庭暴力工作

首先，要加强对反家暴社会组织的支持，如增加政府购买服务的规模、力度，加强对反家暴社会组织的培育等。其次，政府应该为社会组织提供平台，允许、支持、鼓励它们来做反家暴工作，并加强对其进行专业培训，弥补政府反家暴工作的不足。再次，建立社会组织全局性发展扶持体系。比如在反家暴工作中，民政部门可以牵头对相关社会组织发展进行全局性规划，并针对反家暴工作的特点，制定相应的长期发展目标，出台公共财政对社会组织的资助和奖励制度，将社会组织发展专项资金列入财政预算，为反家暴社会组织提供启动资金、公益活动补助等专项资金扶持。最后，优化组织建设，夯实组织架构，进一步健全反家暴机制。建议完善以调处家庭矛盾维护妇女权益为主要内容的基层便民服务体系，将妇女维权站全面纳入镇（街道）社会管理服务中心。通过反家暴志愿服务团体、社区妇女维权站、妇女维权工作室、法律直通车等服务项目，多渠道、多途径为家庭暴力受害者提供援助和保护。

B.22
江苏省妇女议事机制的实践与分析

陆海娜　郝万媛*

摘　要： 为充分发挥妇女在社会治理中的作用，调动妇女参政议政积极性，江苏省妇联积极推动省妇女议事机制的创建、发展与完善。妇女议事机制立足于妇女关心的热点问题，集中女性的智慧与力量，解决现实问题、参与社会事务管理、调动并发挥女性的力量促进社会发展。妇女议事机制还提升了妇女的参政议政意识，为女性献计献策、将女性视角转化为强有力的执行力创造了新的平台。经过十多年的发展与完善，江苏妇女议事机制促进了女性综合能力的提升，在全省甚至全国都产生了积极而深远的影响。本文主要介绍江苏妇女议事机制如何建立、实施现状与成绩、有待完善之处以及未来展望。

关键词： 妇女议事机制　性别视角　妇女参政议政　妇女权利

一　江苏妇女议事机制简介

江苏妇女议事机制始创于2005年。在过去十几年的发展过程中，江苏妇女议事机制经历了三个发展时期，议事工作方式也不断与时俱进。

---

* 陆海娜，比利时鲁汶大学法学博士，中国人民大学法学院副教授，中国人民大学国家人权教育与培训基地秘书长；郝万媛，日内瓦国际人道法与人权研究院硕士，中国人民大学法律硕士。

（一）江苏妇女议事机制的历史沿革

在江苏省妇联的推动下，江苏妇女议事机制旨在增强妇女的民主参与社会事务的意识，构建妇女参与社会管理的平台。经过十几年的发展与完善，该机制已经覆盖省、市、县、乡镇（街道）、村民委员会和居民委员会（社区）。江苏妇女议事机制的发展共经历了三个阶段：推广期、深化期与提升期①。推广期从 2005 年至 2010 年，依据江苏省妇联下发的《关于全面推行妇女议事和妇联代言人制度的通知》，推广期的各项工作致力于增强基层妇女议事能力，构建基层妇女民主参事议事平台②。2011 年至 2014 年为深化期，江苏省妇联下发了《关于进一步完善妇女议事制度的意见》，根据推广期的经验进一步提出了完善妇女议事制度的建议，其中包括形式多样的妇女参事议事的方式，例如下文将会详细解释的"她言堂""吃讲茶"等议事品牌③。2015 年至今为提升期，该时期探求妇女议事创新机制，例如通过现代通信技术构建微信议事等。2018 年 6 月 1 日实施的《江苏省妇女权益保障条例》第十四条为江苏妇女议事机制增添了新的政策支持。该条规定了妇联具有建立健全妇女议事会制度的职责，负责组织妇女参与制定村规民约、居民公约及有关妇女儿童权益事项活动并将妇女议事会提出的意见和建议提交村民委员会、居民委员会研究处理。

（二）江苏妇女议事机制的工作方式

江苏省妇女议事机制的运作主要由江苏省妇联牵头。各级妇女议事机制由同级妇联召集，汇集妇联、居民委员会、村民委员会、社团、群众、社工、离退休老干部和志愿者代表。妇女议事的主题广泛并紧跟热点社会话题，其中包括留守儿童、空巢老人、社区环境保护、家庭纠纷解决等④。一方面，各级妇联利用其在推动妇女参与社会事务以及维护妇女

---

① 江苏省妇联：《江苏省开展妇女议事工作调研报告》，2017 年 6 月，第 1 页。
② 江苏省妇联：《江苏省开展妇女议事工作调研报告》，2017 年 6 月，第 1 页。
③ 江苏省妇联：《江苏省开展妇女议事工作调研报告》，2017 年 6 月，第 1 页。
④ 江苏省妇联：《江苏省开展妇女议事工作调研报告》，2017 年 6 月，第 2 页。

权益方面的专业经验为妇女议事机制提供政策与技术上的指导，另一方面，各级妇联在推动妇女议事机制的运作中进行沟通与协调，利用其资源优势确保各项环节顺利进行。例如乡镇（街道）妇联积极促成妇女议事会的成立、发展、运作、规范制度等①。就议题选择而言，社区微信群、QQ 群、微信公众号等现代网络媒介结合传统的社区信息搜集方式为议题选择提供了多样化的渠道②。妇女在这其中扮演着举足轻重的作用。该机制以妇女关心的问题为切入点，以妇女的积极广泛参与为运作前提，并注重议事成果的实际效用。

二　江苏妇女议事的实施现状与成绩

江苏妇女议事机制积累了较为丰富的实践经验，绝大多数社区建立了妇女议事会，不少城市还出现了典型的妇女议事品牌。妇女议事形式与主题越来越多样化，议事完成率不断提升。

（一）江苏妇女议事的实施现状

目前，江苏妇女议事机制已经发展到深化期，各环节发展基本成熟。该时期，江苏妇女议事机制坚持"3456"工作法。"3 代表 3 点结合，即：议事内容与热点问题相结合，与党政中心工作相结合，与妇女群众日常反映相结合。4 代表 4 个层面的参与者，即：社区两委、妇联干部、社团领袖、妇女群众。5 代表 5 个议事常态，即：集中议事、现场议事、上门议事、接待议事、微信议事。6 代表议事程序中的 6 个步骤，即：形成议事结果——提交两委讨论——党员大会表决（或党员代表）——决议社区公示——决议交办执行——听取意见反馈。"③ 近两年，"3456"议事模式在海门全市 294 个村（社区）、12 个街道

---

① 江苏省妇联：《江苏省开展妇女议事工作调研报告》，2017 年 6 月，第 2 页。
② 江苏省妇联：《江苏省开展妇女议事工作调研报告》，2017 年 6 月，第 2 页。
③ 江苏省妇联：《江苏省开展妇女议事工作调研报告》，2017 年 6 月，第 2 页。

（镇）基本实现全覆盖①。南京市所辖的 100 个街道和 1214 个社区绝大多数都建立了妇女议事会，带动妇女积极参与社会事务②。很多妇女议事会都创建了工作章程与议事程序规则以指导议事会的运作。妇女议事机制汇集了众多相关部门的智慧与经验，除妇联与基层组织外还包括物业公司、社区内企事业单位、司法、民政等部门，促进议事成果应用于实践中③。江苏妇女议事的典型做法见表 1。

表 1　江苏妇女议事典型做法

地点	海门市	昆山市周庄镇	扬州市江都区麾村	徐州市
议事品牌	"她言堂"	"吃讲茶"	村议事	644 议事机制④
解决问题	议事成果转化难	矛盾化解难	基层妇女议事会成立难	妇女议事会规范运行
成果	一年来，社区妇女议事会共形成困难家庭帮扶、反家暴宣传、留守儿童关爱等 10 项决议	近几年发展趋势：调解家庭矛盾、邻里纠纷的缘起；建章立制、组织妇女参与社会综合治理；"吃讲茶"保障妇女维权，解决现实问题	过去的两年内共开展妇女议事 11 次，内容涉及妇女的土地权益、农村环境治理等，解决了 6 项妇女关心的问题并提出建议 20 余项	至目前，所有县区都完成了 5 个试点村（社区）议事会的开展，并且进行了深度覆盖
工作方法	"3456"工作法	需求收集—部门反馈—协商落实	五步工作法（提议—广议—决议—实施—反馈）	"6"是指有时间、有主题、有过程、有结论、有落实、有评价；"4"是指例会制度、培训制度、会办制度、反馈制度；另一个"4"是指防脱离党的领导、防议事会变成意见会、防议而不决、防落实不力

---

① 《议事理政"她言堂""3456"运行畅》，海门市妇联，2017 年 9 月 25 日，http：//www.jsnxetd. org. cn/show/token/d1752ce62ccc09bd74c6b13b6e69775f. html，最后访问日期：2018 年 12 月 23 日。

② 《关于推进妇女议事会工作实践的调研报告》，南京市妇联权益部，2018 年 6 月 8 日，http：//jsnxetd. org. cn/show/token/c033c0e5c623c93c0a913441f4726677. html，最后访问日期：2018 年 12 月 23 日。

③ 《关于推进妇女议事会工作实践的调研报告》，南京市妇联权益部，2018 年 6 月 8 日，http：//jsnxetd. org. cn/show/token/c033c0e5c623c93c0a913441f4726677. html，最后访问日期：2018 年 12 月 23 日。

④ 全媒体记者吴悠，通讯员高嫒、周映雪：《撑起"半边天"　议出"新天地"市妇联推进"妇女议事会"让妇女拥有话语权》，《徐州日报》，2018 年 12 月 7 日，第 6 版。

续表

地点	海门市	昆山市周庄镇	扬州市江都区麃村	徐州市
启示	固定化机制利于议事成果转化	民间风俗蕴藏大智慧	运用开放空间会议技术,让妇女群众自愿参与、积极创造	不断发现问题,及时总结规律

资料来源:张勤:《妇女议事创造无限可能——江苏基层妇女议事会调研与思考》,《群众》2017年第9期,第45~46页。

(二)江苏妇女议事机制取得的成绩

江苏妇女议事机制取得了良好的效果。下文以江苏省妇联2018年7月就连云港、南通、苏州、泰州和无锡五市妇女议事会案例统计数据为主,对目前江苏妇女议事会的工作成果进行分析。江苏五市妇女议事主题见表2。

表2 江苏五市妇女议事主题统计

市	序号	议题主题	议事结果
连云港	1	青口镇后陈社区——免费妇女家政培训	未完成
	2	石桥镇石桥村——袋鼠妈妈的寻爱之旅	持续完成
	3	海头镇海前村——低收入家庭妇女创业就业问题	持续完成
	4	塔山镇土城村——提素质、重维权、树形象	部分完成
	5	宋庄镇沙口村——暑期孩子安全问题	完成
	6	村级妇儿之家的建设和利用	部分完成
	7	关于成立石桥村"爱心驿站"	完成
	8	"两癌"患病妇女救助帮扶	完成
	9	营山社区——"儿童权利倡导与儿童保护项目"如何创新创优发展	完成
	10	大龄妇女就业创业难题	完成
	11	农村老人赡养问题	完成
	12	如何有效利用妇儿童阳光驿站资源促进社区妇儿健康发展	完成
	13	鲁光美因家暴问题求助要求离婚	完成
	14	农村女性自身健康的预防	完成
南通	1	厂南村——成立"姐妹微家"	完成
	2	厂南村——如何做好春节困难妇女儿童保障工作	完成
	3	如何保护未成年人权益	完成

续表

市	序号	议题主题	议事结果
南通	4	三八节系列活动	完成
	5	介云村——农村股份经济合作社成员确认方案	完成
	6	土地堂村——农村产权改革中如何确认身份	完成
苏州	1	社区木园堂规范管理	完成
	2	妇女儿童在美丽家园建设中的作用发挥	未完成
	3	"美丽村庄"建设中妇女如何发挥作用	完成
	4	家禽养殖合理化——助力乡村旅游	完成
	5	如何在美丽村庄创建中发挥妇女作用	完成
	6	爱心编织助力社区养老	完成
	7	"暖巢"计划——楼组党建微自治项目	完成
	8	城北居民受丈夫家暴等相关事项	完成
	9	地下汽车库入口处挡水槽盖板更换	完成
	10	"最美家庭"大家评	完成
	11	推进社区专业化服务激发动迁社区新活力	完成
泰州	1	洪林村——"如何为农民灌溉引进河水"	完成
	2	娄东村——"村庄环境长效管护"	完成
无锡	1	滨湖区——河埒街道水秀社区户外儿童乐园	完成
	2	滨湖区——河埒街道水秀社区便民椅	完成

资料来源：江苏省妇联内部统计资料。

表2中五市妇女议事议题总数为35项，分别涉及妇女儿童问题14项、养老事宜2项、农村建设事宜8项、社区建设事宜5项、专题讨论2次以及其他问题4项。妇女儿童问题涵盖的内容最为广泛，涉及生活困难妇女与儿童帮扶、妇女就业创业、妇女儿童爱心关怀、妇女儿童健康、未成年人权益保障、儿童权利倡导、儿童安全以及儿童娱乐设施问题。养老事宜包括社区养老以及农村赡养问题。农村建设包括农村股份经济合作、农业产权改革、农业灌溉、村庄美化建设、农村爱心驿站建设、农村环境维护、家禽养殖以及妇女在农村建设中发挥的作用。社区建设主要讨论社区管理、社区服务专业化和社区设施完善事宜。专题主要探讨家庭暴力相关事项。此外，三八节宣传、最美家庭评比、"暖巢计划"——党建微自治项目、维权宣传都是妇女议事关注的议题。表2直接表明了妇女议事机制以妇女切实关心的问题为核心，议题贴近生活热点，解决社会问题也促进妇女自身建设。

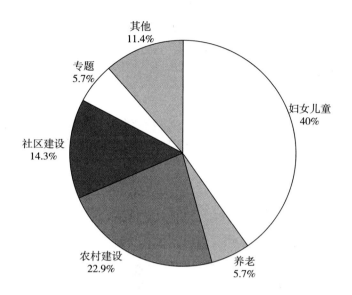

图1 江苏省五市妇女议事主题统计

如图1所示，妇女儿童、农村建设以及社区建设是五市妇女议事主要关注的事项。它们分别占议事主题总量的40%、22.9%和14.3%。除了直接与妇女儿童相关的问题外，农村和社区的综合建设也是妇女关心的热点。养老问题占议事主题总量的5.7%。虽然养老问题目前所占比例不高，但随着妇女议事机制的完善，以及高龄妇女代表的参与，养老问题所占的比例应该会有所提高。仅有的两项专题讨论都集中在家庭暴力问题上，这表明了妇女议事对家庭暴力以及妇女权益的密切关注。

表3 江苏五市妇女议事完成情况

单位：项

	未完成	部分完成	持续完成	完成
连云港	1	2	2	9
南通	0	0	0	6
苏州	1	0	0	10
泰州	0	0	0	2
无锡	0	0	0	2

如表3所示，江苏五市妇女议事完成情况呈现乐观局面。35项议题中有29项已经完成，部分完成的有2项，持续完成的有2项，未完成的有2项。结合表2数据可知，部分完成和持续完成的议题都需要长期实施，例如连云港海头镇海前村低收入家庭妇女创业就业问题的解决有赖于长期的政策和实践支持，因此需要持续进行。连云港村级妇儿之家的建设和利用以及塔山镇土城村的提素质、重维权、树形象工程都属于长期项目，因此需要分阶段完成。其他未完成事项属于妇女议事机制自身工作安排范围，没有统一的实践意义，不属于本文讨论范围。

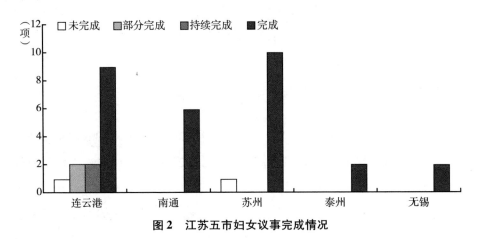

图2　江苏五市妇女议事完成情况

如图2所示，妇女议事数量最多的议题出现在连云港市，共14项，其中64.3%的议题都已经完成，剩下的需要持续推进。南通完成了全部的6项议题。苏州完成的议题占总议题的90.9%。泰州和无锡议题数量较少，各自有2项且均已完成。由于连云港妇女议事议题较多，因此出现了短期已完成议题、需要长期完成的议题（部分完成以及持续完成）议题以及未完成议题。连云港比其他四个城市具有更丰富的实践经验。虽然上述数据仅仅引用了江苏省五座城市的统计结果，江苏省其他地区都在积极开展以及完善妇女议事机制。经过十几年的实践，江苏妇女议事机制为社会发展以及妇女与社会事务创造了非常乐观的业绩，深远地影响了江苏省乃至全国妇女议事机制的发展与壮大。综合过去的经验，江苏妇女议事机制所产生的积极意义主要集中体现于以下几个方面。

第一，提升了妇女参政议政的能力。经过十几年的发展，江苏妇女议事机制成为江苏省妇女参与社会热点事务的重要平台。妇女议事机制的运作不仅有利于鼓励妇女参与社会事务决策，提升广大妇女群体的民主决策意识，而且为妇女能力的提升搭建了信息与资源共享的平台。以泰州市为例，2017年至2018年，全市共搜集议题2万多条，解决实际问题1万多件，30多万人参与妇女议事活动①。妇女在参与议事机制的过程中锻炼了个人能力，壮大了妇女群体的社会事务参与度，也促进了社会对妇女群体的认可。

第二，激发了女性参与社会事务的兴趣。江苏妇女议事机制以妇女感兴趣的话题为中心，结合党政方针和法律法规，在问题的决策与实行上都充分体现妇女视角。这有利于激发妇女对社会热点问题进行思考，促进妇女的决策转化为社会成果②。在此基础上，麾村发展了19名积极参与议事的妇女。麾村街北组为解决土地细碎化问题，以妇女为主体的46名户代表参与议事，经过6个月中的7次协商，最终达成共识③。海门市已建立村（社区）级妇女议事会285个、街道（镇）级议事会12个、市级妇女议事会1个，为妇女群众参与社会管理提供了有效平台④。妇女议事机制由不同行业、不同年龄的妇女组成，实现了妇女代表的背景多样化，丰富了妇女议事机制的专业背景。这一作用在妇女的话语权常被忽视的农村地区尤为突出，也激发了农村妇女积极参加村内会议的热情。

第三，促进了妇女群体对国家法律、政策与社会规则的认识。妇女议事制度不仅仅积极宣传与议事主题相关的国家法律、政策和社会规则，而且营

---

① 《在你身边喜迎江苏妇女十三大——泰州篇》，江苏妇联百家号，2018年11月21日，https：//baijiahao. baidu. com/s？id = 1617745302852825610&wfr = spider&for = pc，最后访问日期：2018年12月23日。

② 《基层妇女议事：让"她力量"动起来——江苏基层妇女议会实践与思考》，江苏省妇联，2018年6月，第2页。

③ 《基层妇女议事：让"她力量"动起来——江苏基层妇女议会实践与思考》，江苏省妇联，2018年6月，第4页。

④ 《海门妇联：丰富服务新载体　打好维权组合拳》，中共江苏省委新闻网，2018年8月6日，http：//zgjssw. jschina. com. cn/zhuanti/dazoufang/tashiliuyin/201808/t20180806_ 557373 5. shtml，最后访问日期：2018年12月23日。

造出积极的学习与实践氛围。各级妇联通过举办培训以提高基层妇联干部和妇女议事骨干对议事活动的策划、组织和实施的能力①。2018 年 10 月 9 日，海门街道光华社区"她言堂"妇女议事组织了以环保为主题的议事活动，并达成三项决议：组织社区环保标志识别小课堂；开展垃圾分类宣传活动并发放环保倡议书；开展环保小分队义务巡防活动②。妇女议事制度使得妇女成为学习、实践以及传播相关法律、政策与社会规则的一部分，从而促进妇女的法律意识、规则意识、民主意识以及男女平等意识等。

第四，增强了妇女维权能力。妇女议事机制在江苏省妇联的推动与参与下提升了妇女的维权意识与能力。扬州市妇联通过妇女议事机制在社区每半年举行一次知识讲座，助力妇女维权③。通过妇女议事机制，扬州市妇联还组织法官进社区普法活动，普及《家暴法》④。2015 年至 2017 年三年内，解决妇女维权答疑 110 人次，处理妇女维权案例 5 件⑤。妇女在参与议事机制的过程中增强了独立意识，了解了社会热点背后的深层根源以及其蕴含的问题与机遇，增强了妇女在应对社会问题时的分析与实践能力。

三 江苏妇女议事机制有待完善之处

江苏妇女议事机制在发展中同样出现了诸多亟待完善的问题，这些问题

---

① 张勤：《妇女议事创造无限可能——江苏基层妇女议事会调研与思考》，《群众》2017 年第 9 期，第 45 ~ 46 页。
② 《海门市海门街道光华社区"她言堂"妇女议事会开展环保专题议事活动》，海门街道，2018 年 10 月 17 日，http://www.jsnxetd.org.cn/show/token/c74ce2f1c5a0d12f4d33df252d168d48.html，最后访问日期：2018 年 12 月 24 日。
③ 《完善妇女"议事"制度 聚智聚力"议"出和谐新天地》，扬州市妇联办公室，2017 年 8 月 18 日，http://www.jsnxetd.org.cn/show/token/ccb21e2770d8b469030a6aa9d862baab.html，最后访问日期：2018 年 12 月 24 日。
④ 《完善妇女"议事"制度 聚智聚力"议"出和谐新天地》，扬州市妇联办公室，2017 年 8 月 18 日，http://www.jsnxetd.org.cn/show/token/ccb21e2770d8b469030a6aa9d862baab.html，最后访问日期：2018 年 12 月 24 日。
⑤ 《完善妇女"议事"制度 聚智聚力"议"出和谐新天地》，扬州市妇联办公室，2017 年 8 月 18 日，http://www.jsnxetd.org.cn/show/token/ccb21e2770d8b469030a6aa9d862baab.html，最后访问日期：2018 年 12 月 24 日。

既涉及制度方面的统一与细化，也涉及妇女综合能力的提升，还涉及避免议事成为纸上谈兵的议事成果转化事宜。

（一）妇女议事机制的制度建设有待完善

江苏妇女议事机制的制度化仍有很大的提升空间。目前的妇女议事机制还缺乏规范化以及专业化的运作支持。妇女议事会缺乏统一而有约束力的运行程式，很多议事形式还是非正式的。妇女议事会的建立、会议的召集、人员构成、议题的现实转化等问题都缺乏细分的流程以及制度保障。这不仅使得各项环节的运作都不够严谨与专业，而且不利于体现妇女议事机制的重要性[1]。缺乏制度化作为坚实的后盾，在妇女议事机制的运作过程中，经费、场地和资源以及专业人员的支持都不能够得到有效保障[2]。

（二）妇女议事机制缺乏多部门支持网络

目前妇女议事机制实现了邀请司法、民政、社工等机构的女性工作人员参与妇女议事会的议事方式，但缺乏与各部门的有效协调、沟通与常态化合作。由于妇女议事机制的主要议题都与实现妇女权益或者提升妇女社会管理能力息息相关，相关部门的资源以及专业支持在议题的深入探讨、议事结果的现实转化以及后续的跟进等方面都扮演着不可或缺的角色。缺乏相关部门的技术与资源支持，妇女议事机制将势单力薄，最终难以在与众多民主决策机制的竞争中实现其宏伟构想。

（三）妇女议事结果转化需进一步保障

妇女议事结果的现实转化需要完善的后续跟进机制。延伸议事结果对妇女议事制度的时效性具有重要的意义。表 3 揭示了江苏五市妇女议事结果的

---

[1] 《江苏省开展妇女议事工作调研报告》，江苏省妇联，2017 年 6 月，第 4 页。

[2] 《关于推进妇女议事会工作实践的调研报告》，南京市妇联权益部，2018 年 6 月 8 日，http：//jsnxetd. org. cn/show/token/c033c0e5c623c93e0a913441f4726677. html，最后访问日期：2018 年 12 月 23 日。

完成情况，却不能表明议事结果的完成质量以及意义。完成与否的指标过于简单粗放，不能充分地挖掘每一项议题背后的现实效用和价值。妇女议事机制聚焦妇女关心的问题，这些问题往往不是一两次就能够达成理想目标，因此需要建立一个议事后程序，对议事成果的实现及其长效价值进行监督、评定、推广或总结。

（四）妇女议事参与者的整体专业水平有待提高

由于参与妇女议事的女性群体知识水平、专业素质以及议事能力参差不齐，妇女议事会的议事水平以及议事成果的现实意义也受到局限。在农村地区，很多妇女没有参事议事的经验以及知识，对社会话题的理解程度有限，在议事过程中发挥的建设性作用也十分有限。目前，基层议事会的综合工作能力、议事会成员的整体素质、妇女群众的参与意识等方面还有很大的提升空间①。就议题而言，基层议事主题大多是临时选择热点问题，讨论的深度与程度都有限②。妇女议事会虽主题各异，但大多数都涉及对国家法律政策的解读以及对社会现象的理解，因此，妇女议事参与者的素质与能力需要提高。

四　江苏妇女议事机制的未来展望

江苏妇女议事机制的后续完善还需要一个强有力的制度化保障，从妇女议事机制内部各环节以及外部相关延伸机构入手，实现具体流程的细化，注重人员素质与议事质量，从量与形式的积累跨越至质的飞跃。

（一）加强妇女议事制度建设

江苏省妇联应该制定统一的、体系化的妇女议事制度，从章程至工作

---

① 《关于推进妇女议事会工作实践的调研报告》，南京市妇联权益部，2018 年 6 月 8 日，http：//jsnxetd. org. cn/show/token/c033c0e5c623c93c0a913441f4726677. html，最后访问日期：2018 年 12 月 23 日。

② 《关于推进妇女议事会工作实践的调研报告》，南京市妇联权益部，2018 年 6 月 8 日，http：//jsnxetd. org. cn/show/token/c033c0e5c623c93c0a913441f4726677. html，最后访问日期：2018 年 12 月 23 日。

细则、人员组织、议题选择以及工作评估各相关环节入手，规范整个议事流程。就议事主体而言，虽然目前妇女议事的主体为各级各界妇女代表，也涵盖了多元化的参与者，但妇女代表的划分形式过于传统，应该在现有的议事主体的基础上注意不同妇女群体的话语权。例如：如果社区或村妇女议事会所覆盖的地区有少数民族妇女、残障妇女、外来务工妇女、移民等群体，那么也应该有来自这些群体的代表参与妇女议事会议。此外，未成年人代表等也应该具有参与议事会议的途径。在工作方式上，妇女议事机制应该与其他形式的基层民主协商制度进行协调，就相同的议题通过派代表参会或书面正式形式互相交流观点并实现信息共享，进而发挥妇女议事制度的特色。

（二）注重多部门合作

妇女议事机制积极作用的发挥离不开多部门配合。江苏省仍需要出台规范性制度和标准，将各类议题涉及的部门纳入妇女议事支持平台，建立常态化合作机制。妇女议事会的工作应该融入城乡社区协商的总体规划中，保障其运作经费和硬件设施的畅通①。妇女议事机制也应该被囊括在其他制度的多部门合作网络中。例如，我国正在构建的家庭暴力多部门合作机制应该有妇女议事机制的参与。多部门合作的构建不仅有利于促进知识与资源的分享，而且有利于妇女议事结果的转化与执行。

（三）加强议事结果的实行与监督程序

妇女议事会议事结果的后续跟进、反馈与落实情况监督对议事结果转化为有效的实际成果至关重要。江苏省妇联发布的《妇女议事会制度完善意见》同样提出了需要及时反馈各项议事结果的指导性意见。议题及时上报，结果及时反馈，对难以落实的议题及时作出解释是保证议事制度长期

---

① 《完善妇女"议事"制度　聚智聚力"议"出和谐新天地》，扬州市妇联办公室，2017 年 8 月 18 日，http://www.jsnxetd.org.cn/show/token/ccb21e2770d8b469030a6aa9d862baab.html，最后访问日期：2018 年 12 月 24 日。

发展的要素①。议事结果的实际转化和后续跟进应该成为妇女议事制度的灵魂。因此，江苏省妇联在下一步的妇女议事机制建设中应该以议事结果的现实化以及议事后的程序建设作为完善妇女议事机制的工作重点，摒弃粗放的量化评估指标，挖掘每一项议事结果的长远意义与指导性价值。

（四）提升妇女的议事能力

不同地区、不同群体妇女群众议事能力可能存在差异性。各级妇联应该根据当地的实际情况，充分了解各妇女议事群体的背景与议事能力，建立长期机制，对参与议事的妇女群体进行培训，并开展形式多样的宣传活动，促进妇女群体以及大众对妇女议事制度的了解以及支持。为增强参与妇女议事会的妇女的议事能力，有针对性的人员培训、议事能力培训、专题知识培训等内容必不可少。加强骨干培训有利于提升妇女议事参与者的综合素质和能力②。此外，通过媒体和妇联、社区等力量对妇女议事机制进行宣传也有利于提升大众对妇女议事机制的支持，进而提升妇女的自我提升的意识。

---

① 《妇女议事会制度完善意见》，江苏省妇联，2011 年 4 月 21 日，江苏省妇联第 25 号文件，第 4 页。
② 《江苏省开展妇女议事工作调研报告》，江苏省妇联，2017 年 6 月，第 5 页。

附　录
Appendices

B.23
中国人权大事记·2018

许　尧*

1月

2 日　最高人民检察院印发《关于贯彻落实党的十九大精神深入推进检察改革的工作意见》，要求全国检察机关深化司法体制综合配套改革，全面落实司法责任制，健全检察监督体系，完善和发展中国特色社会主义检察制度，努力让人民群众在每一个司法案件中感受到公平正义。

2 日　人力资源和社会保障部、交通运输部、水利部、国家能源局、国家铁路局、中国民用航空局联合印发《关于铁路、公路、水运、水利、能源、机场工程建设项目参加工伤保险工作的通知》，将在各类工程建设项目

---

　*　许尧，管理学博士，南开大学人权研究中心（国家人权教育与培训基地）、南开大学周恩来政府管理学院副研究员，主要研究方向：人权政策、公共冲突管理。

中流动就业的农民工纳入工伤保险保障。

7 日　中国残联、教育部、民政部、人力资源和社会保障部、国家卫生计生委、国务院扶贫办联合印发《着力解决因残致贫家庭突出困难的实施方案》，要求综合运用农村低保、医疗救助、生活补贴和重度残疾人护理补贴、资产收益扶贫等措施，依托建档立卡和实名制数据解决突出问题。

11 日　交通运输部会同住房和城乡建设部、国家铁路局、中国民用航空局、国家邮政局、中国残联、全国老龄办联合印发《关于进一步加强和改善老年人残疾人出行服务的实施意见》，明确了到 2035 年推进交通运输无障碍出行服务的行动纲领，其中包括到 2020 年要基本形成交通运输无障碍出行服务体系。

18 日　环境保护部公布 2017 年全国空气质量状况。全国 338 个地级及以上城市 PM2.5 浓度为 43 微克/立方米，同比下降 6.5%；PM10 浓度为 75 微克/立方米，同比下降 5.1%。

18 日　由中国儿童中心、社会科学文献出版社主办的国内首本儿童蓝皮书《中国儿童参与状况报告（2017）》新闻发布会在北京举行。

18 日　国家发展改革委、国家林业局、财政部、水利部、农业部、国务院扶贫办联合印发《生态扶贫工作方案》，对充分发挥生态保护在精准扶贫、精准脱贫中的作用提出了具体的目标和方案。

18~19 日　中国共产党第十九届中央委员会第二次全体会议在北京举行。全会由中央政治局主持。中央委员会总书记习近平作了重要讲话。全会审议通过了《中共中央关于修改宪法部分内容的建议》，张德江就该建议（草案）向全会作了说明。

19 日　国家旅游局、国务院扶贫办印发《关于支持深度贫困地区旅游扶贫行动方案》。要求集中优势力量，强化攻坚责任；发挥产业优势，实现有效带动；坚持深度开发，寻求创新突破；注重利益分配，确保精准扶贫。

24 日　由中国司法部、联合国毒品和犯罪办公室联合主办的刑事法律援助国际研讨会在广州开幕。与会专家就如何确保刑事法律援助的有效和可获得性等问题进行了探讨。来自中国、阿根廷、芬兰、以色列等国的专家分享了相关经验。

26日 民政部、国家卫生计生委与中国残联共同召开"加快发展精神障碍社区康复服务视频会议",部署加快推进精神障碍社区康复服务工作。

30日 民政部发布《关于开展全国农村留守儿童关爱保护和困境儿童保障示范活动的通知》,对着力打造一批领导重视、制度健全、机制有效、措施有力、服务规范的农村留守儿童关爱保护和困境儿童保障示范地区作出了具体要求。

2月

1日 国家统计局发布数据,据对全国31个省区市16万户居民家庭的抽样调查,按现行国家农村贫困标准测算,2017年末,全国农村贫困人口3046万人,比2016年末减少1289万人;贫困发生率3.1%,比2016年末下降1.4个百分点。

1日 最高人民检察院印发《人民检察院强制医疗决定程序监督工作规定》,针对修改后的刑事诉讼法实施以来,检察机关适用强制医疗程序中面临的一些新情况新问题,就检察机关对强制医疗决定程序实行监督的制度机制进行了完善。

2日 国家互联网信息办公室公布《微博客信息服务管理规定》,包括微博客服务提供者主体责任、真实身份信息认证、分级分类管理、辟谣机制、行业自律、社会监督及行政管理等条款。

5日 中共中央办公厅、国务院办公厅印发《农村人居环境整治三年行动方案》,要求到2020年,实现农村人居环境明显改善,村庄环境基本干净整洁有序,村民环境与健康意识普遍增强。

5日 《中共中央 国务院关于实施乡村振兴战略的意见》发布。目标为,到2020年,乡村振兴取得重要进展,制度框架和政策体系基本形成;到2035年,乡村振兴取得决定性进展,农业农村现代化基本实现;到2050年,乡村全面振兴,农业强、农村美、农民富全面实现。

7日 最高人民法院召开新闻发布会，发布《最高人民法院关于适用〈中华人民共和国行政诉讼法〉的解释》。

9日 中央综治委预防青少年违法犯罪专项组在北京召开全体会议，总结各地各部门贯彻中央深化预防青少年违法犯罪工作意见情况，就下一步重点工作作出安排。会上，最高人民检察院、共青团中央签署《关于构建未成年人检察工作社会支持体系合作框架协议》。

12日 国务院新闻办公室召开新闻发布会，中国基本医疗保险参保人数超过13.5亿人，参保率稳定在95%以上。2017年城乡居民基本医疗保险人均财政补助标准提高到450元，医保目录新增375个药品。

21日 联合国安理会举行"维护国际和平与安全：《联合国宪章》宗旨和原则公开会"。中国常驻联合国代表马朝旭在会上阐述了各国要建立平等相待、互商互谅的伙伴关系；各国要坚持共建共享、建设普遍安全的世界环境；各国要尊重联合国斡旋主渠道作用，维护安理会使命和权威等主张。

23日 最高人民法院发布《关于执行和解若干问题的规定》司法解释，对过去执行和解中出现的诸多争议或模糊不清的法律问题，予以了明确界定。

23日 民政部发布《儿童福利机构管理办法（征求意见稿）》，要求儿童福利机构应当坚持儿童利益最大化，依法保护儿童的生存权、发展权、受保护权和受教育权等权利，不断提高儿童生活、医疗、康复和教育水平，不得歧视、侮辱、虐待儿童。

24日 民政部、公安部、司法部等9部门联合印发《关于加强农村留守老年人关爱服务工作的意见》。力争到2020年，农村留守老年人关爱服务工作机制和基本制度全面建立，关爱服务体系初步形成，关爱服务普遍开展，养老、孝老、敬老的乡村社会氛围更加浓厚，农村贫困留守老年人全部脱贫。

24日 中共中央政治局就中国宪法和推进全面依法治国举行第四次集体学习。中共中央总书记习近平在主持学习时强调，必须更加注重发挥宪法的重要作用，把实施宪法提高到新的水平。

26 日 国务院办公厅印发《关于推进社会公益事业建设领域政府信息公开的意见》。提出经过 3 年左右的努力，使社会公益事业建设各领域、各环节实现公开内容全覆盖。

27 日 教育部、国务院扶贫办印发《深度贫困地区教育脱贫攻坚实施方案（2018—2020 年)》，聚焦于"三区三州"，在精准建立教育扶贫台账、稳步提升教育基本公共服务水平、实施推普脱贫攻坚行动等方面提出具体要求。

27 日 教育部、国务院扶贫办、国家语委印发《推普脱贫攻坚行动计划（2018—2020 年)》，旨在切实发挥语言文字的基础性作用，加大深度贫困地区教育脱贫攻坚力度。

27 日 中共中央办公厅、国务院办公厅印发《关于加强知识产权审判领域改革创新若干问题的意见》，对完善知识产权诉讼制度、加强知识产权法院体系建设和审判队伍建设、加强组织领导等提出了具体要求。

28 日 中国常驻联合国日内瓦办事处和瑞士其他国际组织代表俞建华在联合国人权理事会第 37 次会议上发言，呼吁各方携手同心，共同推动构建人类命运共同体，推动建立公平、公正、开放、包容的全球人权治理体系。

3月

2 日 最高人民法院、最高人民检察院联合发布《关于检察公益诉讼案件适用法律若干问题的解释》，包括一般规定、民事公益诉讼、行政公益诉讼和附则四个部分。

3 日 "光明扶贫行动·白内障复明"项目在北京正式启动。该项目由国家卫生计生委、国务院扶贫办共同组织开展，旨在通过整合社会资金，对建档立卡贫困患者白内障救治费用经医保报销之后个人自付部分进行全额资助。

4 日 《最高人民法院关于人民法院通过互联网公开审判流程信息的规

定》发布，全国各级人民法院将按照统一标准、通过统一平台公开审判流程信息，有助于保障当事人对审判活动的知情权。

5日 民政部会同人力资源和社会保障部、国家卫生计生委、中国残联发布《残疾人服务机构管理办法》，对加强残疾人服务行业管理提出了明确要求，侵犯残疾人合法权益的残疾人服务机构将承担法律责任。

6日 最高人民检察院印发《全面加强未成年人国家司法救助工作意见》，八类因本人或其抚养人遭受不法侵害等陷入困境的未成年人将获国家司法救助。

7日 在联合国人权理事会第37次会议期间，中国人权研究会在日内瓦万国宫举办"西藏文化的保护与发展"边会，深入介绍西藏保护和发展传统文化方面所采取的努力和取得的成就。

11日 十三届全国人大一次会议在人民大会堂举行第三次全体会议，表决通过《中华人民共和国宪法修正案》。

12日 人力资源和社会保障部印发《关于做好2018年全国高校毕业生就业创业工作的通知》，要求各地要多渠道开发适合毕业生的就业岗位，千方百计拓展多元化就业渠道，确保高校毕业生就业水平总体稳定、就业局势基本平稳。

12日 人力资源和社会保障部会同财政部、国家卫生计生委印发《关于做好当前生育保险工作的意见》，从适应全面两孩政策实施的角度，对做好生育保险工作提出了明确要求。

15日 中国常驻联合国副代表吴海涛在纽约联合国总部介绍中国法规政策性别评估机制进一步完善、女性公平就业约谈制度纳入地方立法等新成就，强调中国愿与各国一道，推进男女平等与妇女进步。

20日 十三届全国人大一次会议表决通过《中华人民共和国监察法》。

23日 联合国人权理事会第37届会议通过中国提出的"在人权领域促进合作共赢"决议。决议呼吁各国共同努力，构建相互尊重、公平正义、合作共赢的新型国际关系，构建人类命运共同体，强调各国要坚持多边主义，加强人权领域对话与合作，实现合作共赢。

27 日　新组建的国家卫生健康委员会正式挂牌。中共中央政治局委员、国务院副总理孙春兰在揭牌仪式后的工作座谈会上强调，要以机构改革为契机，加快职能转变，深入开展调查研究，着力解决卫生健康领域的突出问题。

27 日　国务院颁布《快递暂行条例》。条例完善了服务规则，明确了各方权利义务，保护消费者合法权益；细化无法投递、无法退回快件的处理规则和损失赔偿规则；专门规定用户个人信息保护制度，对于相关违法行为，规定了严格的法律责任。

28 日　教育部、国家发展改革委、财政部、人力资源和社会保障部、中央编办联合印发《教师教育振兴行动计划（2018—2022 年）》。要求以提升教师教育质量为核心，以加强教师教育体系建设为支撑，以教师教育供给侧结构性改革为动力，着力培养造就师德高尚、业务精湛、结构合理、充满活力的教师队伍。

4月

2 日　党和国家领导人习近平、李克强、栗战书、汪洋、王沪宁、赵乐际、韩正、王岐山等参加首都义务植树活动。习近平强调，绿化祖国要坚持以人民为中心的发展思想，广泛开展国土绿化行动，人人出力，日积月累，让祖国大地不断绿起来美起来。

3 日　国务院新闻办公室发表《中国保障宗教信仰自由的政策和实践》白皮书。以大量数据全面客观介绍了中国改革开放 40 年特别是中国共产党第十八次全国代表大会以来中国在保障宗教信仰自由方面取得的进展。

4 日　国家发展改革委发布《中国的易地扶贫搬迁政策》白皮书，介绍了新时期易地扶贫搬迁的重要意义、工作目标、政策要点、主要任务、阶段性进展等情况。2016 年和 2017 年两年已顺利完成 589 万人的易地扶贫搬迁建设任务。

12 日　国务院总理李克强主持召开国务院常务会议，确定发展"互联

网＋医疗健康"措施，缓解看病就医难题、提升人民健康水平；决定对进口抗癌药实施零关税并鼓励创新药进口，顺应民生期盼使患者更多受益；部署全面加强乡村小规模学校和乡镇寄宿制学校建设，为农村孩子提供公平有质量的义务教育。

12 日　由中国人权研究会、中共湖南省委宣传部共同主办的"构建新时代中国人权话语体系"理论研讨会在湖南长沙中南大学举办。近 70 名专家学者围绕新时代中国人权话语体系的培育、传播和国际人权治理等议题进行了探讨。

24 日　国务院新闻办公室发表《2017 年美国的人权纪录》《2017 年美国侵犯人权事记》，对美国侵犯人权的状况进行揭露。人权纪录分为导言、公民权利遭受严重侵犯、系统性种族歧视加剧社会撕裂、美式民主存在严重弊端、贫富分化现象持续恶化、特定群体遭受歧视和人身侵犯、继续粗暴侵犯他国人权等部分。

25 日　最高人民法院、司法部联合印发《关于依法保障律师诉讼权利和规范律师参与庭审活动的通知》，着眼于构建法官与律师间彼此尊重、相互支持、相互监督的良性互动关系，重点对庭审阶段的律师权利保障和执业行为规范进行了规定。

24～26 日　第四届中美残疾人事务协调会于北京及西安举办，双方代表围绕残疾人康复、就业和体育三个议题进行了经验分享和探讨。

25～27 日　十三届全国人大常委会第二次会议审议国务院关于华侨权益保护工作情况的报告、国务院关于 2017 年度环境状况和环境保护目标完成情况的报告、国务院关于构建现代农业体系深化农业供给侧结构改革工作情况的报告、最高人民法院关于人民陪审员制度改革试点情况的报告等多部报告。

27 日　十三届全国人大常委会第二次会议全票表决通过《中华人民共和国英雄烈士保护法》。英雄烈士的姓名、肖像、名誉、荣誉受法律保护，禁止歪曲、丑化、亵渎、否定英雄烈士的事迹和精神，宣扬、美化侵略战争和侵略行为，将依法惩处直至追究刑责。

27 日　中央政法委、最高人民法院、司法部、民政部、财政部、人力资源和社会保障部联合印发中央全面深化改革委员会第一次会议审议通过的《关于加强人民调解员队伍建设的意见》，强调充分发挥人民调解维护社会和谐稳定"第一道防线"作用，推进平安中国、法治中国建设。

27 日　国家卫生健康委员会发布《母婴安全行动计划（2018—2020年）》和《健康儿童行动计划（2018—2020 年）》，对保障母婴安全和儿童健康提出了具体的目标和行动方案。

5月

2 日　国务院办公厅印发《关于全面加强乡村小规模学校和乡镇寄宿制学校建设的指导意见》。到 2020 年，要基本补齐两类学校短板，进一步振兴乡村教育，基本实现县域内城乡义务教育一体化发展，为乡村学生提供公平而有质量的教育。

3 日　工业和信息化部印发《关于推进网络扶贫的实施方案（2018—2020 年）》。要求到 2020 年，全国 12.29 万个建档立卡贫困村宽带网络覆盖比例超过 98%。保障建档立卡贫困人口方便快捷接入高速、低成本的网络服务，使他们有更多机会通过农村电商、远程教育、远程医疗等享受优质公共服务。

5 日　中国人民大学法学院、中国人民大学人权研究中心举办"马克思主义人权理论中国化及其新发展"研讨会。来自国内 30 多家高校、科研机构及政府部门的人权和马克思主义研究领域的学者 40 余人参加了会议。

8 日　"妇女发展与社会救助"中欧专家对话交流会在北京举办。来自北京市妇女对外交流协会、中国－欧盟社会保障改革项目及科研院所的专家、学者就"妇女发展与社会救助"议题进行了充分的对话与交流。

10 日　中国残联在北京召开发布会，宣布第 28 次全国助残日主题为"全面建成小康社会，残疾人一个也不能少"，并呼吁社会各界共同助力贫困残疾人脱贫攻坚。

10 日　中国与巴基斯坦在伊斯兰堡举行第 4 次人权磋商。中国外交部人权事务特别代表刘华与巴基斯坦外交部联合国司司长卡里尔·哈什米共同主持。双方就国际人权形势、国际人权合作及双边人权技术合作等交换了意见。

15 日　中国老龄科学研究中心发布《老龄蓝皮书：中国城乡老年人生活状况调查报告（2018）》，以第四次"中国城乡老年人生活状况抽样调查"数据为主要依托，分析了新时代老年人的基本生活状况。

15 日　最高人民法院发布 8 起人民法院征收拆迁典型案例，强调地方政府在拆迁和促进经济发展过程中，要保障被征收群众的合法权益。

18 日　"为了母亲的微笑——幸福工程精准扶贫健康扶贫二十三载跡录展"在北京启动。截至 2017 年底，幸福工程已在 29 个省（区、市）的 825 个县落地开花，累计投入资金 16.6 亿元，救助贫困母亲 33.2 万人，惠及人口 142.7 万人。

18 ~ 19 日　全国生态环境保护大会在北京召开。中共中央总书记、国家主席、中央军委主席习近平出席会议并发表重要讲话，明确提出加强生态文明建设必须坚持的重要原则，对加强生态环境保护、打好污染防治攻坚战作出了全面部署。

21 日　《国家通用手语常用词表》和《国家通用盲文方案》由国家语言文字工作委员会规范标准审定委员会审定，经中国残疾人联合会、教育部、国家语言文字工作委员会同意，作为语言文字规范发布，自 2018 年 7 月 1 日起实施。

23 日　"2018 中国扶贫国际论坛"在北京举行，主题为"共享推动合作　携手消除贫困"。来自 9 个国际机构、28 个国家的近 200 名中外代表出席论坛，深入研讨了以共享精神推动减贫和发展领域的合作，分享中国方案和中国智慧，推动"共建没有贫困、共同发展的人类命运共同体"。

25 日　由中国法学会研究部、中国社会法学研究会、中国法学会婚姻家庭法学研究会共同主办的"法律与女性发展"圆桌论坛在北京召开，旨在推动性别平等，优化女性发展环境。

28 日 针对全国 14 个集中连片特困地区贫困家庭儿童的健康扶贫计划"中国儿童健康扶贫计划"在北京发布。该计划将在 2020 年基本实现完成 14 个集中连片特困地区建档立卡贫困家庭患病儿童的救治目标。

29 日 最高人民检察院举行"依法惩治侵害未成年人犯罪加强未成年人司法保护"新闻发布会,通报了相关案件的情况,强调要加大惩治侵害未成年人犯罪力度,用足用活刑罚预防性措施,加大法制宣传教育力度,保障未成年人的合法权益。

30 日 国务院常务会议原则通过了《关于建立残疾儿童康复救助制度的意见》。残疾儿童康复将逐步实现制度化保障,推动实现残疾人"人人享有康复服务"的目标。

6月

1 日 最高人民法院召开新闻发布会,公布林某某通过网约车猥亵儿童案、施某通过裸贷敲诈勒索案等 10 起利用互联网侵害未成年人权益的典型案例。

5 日 由联合国粮农组织、国际农业发展基金、世界粮食计划署、中国国际扶贫中心和中国互联网新闻中心联合主办的 2018 年全球减贫伙伴研讨会在意大利罗马举行。国务院扶贫办副主任欧青平分享了中国减贫的成就和经验。

5 日 2018 年环境日主场活动在长沙举行。生态环境部、中央文明办、教育部、共青团中央、全国妇联联合印发《公民生态环境行为规范(试行)》,倡导简约适度、绿色低碳的生活方式,引领公民践行生态环境责任。

5～14 日 中国人权研究会会长向巴平措率中国人权研究会代表团赴西班牙、意大利、奥地利访问。其间,向巴平措一行与三国政府部门、议会、国家人权机构以及智库、对华友好协会、新闻媒体等社会各界进行了多种形式的广泛接触和交流,增进了相互了解。

6 日 国务院新闻办公室、农业农村部和联合国粮农组织主办,中央广

播电视总台和中国常驻联合国粮农机构代表处承办的"减贫和粮食权的保障"展览在罗马联合国粮农组织总部开幕。来自 100 多个国家和国际组织的代表约 300 人参加了开幕式并参观了展览。

11～12 日 中国外交部人权事务特别代表刘华与瑞士外交部人权特使奈格利在北京共同主持中国瑞士第 11 次人权对话。双方介绍了各自在促进和保护人权方面的新进展，并就国际人权合作、刑罚和司法体系、少数民族权利、妇女权利及残疾人权利等问题交换意见。

12～14 日 《残疾人权利公约》第 11 次缔约国大会在联合国总部举行。中国残联副理事长贾勇率中国代表团出席了此次缔约国会议，并在一般性辩论、专题讨论圆桌会议和改进残疾人数据统计主题边会上做了发言。中国常驻联合国代表马朝旭在改进残疾人数据统计主题边会上致辞。

13～21 日 全国政协原副主席、中国人权发展基金会理事长黄孟复率中国人权发展基金会代表团访问希腊、立陶宛和拉脱维亚。其间，代表团和三国相关政府部门、社会组织进行了多种形式的交流，介绍了各自的人权发展情况并表达了加强进一步合作的意愿。

19 日 中国与比利时在日内瓦人权理事会第 38 次会议期间共同举办关于保护儿童权利问题的边会，围绕《儿童权利公约》执行情况、面临的主要挑战、如何收集相关数据等问题展开讨论。中方代表介绍了中国在促进和保护儿童权利方面的政策主张及经验。

20～21 日 中国荷兰第 11 次人权对话在荷兰海牙举行，中国外交部人权事务特别代表、国际司副司长刘华与荷兰外交部人权事务大使范巴尔共同主持。双方介绍了各自在促进和保护人权方面取得的新进展，并就国际人权合作、保障妇女和残疾人权利、非政府组织在促进和保护人权中的作用等问题交换了看法。

25 日 中共中央总书记、国家主席、中央军委主席习近平就禁毒工作作出指示强调，要加强党的领导，充分发挥政治优势和制度优势，完善治理体系，压实工作责任，广泛发动群众，走中国特色的毒品问题治理之路。

26 日　人力资源和社会保障部、财政部联合印发《关于使用失业保险基金支持脱贫攻坚的通知》。从 2019 年 1 月 1 日起，深度贫困地区失业保险金标准上调至最低工资标准的 90％；企业稳岗补贴标准由 50％ 提高到 60％；参保职工技能提升补贴申领条件由累计参保缴费满 3 年放宽到满 1 年。

27～29 日　由中国国务院扶贫办与菲律宾国家减贫委员会联合主办的第十二届中国—东盟社会发展与减贫论坛在菲律宾马尼拉举行。来自中国和东盟 10 国的政府官员、专家学者、媒体记者、企业家、非政府组织及国际组织代表 120 余人参加了会议。与会代表高度评价中国减贫成就，期待中国与东盟加强合作。

28 日　由中国人权研究会和国际人权研究院共同主办的"2018·中欧人权研讨会"在比利时布鲁日举行，研讨会主题为"文明多样性与人权保障"。60 多位专家学者围绕东西方人权观念的差异、文明多样性下的人权交流与对话、文明多样性与《世界人权宣言》等内容进行了讨论。

28 日　"追寻美好生活"中国脱贫成就展在纽约联合国总部举行开幕式。该展览通过 40 多幅生动图片、10 集视频短片《追寻美好生活》以及翔实的文字资料，讲述了中国多地精准扶贫的典型故事。

29～30 日　由国台办主办，中国人民大学承办的第三届两岸人权论坛——两岸性别平等权保障理论研讨会在南京举行。来自海峡两岸 30 余所高校和研究机构的 60 多名专家学者，围绕性别平等的基础理论、婚姻家庭领域性别平等、性别平等的机制保障、就业领域性别平等议题进行了交流。

6 月 30 日至 7 月 6 日　中国人权研究会副会长、西南政法大学校长付子堂率队的中国人权研究会代表团先后访问了英国和希腊。与两国的相关部门政府官员、智库和研究机构代表、法官等进行了深入研讨和交流。

7月

2 日　中国常驻联合国日内瓦办事处和瑞士其他国际组织代表俞建华在

联合国人权理事会第 38 次会议上，代表近 140 个国家发表题为"坚持以人民为中心，促进和保护人权"的联合声明。

3 日　中国与非洲国家在联合国人权理事会第 38 次会议期间共同举办主题为"发展和减贫对促进和保护人权的贡献"的国际研讨会。20 余位非洲国家大使、50 多个国家的高级外交官以及有关国际组织代表、专家学者、非政府组织代表和新闻媒体记者百余人出席了研讨会。

4 日　教育部、国家发展改革委、财政部、中国残联联合印发《关于加快发展残疾人职业教育的若干意见》，要求以中等职业教育为重点不断扩大残疾人接受职业教育的机会，每个省（区、市）集中力量至少办好一所面向全省招生的残疾人中等职业学校。鼓励用人单位雇用残疾人从事适当工作。

5 日　中共中央办公厅、国务院办公厅印发《全国扫黑除恶专项斗争督导工作方案》。主要对各省（自治区、直辖市）党委和政府及其有关部门开展督导，并下沉至部分市地级党委和政府及其有关部门。对涉及的重点案件，直接到县乡村进行督导，对存在突出问题的地方等进行重点督导。

3 日　国务院印发《打赢蓝天保卫战三年行动计划》。要求到 2020 年，二氧化硫、氮氧化物排放总量分别比 2015 年下降 15% 以上；PM2.5 未达标地级及以上城市浓度比 2015 年下降 18% 以上，地级及以上城市空气质量优良天数比例达到 80%，重度及以上污染天数比例比 2015 年下降 25% 以上。

9 日　中欧第 36 次人权对话在北京举行。外交部国际司司长李军华和欧盟驻华大使史伟出席对话开幕式。外交部人权事务特别代表刘华和欧盟对外行动署亚太总司副司长帕姆帕罗尼共同主持对话。双方就人权领域新进展、国际人权领域合作、妇女权利与残疾人权利、工商业与人权等问题交换了意见。

10 日　十三届全国人大常委会第四次会议表决通过了全国人大常委会关于全面加强生态环境保护依法推动打好污染防治攻坚战的决议。决议强调，建立健全最严格最严密的生态环境保护法律制度，大力推动生态环境保护法律制度全面有效实施，广泛动员人民群众积极参与生态环境保护工作，打好污染防治攻坚战。

10 日 国务院印发《关于建立残疾儿童康复救助制度的意见》。意见要求，到 2020 年，建立与全面建成小康社会目标相适应的残疾儿童康复救助制度体系，基本实现残疾儿童应救尽救；到 2025 年，残疾儿童康复救助制度体系更加健全完善，残疾儿童普遍享有基本康复服务，健康成长、全面发展权益得到有效保障。

17 日 世界教育创新峰会宣布：由中国发展研究基金会发起的"一村一园计划"（One Village One Preschool）荣获 2018 年度 WISE 世界教育创新项目奖，该计划覆盖青海、云南、湖南、四川、山西、新疆、贵州、甘肃和河北 9 个省份的 21 个贫困县，惠及 17 万贫困地区儿童。

18 日 由中国人权研究会和中共湖北省委宣传部共同主办的"改革开放与中国人权事业的发展进步"研讨会在武汉召开。100 余位来自国家人权教育与培训基地、人权研究机构的专家学者和相关实务部门的代表进行了深入探讨。

24 日 中国残联主席、康复国际主席张海迪在英国伦敦出席首届全球残疾人事务峰会，并在开幕式上作主旨发言，介绍了中国在残疾人社会保障、康复、教育、就业等领域取得的进步，并表示中国将进一步推动国际残疾人事务共同发展。

25 日 教育部基础教育质量监测中心发布《中国义务教育质量监测报告》，对中国义务教育阶段学生德智体美和学校教育教学等状况进行了客观呈现，并对如何进一步提升义务教育质量提出建议。

27 日 退役军人事务部、财政部发出通知，再次提高部分退役军人和其他优抚对象等人员抚恤和生活补助标准。自改革开放以来，国家已第 25 次提高残疾军人残疾抚恤金标准，第 28 次提高"三属"定期抚恤金标准和"三红"生活补助标准。

30 日 中央财政下达 2018 年困难群众救助补助资金 467.7 亿元，加上已提前下达的 928.6 亿元以及在新疆兵团部门预算中安排的 4.6 亿元，2018 年中央财政困难群众救助补助资金 1400.9 亿元全部下达。补助资金用于低

保、特困人员救助供养、临时救助、流浪乞讨人员救助、孤儿基本生活保障等五方面支出。

8月

3 日 《最高人民法院中国残疾人联合会关于在审判执行工作中切实维护残疾人合法权益的意见》发布，旨在充分发挥国家司法救助、法律援助、法律服务的功能作用，使残疾人享受到门槛更低、内容更多、范围更广的法律服务，切实保障残疾人平等充分参与诉讼活动。

10 日 联合国消除种族歧视委员会在日内瓦审议中国履行《消除一切形式种族歧视国际公约》第 14~17 期报告。中国代表团团长、常驻联合国日内瓦办事处和瑞士其他国际组织代表俞建华向委员会介绍了中国民族工作和少数民族权利保护的新进展。

17 日 中非卫生合作高级别会议在北京举行。来自 36 个非洲国家、世界卫生组织，以及中国有关部门、专家学者等共约 300 名代表参会。会议以"深化中非卫生合作，共筑健康丝绸之路"为主题，围绕中非公共卫生合作、提升非洲医药产品可及性、中非医院管理合作等多领域开展了对话和交流。

19 日 中共中央、国务院发布《关于打赢脱贫攻坚战三年行动的指导意见》，从总体要求、集中力量支持深度贫困地区脱贫攻坚、强化到村到户到人精准帮扶举措、加快补齐贫困地区基础设施短板等 8 个方面完善顶层设计、强化政策措施、加强统筹协调，推动脱贫攻坚工作更有效开展。

23 日 中国残联等 16 部门联合发布通知，决定以"残疾预防，从我做起"为主题开展第二次全国残疾预防日宣传教育活动。

28 日 教育部部长陈宝生受国务院委托，向全国人大常委会报告关于推动城乡义务教育一体化发展提高农村义务教育水平工作。他表示，将继续开展国家义务教育基本均衡督导评估认定，2018 年底努力实现全国 85% 的县（区）达到基本均衡，到 2020 年，比例达到 95%；在本届政府任期内，全面实现基本均衡。

29 日 国家统计局发布改革开放 40 年经济社会发展成就报告。报告显示，2017 年，全国居民人均可支配收入达到 25974 元，比 1978 年实际增长 22.8 倍，年均增长 8.5%；15 岁及以上人口平均受教育年限由 1982 年的 5.3 年提高到 2017 年的 9.6 年；居民预期寿命由 1981 年的 67.8 岁提高到 2017 年的 76.7 岁，孕产妇死亡率由 1990 年的 88.8/10 万下降到 2017 年的 19.6/10 万；农村贫困人口由改革开放之初的 7.7 亿人减少为 3046 万人。

30 日 教育部、国家卫生健康委员会、国家体育总局、财政部、人力资源和社会保障部、国家市场监督管理总局、国家新闻出版署、国家广播电视总局等八部门联合印发《综合防控儿童青少年近视实施方案》。

30 ~ 31 日 中共中央政治局委员、国务院副总理孙春兰到陕西调研地方病防治工作，并主持召开全国地方病专项防治工作推进会。

31 日 中国人民大学主办的"改革开放四十周年与中国残障人事业发展：纪念《残疾人权利公约》生效十周年"研讨会在北京召开。来自联合国相关机构、国内外人权教育研究以及相关实务部门的代表 50 余人，围绕相关议题进行了讨论。

31 日 农村留守儿童关爱保护和困境儿童保障工作部际联席会议第一次全体会议在北京召开，总结交流联席会议制度经验做法，审议通过了《农村留守儿童关爱保护和困境儿童保障工作部际联席会议成员单位职责任务分工》。

31 日 人力资源和社会保障部印发《打赢人力资源社会保障扶贫攻坚战三年行动方案》，提出到 2020 年，要实现贫困人口基本养老保险全覆盖，完成贫困劳动力职业技能培训 300 万人次，通过扩大贫困劳动力就业规模、提高就业质量，促进 100 万贫困劳动力实现就业，带动 300 万贫困人口脱贫。

31 日 十三届全国人大常委会第五次会议通过关于修改个人所得税法的决定，个税起征点上调为每月 5000 元。纳税人总体上税负都有不同程度下降，特别是中等以下收入群体税负下降明显。

31 日　中国与俄罗斯在北京举行了第 11 次多边人权事务磋商。中国外交部人权事务特别代表刘华和俄罗斯外交部人道主义合作与人权局局长阿里吴迪诺夫共同主持了磋商。其间双方就国际人权形势及多边人权合作等问题交换了意见。

9月

6 日　教育部召开新闻发布会介绍秋季开学全国学生资助工作。中国已经建立起覆盖学前教育至研究生教育的学生资助体系。2017 年，全国资助学生 9590 万人次，资助经费总投入 1882 亿元，分别比 2011 年增长 22%、92%。十八大以来，全国共资助学生达到 5.2 亿人次，资助经费总投入达到 8864 亿元。

10 日　由国务院新闻办公室、中国常驻联合国日内瓦代表团共同主办的"中国改革开放与人权发展"展览在日内瓦万国宫举行。联合国人权理事会主席苏奇，国际移民组织总干事斯温，欧盟、英国、巴基斯坦等 30 余国使节，各国常驻日内瓦代表团、联合国有关机构和非政府组织代表等 600 余人参加了开幕式。

10 日　解决企业工资拖欠问题部际联席会议印发《2018 年度保障农民工工资支付工作考核细则》。共有 65 项考核指标，分为加强组织领导、工程建设领域欠薪源头治理、工资支付保障制度、工资支付诚信体系、依法处置欠薪案件和加强执法能力建设等 5 个方面。

11 日　联合国人权理事会第 39 次会议期间，中国人权研究会在万国宫举办"中国改革开放与人权发展"主题边会。在第 39 次会议一般性辩论中，中国人权研究会代表结合自身经历，介绍了新疆通过遏制宗教极端思想蔓延、有效开展反恐反分裂斗争，实现社会稳定和促进当地旅游业发展的情况。

12 日　中国出生缺陷干预救助基金会联合国家卫生健康委在北京共同举办 2018 年预防出生缺陷日现场主题宣传活动，活动主题为"防治出生缺陷，助力健康扶贫"。中国通过多个公共卫生项目推动出生缺陷防治，如贫困地区实施免费孕前优生健康检查、农村妇女增补叶酸、农村妇女"两癌"筛查、新生儿疾病筛查等。

13 日 中国与南非在日内瓦万国宫举办"消除贫困与实现所有人权,包括发展权"会议。俄罗斯、德国、尼日利亚等 30 余国和欧盟外交官以及有关国际组织代表、中外学者、非政府组织代表等 80 余人参加会议。

14 日 中国残疾人联合会第七次全国代表大会在北京人民大会堂开幕。习近平、李克强等党和国家领导人到会祝贺,韩正代表党中央、国务院致辞。中国残联主席张海迪作了题为《以习近平新时代中国特色社会主义思想为指引团结带领残疾人兄弟姐妹共奔美好小康生活》的工作报告。全国各地的 600 多名代表与会。

14 日 中国常驻联合国日内瓦办事处和瑞士其他国际组织代表俞建华在日内瓦举行的联合国人权理事会第 39 次会议上,代表近 140 个国家发表题为《携手合作消除贫困,共同推进国际人权事业发展》的联合声明。

18 ~ 19 日 由中国人权研究会、中国人权发展基金会联合主办的"2018·北京人权论坛"在北京举行,主题为"消除贫困:共建一个没有贫困、共同发展的人类命运共同体"。来自近 50 个国家、地区和国际组织的官员、专家学者、知名人士等 200 余人出席。论坛围绕"消除贫困与生存权和发展权的实现"、"中国的扶贫理念、成就、经验的人权意义"、"减贫的国际合作与人权保障"和"构建人类命运共同体与人权保障"等议题展开深入交流。

25 日 国家卫生健康委员会发布《中国青少年健康教育核心信息及释义(2018 版)》,对肥胖、近视、网络成瘾等青少年主要健康问题和影响因素进行了分析并给予指导。

26 日 浙江省"千村示范、万村整治"工程荣获联合国环境规划署颁发的"地球卫士奖"。2003 ~ 2017 年,浙江省累计有 2.7 万个建制村完成村庄整治建设,占 97%;74% 农户的厕所污水、厨房污水、洗涤污水得到有效治理;生活垃圾集中收集、有效处理实现建制村全覆盖,41% 的建制村实施生活垃圾分类处理。

26 日　《最高人民法院、最高人民检察院关于办理虚假诉讼刑事案件适用法律若干问题的解释》公布，对虚假诉讼犯罪行为的界定、定罪量刑标准、数罪竞合的处罚原则、刑事政策的把握、地域管辖的确定等作出了规定。

10月

8 日　国务院总理李克强主持召开国务院常务会议，部署推进棚户区改造工作，进一步改善住房困难群众居住条件。

10 日　人力资源和社会保障部、国务院扶贫办联合发布《关于开展深度贫困地区技能扶贫行动的通知》。通过建立完善职业指导、分类培训、技能评价、就业服务协同联动的公共服务体系，提升职业技能培训促进转移就业脱贫的效果。

11 日　由全国妇联主办，中国儿童少年基金会、腾讯公司、CCTV 慈善之夜承办的新时代女童及家庭网络素养——2018 年"国际女童日"主题研讨会在北京举行，研讨会上发布《新时代女童及家庭网络素养调研报告》，启动上线了《护蕾行动——小网民安全成长指南（家庭版）》。

11～12 日　由南开大学人权研究中心主办的"纪念《世界人权宣言》70 周年国际研讨会"在天津举行，主题为"《世界人权宣言》的起草过程与后世影响"，来自国内外人权研究领域的 30 余位专家学者进行了深入研讨。

17 日　由国家卫生健康委员会主办、《健康报》社承办的"社会力量参与健康扶贫协作论坛"在北京举行。论坛发起行动倡议，建立网络平台，成立公益联盟，发布了《中国健康扶贫发展研究报告》。

22 日　中国工会第十七次全国代表大会在人民大会堂开幕。习近平、李克强、栗战书、汪洋、赵乐际、韩正等党和国家领导人到会祝贺，王沪宁代表党中央发表了题为《展示新时代我国工人阶级团结奋斗新风采》的致辞。来自全国各行各业的 2000 多名中国工会十七大代表和近百名特邀代表出席。

22 日 国家医保局会同财政部、国务院扶贫办联合印发《医疗保障扶贫三年行动实施方案（2018—2020 年)》，提出医疗保障扶贫的六大目标和五方面具体措施，确保到 2020 年，农村贫困人口全部纳入基本医保、大病保险和医疗救助保障范围。

25 日 十三届全国人大常委会第六次会议举行联组会议，就人民法院解决"执行难"工作情况、人民检察院加强对民事诉讼和执行活动法律监督工作情况开展专题询问，最高人民法院院长周强、最高人民检察院检察长张军等到会听取意见、回答询问。

29 日 中国人权研究会和中国常驻日内瓦联合国代表团联合举办"中国人权保障的实践"主题边会。六位中国专家介绍了中国在人权保障领域所进行的探索和所取得的成就。各国常驻日内瓦外交官和有关国际组织官员约 50 人参加。

30 日 中国妇女第十二次全国代表大会在人民大会堂开幕。习近平、李克强、栗战书、汪洋、王沪宁、韩正等党和国家领导人到会祝贺，赵乐际代表党中央发表了题为《在新时代征程中谱写半边天壮丽篇章》的致辞。来自内地各行各业的 1637 名代表和来自香港、澳门的 79 名特邀代表参会。

11月

1～2 日 由中共中央宣传部、财政部、国务院扶贫办、世界银行主办的"改革开放与中国扶贫国际论坛"在北京举行，主题为"国际减贫合作：构建人类命运共同体"，中国国家主席习近平、联合国秘书长古特雷斯致贺信。来自 51 个国家和 11 个国际组织的 400 余名代表参加论坛。

5 日 中国相关社会组织在日内瓦万国宫举办"中国少数民族发展与人权进步"主题边会。中国国际交流协会、中国少数民族对外交流协会等组织的代表介绍了中国的民族政策及少数民族地区经济社会发展情况。

5 日 中国民间组织国际交流促进会等中国社会组织在日内瓦万国宫举

办了"改革开放40年中国社会组织的发展与人权事业进步"的主题边会。各国常驻日内瓦外交官、有关国际组织官员、中外民间组织代表约50人参加了边会。

5日 由国务院新闻办公室、中国常驻联合国日内瓦办事处和瑞士其他国际组织代表团共同主办的"新时代中国人权事业的发展"展览在日内瓦万国宫开幕。来自德国、古巴、巴西、欧盟、南非等国家常驻代表和国际组织负责人,以及非政府组织负责人等500余人参加了开幕式。

6日 中国在日内瓦参加联合国人权理事会第三轮国别人权审议。中国代表团在审议中回答了150个国家提出的300多个问题,以开放、坦诚、包容、合作的态度与各方进行了有益、富有建设性的对话。俄罗斯、南非、巴基斯坦等120多个国家踊跃发言,高度肯定中国在促进和保护人权事业方面取得的巨大成就。针对少数西方国家的无端指责,代表团列举大量事实和依据,予以了有力驳斥和必要澄清。

7日 人力资源和社会保障部办公厅、财政部办公厅发布《关于深入推进12333发展促进人力资源社会保障公共服务便民化的意见》。要求畅通服务渠道,形成智能化的服务能力,创新服务方式,持续完善知识库,开放共享数据,推进全国12333电话服务系统互联互通。

8日 全国老龄工作委员会全体会议在北京举行。国务院副总理、全国老龄委主任孙春兰主持会议,并强调要及时科学综合应对人口老龄化,推动老龄事业全面协调可持续发展。

9日 联合国人权理事会举行会议,一致通过中国参加第三轮国别人权审议报告。会议通过的报告记录了各方在审议中提出的建议,涉及消除贫困、法治建设、创新发展、促进就业、保障民生、特殊群体保护、宗教事务管理、反恐、气候变化和可持续发展、南南合作、人权教育、国家人权行动计划、反对人权双重标准、国际人权合作等方面内容。

9日 国家统计局发布对《中国儿童发展纲要(2011—2020年)》和《中国妇女发展纲要(2011—2020年)》2017年实施情况的统计监测报告。监测报告表明,两份纲要提出的多项目标已提前实现。

15 日　国务院新闻办公室发表《新疆的文化保护与发展》白皮书。白皮书包括前言、新疆各民族文化是中华文化的组成部分、各民族语言文字广泛使用、宗教文化受到尊重和保护、文化遗产保护和传承取得成就、文化事业和文化产业不断发展、对外文化交流日趋活跃等部分。

15 日　由中国人权研究会和中共陕西省委宣传部共同主办、西北政法大学人权研究院承办的"2018·全国人权教育与研究"研讨会在西安举行。来自各人权教育与研究机构的专家学者和相关实务部门代表近 100 人围绕"新时代人权教育培训和人才培养""新时代人权理论创新和学术面向"等议题进行了深入探讨。

16 日　教育部印发《新时代高校教师职业行为十项准则》《新时代中小学教师职业行为十项准则》《新时代幼儿园教师职业行为十项准则》《关于高校教师师德失范行为处理的指导意见》《幼儿园教师违反职业道德行为处理办法》，修订了《中小学教师违反职业道德行为处理办法》。

22～23 日　中国人权研究会的代表出席了在乌兹别克斯坦撒马尔罕举行的亚洲人权论坛。该论坛由乌兹别克斯坦主办，来自约 40 个国际组织、20 多个国家的人权组织代表就改进保护人权机制和加强人权领域国际合作展开了讨论，并通过了《撒马尔罕宣言》。

28 日　《中国残疾人事业研究报告（2018）》在北京发布。报告共分为中国残疾人事业发展总报告、残疾人组织、残疾人健康、残疾人教育、残疾人精准脱贫、地方残疾人事业发展六个部分，展示了残疾人事业取得的成就，分析了面临的挑战和存在的不足。

29 日　司法部举办"法援惠民生"工作推进情况新闻发布会。五年来，全国法援机构共组织办理法律援助案件 633.6 万件，法律援助受援人达 695.7 万人次，提供法律咨询超过 3652 万人次，有力维护了困难群众合法权益。

12月

5 日　国务院印发《关于做好当前和今后一个时期促进就业工作的若干

意见》。要求把稳就业放在更加突出位置，坚持实施就业优先战略和更加积极的就业政策，支持企业稳定岗位，促进就业创业，强化培训服务，确保就业目标任务完成和就业局势持续稳定。

5日 国家卫生健康委等10部门联合印发《地方病防治专项三年攻坚行动方案（2018—2020年)》。具体目标为：现症地方病病人和晚期血吸虫病病人全部得到有效救治；病区人居环境普遍改善，环境危险因素得到有效控制，群众防治意识有效提高；防控体系得到稳固加强，防治技术有新突破，科技成果得到推广应用。

6日 人力资源和社会保障部、国家发展改革委、财政部联合印发《关于推进全方位公共就业服务的指导意见》。

6～8日 中德在西藏拉萨市举行了第15次人权对话。中国外交部国际司司长李军华和德国联邦政府人权事务专员科夫勒共同主持了对话。双方对中德人权对话的评估、人权观与人权领域新进展、国际人权合作等议题进行了交流。

10日 中国人权研究会和中国人权发展基金会在人民大会堂举行了"纪念《世界人权宣言》发表70周年座谈会"，中共中央总书记、国家主席习近平专门发来贺信，强调人民幸福生活是最大的人权，要坚持走符合国情的人权发展道路，促进人的全面发展。

12日 国务院新闻办公室发布《改革开放40年中国人权事业的发展进步》白皮书。包括牢固树立尊重和保障人权的治国理政原则、大幅提升生存权发展权保障水平、有效实现各项人权全面发展、显著改善特定群体权利、全面加强人权法治建设、努力推动各国人权事业共同发展、积极参与全球人权治理、成功走出符合国情的人权发展道路等内容。

21日 教育部印发《进一步加强中小学（幼儿园）预防性侵害学生工作的通知》，要求各地教育行政部门和学校高度重视，进一步加强预防性侵安全教育、教职员工队伍管理、安全管理规定落实、预防性侵协同机制构建、学校安全督导检查等方面工作，切实维护学校安全和谐稳定，保障学生安全。

27 日 《国务院办公厅关于推进政务新媒体健康有序发展的意见》发布。要求推进政务公开，强化解读回应；加强政民互动，创新社会治理；突出民生事项，优化掌上服务。到 2022 年，建成以中国政府网政务新媒体为龙头，整体协同、响应迅速的政务新媒体矩阵体系。

29 日 人力资源和社会保障部、中国残疾人联合会部署"2019 年全国就业援助月活动"。活动主题为"就业帮扶，真情相助，不让一个困难群众掉队"，援助对象是就业困难人员、零就业家庭成员、残疾登记失业人员和符合就业困难人员认定条件的去产能职工、困难企业职工、农村建档立卡贫困劳动力等。

29 日 十三届全国人大常委会第七次会议在北京人民大会堂闭幕。经表决，通过了关于修改农村土地承包法的决定，关于修改村民委员会组织法、城市居民委员会组织法的决定，关于修改产品质量法等五部法律的决定，关于修改劳动法等七部法律的决定等。

29 日 农业农村部启动乡村振兴科技支撑行动。强调在基础前沿领域和关键核心领域，突破制约农业创新力的"卡脖子"技术；强化新品种培育、新产品新装备研发、新技术新模式应用，推进"藏粮于技"；大力支持区域性现代农业产业科技创新中心建设，打造现代农业科技强县；培育农业科技领军人才、农技推广高素质人才、新型职业农民，为乡村振兴提供人才支撑。

B.24
2018年制定、修订或修改的与人权直接相关的法律法规（数据库）

班文战

Abstract

This is the ninth Blue Book on China's human rights, which focuses on the latest progress of China's human rights cause in 2018.

The book includes general report, thematic reports, research reports and case studies, and appendices.

The general report focuses on the relationship between reform and opening-up and the development of human rights in China, and divides the development of human rights in China after reform and opening-up into two stages.

The 18 thematic reports focus on the development of various fields of human rights in China in 2018. There are 4 research reports in the column of the right to survival and development, which analyze respectively the strategy of Rural Revitalization and the equality of urban and rural residents, the new progress of poverty alleviation in 2018, the practice of healthy poverty alleviation and microfinance in poverty alleviation. In terms of economic, social and cultural rights, there are 3 reports on human organ donation and transplantation and human rights protection in China, improvement of rural human settlements environment and progress of environmental protection supervision. In terms of civil and political rights, there are 3 reports on anti-property fraud and the protection of citizens'property rights, the pilot project of standardization and standardization of government affairs from the perspective of the right to know, and the new progress of the protection of women's political participation in China. There are 3 reports on the protection of human rights of specific groups, including the linkage mechanism of rapid relief for missing children, the judicial protection of the rights and interests of the elderly, and the protection of the right of the disabled to participate in college entrance examination and higher education. There are 2 reports on human rights legislation and international cooperation, including the China's human rights legislation and the international cooperation and exchange in

the field of human right in 2018. In the area of human rights research, education and training, there are 3 reports which summarize the research on reform and opening-up and human rights development in China, the study on the Universal Declaration of Human Rights and the progress of human rights education in China.

In the part of research reports and case studies, there are 3 reports, including the protection of students' right to education in rural small-scale schools and township boarding schools, the implementation of the Anti-Domestic Violence Law and the women's deliberation mechanism in Jiangsu Province.

2 appendices related respectively to the Chronicle of China's human rights in 2018 and the laws and regulations enacted, amended or modified in 2018 that directly related to human rights.

All reports are written with serious attitude and follow the Blue Book requirements on authority, frontier, originality, positive, forward-looking and timeliness. The authors try to realistically reflect the actual development of China's human rights cause in 2018, objectively analyze the progress and the problems, and make policy recommendations to promote the protection of human rights and prediction on the prospects of China's human rights cause on the basis of a full study.

Contents

I General Report

B. 1 Reform and Opening-up and the Development of Human
Rights in China   *Li Junru, Chang Jian* / 001

Abstract: Reform and opening-up have provided endogenous impetus and development conditions for China's human rights cause. The historical process of China's reform and opening up can be divided into two stages, and the development of China's human rights cause has also presented two stages accordingly. In the first stage of reform and opening-up, China's human rights cause has made breakthroughs in three aspects: re-recognizing the value and significance of human rights; establishing a human rights protection system suited to China's national conditions; and participating in global human rights governance. In the second stage of reform and opening-up, with the change of the main social contradictions, the development of human rights in China also presents a new picture, which is embodied in the following aspects: taking the people as the center, regarding the people's happy life as the biggest human rights; promoting the all-round development of human beings with the overall strategy of "five in one"; ensuring the smooth advancement of human rights with the strategic layout of "four in an all-round way"; constructing the community of shared future for human beings, providing China's Proposal for global human rights governance. Over the past 40 years of reform and opening up, China has successfully embarked on a road of human rights development suited to China's national conditions.

427

Keywords: Reform and Opening-up; Human Rights; China's Human Rights Cause

Ⅱ   Thematic Reports

B. 2   On the Strategy of Rural Revitalization and the Equality between Urban and Rural Residents   *Liu Hongchun* / 034

Abstract: A basic project in the implementation of the strategy of rural revitalization is to resolve the contradiction between farmers' growing demands for protection of their rights and interests and the unbalanced and inadequate development of protection. The strategy of rural revitalization is a new strategy for guaranteeing farmers' rights and promoting equality between urban and rural residents. The orderly advancement of the strategy can more fully promote the integration of urban and rural development, solve the urban-rural gap, equalize urban and rural public services, strengthen the judicial safeguard of rural governance, and effectively improve the benchmark of equality between urban and rural residents. In the implementation of the strategy of rural revitalization, by taking targeted measures to protect the rights of farmers, we can effectively play the main role of farmers, effectively resolve conflicts, promote common prosperity, and continue to increase income, and enhance sense of acquisition, happiness, and security of farmers. Furthermore, the overall development of farmers, overall progress of rural areas and overall upgrading of agriculture will be promoted.

Keywords: Rural Revitalization; Rights of Farmers; Urban-Rural Integration; Public Service; Judicial Safeguard

B. 3　New Progress of Poverty Alleviation in 2018　　*Li Yunlong* / 050

Abstract: "Guiding Opinions of the CPC Central Committee and the State Council on the Three-year Action to Win the Strong Fight against Poverty" is the programmatic document of Poverty Alleviation. It have drawn up a timetable and road map for the next three years to fight against poverty. China's policy for overcoming poverty has been further improved and implemented, the effectiveness of poverty reduction has been further demonstrated, and new progress in human rights guarantee for poor rural population has been made in 2018. Despite all this, China still faces new challenges in fighting poverty.

Keywords: Poverty Alleviation; Rural Poverty; Guarantee of Human Rights

B. 4　Health Poverty Alleviation in Anti-Poverty Strategy

Ma Ting, Tang Xianxing / 067

Abstract: There are complex correlations between poverty and health. Health issues and poverty state are always reciprocal causations. Both illness-caused poverty and poverty-caused illness are impeding the stabilization and development of society. China is implementing Anti-poverty Strategy, which closely concerning the interactive connection between poverty and health. It is a kind of positive policy turning human's health rights from formal rights to substantive rights, while building based on *Healthy China Strategy* and *Anti-Poverty Strategy*, showing the modernization of Governance capability and excellence. In 2018, China has implemented the Anti-Poverty Strategy orderly and fruitful with increasing government financial investment and forming collaborative governance system. But still facing challenges in the perspectives of fragility of poverty groups as well as lacking of participation of multiple actors. In the future, government will continue leading anti-poverty actions and helping improving more active and accurate collaboration, which will promote anti-poverty strategy, and sequentially accelerate building a moderately prosperous society.

Keywords: Health Poverty Alleviation; Anti-Poverty Strategy; Right to Health

B. 5　Poverty Alleviation Microfinance and the Protection of the
Right to Development of Rural Poor Population

Zhang Lizhe, Ma Yanhui / 088

Abstract: In the context of inclusive finance, poverty alleviation microfinance has become an important finance practice to overcome poverty, narrow the income gap, promote the development of rural poor population with the consistency of the right to development on poverty reduction, sustainable development, social equity, etc. At present, microfinance has developed a finance model of poverty reduction of Chinese characteristics combined with agricultural insurance, mutual assistance organizations, characteristic industries and cadre resident in villages. The Chinese experience of poverty alleviation microfinance is party leaders, accurately implement policies, system guarantee and risk prevention. In the future, we should continue to adhere to the sustainable development ideas, improve risk supervision measures, establish an information sharing mechanism, promote microfinance legislation to develop digital network credit, and further promote the realization of the development rights of the rural poor.

Keywords: Microfinance; Right to Development; Inclusive Finance

B. 6　China Human Organ Donation and Transplantation and
Protection of Human Rights　　　　　*Fan Lin, Du Bing* / 104

Abstract: China human organ donation and transplantation has experienced the transformation of organ sources, and the medical security of organ transplantation, the human rights of donors and recipients have been further effectively guaranteed. Medical quality and technology are both improved, and the availability of medical services for organ transplantation is increased. The number of human organ donations and transplants in China has increased by more than 20 percent every year since 2010, ranking first in Asia and second in the world. China organ donation and transplantation has stood at the center of the world stage.

Keywords: Organ Donation; Organ Transplantation; Human Rights

B. 7 The Improvement of Rural Environmental Quality by Renovating the Environment *Gu Shasha, Tan Yizhi* / 123

Abstract: 2018 is the first year to implement Three-Year Action Plan for Improving the Living Environment in Rural Areas. Our government orients at construction of beautiful and livable villages. In addition, it focuses on garbage and sewage treatment, and village appearance improvement as well. Rural residents' rights to life, health and development are all further guaranteed through sound policy support system, execution of experiment demonstration work, enhanced financial and technical support, strengthened supervision and assessment and other effective measures. However, we still face problems and challenges in terms of renovation of rural living environment. Actually, it is necessary to strengthen the responsibility of local governments, promote the marketization and socialization of garbage and wastewater treatment in rural areas, establish an effective mechanism for villagers' participation in environmental improvement, balance urban and rural development planning, and create favorable conditions for protecting rights and interests of rural residents.

Keywords: Renovation of Rural Living Environment; Right to Live; Right of Health; Right of Development

人权蓝皮书

B. 8　New Measures and Progress of Environmental Supervision

Ma Yuan / 140

Abstract: Qualified ecological environment is the most fundamental well-being of the people's livelihood, but also an important public good. China's Environmental supervision system is a major institutional arrangement between the CPC Central Committee and the State Council on strengthening ecological construction and environmental protection, which plays an important role in promoting environmental protection. In 2018, China launched a series of special actions on environmental issues such as air pollution, water pollution and solid waste pollution, and achieved remarkable results through administrative interviews, rectification within a time limit and strict accountability.

Keywords: Environmental Supervision; Environmental Rights; Special Actions on Environmental Protection; Environmentd Accountability

B. 9　The Guarding Against Financial Risks and Property Fraud

Pan Jun / 155

Abstract: Property Fraud infringes the property right directly, interferes with financial safety and social credibility and influences the social stability seriously. In the year of 2018, different government departments and financial institutions, enterprises join together to form property fraud governance pattern to defeat illegal and criminal activities of personal information, the critical source of property fraud. It also effectively reduces the incidence of property fraud crimes and increases the detection rate of property fraud crime. In front of increasing per capital loss year by year, upgrade of fraud means and centralized and decentralized coexistence of property fraud, we should strengthen propaganda education to promote property safety consciousness, highlight key points of governance with law protection and form coordinated supervision-governance with system and technology.

Keywords: Property Fraud; Financial Risk; Property Right

B. 10   The Standardization and Normalization of Openness of

Government Affairs from the Perspective of Right to Know

Liu Ming / 168

Abstract: In May 2017, the General Office of the State Council issued "Pilot Work Program for The Standardization and Normalization of Openness of Grass-roots Government Affairs", which identifies 100 counties (cities and districts) in 15 provinces, focusing on the pilot work of standardization of open government affairs at the grassroots level. Since the implementation of this work for more than a year, the pilot units have made remarkable improvements in publishing and implementing standards and norms of government affairs publicity, improving government websites, expanding public access to information, publishing power and responsibility lists and items lists, and clearing "botnet websites", which have greatly improved the protection level of citizens' right to know. However, in the process of standardization and normalization of government affairs publicity, there are also some problems, such as coping principle, formalism, technology lag, and institutional chaos.

Keywords: Openness of Grass-roots Government Affairs; Standardization; Normalization; Right to Know

B. 11   New Progress on Guaranteeing of Women's Political

Participation in China   *Zhang Xiaoling* / 183

Abstract: Guaranteeing Women's Political Rights has been highly valued by our government. Our Government has been insisted on the constitutional principle of equality between Genders, and has made gender equality a basic nation policy to promote nation and social development. Our Government has been improving

人权蓝皮书

laws, making public policy, Guaranteeing that women enjoy political rights equals to man does. The Percentage of woman's political participation has been increasing. In 2018, a historical breakthrough has been realized on Guaranteeing Women's Political Rights in our Country. However, like most nations, the political sphere is the area with the greatest gap between men and women. It is an important mission of our nation's socialist human rights cause to comprehensively advance the realization and development on woman's political rights.

Keywords: Women's Political Rights; Gender Equality; Participate in Deliberating and Administration of State Affairs

B. 12　The New Development on the Rapid Rescue Mechanism for Missing Children　　　　　　　　*Li Wenjun* / 202

Abstract: Aiming at the present situation and characteristics of abducting children crime, Chinese government is respectively strengthening comprehensive management, intensifying the construction of relief agencies, improving anti-trafficking law etc. to promote the relief for the abducted children, initially formed the multi-level protection model, including government leading, promotion by public security, participation of social forces, and international cooperation. For the low efficiency and untimeliness of traditional notice of investigation assistance, the public security bureau has launched an Emergency Response Platform for Missing Children on the basis of making full use of modern network technology. However, the construction of this platform is still in the initial stage, and relevant departments have not provided practical solutions on how to identify whether children are abducted, how to cooperate between different police types and regions, how to support personnel training and incentive mechanism. In the long run, China's rapid rescue mechanism for Missing Children may fall into the similar problems faced by other countries, especially the confusion between non-relatives abduction and other types of abduction and disappearance, and the possibility of the system abused by the absence of information standards. The specific improvement Suggestions listed as follows: the establishment of coordinating institutions to promote the cooperation of various departments the rational formulation and strict implementation of the issuing standard, the optimization and adjustment of the information transmission, paying attention to the negative impact of the diffusion of responsibility, as well as the training of the relevant personnel rescuing the abducted children.

Keywords: Crime of Abducting Children; Rapid Rescue Mechanism; Emergency Response Platform for Missing Children

B. 13 The Judicial Guaranty of the Elderly's Rights: Analysis on the Judicial Documents from 2013 −2018

Zhao Shukun, Yin Yuan / 233

Abstract: The elderly's rights to be supported is a legal right in our country. It was effectively protected through such measures as perfecting institution systems, modifying various mechanisms and so on. Judged from the judicial documents on maintenance disputes in recent years, it can clearly found that the maintenance disputes mainly occur in parents-children relationship and the supporters mainly point to males. Meanwhile, there exists urban-rural differences in maintenance disputes and the major demands is necessary material for life. In addition, the judicial process lacks the involvement of lawyers and at the same time, laws, morals, and customs all play their roles in dealing with maintenance disputes. We must focus on raising the awareness of rights, improving the systems and getting rid of urban-rural differences as well as promoting the spiritual support system to further protect the elderly's rights to be supported.

Keywords: The Elderly; Rights to Be Supported; Awareness of Rights; Judicial Safeguard

B. 14 "Reasonable Accommodation": Participation in the College
Entrance Examination and the Right to Higher Education
for Persons with Disabilities

Liu Yijun, *Han Qing and Zhang Wanhong* / 253

Abstract: Before 2014, China's disabled people faced great barriers in taking the college entrance examination and receiving higher education. In 2014, China's college entrance examination made a "zero breakthrough" with reasonable accommodation for persons with disabilities. From 2015 to 2018, the reasonable accommodation of the college entrance examination for the disabled has been clearly defined at the institutional level and has been implemented at the practical level. In order to further protect the right of disabled people to participate in the college entrance examination and higher education, it is necessary to (a) improve the relief system in the case of the rejection for reasonable accommodation application, (b) thoroughly understand the requirements of reasonable accommodation when formulating relevant provisions for the disabled college entrance examination, (c) publicize the relevant data for the reasonable accommodation of the disabled college entrance examination, (d) the examination authority takes a more active action and (e) schools do not refuse to accept disabled candidates who meet the admission criteria on the grounds of their disability.

Keywords: Persons with Disabilities; College Entrance Examination; Reasonable Accommodation

B. 15 Analysis Report on China's Human Rights Related
Legislation in 2018 *Ban Wenzhan* / 266

Abstract: The NPC, it's Standing Committee and the State Council of the PRC adopted a series of legislative measures in 2018. The present Constitution was partly amended, and dozens of laws or regulations were adopted, amended or abolished. The system of socialist rule of law with Chinese characteristics was continually improved, and the legal protection for human rights was further strengthened.

Keywords: Human Rights; Legislation; Constitution; Law; Regulation

B. 16   The Development of China's International Cooperation
         and Exchanges in Human Rights Field in 2018
                                                      Luo Yanhua / 283

Abstract: In 2018, China made important progress in international human rights cooperation and exchanges. China mainly focused on advocating win-win cooperation and promoting international cooperation in eliminating poverty in international human rights field, and the idea of win-win cooperation was written into the resolution of the UN Human Rights Council and became international human rights discourse. As for the regular multilateral and bilateral cooperation and exchanges, China still participated actively and played a constructive role. China made significant progress in both multilateral and bilateral cooperation and exchanges, and passed the third UPR smoothly. Meanwhile, the international exchange activities in non-official level were very active and played an important role.

Keywords: Human Rights; International Cooperation; International Exchanges

B. 17   Review on the Research on the Relationship between
         Reform and Opening Up and China's Human
         Rights Development in 2018   *Yin Haozhe* / 304

Abstract: The academic research on "reform and opening up and China's

human rights development " in 2018 surpasses the previous studies in terms of quantity, paradigm, content, method and other aspects. The research is mainly carried out in three dimensions: taking time as the vertical axis, the review of the development history of human rights in China in the past 40 years; a discussion of human rights developments over the past 40 years, with the field as the horizontal axis; from a theoretical perspective, the exploration to dynamic mechanism, the rule of development and road. The relevant studies in 2018 still need to be further explored in terms of the dynamic mechanism of China's human rights development, fail to truly view the development of China's human rights cause from the perspective of the world, and need to be strengthened criticalness and perspectiveness. In the future, domestic human rights research will show broad space for development in terms of research content and research approach.

Keywords: Reform and Opening Up; Development of China's Human Rights; Human Rights

B. 18　A Review of Domestic Studies on the 70th Anniversary of the Universal Declaration of Human Rights　*Hao Yaming* / 317

Abstract: The Universal Declaration of Human Rights is the world's first universal and comprehensive document on human rights, which has had an important impact on the establishment and development of the contemporary international order. This year marks the 70th anniversary of the Universal Declaration of Human Rights. The China Society for Human Rights Studies and the China Foundation for Human Rights Development jointly held a grand symposium, and Nankai University and Renmin University of China respectively hosted academic seminars. Scholars have actively and deeply discussed the formulation process, historical contribution, practical impact and Chinese elements of UDHR, and analyzed the relationship between UDHR and the community with a Shared future for mankind, China's human rights path and the protection of specific rights.

Keywords: The Universal Declaration of Human Rights; Human Rights Research; Development of Human Rights

B. 19   Review on the 2018 National Human Rights Education

Conference   *Chen Chao* / 336

Abstract: As a special educational form, the human rights education is helpful for improving the population quality, improving knowledge structure, fostering human rights culture, clarify their rights and interests, promoting Political Civilization, changing the Social Conditions, enhancing the Level of Law Enforcement, etc. It is the first time to set up the human rights as a key topic in the 2018 National human rights education conference. The conventioneer reviewed and summarized the experience and proceeding of human rights education practice in China, so as to be prepared theoretically and experientially to the development of human rights education practice in next stage. It has opened a new stage of Chinese human rights education practice.

Keywords: Human Rights Education; Human Rights Research; Human Rights Training

III   Research Reports and Case Studies

B. 20   Guarantee of Students' Right to Education in Small Rural

Schools and Township Boarding Schools

—*Model Investigation in Pingliang Area*

Zhong Hui, Yang Entai / 350

Abstract: In 2018, China made it clear that "small-scale rural schools" and "boarding schools in villages and towns" are important components of rural

compulsory education, and put forward measures such as further overall planning, improving school-running conditions, strengthening teacher construction, strengthening financial security, improving school-running level. Pingliang actively explores and develops small-scale rural schools and boarding schools in villages and towns in light of local conditions, which provides useful experience for ensuring rural students'right to education. However, the protection of rural students'right to education is still facing new challenges. It is necessary to further protect rural students' right to education from the aspects of improving the educational system, rationally planning school construction, improving the construction of teachers and optimizing the fund management system.

Keywords: Rural small-scale schools; Township boarding schools; Right to education; Legal protection

B. 21 On the Implementation of the Anti-Domestic Violence Law

—*A Case Study of Zhejiang Province*   Li Juan / 366

Abstract: Domestic violence is a worldwide human rights issue. The widespread existence of domestic violence is a serious violation of human rights. The "Anti-Domestic Violence Law of the People's Republic of China", which came into effect in 2016, is an important step taken by China in building a country ruled of law and respecting and protecting human rights. It is one of the important manifestations of China's implementation of human rights protection in scientific legislation, strict law enforcement, fair justice, and law-abiding by the whole people. It emphasizes the responsibility of the state and the government, and provides various relief measures for the affected family members, reflecting the importance attached to the protection of the rights of victims of domestic violence. The life and significance of law lies in its implementation. Since the law took effect, Zhejiang Province has taken active measures and achieved fruitful results in the promotion of publicity and popularization, the implementation of the supporting system, the improvement of the anti-domestic violence linkage mechanism and the rescue mechanism, the establishment of the anti-domestic online service platform and the high-level professional rights protection team.

Keywords: Anti-Domestic Violence Law; Domestic Violence; Personal Safety

B. 22 The development of Women's Deliberation Mechanism in

Jiangsu Province *Lu Haina, Hao Wanyuan* / 385

Abstract: Women's Federation of Jiangsu Province initiated the Women's Deliberation Mechanism and has been dedicated to its improvement. The mechanism aims at providing a platform for women to play a role in social affairs. The mechanism focuses on the issues that are most interested by women. It explores women's wisdom and potential in dealing with the existing problems and ensures their voice be heard and their perspectives be taking into consideration. It also promotes women's active participation in political and social affairs. Many women have empowered themselves through the system which has a far-reaching influence in Jiangsu and set a good example for China as a whole. This article introduces the background of the Women's Deliberation Mechanism of Jiangsu, its current development, its challenges and recommendations for future improvement.

Keywords: Women's Deliberation Mechanism; Gender Perspective; Women's Participation in Public Affairs; Empowerment of Women

❖ 皮书起源 ❖

"皮书"起源于十七、十八世纪的英国，主要指官方或社会组织正式发表的重要文件或报告，多以"白皮书"命名。在中国，"皮书"这一概念被社会广泛接受，并被成功运作、发展成为一种全新的出版形态，则源于中国社会科学院社会科学文献出版社。

❖ 皮书定义 ❖

皮书是对中国与世界发展状况和热点问题进行年度监测，以专业的角度、专家的视野和实证研究方法，针对某一领域或区域现状与发展态势展开分析和预测，具备原创性、实证性、专业性、连续性、前沿性、时效性等特点的公开出版物，由一系列权威研究报告组成。

❖ 皮书作者 ❖

皮书系列的作者以中国社会科学院、著名高校、地方社会科学院的研究人员为主，多为国内一流研究机构的权威专家学者，他们的看法和观点代表了学界对中国与世界的现实和未来最高水平的解读与分析。

❖ 皮书荣誉 ❖

皮书系列已成为社会科学文献出版社的著名图书品牌和中国社会科学院的知名学术品牌。2016年，皮书系列正式列入"十三五"国家重点出版规划项目；2013~2019年，重点皮书列入中国社会科学院承担的国家哲学社会科学创新工程项目；2019年，64种院外皮书使用"中国社会科学院创新工程学术出版项目"标识。

中国皮书网

（网址：www.pishu.cn）

发布皮书研创资讯，传播皮书精彩内容
引领皮书出版潮流，打造皮书服务平台

栏目设置

关于皮书：何谓皮书、皮书分类、皮书大事记、皮书荣誉、
　　　　　皮书出版第一人、皮书编辑部
最新资讯：通知公告、新闻动态、媒体聚焦、网站专题、视频直播、下载专区
皮书研创：皮书规范、皮书选题、皮书出版、皮书研究、研创团队
皮书评奖评价：指标体系、皮书评价、皮书评奖
互动专区：皮书说、社科数托邦、皮书微博、留言板

所获荣誉

2008 年、2011 年，中国皮书网均在全
国新闻出版业网站荣誉评选中获得"最具
商业价值网站"称号；

2012 年，获得"出版业网站百强"称号。

网库合一

2014 年，中国皮书网与皮书数据库端
口合一，实现资源共享。

基本子库
SUB DATABASE

中国社会发展数据库（下设 12 个子库）

全面整合国内外中国社会发展研究成果，汇聚独家统计数据、深度分析报告，涉及社会、人口、政治、教育、法律等 12 个领域，为了解中国社会发展动态、跟踪社会核心热点、分析社会发展趋势提供一站式资源搜索和数据分析与挖掘服务。

中国经济发展数据库（下设 12 个子库）

基于"皮书系列"中涉及中国经济发展的研究资料构建，内容涵盖宏观经济、农业经济、工业经济、产业经济等 12 个重点经济领域，为实时掌控经济运行态势、把握经济发展规律、洞察经济形势、进行经济决策提供参考和依据。

中国行业发展数据库（下设 17 个子库）

以中国国民经济行业分类为依据，覆盖金融业、旅游、医疗卫生、交通运输、能源矿产等 100 多个行业，跟踪分析国民经济相关行业市场运行状况和政策导向，汇集行业发展前沿资讯，为投资、从业及各种经济决策提供理论基础和实践指导。

中国区域发展数据库（下设 6 个子库）

对中国特定区域内的经济、社会、文化等领域现状与发展情况进行深度分析和预测，研究层级至县及县以下行政区，涉及地区、区域经济体、城市、农村等不同维度。为地方经济社会宏观态势研究、发展经验研究、案例分析提供数据服务。

中国文化传媒数据库（下设 18 个子库）

汇聚文化传媒领域专家观点、热点资讯，梳理国内外中国文化发展相关学术研究成果、一手统计数据，涵盖文化产业、新闻传播、电影娱乐、文学艺术、群众文化等 18 个重点研究领域。为文化传媒研究提供相关数据、研究报告和综合分析服务。

世界经济与国际关系数据库（下设 6 个子库）

立足"皮书系列"世界经济、国际关系相关学术资源，整合世界经济、国际政治、世界文化与科技、全球性问题、国际组织与国际法、区域研究 6 大领域研究成果，为世界经济与国际关系研究提供全方位数据分析，为决策和形势研判提供参考。

法律声明

"皮书系列"（含蓝皮书、绿皮书、黄皮书）之品牌由社会科学文献出版社最早使用并持续至今，现已被中国图书市场所熟知。"皮书系列"的相关商标已在中华人民共和国国家工商行政管理总局商标局注册，如 LOGO（▒）、皮书、Pishu、经济蓝皮书、社会蓝皮书等。"皮书系列"图书的注册商标专用权及封面设计、版式设计的著作权均为社会科学文献出版社所有。未经社会科学文献出版社书面授权许可，任何使用与"皮书系列"图书注册商标、封面设计、版式设计相同或者近似的文字、图形或其组合的行为均系侵权行为。

经作者授权，本书的专有出版权及信息网络传播权等为社会科学文献出版社享有。未经社会科学文献出版社书面授权许可，任何就本书内容的复制、发行或以数字形式进行网络传播的行为均系侵权行为。

社会科学文献出版社将通过法律途径追究上述侵权行为的法律责任，维护自身合法权益。

欢迎社会各界人士对侵犯社会科学文献出版社上述权利的侵权行为进行举报。电话：010-59367121，电子邮箱：fawubu@ssap.cn。

社会科学文献出版社